Voices from Lilliesleaf

Other books by Ian MacDougall include:

Voices of Scottish Journalists (Edinburgh, 2013)

Through the Mill (Edinburgh, 2009)

All Men Are Brethren: Prisoners of War in Scotland, 1803–1814 (Edinburgh, 2008)

Mid and East Lothian Miners' Association Minutes 1894–1918 (ed.) (Edinburgh, 2003)

Onion Johnnies (East Linton, 2002)

Voices of Leith Dockers (Edinburgh, 2001)

Bondagers (East Linton, 2001)

'Oh! Ye Had Tae Be Careful' (East Linton, 2000)

Voices from Work and Home (Edinburgh, 2000)

Hoggie's Angels (East Linton, 1995)

Mungo Mackay and the Green Table (East Linton, 1995)

Voices from War (Edinburgh, 1995)

Hard Work, Ye Ken (East Linton, 1993)

Voices from the Hunger Marches (2 vols) (Edinburgh, 1990–1)

The Prisoners at Penicuik, 1803–1814 (Dalkeith, 1989)

Voices from the Spanish Civil War (Edinburgh, 1986)

Labour in Scotland: A Pictorial History from the Eighteenth Century to the Present Day (Edinburgh, 1985)

Militant Miners (Edinburgh, 1981)

Essays in Scottish Labour History (ed.) (Edinburgh, 1978)

A Catalogue of some Labour Records in Scotland and some Scots Records Outside Scotland (comp. and ed.) (Edinburgh, 1978)

Minutes of Edinburgh Trades Council, 1859–1873 (ed.) (Edinburgh, 1969)

Voices from Lilliesleaf

Spoken personal recollections of people, life and work,
events and changes, in peace and war,
in a Scottish Borders village during the 20th century

Ian MacDougall

In memory of George and Isa Pike of Lilliesleaf
(St Dunstan Cottages and Netherraw), 1938–1949

First published in Great Britain in 2015 by
John Donald, an imprint of Birlinn Ltd

West Newington House
10 Newington Road
Edinburgh
EH9 1QS

www.birlinn.co.uk

ISBN: 978 1 906566 95 1

The publishers gratefully acknowledge the support of all
those named in the Introduction, pages xxiii and xxiv,
towards the publication of this book

British Library Cataloguing-in-Publication Data
A catalogue record for this book is available on request
from the British Library

Typeset by 3btype.com

Printed and bound in Britain by Bell and Bain Ltd., Glasgow

Contents

List of Illustrations

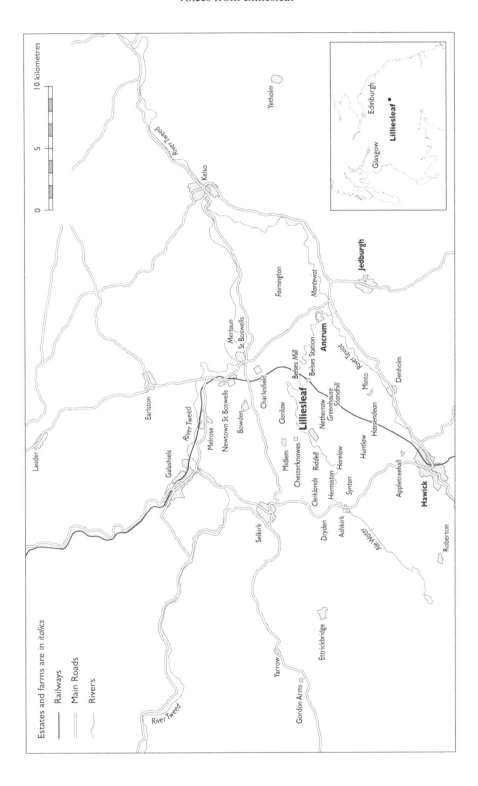

Introduction

In the pages below, 24 men and women present their recorded spoken recollections of people, life and work, events and changes, in peace and war, during the 20th century, in and around their Scottish Borders village of Lilliesleaf. Most of them speak also of their experiences in the world beyond Lilliesleaf.

Lilliesleaf, in the north-west of the former county of Roxburgh, lies almost equidistant from Hawick, eight miles to the south, and Melrose, seven to the north. Selkirk is seven and Galashiels ten miles north-west of the village, Jedburgh ten to the south-east, and Kelso 15 to the north-east. Villages such as Midlem, Minto, Bowden, Ancrum, Denholm, St Boswells and Newtown St Boswells are all between two and seven miles from Lilliesleaf. Belses station, three miles away, was Lilliesleaf's nearest connection with the Edinburgh–Hawick–Carlisle railway line until its closure in 1969. All those distances, as several of these 24 witnesses make clear, presented problems of travel and cost in the first half of the 20th century for Lilliesleaf folk considering or seeking employment beyond the village and its immediate neighbourhood. Those problems then also confronted some among those children who, at age 11 or 12, passed the Qualifying exam at the village school, but consequently could not, or at any rate did not, begin secondary education at Hawick High School but remained at the village school until the then minimum leaving age of 14. Those problems, lessened in some cases by the use of bicycles or motorcycles, were overcome after the 1939–45 War partly by improved local and school bus services, but more, for villagers of working age, by the rapid spread from the mid-century onward of private car ownership.

Set amid attractive countryside and close by the River Ale, Lilliesleaf has a fine view to the Eildon Hills – the Trimontium of the Romans – and a more distant view southwards to the Cheviots. For at least 900 years Lilliesleaf has had its parish church. In the early 19th century a small breakaway congregation was formed. But the Disruption in the Church of Scotland in 1843 resulted in a much more substantial breakaway, and to the building in the village of a second and alternative church – the Free Church, whose largest section, however, as the United Free, merged with the Church of Scotland in 1929. For many years in the later part of the century the former Free Church building in Lilliesleaf housed a large private scholarly collection of Sir Walter Scott papers.

The bishops of Glasgow, by the later 12th century, were the owners of Lilliesleaf church. Other early church landownership at Lilliesleaf may perhaps be implied by the names of several local farms: Chapel, Friarshaw, Clerklands. In the centre of the village itself survives a small courtyard and two houses adjoining it titled Eildon View, but formerly known as Bishop's Close. There is evidence, too, that several medieval small fortified towers stood at Lilliesleaf; and a more significant one, and its later rebuilding and extension, at Riddell estate, a mile or so west of the village, is discussed in the pages below by the late Major John Sprot of Riddell.

Of the 24 men and women who present here their recollections of life and work at Lilliesleaf and its neighbourhood during the 20th century, Major Sprot was the only substantial hereditary landowner (Jimmy and Andrew Shortreed's father was a very small landowner, owning only 28 acres). For several years before succeeding to Riddell estate in 1947 on the death of his father Major Mark Sprot, Major John had, however, worked first for a paint manufacturing firm and then, during the 1939–45 War, he became an army officer. But with the exception of Major John Sprot, and Alex Lawrence, a wartime boy evacuee to Lilliesleaf from 1939 to 1943 and too young ever to be in full-time employment there, as well as arguably five others among the 24, the remaining 17 of these men and women were so-called 'ordinary' working people – so-called, because so many such folk often prove in fact to be extraordinary in their energy, courage, humour, and resilience; and those qualities are certainly demonstrated in the pages below. Those other five exceptions were the Rev. James Watson, the Church of Scotland parish minister (who before entering the ministry had been a sanitary inspector in local government); Peter Chisholm, who began work as an apprentice blacksmith then motor mechanic, and later became garage proprietor and car-hirer in the village; Johnny Elliot, who at the age of 14 found himself managing a farm on behalf of his injured uncle and went on himself to become a farmer; Stewart Todd, originally a farm worker, who through his own, his parents' and his brother's initiative and hard work, became both a farmer, eventually owning two farms, and an agricultural contractor;

and William (Len) Haldane, who served his apprenticeship as a baker, did two years' National Service in Korea, and eventually came to own his father's shop in the village and run it as a general grocery.

Of the 17 'ordinary' working men and women almost all, during their working lives, had not only more than one job but also more than one occupation. The largest group – six, including one woman, Christina Barnie – worked for some or many years as farm workers. Two of the six, Matthew Prentice and Will Young, were farm workers indeed throughout their working lives (apart from 1939–45 War service in the RAF and a brief spell as a lorry driver by Will Young, and Matthew Prentice's undertaking gardening work after his retirement at 65 from farm work). Christina Barnie, as well as being simultaneously a milk maid and a domestic servant, also worked for some years in the fields: as she says, 'I did every mortal thing.' The next largest group were five who at one time or another worked in sawmills. Four others as forestry workers worked out in the woods. Another of the 17, Jimmy Shortreed, always worked as a gardener (excluding his conscript service in the Royal Navy); three others also (including Jimmy's brother Andrew) worked, at least for some years, as gardeners. A further four were for longer or shorter periods shop workers: Agnes Brown, Kate Douglas, Jean Robinson, and Rob Young. Three more were, also at least for some years, estate workers; and three of the women: Kate Douglas, Margaret Borthwick, and Christina Barnie, were, at least for several years until they married, domestic servants. Two of the men (Will Young, as already observed, and Andrew Shortreed) worked for short or longer periods as lorry drivers. Two of the women, Pat Brown and Ellen Mills, were 1939–45 Wartime Land Girls at Lilliesleaf; Pat Brown having previously been an office worker in Edinburgh, and Ellen Mills a biscuit factory worker in Leith. Tam Borthwick, as well as being at one time or another a forestry worker, farm worker, sawmill worker, carter, and textile factory worker, was also, for a period, a fencing worker. Rob Young was at one time or another a baker's van driver, a gardener, a sawmill worker, and a shop worker, before he became a travelling representative for a credit draper. Robert Robinson, excluding war service in the army, was always a building worker, from leaving school at 14 until his retirement. Jean Robinson on leaving school trained and worked for some years as a dressmaker, before becoming a shop worker. Mary Preston trained as, and remained, a nurse all her working life, in several hospitals, and much of it as a member of a distinguished medical professor's team. Collectively then, these 24 men and women of Lilliesleaf speak from a wide and varied experience of employment.

Unemployment was another experience several among them suffered. 'In the years afore the Second War ah wis sometimes unemployed,' says Tam Borthwick. Then about 1961 he got dust in his lungs and chronic bronchitis while working in a sawmill. 'So the doctor said ah'd have tae get oot the sawmill a'thegither . . . So ah had tae sign on on the buroo [labour exchange/job centre].' When in the 1930s Robert Robinson found himself without work for a few weeks in wintertime in the building trade at Lilliesleaf, he once found some work at Jedburgh, but to and from which town he had to cycle 24 miles a day. 'But ee did it because it wis better as the dole. The dole wis only 16 shillins [80p] a week.' Margaret Borthwick found on leaving school at 14 in 1935, 'There was very little employment then for Lilliesleaf girls. For there wasnae transport for tae work in shops or anything. None o' the girls worked in the mills in Selkirk or Hawick, there wasnae the transport at all . . . So when ah left school it was jist aboot workin' outside on the farms or inside work in the big hooses. There wis nothing else for girls . . . Well, I left school at Easter and I was unemployed until . . . November.' When Jimmy Shortreed returned home to Lilliesleaf in 1947 after his conscript service in the Royal Navy, he found it very difficult to find work at his trade as a gardener. 'It wis a bit ironical, me jist back frae the navy and, like other fellows in the Forces, ee couldnae get a job because there were German prisoners o' war doin' the work. Cheap labour, that's what it was.'

For those who were farm workers, the procedures, places and dates of the several hiring fairs held, normally in the open air, each year until at least the late 1930s, are described by Johnny Elliot, Tam Borthwick, Matthew Prentice, and Stewart Todd, the last of whom recalls being so hired at the Earlston fair as late as 1941. Matthew Prentice, hired at the Hawick auction mart in the early 1930s, was critical of the farmers: 'They werenae guid payers, some o' them: tight-fisted – they are yet.' Women farm workers, termed bondagers, might also be hired at the hiring fairs. Stewart Todd recalls his mother had worked as a bondager at several farms near Jedburgh. Will Young, beginning his first job at Clerklands farm on the western edge of Lilliesleaf parish in 1926, found a bondager, 'quite a young girl', working there, too. 'She daist did anything on the farm, any odd kind o' job. She never did any ploughin'. But harvest work, milkin' the cows, feedin' the hens, and singlin' turnips. Quite a nice girl.

Ma eldest brother Jim married her.' Will also recalled that in the 1920s and 1930s at Clarilaw farm, 2½ miles north-east of Lilliesleaf, '. . . there used tae be a lot o' bondagers. There'd be eight ploughmen doon there, and every one had a bondager. It wis their daughters that wis the bondagers.'

By several of those men who, among the 24 contributors below, worked for longer or shorter periods in forestry, including sawmills, are recalled the dangers and discomforts of the work. Much against his wishes, Rob Young on leaving Lilliesleaf school at age 14 in 1937 found his father had secured a job for him in a sawmill at the Woll, Ashkirk, five miles west of Lilliesleaf and actually in Selkirkshire. Rob had to cycle daily the five miles to and from work on a hilly road, often through rain and, in winter, snow; and he describes also how if the trees being sawn up were wet 'ye wis gettin' a' the wetter durin' the day.' So, he found, 'The sawmill wis an awful job. It wis a grind. But it wis a job.' Andrew Shortreed, working at the sawmill at Lilliesleaf itself in the 1950s, lost his pinkie and part of another finger. Bert Reid recalls working in the 1940s at a sawmill where there was almost no medical provision; and he describes also the wooden bothies that he and some other sawmill workers had to live in at Ettrick: 'Ah've seen better hen-hooses as some o' them, ee ken!'

Another employment that presented potentially serious dangers was fencing, in which the local specialists were the Douglas family, one of the larger of the handful of small businesses at Lilliesleaf that included Tom Steele's, the builder; the post-1939–45 War garage and car-hire business created by the demobbed RAF servicemen Peter and Jardine Chisholm, sons of the village blacksmith; and Miss Jill Bristow's holiday cottage business, based in the village from 1974. Tam Borthwick, vividly describes his work in the 1920s as a fencer with the Douglases, and recalls that 'Ee had tae be very careful. But there wis nae safety trainin' at a', jist learned as ye went.'

Most of these witnesses below to working and living conditions at Lilliesleaf and district in the 20th century recall the wages they were paid, the hours they worked, and the very few holidays granted them from work. Christina Barnie provides a useful comparison with such conditions in Caithness, where she was born, grew up, and worked for several years before marrying in 1947 at Lilliesleaf a fellow-Caithnessian, and then remaining in the village until not long before her death in 2011. 'When I came to Lilliesleaf . . . I thought the women here had a very easy life besides what I or the people in Caithness had . . . Up there it was . . . just agriculture and herring fishing . . . They had nothing else.' Leaving school in the mid-1930s at the age of 13½ to help look after her mother and grandfather at home two miles north of Lybster, not only did Christina not want to work as a herring gutter but also the lack of transport would anyway have prevented her from doing so. Thus, still barely 14, her first job was as living-in sole domestic servant 'in a very big farmhouse 14 miles away from my home'. Christina got up at the farmhouse at 6am, began work half an hour later, 'and you just went on all day till the work was finished . . . Ye never got finished much before half past eight or nine o'clock at night . . . And it was seven days a week! There was no recognised half-day off there.' Working then about 80 to 84 hours a week, Christina's starting wage was £1 a month, all found. Yet the farmer and his sister, she found, were 'very, very nice. I was really very well treated, just like one of the family.'

Almost simultaneously, Margaret Borthwick left Lilliesleaf school at Easter 1935 but remained unemployed until November that year when she became 15. She too, like Christina Barnie, then found a job as living-in sole domestic servant, about ten miles south-west of Selkirk, at Ettrickhall farmhouse, where James Hogg (1770–1835), the Ettrick Shepherd, poet, and author of *The Private Memoirs and Confessions of a Justified Sinner* (1824), had been born. Margaret describes the extremely long hours she worked for seven days a week there, the unheated and freezing cold room she had to sleep in, and the equally cold and unsympathetic attitude of the farmer's wife. Margaret's wages were 7s 6d [37½p] a week. And 'Oh, the work wis tremendous.'

Tam Borthwick, Margaret Borthwick's older brother, had endured, then aged 17, not dissimilar conditions in the mid-1920s as a living-in farm worker at Harelaw farm, a mile south of Lilliesleaf. 'Ee'd tae work six month at ten shillins [50p] a week and your meat, and ee didnae get paid or your six months wis up. That wis normal. But Harelaw wis terrible. There were a brother and sister in't – Alexander. They took their meals in the room, and ah wis left tae eat mine in the kitchen, Very, very seldom did they speak tae ee . . . And it wis a wid bothy ee lived in, nae stove intae it or naethin' in the wintertime . . . No water ither, not at a'. . . . There were nae toilets, ee'd tae gaun into the steedin' close, or somethin' like that . . . And . . . have ee ever had screwnail soup? Well, ah've had it at Harelaw farm.' Tam's experiences there illustrate how useful oral or spoken history can be, as an alternative or additional source to history based solely on documents, when it provides such first-hand testimony – testimony in sharp contrast in this example to the eulogy of the same Harelaw farmer published in the *Southern Reporter* on his death in 1947.

Youthful ambitions about pursuing a desirable occupation or job are also recalled by several of these 24 men and women. Johnny Elliot recalls he 'wanted the dog and stick – tae work wi' sheep.' By the age of 16 Johnny had achieved his ambition. Tam Borthwick, on the other hand, a member of a much poorer family than was Johnny Elliot's, found when he left Lilliesleaf school aged 14 in 1921–2, that as far as career or work was concerned, 'Ye hadnae much choice roond Lilliesleaf . . . ee had tae take what wis goin'. . . .Ye see, if ye'd wanted tae be an engine driver, ye'd hae tae traivel away tae Hawick. But ah never thought on havin' an ambition like that, there wis nae point even thinkin' aboot it.' Rob Young's youthful hopes of either becoming a housepainter or working in a gents' outfitters were never fulfilled. Even Major John Sprot of Riddell, a boarder-pupil at Stowe Public School, Buckinghamshire, for three years until he left, aged 17, in 1928, but then failed to get into Cambridge University to pursue a degree course in agriculture, found instead that he had to go 'into business – manufacturing paint. It wasn't something perhaps I would have chosen if it had been possible to do something else. It was really the land I was interested in. But I think the family seemed to think one should go into business.' So he remained in the paint manufacturing business until the 1939–45 War began.

* * *

Housing in Lilliesleaf and district during the 20th century, but particularly in the first half of it when they were themselves children, teenagers, or young adults, is a subject about which many of the 24 men and women in the pages below speak eloquently. 'There wis,' as Rob Young says, 'an awfy lot o' the Youngs. There wis ten o' us, ten o' a family. Ah had actually six brothers and three sisters. . . Ah wis the second youngest and the youngest son.' One brother had died in infancy. Rob didn't really know his oldest sister, 16 years older than him, as she had gone away aged 14 to Edinburgh to work and live-in in domestic service. Born in 1923, Rob a year or so later moved with his family to live at Riddell when his father was appointed gardener there to the Sprots. The Youngs, all ten of them: six surviving boys, two of the three girls, and their parents, lived at Riddell until about 1929. Rob vividly describes the house he and his family occupied there. Water had to be carried in buckets from a tap beside a nearby horse trough and boiled in kettles and pans. There was no bath except a zinc one, in which the children were bathed, girls first then boys, once a week on Saturday evenings. The toilet was just a small hut in the garden: 'Oh, that wis awful.' Every bed had two sleepers in it; in one room there were four of the sons. The house had no electricity, just a paraffin lamp in the living room, and candles in small candleholders for lighting the way upstairs at night. 'But,' says Rob, 'a' that wis normal in those days wi' big families.'

Electricity was not introduced at Lilliesleaf (apart from two or three households which had already installed their own supply) until as late as 1950 – and even then there was a delay in extending it to include street lighting, suspended at the outbreak of war in 1939. That delay at Lilliesleaf prompted these lines by 'Singes' in the *Southern Reporter*, 9 November 1950, to the tune of *Comin' Through The Rye*:

Gin a body meet a body
In the street at night.
Gin a body greet a body,
A body gets a fright.
Ilka place has got street lighting
Excepting oor ain toon.
Ten winters we've been in the dark;
It makes a body froon.

Gin a body has a letter
For the evening mail,
Gin a body tries to post it,
He'll very likely fail.
Ilka time he tries to post it,
It fa's doon wi' a thump,
He looks again and finds he's drapped it,
In the Co-op pump.

* * *

Among many other aspects of Lilliesleaf in the 20th century which invite the reader's exploration of the recollections in the pages below are those concerning the village school, which 14 of these 24 men and women attended, and the villagers' sporting and recreational activities. At the school and in the village, a dominant figure, headmaster for

37 years until his retirement in 1924, was Andrew Birrell. These recollections testify to two of his characteristics: his apparently inexhaustible energy, and the innumerable offices and positions, some of them indicated in the Notes below, he held in village institutions and activities, in several cases even after he retired from teaching. It was a list as long as the leather tawse which from time to time he wielded on the palms of his young scholars. Among palms that suffered were those of Will Young, who relates below how one day he, and nine other pupils, intent on following the Duke of Buccleuch's foxhounds, truanted from school. Their punishment next morning was twelve whacks on *each* palm from Mr Birrell's tawse. Incidentally, a reference by Major John Sprot of Riddell to his own first school, a preparatory one at Broadstairs in Kent, illustrates social class attitudes. 'There was never any question,' recalls Major Sprot, 'of my going to Lilliesleaf village school. It simply wasn't done. My parents instinctively thought, as theirs had of them, of my going to a public school in England.' And Agnes Brown, a daughter of the Lilliesleaf baker and who worked for 22 years in her father's shop, recalls that Major Mark Sprot, father of Major John, 'never came into our shop: he wis above that.'

Sporting and recreational activities at Lilliesleaf (many of which benefited throughout the century from having the use of the capacious Currie Memorial Hall in the middle of the village) were organised by a wide variety of village clubs and societies during a varying number of years. There was, for example, launched in 1905, a miniature rifle club (with Andrew Birrell, of course, as secretary), and there were also quoits, carpet bowling, curling, fishing, domino tournaments, music and singing classes, and, from after the 1914–18 War, whist drives, badminton, football, and, it seems, for a short time, tennis and putting. At least once, in 1908, there was an otter hunt along the banks of the River Ale from Riddell to Ancrum, and for many years villagers might, like Will Young, follow the meets in the district of the Duke of Buccleuch's foxhounds. There were also Burns Nights; concerts; pantomimes; dances; evening Continuation classes in English, arithmetic, music, dressmaking etc.; farmers' supper dances; lectures (mainly on agriculture and horticulture) by invited speakers; church choirs; a village band conducted by the village policeman; and, from early in the century, a long-standing branch of the British Women's Temperance Society, and of the Band of Hope and Mothers' Union. From then, too, there were a Girls' Guild, Boy Scouts and, later, Cubs, Girl Guides, Brownies, Boys' Brigade, as well as a group which continued for many decades – the Women's Rural. Army Cadets were formed after the 1939–45 War. Annually for many years there were village and school sports, a picnic, an outing (often to the seaside at Spittal near Berwick-on-Tweed), a Christmas party for the school-children (long provided by the successive owners or renters of Linthill estate), a Horticultural Society exhibition and, from time immemorial, the Hand-ba' Day, of which there are several accounts in the recollections below.

Poaching was another, if necessarily more clandestine, feature of village life throughout the century, and about which several accounts, including techniques, distribution of catches (often to the poor and elderly, and sometimes to the village policeman's door handle), as well as encounters with bailies employed by the River Tweed Commissioners, are given below . . . 'poachin' wis very common,' recalls Will Young. 'Ye had tae poach tae live, ye had tae.' Bert Reid, son of one of the two village publicans, was never, unlike two or three others in the pages below, caught poaching. For Bert, poaching was a passion: 'It wis maybe like the salmon theirsels comin' up the river – ah felt ah had tae get doon there.'

Tramps, and visits by packmen and pack women, tinkers and muggers, were other, often lively, features of life in Lilliesleaf, mainly before the 1939–45 War, when some tramps used as a doss house old derelict buildings at East Middles. Sailor Jack, for example, surname unknown but probably a retired seaman, lived in one room there. Bet the Boar, on the other hand, as Bert Reid recalls, slept in an open-fronted cart shed at Milrighall farm near Midlem, where she was well treated by two women who ran the farm. 'Well,' says Bert, 'she'd only stop the yin night like there. Then she'd be away wanderin' the next day again. Oh, dist a restless soul . . . always on her own . . . she jist knocked on doors and asked for water or bread.' Big Bella Robertson, another tramp Bert recalls in the 1930s seeking refreshment in the Cross Keys, his parents' pub, was a 'holy terror', and as strong as a man. When the village policeman attempted to take Big Bella into custody for being drunk and incapable, '. . . she wid jist get a haud o' the polisman and pit him right on the bane o' his back. And [he] wisnae a light soul either . . ."It's a' right," she says, "ah'll come wi' ye now."' Several of the villagers below recall how tramps had their own mark or sign they would leave, as a guide to fellow-tramps, on a house where they had been given food, water or tea.

'Characters' abounded among the inhabitants of Lilliesleaf itself: Bobby the Banesetter; 'Dr' William Blythe, a carter and odd job man;

Tom McKinnon, lamplighter; Jockie Dryden, bagpiper; Wat Hogg, builder's labourer; Jimmy Hume, butcher; George Tinline, small farmer. They and others are recalled below.

'Then politics at Lilliesleaf,' says Johnny Elliot, farmer, 'well, ah don't think the folk in the village knew a thing aboot it. Politics would never enter their mind, never – jist at elections.' Although 'A' the out-o'-works or wouldnae-works,' gathered, especially in wintertime, at Robert Robinson's Uncle Willie's tailor's workshop at Bishop's Close in the middle of the village, Robert, a stonemason and himself a keen reader, recounts 'Ah cannae remember them ever bein' much interested in what wis goin' on in the ootside world. It wis mainly local stuff: so-and-so's shiftin' here, and so-and-so's workin' there . . . They didnae come tae ma uncle's shop tae discuss politics.' Nor, once Robert began to visit the village pubs, did he find discussions there about politics. 'The villagers argued right enough, usually at an election time, but otherwise there were naebody interested.' And Agnes Brown, who served probably most of the villagers during the 22 years she worked in her father's bakery shop, observes that '. . . there wasn't a great deal o' political activity in the village. The villagers werenae keen on politics.' In the last decade of the 20th century Christina Barnie, herself an active Liberal since the 1945 general election, concurred: 'I dinna think most people in the village are interested in politics.' Yet some were. As Agnes Brown recalls, the Conservatives held meetings in the village, and Major John Sprot says his forebears and his family 'were committed to the Conservative Party,' and his father Major Mark 'ran probably the Lilliesleaf branch'. And in the early 1990s, Christina Barnie herself considered that 'the Tories are still very strong' at Lilliesleaf, and that there had been 'an awful lot o' Liberals in the village' in the 1960s and 1970s, and there were even Liberals that 'made out they were Tories'. Jimmy Shortreed, who recalls that he had himself developed political views during his conscript service in 1945–7 in the Royal Navy, and had become 'a bit Bolshie', believed his father, who had lived, and worked his smallholding, at Lilliesleaf from 1928 until his death in 1955, had been 'a kind o' socialist in his way'. Mary Preston's father James, a former steel worker from Lanarkshire, who with his wife ran a groceries and newspaper shop at Lilliesleaf from the late 1920s until his death in 1956, and which shop Mrs Preston continued to run until her own death in 1974, was 'a very staunch Labour man'. As for Scottish Nationalists, Mary Preston herself believed Miss Lowden, the first of two successive headmistresses at the village school during the 1939–45 War, was one; and Christina Barnie asserted in the 1990s that in Lilliesleaf 'there's ten SNP anyway'.

*　*　*

Among still other aspects that await the reader's exploration in the pages below are: recollections of the impact on Lilliesleaf and its people of the 1914–18 and 1939–45 Wars – the 100th and the 75th anniversaries respectively of the outbreak of which are presently being commemorated. Much is recalled about recruitment, casualties, the village War Memorials, evacuees, the Women's Land Army Girls, and the experiences of such villagers as Jean Robinson, whose husband survived the evacuation from Dunkirk in 1940, and Tom Wilson, a veteran of the Arctic convoys of 1941–5. Also present are the mechanisation of farming and the virtual disappearance of farm workers; effects of the rapid spread from about 1950 of private car ownership, including the consequent closure of all the village shops (although there is now a striking example of new initiative in the flourishing *Jammy Coo* gallery and coffee shop opened in 2008 at the west end of the village); the church, or churches, religion, and the successive ministers; trade unionism; poverty; food and diet; courting and marriage; resident policemen; Irish seasonal workers; the village moss; rabbit and mole catchers; the Sprot Homes: in short, a cornucopia of experiences, nor is humour absent.

Most of the 24 contributors of these recollections, in looking back over their years at Lilliesleaf, point to the many changes (as in so many other villages in the Borders, in Scotland, and elsewhere in Britain) that have taken place during the past century. 'It's definitely been a time o' change, right enough,' says Kate Douglas; '. . . we've seen the best o' it.' Bert Reid, a devoted poacher, laments both the absence now of trout in the River Ale, and, more seriously, that, for young people, 'There's nae work in Lilliesleaf.' The 1939–45 War, Mary Preston considers, changed the village and it 'became more outward-looking'. William (Len) Haldane, struggling for most of the second half of the 20th century to keep his groceries business going, concluded: 'The village has definitely died.' Rev. James Watson, parish minister, 1988–94, of Lilliesleaf linked with Bowden parish, is less pessimistic: 'Changed days. We're still there though.'

*　*　*

This book does not attempt to provide a comprehensive and scholarly history of Lilliesleaf and district in the 20th century, but instead presents the edited spoken recollections of 24 men and women who lived and worked in or around the village in the course of that century. Their recollections were all recorded in interviews between 1991 and 1994. Every effort has been made to preserve the words and accents with which the 24 voiced their recollections, and a glossary is provided for readers unfamiliar with their Borders dialect or accent. Notes are provided, too, that it is hoped may help explain, elaborate, confirm, or occasionally correct, items or references in these recollections.

At the time of their interview and recording, seven of the 24 were in their 80s (the two oldest both aged 84), five were in their 70s (the two oldest both aged 79), eleven were in their 60s (the two oldest both aged 69), and one was in her late 50s. It is sad indeed that, as a result also of a series of unavoidable delays in advancing the work toward publication, the voices of almost all 24 will not now be heard again.

To all those persons, organisations or institutions that have contributed to the completion of this book, warmest thanks are due. Especially are they due to those 24 men and women who contributed their recollections and, in some cases, photographs, too. Many others have made indispensable contributions by providing information, practical help, photographs, or financial support. Those to whom particular thanks are thus due are: Hugh K. Mackay, Jane McTavish, Terry Blundell, Neil Macvicar, Phil Watson, Davis Easton, Tom Burke, Mary Preston, Mrs Esther Davies, Mrs Danzi Shortreed, Mrs Avril Haldane, Mrs Margo Douglas, Jennifer Meiklejohn, Miss Jill Bristow, Mrs Barbara Johnston, Andrew Grant of Riddell, Walter Inglis, Jim Shanks, Mrs Delia Job, Mr and Mrs James Oliver, Paul Brough, Juline Baird, John Tollen, Gabriella Trybalska, Ruth Cumming, Zilla Oddy, Mrs Argyro Francis, Trevor Royle, Lieut. Col. (Rtd) Alastair Cumming, OBE, Ian Martin, Pip Dodd, Janice Murray, Clive Hawkins, Amy Hurst, Mrs Kathleen Hughes, John Thorburn, Susan Windram, Mr S. Moyes, Rev. Frank Campbell, Rev. Douglas Nicol, Gordon Bell, Sarah Dallman, Walter Stephen, Dr Hugh Hagan, Scottish Arts Council, Dr Michael Robson, Elliot Broach, David MacDougall, Rosamond Brown, Helen Darling, Robert Claydon, Andrew Elliot, John Smail, Mrs Marion Dickson, Dorothy Kidd, Jeanie Scott, Eoin Watters, Kirsty Dixon, Lord David Steel, the Scotland Inheritance Fund and Dr Mark Mulhern, Sir Gerald Elliot, Dr Gordon Prestoungrange, Kay Hamilton, Dowager

Duchess of Hamilton, Ivor Guild, Dr Norman and Mrs Trish Godman, Pam Snell. To Birlinn Ltd for taking on this book, and to Neville Moir, Mairi Sutherland and Marianne Noble for ensuring its smooth passage to publication, particular thanks are owed. Sandra, my wife, has, as always, given constant encouragement and practical help. Whatever sins of commission or omission may remain in this book are to be blamed on me alone.

Ian MacDougall
Edinburgh

Johnny Elliot

Ah wis born in Lilliesleaf, in the cottage next tae the smiddy, on 24th o' October 1906. There's two cottages between the smiddy and the Cross Keys pub at the West End o' the village, and ah wis born in Rosebank, the yin nearest the smiddy. But ah dinnae think the cottage had a name then, it wis jist West End.

Ma father wis born aboot 1883 at West Middles farm, jist twae or three hunder yairds up the Hawick road frae Lilliesleaf. He wis the youngest o' three brothers. His two brothers Tom and Archie were born at Copsieholm, the auld name for Newcastleton, and came frae Copsieholm tae West Middles. Ah think ma grandfaither Elliot, a Newcastleton man himsel', had a cartin' contractor's business there when he took the Middles. Ah mind o' ma grandfither when ah wis small, for ah used tae lie wi' him – share a bed wi' him. He wis a tall man wi' a white beard. Every day after he got his breakfast aboot ten o'clock he'd make his way frae the Middles tae Lilliesleaf to the shoemaker's, auld John Park, and ben intae the back shop and sit and crack there, and then walk home for 12 o'clock for his dinner. And ah wis often wi' him. He died before the First World War, when ah wis a wee laddie and wasnae yet at the school. Ah never mind o' ma granny Elliot, she wis dead by the time ah wis born.[1]

Oh, well, ma father, had the dairy at the Middles. He delivered milk in Lilliesleaf for almost 30 years, mornin' and night. He wanted tae be a doctor but then they had nae money, so there were nae chance. Ah mind o' gaun wi' the milk cairt yin night wi' ma fither, and Dod Elder, a very hard-up kind o' chappie, dist like a walkin' stick – very thin, that lived across the road in the village frae Turnbull the grocer,[2] Dod Elder's wife come runnin' oot. 'Ee'll hae tae come in,' she says tae ma fither. 'Sam's got a cleek stuck in his leg in here, in his sock.' Sam wis the son, Sam Elder, a gamekeeper aboot Traquair, ah think. Faither went in and Sam's sittin wi' the stick and the cleek in here. So ma faither aye cairried a box o' disinfected powder because he did lots o' thae jobs. And he got this a' din wi' powder. Then he got thingaby's cut-throat razor, and he cut the cleek oot, sprinkled Sam's leg wi' hyodoform [sic], and it never ailed a thing.

Ma mother wis a Lilliesleaf girl, born and brought up in the village. She wis a Mitchell. The Mitchells, ma grandparents, had been for many years the grocers in Lilliesleaf, along ver' near the East End o' the village, next tae the auld police station.[3] There wis a road in roond their premises. They both belonged tae Lilliesleaf. Ah dinnae remember ma Mitchell grandparents, they were dead before ah wis born. Ma mother and her sister May Mitchell both mairried an Elliot o' the Middles: May mairried ma uncle Tom, ma fither's eldest brother. Ma uncle Archie, the middle brother, never got mairried, always a bachelor.

The Mitchells' grocery shop had a pony and trap and delivered away up by Ashkirk and never wis hame before 11 o'clock at night, no' in nae hurry whatsoever. They wid lowse the cart and horse and intae a ferm hoose for their supper, and maybe a fiddle gaun for hoors and hoors! Then three and fower mile hame efter that. Ah sometimes went with them when ah wis a laddie. Ma uncle Robert Mitchell drove the pony and trap. Uncle Robert wis gassed in the war. Ah think he was in the King's Own Scottish Borderers, jist called up. Ah remember him comin' back. He survived for a while. But he wis quite ill for the rest o' his life. He couldnae get his breath. He never din anythin' efter he come back. He died no' long efter the war. He wis really a casualty o' the war, though his name doesnae appear on the war memorial.[4]

Ah had two sisters and a brother. Ma sister Isobel wis the oldest, ah wis second, then ma brother. Ma brother wis aboot four year younger than me. He died at nine year old in the flu epidemic in 1919. Ma parents never got over that.[5] Then ma sister Mary wis the youngest. She wis shot in California aboot nine or ten years ago. A drug addict broke intae their hoose and shot them both, Mary and her husband.

Ma earliest memories o' Lilliesleaf are growin' up in the hoose at the West End where ah wis born. As a wee laddie ah can remember folk, shops, ferms and places then, before and durin' the 1914–18 War. St Dunstan, the ferm at the West End o' the village, wis tenanted by Will Young. Then efter St Dunstan came 'Dr' Blythe, who wis a cairter and kept a cow and the horse. And then ee came tae Will Falla, the blacksmith. On the other side o' the street frae there wis Tommy Steele, the mason and builder. Then next tae the Cross Keys pub ee came tae John McLean. He had the ground over Tinline at Bellfield and he farmed that. Ella Tinline, George Tinline's mother, kept sheep in't. The place must ha' belonged tae Ella. But John McLean rented it. And then there wis a little sweetie shop – Jeannie Borthwick's. Then ee came tae an entry up, and then ee came tae Andry Kerr, another carter, who kept a horse and cairted between the village and Belses station. Further along ee came tae George Riddell, wi' the big hoose standin' up on the side yonder. George had aboot 20 tae 30 acre o' land, which the Middles ferm aye rented off him. George didnae ferm it hissel': he wis a joiner and made carts and that kind o' thing – a cartwright. Later on Jim Wilson, a retired fermer frae Camieston, lived in that big hoose. Then ee went further along and ee got tae George Riddell's joiner's sheds and shop. Efter George Riddell, John Spiers the joiner took that over. Then ee went further along and tae the right ee came tae Turner the bootmaker. He had a little shop on the bottom flat and he selled shoes. The first pair o' boots ah got for workin' ah got frae Ruth Turner, his daughter. Turner wis the first man in the village tae own a car, and that wis before the First World War, before ah went tae school, and maybe aboot 1910. He had a horse and trap and sold it, and ah can mind o' his first car.[6] Then ee'd go further along and there's twae hooses doon below where there a dyke next tae the school. In yin hoose wis a rabbit catcher, Jim Robinson. And Jim's faither wis Jimmy the moleman. He had a pony and trap and went, oh, miles and miles, catchin' moles. He browght them hame and skinned them and sold the skins. Oh, they could sell them for use as coats, jackets, trousers – moleskins, aye. Oh, it must ha' been quite a profitable business, well, it widnae be much but it wid keep them goin'. That wis a' Jimmy the moleman did, jist caught moles and skinned them. At thae twae hooses doon ee gin doon a road and then ee gin up the steps tae come oot. At the top o' the steps wis a little buildin', and that wis where William Robinson, the tailor, worked. He sat in there, jist a little stone-built place, and made suits and onythin' ee liked. So Jimmy the moleman had the two sons, one wis Jim the rabbit catcher, the other wis William the tailor. Well, ee came oot at the top o' the steps yonder, and further along, on the other side frae the school, wis a draper, Riddell. Now their hoose wis Wellwood, ah think: it stood away doon there tae, wi' a lot o' ground. The school, as ah say, wis opposite Riddell the draper. Andrew Birrell wis the headmaster. And then, on that same side o' the main street, ee came tae the Currie Memorial Public Hall. Across the road frae there wis Geordie Broon, the baker, up a few steps tae the shop. Oh, they were a grand lot the Broons. And then ee come ferther along tae Jimmy Hume, the butcher's. Jimmy's faither – The Laird, oo ca'ed him, the Auld Laird – he had a hole made jist in the hedge at the road end yonder, and he'd a bicycle wheel in the back tae keep him frae gaun oot through the hedge, and a bar along the front. And he yaised tae sit there for, oh, days. He wis a character. He went tae Davidson's mart at Newtoon, and if ever there were onythin' aboot 6d for a sheep or onythin' he would buy it: gey auld tough meat. He kept them and selt them again. Ah mind when ma faither yaised tae gaun wi' the milk cairt, ee ken, on a Tuesday mornin' and he wid say tae him, 'Hey Jimmy, mun, three young sheep at yin and thrip, and a ewe at 6d. What the hell's the acreage?'! And he had tae kind o' coont it up for him. He couldnae coont or onythin'.[7]

Then opposite Hume the butcher there wis The Plough Inn pub. Ah can mind o' a man Geordie Broon had it. That wid be durin' the First War. Ah can mind Geordie Broon takin't. He had a wid leg. He kept the open waggonette and the horse and drove the papers and folk tae the village frae Belses station. Then, same side o' the street, ee came tae the grocer – Turnbull. He kept a couple o' horses and a lorry and delivered up, oh, Ashkirk an' a' thae ootby places. He had a big business. His wife had a side openin' when ah wis, oh, seven or eight, and she lived tae she wis 70 onyway. And, funny, her son George took the same thing; he didnae last long. Then across the road frae Turnbull wis, as ah say, Dod Elder, the very hard-up kind o' chappie. When Geordie Broon gien up the post, Dod Elder took it and kept his horse in the stables opposite the pub. But ah think Dod's health failed, oh, the post – a' weathers. Then Tammy Steele, the builder, took it up and Tammy did't for a long while. Then Jimmy the Post stayed next Dod Elder, opposite Turnbull the grocer's shop, and he drove the horse and waggonette for a long, long time. Whiles there wis a couple o' passengers. Then ee came tae the Mitchells' grocery shop. As ah've said, it had a pony and trap and delivered away up by Ashkirk and never wis hame before 11 o'clock at night. Then next tae the entry tae the Mitchell's shop ee came tae the auld police station. And opposite that wis Wat Hume, the tailor. But then Wat, tailor, didn't pay and Wat sterted an ironmongery business. It wis a big buildin' yon. And then opposite the sheds again wis the Post Office and the saddler's. The saddler wis a man they called Biltie Law, wi' a biltie foot. Well, ah dinnae ken whether that wis his right name, or whether that's the name he got. He had a club foot. He yaised tae get awfu' fu' at the Plough Inn at night, Biltie, and he'd hop along, staggerin' along wi' the club fit. But then he failed and had tae gie up the saddler's business. And Jim Henderson took the saddler's business, and he had a guid business then, what wi' binder canvasses an' a' that kind o' thing, ee ken, and harness, wi' a' thae horses on the ferms. He had a big business. But it must ha' dwindled away, tae, for Jim gien't up and turned his saddler's workshop intae a room in his hoose. And then he took up the papers and the telephone next door. So that wis the public telephone in there. And that wis the Post Office. Then ferther along the street, jist at the fit o' the Free Church manse, wis Alex Steele, Tommy Steele's father. He kind o' pottered aboot wi' things. He would have buildin' work tae begin wi', but he wis semi-retired. And then ee gaun ferther along and ee pass yon cottages and ee come tae Easter Lilliesleaf ferm, and the parish Church o' Scotland manse on the left. The first minister ah remember wis Dr Sym. He made ee listen: he had a powerful voice. Ee went tae the Sunday School and then ee met eer faither and mother gaun tae the kirk, and ee'd tae turn there and gaun away back tae the kirk, twice a day. Ee dist sat and ee listened. Ee took everythin' in frae Dr Sym. He wis a grand preacher, a nice man, and din a lot o' visitin', oh, a very, very friendly sort o' man.[8]

So that's the village frae end tae end when ah wis a laddie.

* * *

Ah remember stertin' at the school in the summer o' 1911. Andrew Birrell wis headmaster, and Miss Morrison wis the infant teacher. And, by God, they could teach. There were three teachers, there were a younger teacher, tae, but ah cannae mind what that other yin was. Oh, it was a grand school. When we were in the infants the first thing oo did wis sing in the mornin'. Ah can remember sittin' in the school and lookin' at the white print and ah couldnae see it for the sun in ma eyes, and ah couldnae look up. Ah should ha' had glasses then. Nobody ever said. Ah wisnae short-sighted, ah jist couldnae look at the sun or look up.[9]

And then it came lunchtime, and oo had a ha'penny for a roll and a ha'penny for tattie soup – school dinners. They made the tattie soup. They got a' the vegetables and things frae the fermers. And there wis a woman made the soup doon below, and then the twae biggest boys had tae gin doon and cairry the twae zinc pails up wi' the soup in them. Ee took eer bowl and they ladled it oot. Ee got that every day in the wintertime. Ee didnae go home for eer dinner. Ee jist sat at your desk and took your soup and roll, nae milk in those days.[10]

Miss Morrison was ma first teacher at the school. Ah got on grand wi' her. By God, if ee made a mistake or did onythin' wrong she cairried a cane aboot that length – aboot twae feet long – and gave ee a whack, dist ower the knuckles, the back o' the hand. Even as an infant ee got that. But she wis a right old teacher, a grand teacher. When it came tae Andrae Birrell, the headteacher, ee got the strap on eer palm. He had a strap but Miss Morrison had a cane. Then, as ah say, there was a middle teacher, a young lass. Ah never mind o' her ever usin' the strap. There were the three teachers and three rooms, and there wis a slidin' door between the middle room and the next yin, Andrew Birrell.

There were nae nature walks or onythin' like that at the school. Ee had gardenin' – half an hoor in gardenin'. The rest wis jist lessons. Oh, ah didnae like nane o' them, tae tell ee the truth! But ah like-ed drawin' and, oh, arithmetic, makin' oot bills and that, ah liked that. Spellin' wis difficult for me. Oo got history and geography, ee had eer times every week. Ah didn't like singin'. Ah've never liked it since ither. Oo sang hymns every mornin' in Miss Morrison's class.

There wis an annual school picnic at Riddell Mill Haugh, past St Dunstan ferm, and along the auld road tae Riddell Mill. Oo walked, there wis nae cairts. Oo've ta'en cairts tae Eildon Hall and things, but this wis walk.[11] Oo a' got thegither and of course oo wis a' decked oot. But the man in front wis Dick, Dickie Campbell, he cairried the big flag, and he would let nobody pass him, Dickie had tae be first. The flag, ah dinnae ken, wis jist oot the schule, ah think. Then oo' a' had little flags each, tae, Union Jacks, ee ken. But Dickie had the big yin and they had tae follae him. Oo got lemonade and rich tea biscuits, and some buns a' coated wi' pink icin' frae Geordie Broon the baker – the same buns every year! But ee did look forrit tae it. So did Dickie Campbell. Then oo had daist races, runnin' in eer bare feet, and jumpin', a sports day, and they were delighted. The parents were there, tae.

Dick Campbell wis a wee bit simple, and stayed doon in Riddell Lodge, across the white brig yonder at the Ale Water. Dick had a beard, and he'd land every night at the Post Office, waitin' for the gig comin' up. And a' us laddies wid be roond aboot him, ee ken. Somebody wid thraw a stane or a match even intae the road. By God, Dick'd get up on end. 'It'll cowp the post, cowp the post, Dick!' And he wid get intae the road and wid lift the match or the stane up. He came in for the papers, so then he got his twae or three papers and delivered them along the village. When he came tae Broon the baker's he went up yon steps and jist shoved his nose against the windae and held it there till Aggie Broon came oot wi' a bun for him.[12]

Ah've mentioned 'Dr' Blythe, at the West End o' Lilliesleaf. He wis a cairter. How he got ca'ed 'Dr' Blythe ah don't know. He wis a cairter, had a muckle big horse ca'ed Jimmy, and Jimmy could come along the village itsel'. But it would come right up tae the Cross Keys pub and stop at the door. 'Dr' Blythe always had what he ca'ed a schooner, a measure o' beer. Oh, he wis a terrible beer man, Seterday nights an' a'. He lived in yin o' the St Dunstan ferm cottages, and then his byre and stable wis jist next door. He had the horse and cairt and wid gaun tae Belses station and brought onythin' frae the station. He had a cow, tae. His wife Jenny kept the cow. They had nae family. Oh, he wis a nice man, 'Dr' Blythe. But he daist like-ed his pint. He took a gress perk between Bewlie and Belses, and made and cut it for hay, and cairted it hame. That's what kept the cow and horse gaun.[13]

Ah remember tramps that came aboot Lilliesleaf. Ah mind o' Big Aggie. And they ca'ed another yin Bet the Boar. Bet the Boar she wis a cracker. A' the kids o' the country wis feared for her. Bet the Boar smoked the pipe, a black pipe. She come occasionally. She'd have her rounds.

Then in the village oo had the Hand-ba'. Oh, ah've played the hand-ball game. It wis boys in the forenin, and ee jist stayed on tae the big yins in the efternin. It wis in February every year: 'First comes Candlemas, then the new moon. The first Tuesday efter or something is . . .'. It wis a fixed date. The couples mairried in that year, or when it wis a silver or golden weddin', presented a ball decked wi' ribbons. The school gave a ba' and the pubs gave a ba', and the pub yins put in maybe half a gallon o' beer for the prize. If ee hailed the ba' it jist depends if ee got money. Ma silver weddin' ball at Lilliesleaf wis years later when ah wis at Greenbanks ferm, up at Roberton, beyond Hawick. Ah put £2 on the ball, if the ball wis brought back. So it wis brought back. Och, ah took part every year masel', adult as well, in the Hand-ba'. So did Auld Bobby Dal. That wis yin thing he always came tae, the Ba' in the efternin. He wis a grand smuggler, but he wisnae a guid runner. But, by, he wis always in the tough o't.[14] Well, in the Hand-ba' there were twae hails. The Westies went tae yon young wid at Tammy Steele's, across the Hawick–Middles road yonder. And the Easties went tae the kirkyaird at the other end o' Lilliesleaf. The ba' had tae be ower the dyke at the kirkyaird. There were nae ither rules, ee could dae what ee liked. Ee could get away oot – three or fower miles oot if ee liked, or across the Ale Water.

There were nae boundaries. And ee could hide the ba' anywhere – which wis a' wrong. There wis somebody took a ball away oot, three mile oot. Then they wid keep the ball, as long as naebody wis followin' them, and then slink in and pit it ower the dyke at the kirkyaird or ower the wood at Tammy Steele's. At times the Hand-ba' wis, och, rough – toosy! Och, they came frae Denholm, Hobkirk, Ancrum, and a' the villages roond aboot tae take part in the Lilliesleaf Hand-ba'. Hobkirk and Ancrum and Denholm a' had their ain Hand-ba', and there's a big yin at Jedburgh: good gracious, it lests there tae aboot eicht or nine o'clock at night, and they come frae Hobkirk and Denholm tae it. At Lilliesleaf the Hand-ba' went back since ever ah mind, long, long afore ah wis born. Oh, it wis a great day, the Ba' Day.

At the time ah wis at Lilliesleaf School, jist before and durin' the First War, there'd be close on 100 pupils. Mind, there were an awfa lot o' bairns on the ferms then. So the pupils were mainly bairns o' ferm workers, but some fermers' bairns, tae. Some o' them drove in wi' a pony and governess cart frae the like o' Synton Mill away up near Ashkirk. There were a brother and sister frae there. That wis a good bit away. They parked the governess cart at John Maclean's. But they were never in nae hurry tae gaun hame. The pupils came frae no' jist the village itsel', oh, no, a' roond, a' ower the parish – Netherraw, Standhill, Bewliehill, Clarilaw, Clerklands. And, oh, they a' walked, they a' had tae walk. And of course when the spring came they jist took their boots off, tied the laces thegither, hing them ower their back, and away barefoot. Oh, that wis common, common. Ah had bare feet masel', and waggled them among the dust at the side o' the road: when the sun wis shinin' the dust wis warm.[15]

They were stone roads of course, jist the stones and clay on the top, and then they watered them in, then they rolled them. And that wis the roads. It wis sair on the feet at first. There wis one man broke all the stones for the roads roond aboot Lilliesleaf, a man they called Tommy Bell, wi' a wid leg. Ah couldnae say whether he wis an old soldier. He'd had a wood leg since ever ah mind o' him. And he had a high stool, a three-legged stool, and he sat there wi' his leg oot. And, oh, tons and tons o' stones tae break! He broke the bigger stones up into sma'er yins. Oh, a terrible job. Daist hammers he yaised tae break them, maybe three different kinds o' hammers. Oh, it wis a long slow job. But he had the thing as neat as ninepence when it wis finished. Stones wis up aboot that height and slope-ed at the sides. He had a yard, or a bit cut out, on the roadside, where they cowped the big stones. Tommy Bell broke them there, and then the contractors, little fermers, carted them for the road.

Well, at the school oo went frae the infants to the middle room, and then maybe when ee were aboot nine or ten ee went intae Mr Birrell's class. Some o' them wid jist leave at 12, if they got a job, but maist o' them left at 14. Maist o' them got jobs on farms, or estates, ee ken, if they belonged on an estate likes o' Riddell. If there wis a boy or a lassie leavin' the school they were jist employed wi' the estate.[16]

Riddell belonged tae Major Mark Sprot, and he owned most o' the farms of course, he wis the biggest landowner. Ee didnae have the Duke o' Buccleuch or the Marquis o' Lothian ownin' land roond aboot Lilliesleaf. It wis a' Sprot about there. There were nae fermers that owned their own land. When ah wis a boy they were a' tenants – for a long time anyway – and most o' them were tenants to Sprot.

* * *

Ah remember the outbreak o' the First World War. Ah remember the sojers, Regulars, a whole regiment, ah wid think, hundreds o' men, walkin' from Stobs camp at the other side o' Hawick. Ah dinnae ken where they were goin', but shiftin' wherever they were shiftin' tae. But they didnae camp. They jist stopped for a rest, sat doon on the Common at the West End o' Lilliesleaf yonder. When they marched away, a few boys, maself included, we marched behind them. And then there were the Territorials, the Reserve onyway. There were Territorials at Lilliesleaf, because ah mind Bobby Dal, Robert Dalgleish, oor young fellow at the West Middles, wis called up for them. But Bobby never wis away: oo couldnae dae withoot him. He wis exempted, and wis aye at the Middles a' his life. What a man, oh! A little man, wi a big heavy dark moustache. He like-ed his pint o' beer on a Saturday, that wis a' he ever lived for. But work – oh! Ee couldnae stop him workin', min.

And ah mind Andrew Birrell's son wis called up at the war. And ah remember the day when Andrew Birrell got word he wis missin'. Mr Birrell wis in the classroom at the school when he got the news. He got a telegram. Ah remember him comin' intae the classroom. Ah wis in his class at the time. He didnae dismiss the class for the day, he jist carried on. He wis terribly upset. But he jist carried on. Ah couldnae tell ee what his son had din before the war, he wisnae livin' in the village. He wis a lot older as me. Ah think he wis an only son.

9

He's the first name on the village war memorial: Andrew S. Birrell, 2nd Lieutenant, King's Own Scottish Borderers.[17]

Ah remember some o' the men killed that are on the war memorial. David Moody: ah mind o' the Moodys, they were at Riddell estate wi' Sprot. Andrew Lindores: ah mind o' Lindoreses. Andrew McKinnon: ah mind o' the McKinnons because we had yin o' them – probably his brother – as a plooman at the Middles, and the McKinnons lived in the village. Arthur Sword: now ah mind o' the Swords, ah think they came tae Lilliesleaf frae Selkirk, and ah think they stayed opposite the school. Sgt Joseph Cochrane, Argyll & Sutherland Highlanders: well, there were Cochranes at Linthill for a long, long time. He may have been one o' them. Dave Cochrane wis at Linthill. James Robinson, Royal Scots: that's the rabbit catcher, ah remember him. Ah remember he wis comin' home, and oo were a' waitin' for him comin' off the post thing. And there wis word come through that he wis missin'. He never come back. Then ah can mind o' his brother, Tailor Robinson, comin' back wounded, probably hae shrapnel in the leg or something; and ma Uncle Bob Mitchell, of course, that wis gassed. Ma father wis exempted, of course, as a landworker. [See also Appendix: Lilliesleaf War Memorial.]

* * *

At the end o' the war in 1918 ah went frae Lilliesleaf School tae Hawick High School. Ee had tae sit the Qualifyin' exam at 12 and ah passed. Ah didnae want tae go tae Hawick High School. But, well, ma Uncle Erchie at the Middles says, 'Ah'll buy you a bike.' And he bought me a split new bike, a New Hudson, a right strong bike, wi' wide mudguards. So ah left home at Rosebank Cottage in the village at quarter tae eight and cycled every mornin' tae Belses station. That took mair than half an hoor. Oo left the bikes at Belses. Ah think the train wis aboot half past eight. Because by the time oo got tae Hawick and walked frae Hawick station at this end tae the High School at yon end the school wis in.

There were four o' us, a' the same age, went then frae Lilliesleaf tae Hawick School: Willie Douglas, the fencer's son, Jim Robinson, him that's faither wis the rabbit catcher, Andy Henderson, the postmaster's son, and masel'. We a' waited on yin another in the mornin', and a' cycled thegither tae Belses. We a' started at the High School then. Oo must ha' been the first pupils tae go frae Lilliesleaf tae the High School, must ha' been. Before that the pupils had jist stayed on at the village school. Oo were the pioneers, and now thae three others are a' dead. There werenae any girls went – there were some frae Ancrum, but no' frae Lilliesleaf. Ah dinnae ken why no girls went frae Lilliesleaf.[18]

Well, at the High School ah enjoyed physics, science and art, and then there wis doon below – speelin' the ropes, ah liked that fine. And ah like-ed woodwork. But as for the rest . . . Tae tell ee the truth, ah didnae like any o't. Ah never settled doon. Ah wanted away tae work, ah wis keen tae start workin'. But ah can see the teachers yet. Big John Lawrie, a muckle ugly-lookin' man, he wis the Latin teacher. Then there wis the French teacher, and the physics and art teacher.

Ye had tae take a piece and a bottle o' milk wi' you. Of course, ah wis a' right for milk at the Middles! And ee jist had tae sit in the cloakroom and take it. Oh, heavens, it wis a long day. Naebody kent. They talked aboot daein' lessons when ee came hame at night. How the demn can ee dae lessons efter seven o'clock at night and had nae meat or onythin'?

The day at the High School wis nine till four, then oo walked back down tae the station. Oo were a' pals thegither, the four o' us. The train wis at half past five. It wis a long wait. But oo came right along tae the station and sat in it – but oo got intae trouble wi' shuttin' the doors and yin thing and another, a' sorts o' mischief. The station porters must ha' been driven mad wi' oo. Then the train came at half past five. Oo'd Hassendean station tae pass first, then back intae Belses aboot six o'clock, then ee'd the three miles tae cycle tae Lilliesleaf, between three and four mile, and no' a flat road either. Ee had tae walk up Hungry Hill.[19] Oo a' came back thegither tae the village aboot quarter tae seven: oh, it wis a long day. Ee hadnae much time for enjoyment onyway. Ma mother would have ma dinner ready when ah came in. Ma fither had his dinner at 12 o'clock in the middle o' the day, had his tea aboot six o'clock, and then he did the milkin' efter that. Efter ma dinner ah wis expected tae dae homework. Ah didnae dae't very often, mind. So ah wis in trouble!

At the High School the discipline wis strict, strict. But when the lamb sales at Hawick came on, oo moved at two o'clock – oot the school, and trailed the school bag along the bottom o' the dyke until oo got oot o' sight o' them, and away tae the mart. Ah had a pal ca'ed Jim Grieve that's been president o' the National Farmers' Union but died a few years ago, and his brother Vivian that wis killed in the war. They were in Branxholm Braes farm, and oo aye joined up, the three o' oo. So oo were truants and, oh, often, often in trouble. But, oh, ah didnae like the school. But it didnae seem tae maitter: the day wid come when oo could leave. And it came kind o' quick for me!

Ah wis at the High School two years, 1918–20. Ma parents didnae want me to stay on at school, and were quite willin' ah should leave at 14. What happened wis, ma auldest uncle, Tom Elliot, had got another farm – Shawburn, across the Ale Water frae Lilliesleaf. Ah came home from Hawick High School one night and ma Uncle Tom's trap and pony wis standin' at the door. And his maid wis there and she said, 'Your uncle's pony ran away this efternoon, and your uncle wis knocked doon and he's broken his leg. And he says ee've tae be there at five o'clock the morn's mornin' 'cause the ewes are intil the lambin' field and ee've tae dae the lambin'.' Ah jist looked at ma faither, and he said, 'Oh, ee'll have tae gaun. There's naebody else.' So ah left for Shawburn at five o'clock the next mornin'. So that wis the feeneesh o' ma schoolin'. Ah had no wish whatever to continue ma schoolin', none whatever. Ah wanted the dog and stick – tae work wi' sheep. Ah stayed then workin' at Shawburn for a couple o' years till ma father got Longnewton Mill farm in 1922, and ah shifted away tae Longnewton Mill.[20]

At Shawburn they had two ploomen, a cattleman and a maid. Ah wis the boss. That wis ma first job, but at 14 ah had tae take over as boss. Ah wisnae nervous. It wis a good apprenticeship for me. But, och, ah wis always keen on farmin'. Since ever ah could walk ah wis ower at the Middles, and ee were sent as a laddie away for the dairy cows away oot by the Crags yonder – 250 gallon o' water tae pump intae troughs for them the next day.[21] Ah wis always workin' at the Middles. Ee never got summer holidays: ee were at the Middles trampin' rucks, put on tae the top of the ruck tae tramp it. So ah wis really quite experienced by the time ah had tae go and work at Shawburn.

Well, Dr Graham came frae Selkirk every day tae see tae ma Uncle Tom's leg, and there wis a nurse there day and night at Shawburn. So ah worked there for, oh, two years. Uncle Tom's leg wis a' right again, but ah jist cairried on there. Uncle Tom widnae let iz away of course. And if ma faither hadnae got another farm at Longnewton Mill in 1922 ah wid jist ha' stayed on at Shawburn.

So ah shiftted away wi' ma faither tae Longnitten Mill when ah wis 16. We wis there for 17 years. Now though it wis a' sheep at Shawburn an' a', neither ma Uncle Tom at Shawburn nor ma Uncle Archie at Middles, nor ma fither, had much interest in sheep. In fact, ma faither never had ony interest in sheep. But ah sterted tae sheep at Longnewton Mill when ah went there.

It wis mainly arable and stock – cattle and sheep – farmin' roond aboot Lilliesleaf. A' the ferms roond aboot had some breedin' stock. It wis mixed farmin', no' really sheep farms. They grew turnips mainly for the sheep, and there were a few fields o' tatties. Durin' the war there wis a big emphasis on grain – barley, oats. That wis the routine. Some folk, no' very many, it wisnae a regular thing, grew mangel-wurzels.

Ah never farmed land that wis owned by Major Sprot o' Riddell.[22] But the Sprots were regarded as the best o' landlords. If ee wis a tenant, Major Mark Sprot wid ride in on a Seterday efternin on eer farm and stop in the steedin' when ee wis feedin' the cattle and asked if ee needed onythin'. If ee'd plenty cattle would ee need another shed? Oh, it wis unusual for landowners tae take that kind o' interest. Most o' them were pretty graspin'. But the Sprots were a' right, right gentry. From the tenant farmers' point o' view they were good landowners tae have, no doubt aboot that. If ee'd a bit break in the fence: 'Send a cart up tae the sawmill for some rails and stobs.' And then they had the sheep dipper on Riddell estate, where some landowners had nae dipper. Oo'd nae sheep dipper and oo'd tae drive the sheep a' tae Riddell. Of course, at the Middles we had a lot o' grass parks off Riddell in thae days. When ah wis a boy there wis one year the Middles in fact had a' the grass parks on Riddell estate. They couldnae let them. Ah mind the only bargain they had wis there wis a field near the hoose: 'Would ee cut it in hay and bring it in tae the shed?' And that would be part o' the payment for the estate.

The ferms roond aboot Lilliesleaf were a' well enough fermed, quite efficient wi' their couple o' pairs o' horses. Ah dinnae think there'd be much change on the farms there in a' the years ah wis at the Middles, Shawburn and Longnitten Mill, frae before the 1914–18 till after the 1939–45 War – except the change in implements: tractors instead o' horses, and fewer men. The horses went out mainly before the Second War. Oh, there wis a lot o' the horsemen wadnae have naethin' tae dae wi' a tractor. But that wis the main change. And then of course grain got tae sic a price that there wis more fields ploughed and fewer stock, cattle and sheep. And there's nothin like the number o' farm workers now as in thae years. That's the way there's been as many farm cottages tae sell, they didnae need them for ferm workers. And that's affected everythin': the village shops, the school, everythin'. So in ma lifetime mechanisation and the fa' in numbers o' ferm workers have been the main changes in and around Lilliesleaf.

When ah wis young, oh, the ferm workers had hard conditions.

They hadnae much money, but the maist o' them had plenty tae eat. Tatties were part o' their wages: some o' them had three hunder yairds o' tatties. Some o' them could sell half a ton o' tatties. Ee gien them the ground and they planted the tatties theirsel'. Oh, they had a' their three hunder or fower hunder yairds o' tatties.

Then every term time there wis flittins o' the workers wi' horse and cart. Ee saw them gaun along the road an ee knew it wis term time. If ee wis a ferm worker ee went away the night before wi' the horse and cart and got there – eer new place – in daylight maybe, and then lowsed the horse for a wee while and got a cup o' tea and maybe a boiled egg frae them. And then as soon as it wis half light ee sterted tae load and come away. Oh, ah've din that but no' often, because as fermers oo never had very much flittin, never: the men always stayed. Then ah never had any dealins wi' the Farm Workers' Union. Ah wis on ma own or wi' the sheep. An' ah never kent ony o' oor men being a member o' the Union either. Ah never heard tell o' many members in and aroond Lilliesleaf.[23]

The ferm workers'd go tae one hirin' fair – Earlston hirin', and, oh, there wis a fair at Hawick. Ah think Lilliesleaf men went tae Earlston, oors did anyway. Well, ah had only twae ever went, and they had nae intention o' leavin'. It wis in April, ah think. May and November were the term times. They got half a croon on the day they went tae the hirin' – that wis their half-croon for stayin' on the ferm where they were. Ee ca'ed the half-croon erles – arles. The fermer wid go tae the worker and say, 'Are ee stayin' on again?' 'Oh, aye.' 'There ee are, there's half a croon.' It wis a sort o' guidwill payment. At the Middles, oh, ma Uncle Archie wid never ask Auld Bob Dal if he wis stayin' on: he never needed tae, never, he jist kenned he wis stayin' on. Bob never tried tae go anywhere else. He'd never gone tae a hirin' either. Ah never went tae yin masel' but, oh, it wis held jist in the open air, in the street jist. Ee picked eer man and went and asked him if he wis tae hire.[24]

Ah mentioned Bob Dal there. Bob belonged Bonchester. He came tae Easter ferm at Lilliesleaf, ah think, when he wis 15. But ah dinnae think he'd be many months at Easter till he landed at the Middles, and ah wis jist a wee lad there that day he landed before the 1914–18 War. Bob'd be aboot ten years aulder as me. He went up intae the bothy abune the stable tae live, a little bedroom abune the stable, and he wis there until he mairried. When ah wis in ma teens ah wis best man at his wedding. He mairried Anne Steele, they were at Newhoose, ootside Lilliesleaf, on the road tae Hermiston, her brothers and her.

He wis married in a cottage at Newhoose, and the ceilidh wis in the granary at Newhoose that night, oh, a grand affair. A' the fermers roond aboot had their traps oot in there. In thae days it wis common tae jist have the weddin' in the hoose, jist in front o' the fire. Ah dinnae ken why people didnae get married in the church, ah dinnae think it wis less formal than the church. But, oh, there widnae be much spent, it wid be all hame produced, hame cookin'. There wis dancin' at Bob's wedding tae three and fower o'clock in the mornin'. They lived first at Cotfield, up the Hawick road frae the village, then they came into that cottage next tae the Cross Keys, before Shawburn retired there. Then they went tae live at the Middles fermhoose when Billy Inglis o' St Dunstan ferm bought the Middles durin' the war. Oh, Bob Dal was greatly liked in Lilliesleaf, he'd help everybody.[25]

Then politics at Lilliesleaf, well, ah don't think the folk in the village knew a thing aboot it. Politics would never enter their mind, never – jist at elections. Oh, the ferm workers wanted naethin' tae dae wi' anything like that.

Most folk in the village in thae days went tae church fairly regularly, ah think. Oh, plenty never went near-hand the church, never: they werenae religious. It never came intae their minds. Ah mean, the maist o' them were daist there for their work.

* * *

Well, Longnitten Mill, when ma faither and I went there aboot 1922, was a 200-acre ferm. It belonged tae the farmer next door – Allan o' Longnewton. The Middles had 200-odd acre tae, a fair sized farm, and it never altered, never lost, never gained. They're a' aboot that roond aboot Lilliesleaf, aboot 200 acre. Ma family were the tenants at the Middles o' Major Sprot o' Riddell until, after ma faither went to Longnewton Mill in 1922, Uncle Archie bought the Middles. Ah think it wid be £2,000 – a helluva lot o' money, but £1,000 o' it put in by ma Uncle Tom o' Shawburn. And ah wis the heir tae the Middles, that's what it wis bought for, so ah would have a farm when ah grew up: neither Uncle Tom nor Uncle Archie had any bairns, ah wis the only yin in the family. When Uncle Archie bought the Middles he came doon tae Longnitten Mill on the day. 'Now,' he says, 'ah've bought the Middles. And it's for you. So,' he says, 'ee can make up your mind. Ee can come up the morn, and put a collar and tie on if ee like, and farm it.' But ma faither wis left wi' naethin' hardly at Longnitten Mill. So, 'No,' ah says, 'if ah leave ma faither that's it finished.' So ah stayed wi' ma faither at Longnitten Mill and never did gain the Middles. Every week ah wis at Longnitten Mill ah went up tae the Middles jist tae see Uncle Archie. He wis delighted when ah went up. But ah got nothin' at the feenish. When Uncle Archie died durin' the war Uncle Tom of course reckoned there were £1,000 that belonged tae him. He wanted it back. Ony other uncle wid have said, 'Oh, leave thon for John. If he pays back the £1,000, good and well. If he disnae . . . '. Ah never got the chance. It'd be Uncle Tom that made the will, ah think Uncle Archie wid have naethin' tae dae wi' it at the finish. He'd jist be a wee bit gone. It was Uncle Tom that took him away tae make the will. Uncle Tom inherited what there was. Ma father got something, but he never said tae me what he got. When Uncle Archie died the Middles wis sold and it wis bought for £2,000 by Willie Inglis o' St Dunstan farm.

Onyway, as ah say, Longnewton Mill wis 200 acre. The rent o't wis 30 shillin' an acre, and it wis too dear. A' that came off the ferm didnae pay the men's wages. Then efter aboot 17 years there ma faither had an operation and wasnae very great. Ah says, 'Well, ah'm goin' tae take the rent tae arbitration.' So ah got the rent doon tae £1 an acre. The next month ah got word frae Allan, the laird: 'Get out.' Oh, he thowght he could make mair fermin' it hissel'. There wis nae security o' tenure. Oh, ma faither and me had a struggle at Longnitten Mill thae 17 years, it wis a struggle. We were livin' jist very next tae poverty. When oo got word tae gin oot, oh, ma faither wis in an awfy state. 'Well,' ah says, 'ah'll jist have tae gaun and take a job.' What ma faither wis gaun tae live on ah don't know. He wis in his fifties by then. However, there wis a man had bought Bewliehill, the ferm next door tae Longnitten Mill, oh, a kind o' jukery-pokery fella, nae fermer at a'. So ah heard he wis gaun tae let Bewliehill. So ah went up day efter day and tried tae make a bargain wi' him. At the feeneesh ah got it for a rent o' twae hunder pound a year, £1 an acre. Ah put it a' away tae grass. Ah wis gaun tae dae't masel'. And ma father got a hoose at Midlem Mill. However, ah met the owner o' Bewliehill one day. 'Oh,' he says, 'ah'm goin' tae sell the place.' Ah says tae him, 'What d'ee want for't ?' 'Oh, twae thoosand pound.' 'Oh, well,' ah says, 'demned little hope o' me. The bank belongs a'thing we hev. Oh, well,' ah says, 'ah'll jist hae tae shift again.'

Well, one day there wis a ferm, Westerside in West Loch at Coldingham in Berwickshire. 'Oh, God,' ah says, 'that's away oot oo. Ah've never been in Coldingham, never seen the sea.' Ma faither says, 'Oh, mun, it's away oot o' your district, ee ken naebody there and it'll never dae.' Ah says, 'Oo're gaun anyway.' So oo went doon tae Coldingham. It wis jist before the war broke oot in 1939. Westerside wis 350 acres, the rent wis £180 – a very, very low rent, and ah had twae hunder sheep tae take frae Bewliehill tae pit on't. Ah think the folk roond aboot Coldingham'd never seen as mony sheep in their life. Ah wis jist masel', din everythin' masel', no workers. Well, ma father worked away but there really wisnae much he could dae and ah didnae want him tae dae very much because he'd worked plenty. Ah worked away at Westerside till ah got things ongoin', bowght the cheapest implements ah could – onythin' in below £1 ah bowght! An' ah feeneeshed up wi' fower hunder yowes and lambs.

And then the ferm wis tae be selt by the landowner. 'Well,' ah says, 'ah'm no' gaun oot unless ah get another ferm, 'cause ah have a lease o' it.' Ah wis tae get a hill ferm at Duns, but a man frae Ancrum offered a hundred pound more than ah had offered. So that wis that. Ah'd tae gie up Westerside in 1948. Then ah rented a ferm, 620 acre, at Greenbanks, by Roberton, up the Borthwick valley frae Hawick. Ah met a traiveller yae day. 'Mun,' he says tae me, 'ah wis born and bred up here. Greenbanks ruined the last three fermers, ruined them, bankrupted them. And,' he says, 'ee're the only man ever that's been in Greenbanks that made money.' Well, ah stayed there 45 years till ah retired. Ah never had any regrets about takin' up sheep farmin'. That wis ma life.[26]

Tam Borthwick

Ma earliest recollections are o' growin' up in Lilliesleaf, though ah wis born on Christmas Day 1907 at Midlem Mill in Bowden parish. Ah think ah wis called after ma grandfather. He belonged Lilliesleaf. Ah remember him clearly o' course. He wis 85 when he died in 1934.[1] He din the same as me, he had a lot o' work. He workit for years at Synton estate, quite far up beyond Clerklands, near Ashkirk, breakin' stones up in the quarry. And he yaised tae walk daily aboot seven or eight mile frae Lilliesleaf tae there. Ten years he did that, and he yaised tae be up there for seven o'clock every mornin'. Ma grandfather and ma mother brought me up. Ah had one sister, Margaret, aboot 12 years younger as me. We never knew ma father at all. Ma mother wis left lookin' after ma grandfather till he died.

Ah've very little recollections o' Lilliesleaf afore ah sterted the schule. Ah can mind o' the schule maisters and the ministers and the like o' that jist. The Rev. Dr Sym's the first minister ah can remember. Later on ah joined the church wi' him. He wis a tall man and a white beard, he lookit elderly. It wis Edinburgh he came frae, he's buried in Edinburgh anyway. He wis minister a number o' years, and he wis a good preacher. Then ah mind o' Mr Birrell, the school maister for many years. He wis a great man. He'd tae do wi' a lot o' things. He wis the heidmaister when ah went tae schule, and he wis there when ah left. Ah got a' ma teachin' under him like and, well, the yins ablow him tae.

Ah can remember the First World War, but ah cannae mind much about the war. Mr Birrell's son wis killed in the war, and that brought it in tae ee in the school when he got word that mornin'. The first thing ah can remember aboot the war wis when they enlisted here. They enlisted at the Currie Memorial Hall there, and ee seen them joinin' up there, ken, they came roond volunteerin'. The Territorials, oh, there were a lot in't: Geordie Borthwick and Tam Moody, Wullie Robinson. The first yins away, they had tae go right away. Ah can remember the Territorials leavin' Lilliesleaf. A lot o' the farm workers volunteered: James Wilson, he worked at Friarshaw farm. As ah say, ah wis in the school when the news, a telegram, come through aboot Mr Birrell's son. Mr Birrell went off for that day, packed in that day like. But he wis back the next mornin'. O' the other men killed there's yin a Borthwick – Arthur Borthwick, ma grandfather's brother's son. I mind him. He'd be a second cousin, a lot more as ten years aulder as me. He wis ca'ed after the Rev. Sym: Arthur Pollock Sym Borthwick. That wis the first time Mr Sym had christened somebody in Lilliesleaf. And then, well, there were two o' ma uncles went abroad afore the war and were over here on the Canadian service. That wis the only time ever ah met them. They got off the train at Hassendean and ah went wi' ma grandfaither tae meet them, sae fer up the Hawick road. The auldest one, John Borthwick, he wis the heavyweight boxin' champion o' Canada and he wis in the police force.[2]

O' the men on the Lilliesleaf war memorial ah remember Frank Kerr, Andrew Kerr the coal merchant's son. He lived in Hawthorn Cottage, at the west end yonder o' the village. They came from Belses. They yaised tae bag the coals at Belses and deliver them in the village. Then David Moody: ah'm no' shair o' that yin. Ee see, there were different Moodys roond aboot here. Robert Armstrong: ah think that wis a fellae frae the Ashkirk side, they could be aboot Clerklands. William Bell: wis another farm worker but ah cannae mind where he wis aboot. John Irvine: there wis an Irvine that used tae be at Clerklands, ah think. Andrew Lindores: ah can mind the name, ah cannae mind where he wis workin'. Andrew McKinnon: that wis a Lilliesleaf man. He'd be an older brother o' Tom McKinnon, that worked wi' me at Harelaw farm. Joseph Cochrane: that wis Linthill, ah think his father wis the gardener doon there. Robert Hume: ah think that wad be the brother o' Jimmy Hume, the butcher. Pringle Leithead: that rings a bell, he wis roond aboot here somewhere. James Robinson: he wis a molecatcher, his father was anyway. They lived doon in Bishop's Close, away doon by the schule. Adam Wilson: well, ah think his father and mother would be aboot Newhoose farm then.

Ah went tae the schule at Lilliesleaf at roughly five years o' age. At the schule ah started wi' Miss Morrison in the infant class. The infants' room was on its own, then ye had a bit in the middle where they yaised tae dae the cookin'. Then in Mr Birrell's room ye had a parteetion in atween, ye could open up that parteetion and make it a' intae one classroom. And a lady teacher wis in the other room. There were four teachers when ah went tae the school. Ah quite enjoyed ma school days. They were good teachers, encouraged ee, strict discipline: oh, ye got the tawse a' right, ah got it quite often! I like-ed readin' and singin' – *Hearts o' Oak* and a' that. Ah didnae enjoy arithmetic, and ah wis hopeless at essays. Ah like-ed tae watch nature. Then ee'd plots for gardenin', six or eight different plots, oh, ah enjoyed gardenin'. And then they had three or four goats, Mr Birrell kept them.

Ye didnae go hame at dinnertime, ye jist got a bowl o' soup wi' a bit bread at the schule. I think it wis aboot a penny. The mothers yaised tae make the soup in the soup kitchen doon in the playground, there wis a separate place for that. Ma mother wis makin' the soup like, she worked in the school kitchen. That's why she couldnae be at home midday. Then ee got your dinner when ee went home at night.

There'd be more children in there at the schule then as what there are now, because there were big faimlies then and they came frae a' the ferms aroond. A' your country yins had tae walk tae the school from Clerklands, Prieston, Firth, and a' thae bits. Ah can mind them a' maistly ah wis friendly wi' at the school. There wis Len Scott, Johnny Boyd and Peter Boyd o' Cotfield.[3]

Ah left school when ah wis 14 in 1921 or 1922. Some o' them went tae Hawick High School: ee'd tae pass a certain grade, and had tae bike tae Belses station and get the train tae Hawick, and bike back again at night. Ah would ha' like-ed tae have gone tae the High School. But then it jist depended how ee passed. There wis very few passed in thae days: ee'd maybe get two boys and two girls, or six at the most. Ah wis really interested in the school, but instead ah had tae leave and start work.

Oh, ah had a lot o' odd jobs, jist here and there, workin' wi joiners – maybe a week wi' them and aways. Ee had nae other choice, ee had tae take what wis goin'. Ye hadnae much choice roond Lilliesleaf. Ye see, if ye'd wanted tae be an engine driver, ye'd had tae traivel away tae Hawick. But ah never thought on havin' an ambition like that, there wis nae point even thinkin' aboot it.

Yin o' ma first jobs wis when ah wis plantin' trees at Riddell estate at the back o' the Tower, cairryin' the young trees to two workers tae plant.[4] They were jist spruce and what-not. And ah seen them grow and later cut down. Well, that wid be aboot ma first job after ah left the schule. And then ah wis jist away workin' at yer ain hand at different jobs. Ee wis away whiles shawin' turnips in the wintertime, and singlin' in the summertime – a penny ha'penny [0.5p] a hunder yairds! Ah wis wi' Douglas the fencer a while. In fact, ah wis twice wi' him. Ye wis maistly away in lodgins every week. Aboot the furthest away ah wis wis doon in Broomhill in Northumberland where the miners wis, and then roond aboot Lauder and Earlston, fencin'.

Ah enjoyed the fencin', oh, it wis an interestin' job. But eer biggest job wis diggin' postholes wi' jist the spade and the piercer, ee ken, diggin' them oot. Ee'd tae make twae or three steps doon tae get doon intae the bottom. Six feet down ee'd tae go for the roond post. That wis the strainin' post that held the fence thegither. It depends on the straight. If it's a straight bit ye could get a long distance. But then ee've tae get another bit in a corner, yin there and ye turned the corner and away. Ee'd maybe have four or five posts in a certain fence, in other yins ee'd jist have three. If it wis a big square field ee'd maybe only need four. The distance atween the posts wid be aboot five feet or four feet. Ee'd a piercer, aboot fower or five feet in length, pierced eer hole, and put eer piercer doon tae get the next the place for the next hole, say, aboot fower and half or five feet atween the stobs. If ee came tae rock and couldnae get doon, ee maybe had tae make a wee bit alteration, but usually it wis jist the length o' the piercer frae yin post tae the next. But eer biggest job wis gin over a hollae. Oo wis sent tae the Brundean Laws there – it's two hills – tae pit a fence right over the top and divide the hills. Ee went doon intae the fer side and intae a kind o' bog. Ee'd a job gettin' eer post doon in there. Ee'd tae nail boards across and big stones in tae haud it doon. It wis a long job and it took iz days. Oo slept in the ridin' stable in the nights and made eer meals in there. And the old tin flasks – tea bottles. Oh, a hard life. Ah'd be aboot 16 year auld then.[5]

Stretchin' the wire for the fencin' wis a dangerous job. Ye ca'ed the fencing machine, a big thing wi' rollers, and ee tightened up wi' it by hand, ee see, as ee went. Ee had a machine and certain bits – eer top wire and the next yin, and ee had thir rollers in, nick-ed rollers, wi' a clutch on't. Ee had a key up the side for pullin' up, and the clutch held ee wherever ee wis aboot. But when ee came tae take it off the fencin', ken, when ee wis feenished – that wis the dangerous bit. Ee pit stobs in where the wire come and ee bored the post for the wires like, and ee'd tae hammer thae in. And often ee'd tae watch thae rollers didnae come off the machine. Before ah started like, one fellae got hurt there and ah think he died over the heid o' it. He worked wi' Douglas, and see, the handle came back and hit him. Ee had tae be very careful. But there wis nae safety trainin' at a', jist learned as ye went. Ye learned off o' Mr Douglas senior, that wis a'. Oh, he wis a good worker. J.B. Turnbull, the timber merchants, used tae supply stuff tae the places, and then it wis delivered on tae the fields. Mr Douglas took it. Whether he went on contract for the job or sae much for the job, ah dinnae ken. He jist paid us a wage like, paid by the day, but ah cannae remember what it wis, ah've nae idea. And if it wis a wet day ee lost eer wage.

In the fencin' ee started about seven in the mornin' and on tae five. Ee had aye a second breakfast, daist quarter o' an hoor or 20 minutes, it jist depends what ee wis daein' like. Ye cairried eer dinner. Maistly ee cairried a tin flask and a sandwich, somethin' like that. Ee got an hour for eer dinner. Very seldom ee got a break in the efternin for tea. Ee werenae allowed tae stop, ee'd be workin' away a' the time.

Then ah remember ah had two other jobs on farms, one at the Harelaw there, a mile up the Hawick road frae Lilliesleaf. Ah'd be aboot 17 year auld then. Ee'd tae work six month at ten shillins a week and your meat, and ee didnae get paid or your six months wis up. That wis normal. But Harelaw wis terrible. There were a brother and sister in't – Alexander. They took their meals in the room, and ah wis left tae eat mine in the kitchen. Very, very seldom did they speak tae ee. Hei came oot in the mornin' and gin you orders tae work like. He'd jist get up in his cart and thir high-steppin' pony, and away tae the sale. And he came hame drunk and what-not. They'd what they ca'ed a hind, jist another name for a ploughman, drivin' a pair o' horse. Well, the hind wis another young fellae frae Lilliesleaf, Tom McKinnon. Tom wis a single fellae, he'd be in his twenties. Ah think Tom left Harelaw efter aboot an 'ear and a half or somethin', he didnae bide long. Ah wis the odd laddie. And they had a servant lass workin' tae them. She'd be badly treated tae nae doobt. And it wis a wid bothy ee lived in, nae stove intae it or naethin' in the wintertime, jist the bothy. Ee came in there wi' your boots like. They were frozen in the bothy the next mornin' – no heatin' at all. No water ither, not at a'. That's where ee slept, the hind and me, and that wis it. There were nae toilets, ee'd tae gaun intae the steedin' close, or somethin' like that. And ah'll tell ee something – ee'll no' believe this: have ee ever had screwnail soup? Well, ah've had it at Harelaw farm. Ah'll tell ee what happened. They had thae big shelves in the pantry at the back door, a lot o' pans and things, and her brother Jimmy had come in. He'd been workin' wi' screw nails somewhere and he jist put the screw nails intae the pan. His sister Jess came ben tae make the soup, and she jist pit the stuff intae the pan. And that's how we got screw nail soup. Oh, Harelaw wis a terrible place for meat. But then if ee broke eer contract ee lost eer money, ee had tae dae eer six months or loss it. For thae six months, well, jist ma grandfither in Lilliesleaf helped iz oot that way. Ah'd nae money o' ma own at that time. Ah'd jist tae go ben and a wee pickle money from ma grandfather. And clothes – well, ee had tae get things made doon whiles.[6]

Well, ah left Harelaw and went tae Smedheugh at Selkirk. And it wis the same – six month there. But it was a grand meat shop, Smedheugh. When ee went tae Smedheugh the farmer and the wife sat doon aside ee and ye had your meals a' thegither. And the bothy: ee'd a fire in't and everything. It wis like a mansion tae us.

Oh, ah wis away on a lot o' different jobs. Ah wis quite young when ah wis workin', jist a labourer, wi' Tommy Steele, the mason in Lilliesleaf. His mason's yaird wis at The Green at the West End o' the village. He wis highly respected in the village, oh, a very nice fellae, Tommy, honest, a guid boss, and he had a guid business there. Well, his father, auld Alex Steele, wis a mason. He yaised tae bide in the village doon at the hoose there ca'ed Elwyn. But whether he was in the business afore Tommy or no' ah dinnae ken. Ah think ma wages wi' Tommy wis in aboot 30 bob a week. It wis quite hard work tae. Tommy built the Roberton village hall, up the Borthwick Water, and he built the cottage at the Firth ferm. He built on the apse at the church. He din a lot o' big jobs.

And then ah wis back wi' Douglas again, but ah left them when ah wis roond aboot Broomhill in Northumberland, because ee'd tae pay for eer digs. Oo wis away a' the week like, and oo bade a fortnight when Jimmy Guthrie used tae be ridin' on the motorbike on the sands.[7] Well, the second week oo'd a bad week – wet weather, and ah wis left wi' ten shillins tae come hame wi'. Wullie Dooglas, the son, wis takin' chairge o' this job at Broomhill like, his faither hissel' wis at hame. And that's when ah went oot on the mornin' ah says tae Wullie, 'Aye, ee better take ma notice, Wullie.' 'What for?' he says. Ah says, 'Ah've naethin' left. Ah might as weel bide at hame.' 'Oh,' he says, 'ah'll send word tae ma faither and see what he says.' So ah came hame on the Friday night. He came oot and says tae me, 'Ye've . . .' 'Oh,' ah says, 'ah've made up ma mind.' Ah hadnae another job tae go tae, ah jist made up ma mind ah wis gaun tae feenish. And ah wis lucky. Ah wis gaun tae Hawick on the Seterday night bus, and a fellae, Jim Henderson, on the bus, he says, 'What are ee daein', Tam?' Jim used tae be diggin' snaw: he went on tae the cooncil, on the roads. And Jim says, 'Ah ken where there a job for ee on Monday mornin' if ee'd like tae gaun doon.' He says, 'There a man at Bowden lookin' for a man tae drive a horse and cairt for the council.' Ee'd a regular wage.

So that wis in 1926, when the coal strike wis on, ah wis workin' wi' them. Ah wis workin', drivin' a horse and cart, in Bewlie quarry at Lilliesleaf then, and Bowdenmair up on the top o' the hill, and Prieston, Clarilaw. Ye took the stones on tae road depots. They were dug on the roadsides. And ye sat there on sae much a square yaird, dampin' the stones and a'thing like that. And when ah wis in Bowdenmoor quarry ah wis cairtin' the water up wi' a puncheon for the steam engines. Oh, ah enjoyed the horse and cairt, ah like-ed that.

Ah wis aboot two year in the quarries. Then ah got the chance o' a better job. Ah went tae Chesterknowes, across the Ale Water frae Lilliesleaf, in 1927. Ah wis at Chesterknowes for $7\frac{1}{2}$ year – forestry and gardenin'. That wis General Jardine that wis there. Ee'd fencin' in a' their sawmill and cuttin' trees. Ee'd cut the trees for rails and things. It wis maistly all pailin' in these days. There were two what ee ca' foresters and gardeners like, and then ee'd another man abune us, he wis a kind o' gamekeeper.

Oh, General Jardine he wis a gentleman him, a tall thin man. He'd been in the Boer War and the First War. He wis good tae work for. If he came by he aye spoke, said 'Good morning'. But he didnae stop lang wi' ee, he went away walkin', he'd never look round again. Ee yaised tae watch him goin' away ower the hills again. He never looked roond tae see what ee wis daein'. That wis something he didnae dae, he didnae watch ee. Oh, ah think he wis quite wealthy. How mony o' us did he have: twae grooms, a chaffure, gamekeeper, twae of us in forestry and gardenin', and five hoose servants.[8]

Ah learned quite a bit aboot gardenin' when ah wis at Chesterknowes, and ah enjoyed the forestry work. Ah didnae mind which ah did, forestry or farm work, because ee yaised tae change frae yin tae the other, and ee enjoyed whatever ee wis daein' like. Well, ah'll tell ee what happened at Chesterknowes. The other fellae ah wis workin' wi' there he took a chaffure's job at Whitmuir.[9] And the yin that wis abune us, he came and he says, 'Will ee cairry on, Tam, and we'll get another mate wi' ee?' Ah thought aboot it. Ah had nae other job at the time tae go tae. 'No,' ah says, 'ah'm packin' in.' He says, 'What for?' 'Oh,' ah says, 'ah jist want another change.' Ah enjoyed the work at Chesterknowes. Ah wis there $7\frac{1}{2}$ years, the longest ah wis ever in a job, bar the last yin – in the mill at Ettrick & Yarrae Spinners, Selkirk.

In the years afore the Second War ah wis sometimes unemployed. Ah cannae mind what year it wis ah wis first unemployed, but as ah've said ah wis wi' Douglas the fencers twice. They were a hard workin' lot. And ah wis oot o' work, and Danny Douglas, yin o' the sons, came tae me and he says, 'Are ye comin' back, Tom?' Ah says,

'No.' He says, 'There's a job for ee if ee want.' Ah didnae dae it. Ee'd had enough o' it when ee wis away at thir digs and what-not. So ah wis aboot a fortnight idle then ah got another job.[10]

A' through thae years afore the Second War, when ah had a lot o' jobs jist here and there, if ah wis away maistly through the week, ah came hame tae Lilliesleaf at the weekends. And then ah like-ed change, ah didnae like tae be daein' the same thing too long at a time, somethin' like that. And ah'd gien up jobs mair than yince for principle when ah didnae have anither job tae go tae and it wasnae certain ah'd get anither yin. But ah wis never in a union. It wasnae compulsory. Ah never joined the Farm Servants' Union. Ah didnae know much aboot it, but ah did know some that wis in it. There were a guid twae or three farm workers roond Lilliesleaf in the Union. But ah wis hardly ever workin' in a ferm. Ah cannae mind now if the Farm Servants' Union had a forestry section. Ah think there'd be a forestry union but no' roond aboot Lilliesleaf. Ah dinnae remember anybody bein' in it. There widnae be a big enough lot here tae make a union o't. Ah dinnae remember any o' ma mates in the forestry bein' in a union. Ah never felt inclined tae join a union masel'. Well, the unions wis a guid thing tae stert wi'. They got livin' wages for the farm workers and things like that. But ah think they overstepped it. And then me bein' single like, it didnae affect me like much that way. Ah never got mairried. If ah'd been mairried maybe ah widnae have been able tae give up ma job withoot another yin tae go tae![11]

Ah never went tae any o' the hirin' fairs. Ah cannae mind the days, but there were the fower hirins: Earlston, Hawick, Jedburgh, Kelso. The hirins were every year, once a year, afore the May term. Ee see, the ferm folk, if they were gaun tae shift, ee'd tae gaun tae thir hirins. There were different weeks for Hawick, Jedburgh, Kelso and Earlston. There wis nae hirin' at Selkirk. Ee see, they went tae thae hirins, it didnae maitter where ee wis aboot, tae get a place – a job. Ee could shift frae here at Lilliesleaf away doon intae Berwickshire. It jist depended whae turned up at the hirins. The ferm workers jist waited in the street – the likes o' Hawick it wis away at the Towerknowe, and the other yins wis in the market places or wherever – till a farmer come up tae ee. But there wis a recognised place in a' the fower towns. And then some farmer would recommend his worker tae another farmer, or somethin' like that. If ee were an odd laddie ee had tae gaun an' a', ee see, along wi' eer faither and mither.[12]

Women went tae the hirins, because there were bondagers in these days. Ah can remember bondagers in Lilliesleaf at Clarilaw farm. Ah cannae mind their names now. But there were yin at Clarilaw for a long time after the First War. The bondagers were away by the Second War. They had a big hat on, ee ken, and tied round at their chin. They a' wore that. But there were very few bondagers roond aboot Lilliesleaf. The yin at Clarilaw ah mind o' wis an auld woman when she finished there. But she wis there for a number o' years like after. She lived on her own in a cottage there at Clarilaw, no' a bothy – a cottage. But there werenae a great lot roond here at Lilliesleaf, ee ken. There were maybe an odd yin here or there.[13]

Some folk used tae bike tae the hirins, some hired cars tae go tae them. There wasnae any bus service that went frae Lilliesleaf tae these hirins, except Hawick. The bus service sterted when ah wis quite young. Bob Mitchell had a Ford T, wi' a canvas hood. Ee sat facin' each other side, ee ken, longways. And then Jim Moore had a Guy charabanc, the seats were across – ah think that wis afore the First War, ah wis jist a wee lad but ah can remember it. So Bob Mitchell and Jim Moore baith run a bus tae Hawick. They yaised tae go by Ashkirk, tae get mair people aboot Ashkirk, ee see. There were a lot o' farms on the road up tae Hawick – Clerklands, North Synton, and a' thae bits. Some o' the folk yaised tae hide the back o' the hedge tae get the certain bus! Well, they jist patronised the man they wanted, ee see, and didnae want the other yin tae know. And ah can mind once o' goin' tae Galashiels wi' Bob Mitchell in this Ford T, wi' a little door in the back. He'd sterted runnin' tae the rugby match doon at Netherdale, and ah wis pit on tae gether the fares, and ah wis quite a young boy.

* * *

Well, when ah left Chesterknowes ah wis bikin' frae Lilliesleaf tae St Boswells efter that, tae work wi' a mason, Jim Grieve o' Bowden. Ah worked wi' him two and a half years. Then ah had tae pack in because the war broke out, and ah started wi the Forestry Commission up at Clarilawmoor, at Whitmuir beyond Midlem, the big wid on the roadside.[14]

We were cuttin' wid there. But oo wis shifted aboot a lot, ken wi' us havin' experience ee wis sent away. Oo wis away in Rule Water and roond aboot here at Lilliesleaf, and Gala Hill, and oo feenished up away doon in Berwickshire.[15] The forestry work wis dangerous work, ee had tae ken what ee were doin'. Ee see, a lot o' them jist came up there and got an aixe and a saw and away they went, they'd nae experience at a'. Well, ah fell out wi' the foreman one day ower at Bloomfield there, near Belses station, me and ma mate and another mate wi' us. Ah says tae the foreman, 'Well, right ye are, ah'm packin' in.' But the yins abune him widnae let iz away because oo wis kind o' experienced men. Ah'd been away tae the war like if he'd had his way. But we wis exempt, ee see – reserved occupation.

The wages in the forestry were – well, ee see, ee used tae work by the cubic foot, so much a tree. And then the likes o' Bowdenmoor sae much a tree daist, there were a' jist kind o' aboot average trees. Well, ee maybe had a wee yin and then a bigger yin, and ee got sae much a tree daist.

And then ee'd Forestry girls comin' roond merkin' the stools – that's the bit that's left in the ground – tae see that ye werenae cheatin'. Well, there werenae mony o' thae Forestry girls, they wore the uniform o' the Land Army but a wee bit different. Well, they did thir jobs – peelin', ken, takin' the bark off trees whiles. They hadnae a big lot on the job like, but they had other wee jobs for them tae. But this girl came roond checkin', jist tae see a' wis well. But they come roond and pit a number on't. But some o' the men used tae shave it off and . . . ! Well, there were two fellaes used tae work in that place, four or five different lots. Another yin used tae come an hoor ahint us in the mornin' and could still make the same wage. But they tum'led tae it – rascals.[16]

Then efter the war ah work-ed wi' Broonlie o' Earlston, the contractor. Tam Wilson – he became ma brother-in-law – ah work-ed wi' him wi' Broonlie. Tam's guid. He's a better widcutter as me, ah tell ee that.[17]

Ah wis wi' different sawmills. And then ah came intae the sawmill wi' Jones o' Larbert, along past Lilliesleaf there on the road tae Riddell. Oh, there's been a sawmill there for a long time. When ah wis a boy at the school, where the sawmill is now, this side there yaised tae be a lot o' rushes. Well, there wis an auld sawdust heap there and we yaised tae go along there and dig intae it and play in it at nights. The sawmill must have been in the 1890s, somethin' like that. And that wis a Jones's sawmill. And then they disappeared for a while, then they come back in there again efter the Second War. They flitted frae the Yair in Selkirkshire and there's been a sawmill there ever since. That wis the second time ah came back there. It's sold now, it's J. Law & Sons now that's there, they belong Ancrum them, they took ower frae Jones like. Andy Shortreed wis along there. Ah work-ed aside Andy a wee while. The wages at the sawmill were, oh, ee din aboot £2 and £3 a week then, well, it wis the kind o' wage that wis goin' then, ee see.[18]

But ah wis wi' Jones for a long time the first time ah went tae the sawmill, oh, aboot 1923, when oo wis cuttin' wid doon there, and ah wis aboot 16 or 17 year auld. When ah started first ah started wi' the woodcutters. Ah cut a strip o' wood on Newhoose farm. Then oo started in where the sawmill wis first, doon at the East Riddell lodge yonder at the ford at the Ale Water, and then they transferred me intae the sawmill like. Then it disappeared jist before the Second War. Ah cannae mind the wages now. Oh, the workin' conditions were terrible. Ee daist had a tin roof over ee, and ee'd open sides and the draught comin' in. Ee'd a wee bit partition here and there but it wis draughty. It's no' like that along there now, it's a' enclosed. And it's electric now, ee don't crank the handle and a'thing. Ee had railway sleepers then aboot 12 fit by 6⅜ths or 4 inches each. Ah shoodered thame, shooderin' them oot. Your shooder wis . . . No lifts, no cranes tae help ee, jist lifted them bodily, load the lorry, and a' thing like that. Ee'd tae get it right balanced on eer shooder. But what they din at the feenish, when ee pit them oot through this bowl, they had a stand made so as ee could go in ablow and get it on your shooder. It wis fer easier daist walkin' then. But, oh, it wis a terrible weight, and jist one man carryin' the sleeper, and any amount o' spails comin' oot them tae! Oh, the sawmill wis a terrible hard job. In the winter it wis, oh, terrible. Ee'd tae work full hours, ee work-ed wi' paraffin flares, ee ken, ee pumped them up. And if it wis a flare the wind got a haud o' them! Eer bench wis a' mark-ed, ee see, for different sizes o' wid ee wanted. Oh, it wis a hard job. Ee work-ed 7 o'clock in the mornin' tae 5 at night. Ee'd maybe a quarter o' an hour at nine o'clock for eer breakfast. And maybe half an hour or an hour, depends on wids, for eer dinner, then feenish at 5 o'clock, winter and summer, jist the same hours, because ee had thir flares in winter tae let ee see. Ee didnae work overtime, jist 7 tae 5. There were naebody in a union. But, well, there wis nothing else for ee. Ee'd jist tae take the jobs that came till ee. Ee felt ee were lucky tae get a job.

Well, the second time ah came tae Jones ah'd been in the sawmill aboot two year or somethin' like that and got the dust in the lungs. Ee seen the dust floatin' about in the air – so chronic bronchitis. Ah wis ill at times. Ah wis off work sometimes a fortnight. When the doctor let me go back ah wis back a week and then off again. So the doctor said ah'd have tae get oot the sawmill a'thegither. Ah had tae bide away from fumes or dust. Ah cannae gaun near a power saw or a motor car settin' up fumes or dust. Ah'd tae bide away from that. So ah had tae sign on on the buroo – the first time ever ah din't.

Ah left the sawmill aboot 1961 and ah went tae Ettrick & Yarrae Spinners at Selkirk. Ah jist went in as a labourer. Ah had nae idea what ah wis goin' tae dae. Ah wis jist gled tae get a job. The foreman there wis terribly good tae me. Ah went in wi' a very sma' wage, but he put iz forrit twice for a raise. Ah wis sent daist on loadin' a' these lorries, bundlin' wool and balin' wool, and a' thae things. Ah wis in a nice place: inside, oot o' rain and a' that, and ee could open the windaes and the doors and get the air in there. Lorries came in wi' stuff and ee'd tae take it up in the lift and deliver it intae the girls. It wis a busy mill then. They had three lorries on the road drivin'. Oh, ah enjoyed it. Ah think it wis the best job ever ah had.

Ah traivelled tae the mill by car. Ah didnae have a car, well, ah depended on a lot o' fellaes for a lift, ah had twae or three different folk, ah aye got a lift wi' somebody. Then the mill had a night shift came frae Jedburgh, and they came roond frae Jedburgh by Lilliesleaf and pick-ed us up. Some more forbye me went frae Lilliesleaf.

There wis jist the one union there, the hosiery workers' union. There yaised tae be a man come roond on the Fridays, that wis your pay day, and he collected the union fees. But ah didnae join it. A lot o' them didnae join.[19]

Ah should've retired at 65, but the foreman said, 'Cairry on if ee want.' Well, ah worked tae 70, and then ah had twae year wi' two days a week, Thursdays and Fridays. When ah come oot ah had a pretty good labourin' wage. And ah got a wee pension off o' that, which helpit greatly.

* * *

Oh, there wis a lot o' poachin' in these days when ah wis younger at Lilliesleaf. Ee wis away poachin' every night or every weekend. Ee could try onythin' ee liked – rabbits, fish . . . Folk didnae gaun fer frae the village: Longnitten Mill wis the furthest. It wis a great cauld at Longnitten Mill for killin' fish. Ee'd a flat then a riser up. On the Sundays ee seen the crowds there watchin' them, killin' them and that. And then the bylies wid appear and they run for't. Oh, ah often did a bit o' poachin' masel'. When ah wis unemployed sometimes ee could fill eer pot. But it wis the sport, ee ken, the thrill, gaun . . . Oh, quite a few o' the Lilliesleaf lads were active in poachin'. Some o' them wis catched like and fined. Ah wis catched masel' and fined 10s 6d [52½p] at Jedburgh Sheriff Court. Ee'd tae appear there. Well, ah wisnae caught exactly. Oo yaised tae dae that regular in at Linthill there. And there were another twae fellaes, Geordie Turnbull and Andy Henderson, they were regulars. And ee yaised tae dae yin side o' the Ale Water, and the others on the other side o' the Water. And ee came in by Linthill, thinkin' he [the water bailie] wis away tae the church. And this day ah think he'd gotten a whisperin': he landed there when oo wis comin' in. And oo a' scattered. And he must ha' gotten an information, ee see. He'd come up tae the Chaipel cottage, and here wis the cleeks and sticks sittin' at the door. They didnae catch us exactly, but they traced oo through that way. That wis the only time that ah wis caught, and yin o' the Scotts, the Chaipel Scotts. And the other Scott got away, because oo kind o' camouflaged him because he wis workin' at Cavers Carre as a gelder. And if he'd been stapped he'd ha' lost his job. Us other twae fellaes were jist workin' out our ain hand. The twae o' oo had tae bike tae Jeddart tae the court.

Oh, there wis a lot o' poachers then. Well, there werenae a great lot o' gamekeepers roond aboot Lilliesleaf – it wis Riddell mainly. The ferms were ower sma' tae hae gamekeepers, it wis only Riddell had a kind o' main gamekeeper. Oh, there were twae or three there. Jamieson wis the first yin ah mind o', away back. Oh, ee'd a lot efter that. As a rule there wis jist the one. Oh, ee didnae gaun on tae thae bits poachin', because it wis ower sair watched. Ee wis mainly doon the Ale Water near Lilliesleaf.

What ee went for at the poachin' wis the salmon. They'd come up the Tweed, then up the Teviot and intae the Ale Water, oh, right up through on tae the top o' Ashkirk. They went away up Ettrick, right tae the heid o' Ettrick and a' thae bits. Then ee'd the Rule Water there. A' thae waters had salmon in them. Ee'd the twae kinds. What d'ee ca' the fish comin' up in wintertime? Ah cannae mind the names now. Then ee'd bring yin or twae hame for the pot. And ee maybe got half a croon frae a neebour for a yin, or somethin' like that. Then there were troot in the Ale Water at the village. Ee'd tae fish, ken, fish wi' one o' thame . . . like. But ah never went in for the fishin'.

Ah wid set the odd snare tae get a rabbit, but ah never did think o' daein' rabbit catchin' as a job. Oh, the rabbits could eat a crop. There were a lot o' rabbit catchers roond Lilliesleaf in these days, because the fermers yaised tae let their ferms oot tae the rabbit catchers. A rabbit catcher, well, maybe he'd take this ferm and dae another ferm. He'd tae pay a rent tae the farmer for gettin' the rabbits, ee see. But, ee see, they kent where a' the rabbits wis aboot and they kent what kind o' price tae gie the fermer. A lot o' the ferms yaised tae get help wi' their rent that way. But the rabbit catchers yaised tae make a guid killin' off the rabbit catchin'. But ah never thought o' that masel', well, ee'd other work tae dae, ee see, and then ee'd need money tae pay the rent tae the fermer and ah never had that.

Ah think when ah wis jist at the school in Lilliesleaf there were maybe yin or twae molecatchers. Jim Robinson wis a molecatcher. That wis yin ah kin mind o'. He lived doon in the Bishop's Close, there aside the schule. Ah couldnae tell ee if they catched moles on the same basis as the rabbit catchers, ah couldnae tell ee how they'd dae't. But there werenae molecatchers in the village yince ah started growin' up.

Moles were a nuisance roond the village. They still is yet. Well, ee see, they spoil the grund, a' thae mole hills, make an awfy mess even. There wis a lot o' moles doon in what they ca' the haughs there, the flat grund near the Ale Water. It's no' sae bad now. But if ee walk up that lang drive – ah wis up there the other Sunday night for a walk – ee see thame up there. Then, well, ah yaised tae stop in thae cottages along there in the Back Road, and the moles yaised tae traivel up frae the Moss atween the village and the Middles ferm and intae the garden. Ah've seen me killin' them wi' the spade in the garden. Ee watch where he's borin', ken, ee see the molehill, and jist dig him oot. Ah'd maybe kill twae or three in the gairden. They follaed the hedge up frae the Moss, ee see. Ee seen a' the molehills, ee could follae their track up. Aye, they traivel a long distance a mole. There's a man comes intae Riddell and kills them yet. He comes in now and again, comes roond and scarts them doon a bit.

* * *

When ah wis a boy the Hand-ba' wis played at Lilliesleaf, because it wis a general holiday on the farms. But ee'd a' the other Hand-ba's roond aboot an' a', ee see. St Boswells's yaised tae aye be held on the 12th o' March. But it's done away wi'. Ancrum's done away wi'. Denholm's very weel played yet, and Hobkirk, away up by Bonchester. But this yin at Lilliesleaf's daist faded away. There nae men – well, they're no' gettin' a holiday for it now, ee see. They yaised tae get a holiday. Now, if they ta'en it, they're lossin' their half day's pay.

Oh, the Lilliesleaf Hand-ba' wis a big event. They came from Selkirk and a' bits. The Plough Inn and the Cross Keys gied a ba'. Now they never gie yin at a'. Well, thame that wis gi'en the ba' threw up the ba' – thame jist married or a relation, or some o' them wid maybe hand it tae somebody else and gie somethin' tae him jist tae thraw it up: it didnae maitter whae threw it up, like. Well, somebody stood at the tap o' the field and threw the ba' up. It wis Andrew Shortreed's field, the same field every year, and the whole lot wis there – well, ee had tae be East or West, half the village, ee see, that wis your sides. If ee came frae Selkirk, well, ee'd be on the West side; if ee came frae the other way, doon by Jedburgh, or Bowden and a' thae bits, ee'd be on the East side. Anybody could come tae the Hand-ba', no' jist Lilliesleaf folk.

Then, if ee got the ba', ee had tae hail it. Ah wis a West Ender. Each hail wis, well, kind o' half your distance, lookin' from Andrew Shortreed's field: the hails wid hardly be three-quarter o' a mile apart. Yince the ba' wis thrown, ee tore the ribbons off it. It didnae maitter how ee got it tae the hail, and ee could smuggle't and get it away oot the back. Ee'd maybe a guid man in the scrum could make a guid smuggler. Ee'd maybe get it oot and ee'd a guid runner somewhere and ee threw it tae him like. And ee'd maybe another good runner watchin' him, tryin' tae catch him afore he got tae the hail. It wis a bit like rugby, except there were nae rules really. Ee wis lyin' on the grund and a'thing. Ee could hide the ba'. Ah did it masel' tae! Ah took yin away doon at the fer end there. Ah wis away on ma own, and ah jist went doon the roadside and ah din that wi' it – intae a holly bush, kept runnin' on, and then ah disappeared roond in by the manse and hid in the coalhoose. Never naebody looked in. Ah came back up again in aboot quarter o' an hoor and ah met Tailor Robinson – he wis a spectator – up on the Back Road there. 'Tam,' he says, 'ah've got the ba'. What'll ah dae wi' it?' Ah says, 'You keep a haud o' it.' He says, 'What for?' Ah says 'They'll no' watch you, but they'll watch me. You hail the ba'.' Ah think the ba' wis gien by yin o' James Henderson o' the Post Office's daughters. Ee went in there for eer evenin' paper, and when ah went in tae the Post Office Jim Henderson says, 'Where's the ba', Tam?' Ah says, 'Ah hae nae got it.' Jim says, 'Ee took it away.' Ah says, 'Aw, there'll be a man in here shortly wi' it.' So Tailor jist follaed in shortly wi' the ba'. And oo went doon and had a celebration in the Plough Inn.

They watched frae the bank in Andrew Shortreed's field, and they could see whether ee hailed it or no'. They could see ee hail it. Ee could maybe get along maybe 30 yards off the hail at the West End and a' at yince it wid switch away back again. Thame that wis smugglin' wi' it, they had nae idea where it wis aboot. Ee went back there maybe and ee'd get it maybe later on at night. So the game might take hours tae work itsel' oot. Ee had tae be strong and skilfae and cunnin'! Well, ee'd some men in the village were great smugglers. They could haud the ba' for a long time and then they could maybe pass it tae somebody else, ee ken. Auld Wullie Douglas, the fencer, wis one. He wis a great smuggler, and there were another fellae came frae Riddell, Mr Wood. Masel', ah wis mainly ootside in the runnin'. Oh, ah've been in the scrums an' a' like, but it wis maistly oot in the runnin'. Ah wis a good runner. Ah got hails quite often. Ah lost coont o' some o' them!

Ah never hailed a ba' when ah wis at the school. It wis efter the school. The children used tae play in the forenoon. There's still a Hand-ba' for the bairns. They got the holiday then, but now they jist come up at one o'clock and play the Hand-ba'. Whereas the men yaised tae stert at one o'clock and cairry on tae maybe six or seven o'clock at night. Oh, whiles it wis dark afore they feeneeshed. Well, if it came ower dark they maybe had tae stop. Ken, ee couldnae see tae play it, ee couldnae follae it. Ee wis no' allowed tae play the next day. It'd jist tae be on that day. If there were any ba's that didnae get played they were held over tae the next 'ear, ee see. There were nae written rules that ah ken o', it wis jist a' cairried in the memory, and there were nae referee. The rules wis there as far as ah ken, they must ha' been made up afore ah came. If ee went doon on the grund and scrummed and if ee had the ba' and ee's maybe lyin' uncomfortable wi' a lot o' folk on top o' ee, ee'd tae shout 'Up!', ee see. And they had tae let ee up in case they really hurt ee. They'd tae let ee up and ee wis in the middle when ee stood up again. Then they'd jist toss it up among ee, stright up in the air. It came doon intae the scrum again, or somebody maybe touched it as it came doon and it wis gaun tae a fellae on the ootside, or somethin' like that. Oh, it wis keen rivalry atween East and West whae wis tae win. Oh, it wis rough a' right! But ah cannae remember anybody gettin' hurt, well, no' very serious. It wis only men and boys took part, nae women or girls: it wis ower rough for thame.

When ee got a hail in these days early on ee got the ba' tae keep. But when a lot o' saddlers got oot o' date ee'd tae pay sae much tae get a ba' made. Then they put money on the ball. And when ee catched the ball and took it back tae them that gien it, ee got maybe ten shillins [50p] or a pound or whatever. Ten shillins wis a big thing in thae days. Oh, there were yin ba' they say wis £5. Ee wis lucky if ee got twae hails in yin day. If ye got yin ee wis a lucky man like!

But there are nae big scrums or naethin' nowadays. It's hopeless now. There are no' the workers on the farms now. Well, ee could take it ee had three pair o' horse – three workers – and an odd laddie in these days. Ee had a' thae men comin' in for the Ba' Day. If ee coont a' thame on the ferms it wis a lot o' folk. Now it's maybe jist a farmer and his son – and they dinnae attend the Ba' Day.

Then when ah wis young, oh, there wis lots o' fitba' teams and ee had what they ca'ed the Auld Crocks in Lilliesleaf here. Ah played right wing in ma teens for what they ca'ed the Chapel Rovers, five a side. Oo wis never beat. Oh, ah wis keen on the fitba'. It wis played jist in that wee field at the manse there, jist doon in the hollae, at the middle o' The Wynd. And, oh, ee had a keen carpet bowlin' here in the Currie Hall. Ee had a club a' the wintertime. It still goes on yet. Then they had a tennis court outside the Post Office, but it fell through, and a puttin' green at the same time. Ah'd be 15 or 16 year auld then. It lasted for aboot three or four year then it faded away.

Well, lookin' back on ma lifetime in Lilliesleaf, the population is away doon. Ee'd a' thae folk comin' in frae the farms. Clarilaw and Clerklands wis the biggest farms roond here. They'd maybe three or four pair o' horse – three pair onyway, and an odd pair, odd laddies, bondagers. Clarilaw would be aboot the biggest yin, and Clerklands wid follae. The other yins wis smaller ferms wi' mainly twae pair o' horse and an odd pair or an odd laddie daist. But ee've naebody on the farms now. By God, it's a big change that. If ah had ma time ower again it'd be mair difficult to get work now aroond the village, because now, well, it's a' din wi' contractors. A' a fermer needs tae dae now is hire a man in, he hasnae tae pay the wages.

In these days there wis aye a chance o' work at the harvest and the thrashins. It wis maistly Trotter's o' St Boswells then that came roond the ferms wi' the thrashin' mills. St Dunstan had their ain yin for a while efter the Second War, but no' many ferms had, though ee had some wi' thrashin' mills inside. Newhoose wis a water pond driven by a pit wheel, and ah work-ed there at Newhoose. Ee see, ee let ee're water away tae drive the mill, and ee maybe had tae stop when the water run dry. The ferms had a big day for the thrashin', ah mean, the barley wis a' stacked ready. And then eer horse and cairts yaised tae cairt them away tae Belses station or Hassendean station, sae mony bags o' barley in the cairt. Oh, the hervest and the thrashin' were big occasions.

In ma day Sprot o' Riddell wis the big landowner roond Lilliesleaf. He had a big lot o' farms roond here. Ah work-ed a lot in Riddell, in the woods, and ah found Major Jock Sprot a' right. His faither, Major Mark Sprot, he wis very strict. Ee ken, in thae days ee werenae supposed tae walk through their grounds or anything like that. He has a big estate yet, what ee call Riddell and Clerklands now. He gauns frae the ford ower the Ale Water there right up tae ver' near Greenhill on the road tae Selkirk. It mairches wi' Whitmuir and what-not. And afore he used tae have farms like Newhoose, Shawburn, Chesterknowes, and, ah think, the Middles a while. And then, ee see, a lot o' the fermers jist bought the farm off o' the Sprots. And then Linthill they had the ferms at Midlem Mill and Curleyknowe. Midlem Mill's no' a big farm or the Curleyknowe. General Jardine he'd jist Chesterknowes and he acquired Jerusalem, but its right name's Friarshawmuir. Ah dinnae ken why it wis ca'ed Jerusalem.[20]

Well, there wis naebody from Lilliesleaf that ever became famous, no' that ah can mind o'. They were jist ordinary workin' folk.[21]

Robert Robinson

Ma father wis called up for the army in 1916, he wis conscripted, he didnae volunteer. And his brother William next door, the tailor, the pair o' them they went thegither tae the King's Own Scottish Borderers, the local regiment. Ah jist remember the pair o' them bein' called up. The uncle wis in the KOSBs till he wis invalided out wi' a bullet in his knee or something. Ma father, he wis transferred intae the 9th Royal Scots, the Dandy Ninth. And he wis killed at St Quentin in the big German offensive in March 1918. That's where he's buried anyway. Ma father when he wis killed wis 39, ah think. Well, ma mother when she got the news it wis, 'Missin', presumed killed'. Ah remember there wis never any more news, and it wis 1927, nine years later, she got another letter frae them that they'd found the body. He'd been identified wi' the discs, ye see. And they sent a photograph o' the grave and a' the rest o' it. Oh, that wis a double upset for ma mother.[1]

Well, ma mother wis left wi' five children. And ah always remember goin' along tae the Post Office for ma mother's war widow's pension: 26 shillins [£1.30] for herself and five youngsters. The auldest yin'd be Anne, born in 1906, so she must have been about 11 or 12. Then there wis Jim, Anne wis a year older as Jim. Then ah'm in the middle, ah wis born in January 1910. And there wis Kate and Willie, baith younger as me. Willie wis born in 1914, so he wis four when ma father wis killed.

Ah wis born in Lilliesleaf at Bishop's Close. That wis the old original name for it. But they called it Eildon View, which it has been for years. Bishop's Close, down off the road a bit and next tae the school, has some connection wi' the bishop of Glasgow. It's supposed tae have been one o' his summer residences or whatever away back God knows when. But the house we lived in there had been built, oh, ah'd say by the style o' buildin', in maybe the late 1700s or early 1800s, something like that. It wis an old stone buildin' and the walls two feet thick, and that sort o' style. It wis quite a comfortable house.

Ma old grandfather Robinson stayed at Bishop's Close wi' his son William, a tailor as ah say, and his wife, and his house had two storeys and it still has. The one we stayed in was the one below, a one-storey effort along at the end, ye ken, a room and kitchen and an attic. In the attic, as they call it, up the stair, there wis two separate places. Ma brother Jim and me slept in one room, but in separate beds. And ma brother Willie, the youngest one, he wis in the other room. And then the two lassies Anne and Kate wis in the bedroom doon the stair. Ma parents were in the kitchen. They had one o' yon box bed efforts there.

Then ye had a privy, a dry toilet, doon the garden: it wisnae half cold in the winter! It wisnae convenient tae clean it out neither. Ah got that job now and again in rotation, buried it in the garden, that wis the normal thing. And when ah wis a boy that wis pretty general throughout Lilliesleaf, it wis the general thing. A few had got the length o' a water closet – the better-off style, ee ken, but not many. The rents in the village houses must ha' been sweeties then. Well, ma mother hadnae a rent tae pay, because old grandfather Robinson he'd bought the two houses at one time. And of course he never bothered aboot rent or that. It was a big boon that tae ma mother.

The only one o' ma grandparents ah can remember wis grandfather Robinson, ma father's father, old Jimmy. As ah say, he stayed next door tae us. He wis a man wi' a beard, and he wis a mole trapper tae profession. That wis his full-time job, catchin' moles. And he seemed tae ha' done a' right, because he wis there. He wis an old man when I remember him, and he died somewhere jist efter the First World War, about 1920–1. He was 86 or 87, so he must ha' been born aboot the early 1830s.

Grandfather Robinson's family came from down aboot Penrith somewhere, in Cumberland. And they took a farm, the Harelaw, which is about a couple o' miles up the Hawick road frae Lilliesleaf. Ma daughter, she stays in Carlisle, and she's been tracin' back the family tree and she's got back as far as some wee village or parish down aboot Penrith way. And the Robinsons were there round about 1840. So it might have been ma grandfather's father that wis in that farm at Harelaw. They had quite a big family – how mony ah couldnae really tell ee. But old Jim, ma grandfather, wis one o' them. There's a headstone in the churchyard there in Lilliesleaf and the first Robinson on it is a Mary Robinson, 1840. So I expect that's when they came tae Harelaw. So ma family's been, oh, a long time in the village.

And ma father he wis a rabbit trapper, and the two o' them, him and ma grandfather, worked thegither and they combined the two jobs, sort o' business. They went round the farms, and they had contracts wi' the farms for six or eight months or whatever it wis, ah don't know. But ah know they went roond the farms. And ah always remember they went away first thing in the mornin', for they had set the snares and so forth the night or day before, and collected. And they seemed tae dae a' right. And in their turn they had a horse and a kind o' trap, as they call it. And they had hampers, big hampers, and they took them in the horse and trap and sent the rabbits and things away in these hampers wi' the five o'clock train frae Belses station. The train went tae Leeds. Ah've nae idea what sort o' prices they got for the rabbits. It wid jist be coppers. They sold them in pairs. Ah always remember they hung them in pairs in these special baskets. It must ha' been a dealer in Leeds, and the fur of course: it wisnae actually the rabbit they wanted it wis the fur, rather than the meat. The same wi' the moles, of course. Ah'd say the mole would be the most valuable, because in these days – and ye can still buy them – ye got moleskin trousers and that sort o' thing, ye see, and furs and what have you. But, oh, Leeds wis always where they went tae, ah remember that. That wis the centre o' the trade. Ah can dist remember hazy about the auld grandfather and ma father goin' wi' this trap for the rabbit business. Ah used tae go an odd time with them. But that must have finished off in 1916, 'cause that's when ma father wis called up for the army.

So ma earliest memories o' Lilliesleaf go back to the First World War. Ah can't remember if ma father had any particular feelins aboot the war. Some o' the village lads, the younger ones, ah think, did volunteer – well, ye see them on the village war memorial yonder, a long list o' them. The majority o' them were jist young lads that worked on the farms. There are some on the war memorial ah couldnae place at all. Others ah knew who they were, or their families. Then once ah can remember ma father, him and his brother Willie, the tailor, comin' home on leave afore they went tae France. They were at Duddingston in Edinburgh, in a camp there. And they both came home on leave for ah don't know how long – a few days. And that wis that. Ah never saw ma father again.

It must have been a terrible struggle for ma mother after he wis killed. Ah often think about it. She'd no job, never did a job after ma father wis killed. Oo'd hens in the garden at the back. Ah think most people in the village had in these days, a few hens. And if ah remember rightly she used tae do a bit o' sewin' for one or two people, but ah'm no' really sure on that. So she wis livin' on 26 shillins [£1.30] a week for the six o' us, that wis her basic. Ah can't remember at a' if that wis increased when ma father's body wis found. Ah jist remember us goin' for this 26 shillins. Ah used tae go for it tae the Post Office – Jim Henderson.

Ma older sister Anne left school at 14 and started workin'. Anne went tae domestic service – at the Chapel farm yonder, jist beyond the village. That was her first place. And frae there she went tae a few places afore she got married. Anne wid get paid jist in coppers. She couldnae provide ma mother wi' much money. And ma older brother Jim went to the High School in Hawick. It was unusual in these days for a boy tae go frae Lilliesleaf tae the High School. But Jim got a bursary, ee could get a bursary which paid for things. It wisnae much. The bursary covered, ah think, the cost o' books and the train frae Belses station. There wis four o' them went. There wis Wullie Douglas, Andy Henderson, Johnny Elliot, and Jim. And they used tae cycle tae Belses and get the train up, and back at night again. That wis how it wid dae. Jim'd go tae the High School till he wis 15. And then he served his time as a grocer wi' Duncan Condie in the village.[2]

Ma mother must ha' had a struggle for years. She wisnae the only yin in that position, ye ken. There were other war widows at Lilliesleaf. It makes ye wonder how they did it, though there were none that ah can think o' wi' five young children. So in ma memory o' ma childhood it wis poverty, it wis poverty. Ah don't know how ma mother lived on what we had. But she did it. Ma mother wisnae a Lilliesleaf woman. She belonged Ancrum, the parish o' Ancrum anyway. Her father wis Drummond, a stonemason. But her parents, they were dead. She had a sister in Hawick and one in Dalkeith, a brother in Melrose, and another brother in South Africa. Ah don't think they were in a position tae dae anything tae help her, ah don't think so, not a thing. So she wis really left very much on her own wi' us five.

But in these days – it's different now an' a' – Lilliesleaf wis a community in itself. Each helped the other sort o' style, tae a certain extent. There were a few odd ones that had a bit money, but the majority o' the people were farm labourers and that sort o' thing, ye see, and jist casual workers. It wis very much a workin' village in these days, and the majority worked on the farms. When ah got a bit older, say aboot the end o' the 1920s, there wis quite a bit o' work in the mills in Hawick, and they started runnin' a bus up frae Lilliesleaf tae take them up tae Hawick. But then the mills went down again in the Depression.

But ye had fruit and vegetables of course in the garden at Bishop's Close. Oh, there wis a big garden there, and that wis Jim's and my job, plantin' the garden. And ye grew a' the usual vegetables. And ah always remember milk. Ma mother had an aunt up at Hermiston, on the farm there, and the aunt had a cow. And ah'd be what, nine or ten, somethin' like that, and ah used tae go up there for a pitcher o' milk. It wis a long way, a good two miles each way. But ah'd walk up tae Hermiston jist aboot maybe once a week and walk back wi' the milk. And then another day ah used tae go tae Milrighall on the road tae Midlem, aboot five miles there and back, tae Mrs Swanston, a very nice, a very kind woman, and – ah expect oo'd pey – she used tae give milk, and ye'd get a bit butter and somethin' like that, ye ken.

And then ah can remember Jim, before he left the school, goin' hay-makin' and that sort o' thing, ye ken, in the holidays. We a' did that when we were 12 or roond aboot that, an odd job now and again. Work on farms wis the main thing, that's the only jobs ee could ha' got. When ee think back ee forget some o' the jobs ee did. There wis a strawberry farm at Netherraw – Cranston's. Ah've seen us going there – a penny a pound for gatherin' the strawberries.[3] And ah've seen us cuttin' thistles along at St Dunstan farm. Young wis the farmer there then – Smile No More Young we always called him. He never wis known tae laugh, and always grousin', ee ken! Ee used tae go cuttin' thistles there, and ee'd cut thistles a' day for aboot tuppence or somethin'! Singlin' turnips wis another job. Ee did things like that whenever you wis able sort o' style. That wis the only way ee could live. And, ah mean, there werenae jist oorsels, there were a lot more in Lilliesleaf in the same position. But a' the money oo earned oo gave tae ma mother, that wis a' ye could gie her. We a' got on well as a happy family, worked well thegither, nae bother.

* * *

Ah went tae the village school in 1915, jist before ma father went tae the army. The school wis jist next tae our house at Bishop's Close. It wis three lady teachers and old Birrell. He belonged Fife. He wis an institution! He wis the local godfither really, ye could ca' him that. Everybody, if they had any legal troubles or anything like that, 'Oh, ah'll see Mr Birrell!' And he sorted them out – usually tae his own advantage. Oh, if there wis money in it Andrew Birrell wis there. He wis session clerk – ah dinnae ken what he'd get paid for that though, mind – he wis part-time factor at Riddell estate, a' at the same time, ah think, Inspector of the Poor, and registrar. And there's another thing Andrew Birrell used tae run an' all, the Scottish Rural Workers'

Society, a friendly society: ah used tae get the card frae him. Och, he'd any job like that. And he wis teachin' at the same time – heidteacher. Well, at the finish, say, aboot ma last year at the school – he retired the same year as ah left the school, in 1924 – well, in the last two years he had go-as-you-please. He didnae gie a damn whether he taught ye or no' sort o' style. He'd been there at the school an awfy lot o' years. Och, old Birrell wis a' right. But jist for a penny, Andrew wis there. He lived in the school house, next tae the school, on its other side frae us at Bishop's Close. Then he bought the two houses at Oakbank in the village before he retired, and retired intae one and let the other one. His son wis killed in the war, like ma father, but ah don't remember his son at a', ah never knew him.[4]

Ah widnae say ah enjoyed the school. Ah had no objections to it, but ah wis no' enthusiastic – no' a keen scholar! Ah can't say ah really *enjoyed* anything, but ah wis interested in geography and that sort o' thing and, well, essay-writin'. Ah wis keen on that sort o' thing, and I used tae win the prize every year for that. And ah read a lot, oh, ah still read an awfy lot – anything and everything. There were a school library in these days, boxes o' books used tae come. Ye used tae get takin' them home if ye wanted them. But what the things were ah cannae right remember now. At the school there were really nothing in the sort o' line o' sport at a'. They used tae have an allotment durin' the war and after the war an' a'. But as far as sport wis concerned, ye made your own. The school trips they always went tae Spittal in two or three buses.[5] Roond aboot 130 pupils wis aboot the average when ah wis at the school. Apart frae Mr Birrell, there wis one other teacher ah remember – the infant teacher, the old yin, Miss Morrison. Ah can picture her yet: the long skirt right tae the ground and a blouse wi' yon leg-o'-mutton sleeves, ee ken, and the real old style and up the neck roond here. She'd been there, ah think, as long as Birrell. Oh, she wis a nice old woman. She lived in Lilliesleaf.

The teachers had tae live in the village, there wis no transport, there wis no' really nothin'. After the war, in the 1920s, they started an omnibus thing – Bob Mitchell – one o' these charabancs, ee ken, and they used tae run tae Hawick. Before that the only transport wis old Jimmy Turnbull, the Post. He had one o' these brakes – a horse, and seats on each side o' the brake, ee ken – and he used tae go down tae the five o'clock train at Belses and collect the mail and any passenger that wis comin' tae Lilliesleaf, ye ken, and that sort o' thing. Ah can remember Jimmy the Post. He finally got rid o' the horse and got an old Ford car, but he still thought he was drivin' the horse, ee ken. When he wanted tae stop – 'Whoa!'

Well, at the school ah won a bursary tae Hawick High School. But for two reasons ah didn't go tae Hawick. One wis ah wis not very enthusiastic; the other wis ma mother couldnae afford it. She'd need tae have bought me a bike and that sort o' thing, ye see. And then ma older brother Jim had already gone tae the High School, and it wis jist too much for her. But ah didnae bother. So ah left school when ah wis 14 in 1924.

Ah left school on the Friday and ah started wi' Tommy Steele the builder on the Monday at five shillins [25p] a week. There were nae interview at all. There were jist ma Uncle Willie next door, the tailor. Ma mother says tae him, 'He's leavin' school on Friday. What aboot Tommy Steele – is he no' wantin' an apprentice?' 'Oh,' Uncle Willie said, 'ah don't know. Ah'll see him the night in the pub.' So he came back frae the pub. 'Aye,' he says, 'ye stert on Monday.' And that wis that! Ah wis the first apprentice ever Tommy Steele'd had.

Tommy hadnae been lookin' for a laddie tae help him. There were nothing desperate – mainly jobbin' work. But Tommy covered a wide area: away up and roond Roberton above Hawick. And he wis well known. And he wis a man, give him his dues, he wouldnae put a dud job off. He'd raither lose money as give anybody a dud job. He wis honest that way, and very well thought of, respected, in Lilliesleaf. His builder's yard wis jist across frae the Cross Keys pub yonder. He yaised tae go on the bash now and again, that wis drink. Tommy wis a sociable man, especially if he had a pint or two – well, no' pints, whisky!

Tommy belonged Lilliesleaf. Ah can jist remember his father, he stayed along in a house called Elwyn at the east end o' the village that wis a blacksmith's shop at one time, before ma time. There must ha' been two blacksmiths in the village at one time. Of course blacksmith wis a key job, wi' the horses and things. Tommy's father had worked wi' Hall, a well known builder in Galashiels, most o' his life. Tommy had served a' his time wi' his fither at Manderston House at Duns, a five years' apprenticeship and then two years tradesman at Manderston aboot the early 1900s, well before the First World War. The man that got it built, he owned the race horse Rocksand and he gave the workmen a' the tip tae back it, and it won the Derby.[6] Oh, Tommy Steele wis a craftsman, knew his job. And he took more than jist stonemason work, oh, brick work mainly, slating and drains, and a' these sort o' things. He did everything, he had a go at everything.

That wis the sort o' firm tae learn your time. Ye could get everything. Ah wis lucky tae get a start wi' Tommy Steele. Without boastin', ah can turn ma hand tae anything in that line, ye know, and have done a' ma life. Well, it wis Tommy Steele himsel' that set up his business.

In these days when ah started work, the majority o' them left school and went on the farms. In fact, that wis practically the only thing at Lilliesleaf. An odd one served his time as a joiner and that sort o' thing. But that wis the odd one, like maself as a stonemason. There wisnae much in the way o' craft work available. There wis a blacksmith, Willie Falla, but he wis on his own. Then there wis two joiners in the village. There wis Bob Spiers. Well, before Spiers it wis one o' the Riddells had a joiner's business, but he sold out and Bob Spiers came from Hawick and took over the business. And there were Wullie Henderson. He had a joiner's shop an' a'. Wullie wis up the back o' the Cross Keys pub, up on the hill yonder. He had a shed up there.[7] And then Douglas the fencer wis a different proposition a'thegither. He travelled quite a bit him: he had an old motorbike and sidecar. He stuck tae fencin', quite different frae joinery and cabinetmakin' that Bob Spiers did. Douglases are still there. But the founder o' the business came from Ashkirk, ah remember him, and it must ha' been aboot the end o' the war when they came tae Lilliesleaf, him and the three sons, Willie, Danny and Jimmy. Jimmy wis a prisoner o' war in the Second War. He escaped in Italy and hid up wi' some o' the locals for months and months. And as far as ah know he wis never the same again.

And then the hedgin', you know, that wis a popular job. There wis old Yiddy Steel and John Bell. They were hedgers, cuttin' the hedges. It wis a' they did. Ah mean, there were miles o' hedges in these days. They werenae torn oot the way they are now. Oh, it wis a pretty regular job hedgin'. Then there were some men worked on the timber. Then the first sawmill ah remember near the village wis up in what they ca'ed the big wood. That's up the Hawick road yonder, afore ee come tae Cotfield farm. And they were cuttin' that durin' the First World War. Of course, the trees they were a' cut down by hand then, ee ken, and chopped doon, and there were great big chips. Ah can remember jist goin' up there wi' yon bogies wi' wheels on them, and gettin' the chips, comin' back wi' a load o' chips for the fire. Oh, ye'd get wood nae bother.

But there quite a number o' men and women in these days jist sort o' clingin' on, without any regular job. There were a lot o' mothers, ah don't know how half them lived. Ah mind o' the Borthwicks livin' in the wee house on The Common yonder across frae Tommy Steele's yaird. And ah mind o' auld Tam Borthwick, the grandfather. What an ill-natured old man! He worked wi' Tommy Steele tae. Tommy Steele had a horse, Paddy the horse, and yin o' yon four-wheeled lorries, and on different jobs auld Tam Borthwick used tae drive the horse. But, aye, he had a hard life.

Oh, there wis a lot o' poverty in the village then. But at least ee had a garden and vegetables and fruit trees. Most people had a garden, and some had hens, and another one had a pig, and this sort o' thing. But they must ha' been on the verge o' poverty a' the time, ee ken, livin' from day tae day. And yet they seemed tae get a laugh and a joke. But it wis a healthy life, the air wis clean.

There wis quite a number o' them in Lilliesleaf would get a spell o' work maybe on a farm for a week, a fortnight, three weeks, whatever. And then they'd be off for maybe two or three weeks before they could pick up wi' something else, ye know. Practically everybody had a bad spell, and they used tae travel quite a distance for a job.

* * *

There were some characters in and aboot Lilliesleaf. Ah'll tell ee aboot Love Harvie and the coal. Ah dinnae ken how she got the name Love, but it wis her proper name right enough. Love's son Arthur sat on the seat o' the lorry and looked after the horse, and Love, his mother, carried the coal and delivered it! They lived at Belses. Who wis the father o' Arthur ah don't know. But Love and Arthur delivered coal two or three days a week up tae Lilliesleaf and maybe a couple o' days tae Ancrum, somethin' like that. But they got a livin'. Ah can see Love yet, a hunderweight bag o' coal on her back, and Arthur sittin' on the lorry. She must have been a woman nearer 50, somethin' like that. Well, Love died eventually. And Arthur – ah never saw him again, but ma brother Jim used tae tell me aboot him – Arthur bought a hoose, or built a bungalow, in Ancrum and retired there. He must ha' made a penny oot o' his mother's hard labour. But ah can picture him yet, sittin' there holdin' the horse and Love's carryin' the coal.

Then ah remember Bill Blythe, 'Dr' Blythe. He wis a carter. He had a horse and he used tae cart stuff frae the station, and that sort o' thing – any odd job that wis goin'. But his horse, old Jimmy the Horse, it wouldnae pass the Cross Keys pub. So 'Dr' Blythe went hame at night, five o'clock or whatever time he wis packin' in, and the horse stopped dead. And he'd look at it. He said, 'Ah'll have tae go in. It'll no' move till ah go in here tae the Cross Keys.' The moment Bill Blythe went in the door the horse moved on and down tae where 'Dr' Blythe and his wife lived at St Dunstan farm cottages. And his wife used tae unharness Jimmy the Horse, and a' the rest o' it. When Bill came hame frae the Cross Keys his wife used tae lock him up in the shed until he wis sober. Oh, he wis a character, Bill. And then ah mind o' Joe Rodden, whitewashed his horse. As ee go along the village frae the East End tae the West there's a field on the right hand side. And there's a wee gate, and Bill used tae pit the horse in there for the summertime. And he yaised tae come for the horse in the mornin'. So Joe Rodden, he wis the village shoemaker, an awfu' bloke for playin' tricks, he says, 'Ah think we're goin' tae whitewash that horse.' He had a bucket wi' whitewash in it and he whitewashed the horse. It wis a black horse, or a dark horse anyway. Joe says, 'We'll see this caper in the mornin'.' So we watched for Bill Blythe comin' for the horse. Bill wis half bleary-eyed, ye know: 'Jimmy! Jimmy!' And of course the horse came forward. 'Away ee go. Ah want ma ain horse.' Then he discovered Joe had whitewashed it. But Bill Blythe, quite an aulder man, wis there in Lilliesleaf frae since ever ah remember.

Ma uncle Willie Robinson, the tailor, wis another character. Later on, he wis on the post, a postman. But he had a tailor's business in the village, and he wis a good tailor. In ma early twenties everybody in the place came tae him for tae make a suit. But in his time, mind, if the fishin' wis good he'd rither go fishin', dropped the needle and thread and away fishin'. When ah wis a boy there wis another tailor in the village, old Johnny Hume. But ah don't remember him workin', he'd retired, he wis an old man then. But ah think ma uncle, Willie the Tailor, as they always ca'ed him, he had served his time wi' Johnny Hume. Ah can always remember the old house, the tailor's shop, as they called it, that wis knocked down later on – it doesnae exist now – and Uncle Willie sittin' on the bench, cross-legged, ye ken, and sewin' away, wi' an old oil lamp, and a coal stove for heatin' his iron.[8] And it wis a favourite meetin' place, especially in the wintertime when it wis cold. A' the out-o'-works or wouldnae-works, or whatever they aye called them, they'd a' collect there, and, oh the crack wis good, ye ken. The crack wis local stuff. Ah cannae remember them ever bein' much interested in what wis goin' on in the ootside world. It wis mainly local stuff: so-and-so's shiftin' here, and so-and-so's workin' there. That sort of thing. They didnae come tae ma uncle's shop tae discuss politics, not that ah remember. It wis mainly local stuff, local news and gossip, about somebody's workin' here or somebody's no' workin', or that.

They didnae have political discussions in Uncle Willie's shop. Ah can't remember much aboot that, bar maybe when there were an election comin' up or somethin' like that. Ah can't remember any arguin' aboot politics or onythin' like that. And when ah started goin' tae the pubs ah can't remember any arguments there aboot politics. Well, people like Major Mark Sprot would be in the Tory party, and, well, his estate workers of course wid vote Tory – sort o' deferential. The Tories had an Association, and there were two or three what ye'd call Liberals but ah don't think there were ever any Liberal Association or anythin' like that in the village, and nothin' like Labour Party or Scottish National Party. Ah dinnae remember Tommy Steele ever arguin' aboot politics or nothin'. The villagers argued right enough, usually at an election time, but otherwise there were naebody interested.

Then the church wis like what it is now: it wis deterioratin'. Ah believe, maybe jist before ma time, old Rev. Dr Sym wis a big shot in the area. But at the finish they didnae seem tae bother aboot him, sort o' style. Ah think maself they didnae encourage anythin'. They had no activities bar goin' tae the church on a Sunday. That wis their lot. There were no bible class, nothin' – no clubs or anythin' like that. Of course ma mother wis a member o' the Free Church. The Free Church minister, Alison wis his name. He wis yin o' these hell-fire ones, ye ken. He thumped the pulpit. But ma mother she'd never get any assistance or help frae Alison. Ah remember him. Of course we used tae go tae the Sunday School on the Sunday – had tae go, it was sort o' compulsory because ma mother had been in the habit o' goin' and she made us go. But the moment ah got clear ah never went back, and there wis an awful lot like me. Ogilvie wis the last Free Church minister but he wisnae there long. The Free Church wis a good buildin', and then later on Dr Corson, a great Walter Scott man, he got it. He had a lot o' first editions o' Scott and that sort o' thing, and for many years he used it as a library. And he wid never allow anybody in. Ye had tae have an appointment, and a' the rest o' it. It had tae be a professor or somebody – he wouldnae let you or me inside o' it! And then there were another church where Tom Borthwick stays, in his garden there wis a church there. It wis one o' these in the 18th or 19th century, when they broke up and there wis divisions in the Church o' Scotland. Ah've heard Tom talkin' aboot diggin' his garden and plantin' his tatties and comin' on the foundations. He cannae dig down nae further for the old foundation's still there.[9]

* * *

Well, if Uncle Willie had a few drinks in he wid talk aboot the 1914–18 War, oh, some right tales, aboot his own experiences, this, that, and the other. Ah doubt if half o' it wis true or not. Ah can remember though he had this wound, a bullet wound in the knee or somethin', and he had tae come intae Edinburgh tae the medical tribunal every two years aboot his pension. If he had a pension it wisnae much, but he had a pension. And of course if they reckoned he wis cured, that wis his pension finished. So he used tae cycle a' over the place on the bike, bein' a postman. And the night before he wis due in there at this tribunal ah've seen him sittin' wi' the knee bare, and a wet towel, and thumpin' his knee tae get it tae swell up. And he limped away in there tae get his pension! Ah couldnae say if the 1914–18 War had changed Uncle Willie's views aboot things. So far as religion wis concerned he never went tae church or anything like that. Ah don't think he had any strong views aboot war and peace. Uncle Willie wis keen on shootin' and that sort o' thing, and he joined the Home Guard in the Second World War. Maybe he'd wanted tae be a soldier, it didnae seem tae have done him any harm anyway.

Ah remember Uncle Willie tellin' me about Willie Robertson, the Lilliesleaf polisman. Ah remember him, he wis a Hielander. He wis never known tae arrest anybody, never – it wis too much bother. A nice bloke, Willie Robertson. So ah remember the tailor tellin' me when he wis at Duddingston in the KOSBs in the 1914–18 War he'd came on two or three days' leave and overstayed his leave, ye ken. He says he wis in the village Post Office, talkin' tae Jim Henderson, the postmaster, when in comes Willie Robertson the polis. He says, 'Ah've got tae arrest ye, William.' Ma uncle says, 'What for?' Willie Robertson says, 'Ah've got a notice here that ye've overstayed your leave and ah've tae lock ye up and see you on the train tomorrow mornin'.' 'Och,' ma uncle says, 'ye widnae dae that, Willie?' 'Ah've got tae.' 'Och,' ma uncle says, 'ye're no' goin' tae dae that?' 'Right,' says Willie Robertson, 'will ee promise tae be on the train the morn's mornin'?' 'Aye, aye,' says, ma uncle, 'ah'll be on the train the morn's mornin'.' 'Right then,' says Willie the polis, 'let's go doon tae The Plough and have a drink.'[10]

Oh, he wis a nice bloke, Willie Robertson, the polis. But what used tae tickle us wis the tramps that used tae come round. There wis one in particular, Jess Glensmills – her other name wis Jess Gledstone. And they used tae get drunk, ye ken. Where they got the money ah don't know. But they yaised tae get drunk. Oh, Jess Gledstone wis well known. Ah can picture her yet. And here she got really monumental and collapsed ootside the Cross Keys. There used tae be a bit grass there at one time, it's a' built on now – and it shouldnae ha' been, because it's public ground. But anyhow she collapsed and wis lyin' there. Somebody sent for Willie Robertson, the polis. So Willie had come along, and she wis right out, ye ken. So he got her intae a wheelbarrae and ah can remember him yet wheelin' her up the street. And he stayed away at this other end o' the village, jist along frae the Post Office. He had a couple o' cells at the back o' the house, right enough, and he pit Jess Gledstone in the cell. 'Aye,' Willie says, 'why couldn't she ha' gotten drunk at The Plough? It widnae be sae far tae bring her.' That wis the only time the two cells were occupied wis wi' the tramps. Willie used tae lock them up for the night and gave them their breakfast in the mornin', and see them on their way. Oh, he wis quite a kind soul. He wis married and had a family, two sons, if ah remember rightly.

Bet the Boar wis another tramp. Ah can remember her, no' sae clearly. But ah think she got the name Bet the Boar because she had a face like a . . . But there were Jess Gledstone, and Wat Gledstone, ah suppose, wid be her husband. And there wis a man Mitty Smith. Ah can remember him fine. He yaised tae come a lot intae ma Uncle Willie's tailor's shop. Ah remember one mornin', it wis the wintertime, tae, and the tailor had a bottle o' paraffin in, ye ken, for fillin' his lamp. But it wis a methylated spirits label on the bottle. And Mitty come in, and they were sittin' roond the stove. Mitty gets his eye on the bottle: 'Is that the right stuff, Wullie?' 'Aye,' says ma Uncle Willie, 'the right stuff.' 'Can ah have a slug?' 'Aye,' says Uncle Willie, 'have a go.' Mitty must have been half pegged oot before he discovered it wis paraffin, ee ken. Oh, murder then! These were the sorts o' things that happened, ee ken. Ah couldnae tell ye why he wis ca'ed Mitty Smith, it wis jist Mitty Smith. Ah've no idea where he belonged.

Then there a seat, a bench, on the roadside along at the church yonder. And Jim Henderson that had the Post Office, he wis passin' there on a frosty morning and here's this roadster lyin' sleepin' on the bench. And a' he'd on wis his overcoat. 'And,' Jim says, 'ah thought he wis dead. But ah woke him up. "Oh, hello, it's mornin' is it ?" And he got up and walked away.' Oh, hardy. He yaised tae come aroond regular an' a'. But damned if ah mind his name. Men, maybe demobilised efter the First War, couldnae settle down; aye, ah think there were quite a bit o' that.

Ye used tae get the odd band comin' through, wi' an accordion, a fiddle or whatever, a squeeze-box, tryin' tae earn a penny. A lot wis miners, ye ken, and they used tae be doon roond aboot Lilliesleaf for a holiday like, jist wander roond the place and sleepin' in the barns or whatever. That wis when the strikes were on in 1926. Ah'd be started work then wi' Tommy Steele aboot a couple o' years. Ah remember the '26 strike fine – at least, the only thing ah can remember aboot it is: Tommy Steele, his sister stayed in Troon in Ayrshire. There wis some bit o' furniture, it must ha' belonged tae her and she wanted it. And he said he'd bring it through tae her on his old Ford lorry. And Tommy says tae me, 'Oo'll take a trip tae Troon. Oo'll stay a night and come back the morn.' The strike wis on then, and we got somewhere in Ayrshire and the strikers stopped us tae see what wis in the lorry.[11]

The tramps yaised tae come round the village every now and again and then they'd disappear maybe for a month. They seemed tae have a round, ee ken, and ye'd get them the day. They didnae a' come thegither, mind. There wis separate times. Then they'd move on, and where they went ah don't know, maybe jist roond the other villages. They'd come back again. They were people that had jist taken tae the road and never worked, as far as ah know. There were a lot o' them. It wis a regular thing then. At Lilliesleaf there's the farm West Middles, and then there wis this old decayed house, which they ca'ed Easter Middles, and a lot o' the tramps jist went up there. But in Midlem there wis a lodgin' house. And – Mrs Scott wis her name – she yaised tae take them a' in there, at a tanner a night or whatever it wis. Oh, the tramps wis a regular thing. It's the names o' others ah can't remember now.

In fact, there wis two men used tae work wi' Tommy Steele the builder when ah wis servin' ma time wi' him: Wat Hogg and Andrae Livingstone. Andrae wis a stonemason and a good one. And every penny they got wis spent on drink, ye ken. Ye used tae work on a Saturday then and finish at 12 o'clock. And Saturday efternin about three o'clock, efter the pubs shut, as they did in these days, ye'd see Andrae and Wat makin' their way over tae Easter Middles again, eggs maybe in this pocket and maybe half a pund o' bacon in that pocket, and a half loaf there, and that sort o' thing. And they'd be back in the pub at five o'clock, sober again. The drink got a grip on them, that wis it. Wat Hogg especially, he'd be workin' away and, ah mean, there'd be plenty work on, and, 'Right, Tom, gies ma books on Saturday.' 'What for?' says Tommy Steele one particular time, 'what for, Wat?' 'Ma feet's itchy,' says Wat, 'ah'm goin' tae walk.' He yaised tae go and he'd be away for months and he'd come back. 'Where hae ye been, Wat?' 'Oh, doon the south o' England and a' roond about it.' Walkin', tae, walked a' the way. He steyed in lodgin' houses and maybe did an odd job for some farmer now and again for tae get a few coppers, and then on he went again.

And then of course long ago there wis the trampin' artisans, walked frae one place tae another. Well, ah remember ma mother talkin' aboot her mother and father – he wis a stonemason and he stayed at Belsesmoor, near Belses station. And there's a mansion house, Kippilaw, near Bowden, and they were buildin' that, and he used tae walk frae Belsesmoor tae Kippilaw in the mornin', start work at six o'clock or seven o'clock maybe, and walk back at night. Oh, hard times, ee had tae be hardy tae survive.[12]

And then ee got the tinkers at St Boswells Fair, and the covered waggons and so on. There were a lot o' them. Oh, it wis a big affair, St Boswells Fair, when ah wis young. It wis a horse fair. Ah used tae go down there. There were plenty o' sideshows and a' these sort o' things. It wis always on the 18th o' July, St Boswells Fair, one day. But they'd be there longer maybe if the 18th landed on a Sunday or somethin' like that. They'd be there on the Saturday and then they'd carry on tae the Monday. They came from all over the Borders and the north o' England and what have you. Oh, it wis a well known thing then, St Boswells Fair. There were nothin' like that in Lilliesleaf, nothin' by way o' a fair like that.

Ah took part in the Lilliesleaf Hand-ba'. Oh, it wis a big occasion the Ba' Day. There were the local farm workers there wi' their big turned up boots. And there were no holds barred, ye know, no rules or nothin'! Anything went. But ah believe the Hand-ba's aboot finished now. The youngsters play it. There's nobody on farms now, ye see, there's the tractors and this sort o' thing, the combines, and what have you. Well, ye can see that by the amount o' empty cottages. That's a big change.

There wis quite a lot o' social life if ee liked tae go for it. Then there wis quite a lot o' local dances, in the village – nine o'clock tae three in the mornin' style, ee ken. Ah started goin' tae them afore ah wis 16, 17 maybe. Oh, anybody could go. Ah liked dancin'. Ye got waltzes, foxtrots, quicksteps, and that sort o' thing. That wis aye on the Friday night frae nine tae three, ye see. And on the Saturday night there were maybe one at Midlem or Ashkirk or Denholm – ee were on the bike again. That wis usually how young fellaes met girls, at the dances. The Saturday night dances, there were one at Midlem or wherever ee wanted tae go, and ee'd get some o' the mob frae Selkirk, and ee'd have a battle, ee could have a battle wi' them – a village up against twae or three frae Selkirk, half drunk some o' them, ee ken.

Occasionally ee would go tae the cinema – it wis jist comin' in then. It wis bikes again – you bike-ed tae Selkirk, Selkirk wis the normal place, it wasnae as far frae Lilliesleaf as Hawick. It wis jist the lack o' transport, and Selkirk and Melrose were seven miles frae Lilliesleaf, Hawick wis nine, Galashiels wis further, and Jedburgh further still. Ah mind even o' goin' for a haircut, ah used tae go tae St Boswells on a bike. There wis nobody in Lilliesleaf that cut hair – no' the kind o' haircut that we wanted, young blokes again. Ye could get them tae stick the bowl on your head and go roond the edges! Ee wanted somethin' fancier, so ee cycled tae St Boswells and back again.

They played football an' a' in the village, but there were nothin' really organised aboot it. The pitch wis usually up hill and doon dale, rough and ready – whatever field they'd let ye intae. Ma older brother Jim wis aboot the only one in the village ah can remember playin' rugby. He was keen. He used tae play forward for Hawick for quite a few seasons in fact. He wis a good player. They've had internationals since – the Cranstons o' Netherraw. Jim got a rugby club up and they used tae play the likes o' Ancrum, Bowden, Bonchester. They used tae run seven-a-sides, ye ken.[13]

Then fishin' wis there at Lilliesleaf, most people fished – and poachin'! Ah did a bit o' poachin' maself in the Ale Water. Oh, that wis a caper. Ah wisnae workin' at the time, ah wis idle, and the fish, they usually run aboot November, it depends on the water. And there were a run on. And ah'd been up Riddell Haugh, beside Riddell Mill, durin' the day and ah saw this pair o' fish reddin', as they ca' it – layin' their eggs. 'Oh,' ah says, 'a couple o' nights fishin'.' So ah got Danny, yin o' the Douglases, and away wi' the old acetylene lamps – carbide, ye know. The acetylene lamp wis the best, an electric torch wis too strong. The acetylene wis a softer light and the fish wid lie tae that light. But if ee had a torch, no, too strong. So anyway, Danny and me were in the river, ye ken, and ye had tae wade up the river so that the fish didnae hear ye comin' up. If ee'd come doon the way they'd ha' smelt ee, ee see. So oo were jist there and Danny hooked one and ah'd jist had a strike at the other yin, when somebody landed on ma back! This wis the water bailies, ye ken, jumped frae the bank on tae oo. So Danny and me wis taken along tae the police station in the village tae get identified. The constable then wis Bell, a young keen bloke he was an' a', he came after Willie Robertson. So – Jedburgh Sheriff Court, and ah wis fined £3. Now that wis a queer thing. The Tweed Commissioners they employed the water bailies, ye see, and still do. And if ye got pinched and ye wis up in the court ye wis fined £3 or seven days' imprisonment: they had tae give ye an alternative. But if ye decided tae take the seven days they widnae have it! If ee paid the fine the money went tae the Tweed Commissioners, but if ee took the seven days then the county had tae keep ee in the jail, ee see. So that wis a laugh that day we were there. There wis a fellow, Rutherford, there frae St Boswells, and this had been his third or fourth time he'd been caught at it. And the oftener ee wis caught the bigger wis the fine of course. So the Sheriff says, 'It's you again?' 'Aye.' It wis doon aboot Mertoun or somewhere he wis caught on the Tweed. The Sheriff says, 'How often now?' He says, 'Four times.' Old Sheriff Baillie wis a member o' the Tweed Commissioners, so of course he wis all for them payin' the fine. So he says tae Rutherford, 'Oh, ye're fined £10 or 14 days.' 'Ah've no' got it,' says Rutherford, 'ah'm no' workin. So,' he says, 'ah'll dae the time, ah'll take the 14 days.' The auld sheriff's leanin' forward, 'Eh? Eh?' he says. 'Oh, now,' he says, 'ye don't want tae do that. Ah'll give ee time tae pay. Ee can have three weeks tae pay,' and a' this, ye see. 'No, no,' says Rutherford, 'ah'm goin' tae dae the time.' Oh, old Sheriff Baillie wis annoyed, because that wis the £10 lost! Ah don't know whether that still applies yet or no', but that did in these days.

But, och, at Lilliesleaf poachin' wis quite common, everybody had a go at it. It wisnae classed as a crime or nothin'. It wis one for the pot style, ye know. There were nae commercial in it. Ee jist wanted tae get a fish for the pot, for your tea. If ee caught a few ye handed them round tae old people that hadnae a chance.

Well, the attitude of Major Mark Sprot o' Riddell estate at that time, oh, he wis an old b******. His son now, Major Jock, he's a' right. Jock and his brother Aidan they never got married. One o' the daughters, Celia, wis married on Wullie Whitelaw. Then the other daughter, Elizabeth, her son Andrew Grant is a nice fellow. Ah've met him, he used tae come doon tae the pub.[14] But the auld major wis a real auld army bloke, really quite hard. Ah used tae get him when ah wis on the buildin' job or somethin' wi' Tommy Steele. Oh, Major Mark Sprot wisnae friendly: ye wis a labourer, he wis a big yin, the landowner, this sort o' thing, oh, class conscious. And he'd nothin' tae be class aboot. He'd no money nor damn all. He wis a pretty severe lookin' auld boy.

Oo didnae go poachin' on the Teviot or the Tweed, it wis jist the Ale Water. There wis plenty o' fish there then. They were mainly sea trout. They talk aboot salmon: there were salmon came up, but mainly sea trout. And sea trout runs up tae maybe ten pounds, or ah've seen them twelve pounds, quite sizeable. There were a favourite spot ah went tae on the Ale. It had tae be on a gravel, ye see, for the she-fishes, as they're ca'ed. The he-fish has a hooked nose, and he digs out this trench in the gravel, then she lays her eggs in that, then he covers them up. And they're normally layin' for aboot 24 hours. So if ee dinnae get them in that time they're gone, ye see: she's laid her eggs and back they go. So it wis only certain parts o' the Ale Water, the likes o' up Riddell Haugh yonder, in there at Riddell Mill, there's quite nice bits o' gravel. There wis other spots of course, but that wis one o' the handy bits there. Of course, the bailies knew that as well. But ye'd get the odd bailie wis willin' tae shut his eyes. Ah remember bein' at Longnewton cauld once and the fish were runnin' well. Ah had a cleek in ma pocket and a stick an' a'! Ah saw the bailies comin'. They had a motorbike and sidecar, and one o' them wis a bloke Joe Rodden He wis a nice lad and he used tae live in Lilliesleaf. So of course ah dumped the stick and cleek, and they came and stood and watched for a while, and then Joe turned roond tae me and he says, 'Well,' he says, 'oo're away for oor dinner. It'll take us an hoor and a half anyway.' A nod wis as good as a wink. They werenae far up the road afore ah wis there. But other bailies were murder. Of course they were under pressure frae the Tweed Commissioners and the likes o' Major Mark Sprot; they had thae fellaes a' chasin' them a'. Oh, the bailies werenae very popular wi' the lads in Lilliesleaf that did a bit o' poachin. Ye didnae get the bailies aboot the pubs or anythin' – they'd ha' been done! They were shunned. They didnae live in the village, they came frae St Boswells. They used tae have the motorbike and sidecar, and then before that it wis bicycles. But it wisnae a job at a'. Ah mean, it wis better as the dole, that wis aboot a'. And they were out at a' times o' night and that sort o' thing. Ah quite believe some o' them would be poachers turned gamekeepers. It wis the last job on earth that, because everybody, ee ken, gave them the look, despised them as spoilsports.

Some went oot poachin' rabbits as well, but they werenae very popular, and pheasants and that sort o' thing. Pheasants, ye did them wi' a light an' a'. Oh, ah've been at the pheasants, but it wis mainly fish, fish were the thing, ee ken, because they're easier gotten and there were more o' them. Of course they rear pheasants now, but in the old days there were none o' that, there wis only the wild birds. And ye can get them a' right in the woods in the spruce or larch. They roost low down. If ye have a strong flashlight they sit and they widnae move, and ye jist . . . And then deer, there werenae many then, an odd one. But they tell me there are quite a few there now.

Then in the spring, when the wild ducks came, ye went for them – the eggs and that sort o' thing. And the water hens and coots and things like that. There wis a place, the Curlin' Moss they called it, over by Friarshaw farm. Over there is what they ca' Greenside, and in there there's a big what ye ca' a pond but it's a' grown up, ye ken. Oh, a right place for wild ducks. That's where ee went, and ye'd maybe get a clutch o' ten or twelve eggs. Ah took them home and ate them. They were jist like hen eggs. Ah mean, a tame duck, what ye call a farmin' duck, it's a strong egg, stronger than a hen's. But the wild duck's egg is jist aboot the same. And water hens – but ye'd need aboot a dozen o' them for tae make a panfae: wee things, but they were good an' a'. And coots.

Wi' poachin' ee were in a sort o' contest wi' the landowners. Oh, ye'd tae watch Major Mark Sprot. He had a place up Riddell, away up Clerklands, on the top – Riddellshiel, and it wis a guid place an' a'. Ee went there on the bike. Well, for the eggs ee had tae go through the day of course. Ah went when ah had nothin' else tae dae, or a day off.

* * *

When ah started as an apprentice wi' Tommy Steele the builder in 1924 he employed on average six or seven workers. And other times ah've seen him wi' as much as 20, it depended how much work he had. Well, again there you were gettin' a' the casual labour oot the village. There were any amount o' them, ye see, a' glad tae take a job. Then afore ah finished, Tommy had four other apprentices, one at a time. There wis me the first year, then Geordie Borthwick came maybe aboot two years later, then Jimmy Dick and Billy Reid.[15] That wis before the Second War. As ah've said, ah wis Tommy's first apprentice, he'd never had an apprentice before, but he couldnae have regretted it, or he wouldnae have taken on the others! And there again ye'd get travellin' bricklayers and masons comin' roond, ee ken. They'd stay a week or two and then they passed on again. Tommy had a cousin, Alex Steele, he stayed in Bowden, and Alex wis wi' him a long time, and Andrew Livingstone that ah've spoken' o' already wi' Wat Hogg, Andrew wis pretty regular an' a'. But on the whole the workers Tommy had came and went, and then, as ah say, the locals as well, he employed them when he could, when he hadnae got enough, ye know.

Ah wis wi' Tommy at the buildin' o' the police station frae scratch in Lilliesleaf in the 1920s some time. And up in the Back Road, next tae where Tam Borthwick stays, there's two hooses yonder were built by Tommy Steele. And then ah mind o' him buildin' two houses in Denholm. So as an apprentice ye got a good range o' experience, right frae the bottom tae the top. Ah did quite a bit o' work at Riddell, and a' the estates roond aboot – Linthill, Bewlie. Tom Steele built Bewlie House in the 1930s. Oh, we got quite a lot o' work on the estates. After Sanderson, the head one wi' VAT 69 whisky, came tae Linthill he wis always gettin' somethin' done.[16] Ah remember once ah wis workin' at the stables there in the rain an' a', and the Ale Water had come down in spate. And Sanderson had some Highland cattle in the paddock in front o' the house, and here one o' them had got in the water and its horns got entangled in a bush and they couldnae move it. So they came shoutin' tae see if we could get the cow oot o' this. So big Tait and twae or three mair o' them and maself went doon and got a rope. Tait waded in and got a rope roond aboot its horns and we pulled it oot. So Sanderson says, 'Ye better come up tae the house. Ye can do wi' a bit nip.' So the housemaid or whaever she wis came wi' the decanter and she's pourin' it in. 'Now,' says Sanderson, 'say when.' 'Oh,' ah says, 'ah'm no' sayin' when.' 'Remember,' he says, 'that's not the stuff ye buy up in the village there.' He wis right enough: another yin and ah'd ha' been on ma back! Oh, it wis the real Mackay.

Ma apprenticeship wi' Tommy Steele wis five years. Ah started, as ah've said, wi' five shillins [25p] a week. In ma second year ah think it went up tae aboot ten shillins [50p]. The last year wis 33 shillins [£1.65]. And the tradesman's pay at that time wis roond aboot £3 a week, so it wis a bit above the average. The hours were frae half past seven in the mornin' tae five o'clock, wi' half an hour for your dinner. Ee'd get a break for eer breakfast, it'd depend on where ee wis workin'. There wis nae official break, but most people ye had a cup o' tea or whatever. Tommy wis quite reasonable aboot things like that. And he worked on the job himself, he didnae stand and watch ye. Then ee worked on Saturday mornin' till 12 o'clock.

Ye got one week in the year holidays, and then ye had New Year time – jist a single day, and that wis the only time. Ye worked on Christmas Day. It's only since the Second World War that ee didnae work Christmas Day here in the buildin' trade.

There wis a bit o' stonemason work – very skilled work. Ah could do it. Ah could do it, ah wis hewin', ye ken, shapin' the stones, hewin' like grave stones, that sort o' thing. They learned ye, right enough. But ah wis never as keen on that side o' it. Layin' bricks ah enjoyed most, bricklayin' rither than stonework. Ah mean, the stonework is quite interestin', and ah got back at it later on when ah came tae work in Edinburgh, because ah used tae get quite a bit o' it wi' the firm ah wis wi' then. Oh, there ye got different types: ye got random, rivvle, square and sneck, and that sort o' thing, ye ken, which maist folk widnae understand. Tommy Steele wis a monumental mason tae. He did the gravestones for the cemetery, but no' on a regular basis, maybe an obligement tae somebody or somethin' like that. There were nae other monumental mason in Lilliesleaf. So people wi' a bereavement came tae Tommy, and if he didnae make the stone for them he'd get it for them, ye ken, frae Selkirk or somewhere. Stonework as it is now is far too dear, ye couldnae afford it, aye, ye couldnae afford it. Stone wis too dear, and nowadays the only one that can afford it is the government. The First World War disrupted the stonework, but after that they started in tae the bricks. But, oh, Tommy Steele had a broad rangin' business and, as ah say, he travelled a long road. It wis an excellent trainin' ah got wi' him, ah cannae complain aboot that – a' his apprentices did.

And then Tommy sometimes worked thegither wi' Bob Spiers, the joiner. They did quite a lot o' small jobs, one and the other. And of course ah've seen Tommy and Bob Spiers in the Cross Keys yonder sittin' at a table, drawin' plans tae build this and build that. And they were drawin' the plans in beer on the table! They were at that stage. Spiers wis the same way. Bob wis a good joiner, a white apron on and always the bunnet on, a fine lookin' man, and a cabinetmaker, tae.

Then ah've seen us off work for a few weeks. And Tommy Steele had an old habit: he widnae take work in the wintertime. That wis an old tradition in the buildin' trade – the frost, snow, ye cannae work, ye ken. But nowadays, wi' a' the things, ye can work. Well, ye wisnae unemployed. Tommy kept ye on a' right, but workin' aboot his yard yonder – he had a horse and a cow and he had sheep, and what have you. But he wisnae doin' stonemason or buildin' work, there werenae much. Though on decent days ye'd get oot daein' work in the winter. But Tommy had the auld idea, no' tae work in the winter. Then he'd pick up again aboot the month o' March, ye ken. But at times ah went and ah worked wi' Hall the builder in Galashiels, ah went tae Greenlaw tae Steel there. And if ee went around far enough ee'd get a job maybe. If it wis too far away frae Lilliesleaf ye'd have tae cycle. Ah mind o' workin' in Jedburgh – that's 12 miles, and cycled back and forward: a long way tae cycle efter a day's work. But ee did it because it wis better as the dole. The dole wis only 16 shillins [80p] a week. Ah'm talkin' aboot the early 1930s, the real Depression, ye know. It wis no use goin' lookin' for a job because the jobs werenae there. So ye jist passed your time wanderin' around.

Ah never joined a union at Lilliesleaf. There wisnae anything like that for buildin' workers in the village. There wis nae tradition o' that there. It never wis very strong in the Borders, there were very few in a union there. Ye'd tae come intae Edinburgh afore ye got a union.

Then another thing: ah wis always keen on motorbikes. Most o' the young fellaes in Lilliesleaf they've cars now, but it wis motorbikes then. Ma two brothers, Jim and Willie, and me were motorbike daft. There were an auld stable at the end o' the house and that wis the garage. There wis always a bike in pieces, ye ken, gettin' tuned up. If ye saved ye could buy an auld bike for under a tenner or, if ye had money, a tenner or somethin'. But ye still could get yin, and petrol wis nothin' – 11d [almost 5p] a gallon, sort o' style then. The motorbike let ee get away and see other bits o' the country. Ah never had a holiday on the motorbike away frae Lilliesleaf. But oo used tae go tae the Isle o' Man and Northern Ireland tae the Ulster Grand Prix, tae follow the motorbike racin'. Jimmy Guthrie wis one o' the heroes, but ah never really met him. I saw him ridin' on the Isle o' Man. That wis afore as wis married in, ah think, 1935–6. After ye wis married ye couldnae go tae it!

Ma wife belonged Newtongrange in Midlothian. Her fither wis a miner, and she'd six brothers and they were all miners there at Lady Victoria colliery. She wis a district nurse at Melrose and they yaised tae go round in these days: if there wis somebody badly 'Send the nurse.' She stayed there for a week or two or whatever, so long as she wis needed. Ma young sister Kate she had, they ca'ed it rheumatic fever, but it wis polio. Ma wife came and wis nursin' Kate, and that's how ah met her. Kate had had polio frae aboot 16 year old. She was in the house all the time. Ma mother nursed her till ma mother died aboot 1935 or '36. Then Anne, ma aulder sister, she stayed doon at Eccles, near Kelso, and she had Kate for quite a while. Then Anne took bad and went to hospital. So Kate had tae go intae hospital in Kelso ever after. She wis in hospital a' thae years. She had nae life at a', a' thae years. Ah used tae go down there and she wis always cheery, ye ken. Kate died it must ha' been 1963.

When ah got married ah stayed for a wee while in the house in Bishop's Close that ah wis born in. Then in 1938 in the summertime – August, ah remember the date, August – Tommy Steele he run out o' jobs. He says, 'Ah'll have tae lay you off. There nothin' doin' at a'.' And, as ah say, it wis the month o' August. That wis early, ye ken. It wis usually aboot November. 'Och,' ah says, 'this'll no' dae. Ah'm sick o' this.' Ah took the Edinburgh *Evening News*, and here a builder in Musselburgh wanted masons. So ah phoned him up, got a job, left Lilliesleaf, moved up intae Portobello, and that wis that. Ah never went back tae work in Lilliesleaf. Ma wife wanted tae come nearer Edinburgh as well. She didnae like village life, country life, so much, and her mother wis in Newtongrange like, so she wis maybe a wee bit homesick. Then ah got a job wi' Wallace the builder in Portobello. It wis the month o' November and jobs were quiet, ye know. 'Oh,' he said, 'ah'll gie ye a start. Ah can only promise ye three weeks.' Ah wis there 28 years! Then another firm took Wallace over and ah wis wi' them 16 years afore it went burst.

Of course the year after ah left Tommy Steele and Lilliesleaf the Second World War broke oot. Ah wis called up in 1942 and ah wis in the army aboot four years. But ah wis lucky maself, ah wis never out the country. It wis a laugh. Oo did oor trainin' in Glasgow – Maryhill. They yaised tae interview ye, what ee'd done in civvy street and what ee wanted tae dae in the army. So ah said, 'Ah want the Royal Engineers.' 'What for?', says this wee officer. Ah says 'Well, ah'm in the buildin' trade,' ah says, 'and ye need builders in the Royal Engineers', which they did. 'Oh,' he says, 'we've got no vacancies in the Engineers. Now,' he says, 'd'ye know anythin' about stores?' Ah says, 'The only store ah've ever been in was the Co-operative.' 'The very man,' he says. 'We'll put you in the Ordnance Corps.' So ah wis a square peg in a round hole.[17]

Ma older brother Jim, he wis in the Royal Corps o' Transport. He wis at Dunkirk in 1940, but he got out. Then he went tae North Africa after that, and Italy. Ma younger brother Willie, he started tae work aboot 1928. He went tae the mills in Hawick, and then they closed doon wi' the Depression, and he wis general casual. He got fed up wi' that and went and joined the army – the Royal Scots – as a Regular, aboot 1933 or '34, when he wis aboot 19. He wis the 1st Battalion in Palestine a while, then when the war came he wis across the water intae France right away. He wis killed in Belgium, in the retreat tae Dunkirk.[18]

Well, ah can't say ah have any regrets about leavin' Lilliesleaf.

Ah like goin' back tae the village and ah go as often as ah can. Ah used tae go and stay a week or ten days wi' ma sister-in-law Jean Robinson, ma brother Jim's widow. But when Jean became no' so well ah'd jist go doon for a day maybe and come back again the next day. But ye can count on one hand now the people ye know frae eer old days. Ye step in the pub there and ee don't know a soul. Tom Borthwick, the last time ah wis down or the time afore, says, 'How many hooses in this place that hasnae changed hands since ee wis a laddie?' Ah started lookin' . . . Well, in 50 years every house has changed hands, every one o' them. As ah say, ah know very few people there now: really, one hand can cover them. Ah don't have any notion to go back and live in Lilliesleaf. Ah never thought when ah retired o' goin' back. Ah've lived in Edinburgh for years and it suits me fine. Ah still dae a lot o' walkin' and ah aye dae a lot o' readin'. Ma son lives doon in Joppa, so he's handy and comes up every now and again, and ma daughter's in Carlisle, near the old Robinson home territory.

Lookin' back tae ma early years, ah feel the time ah lived in Lilliesleaf tae 1938 wis time well spent. It's maybe a quiet country place but there wis always somethin' tae do. There wis somethin' goin' on, and everybody knew everybody else sort o' style. There's people livin' across the road frae me here in Edinburgh, and though ah've been in this house for years ah couldnae tell ye their names. As ah say, there were more kind o' community then. Ee didnae travel or anythin' like that. If somebody went frae Lilliesleaf tae Hawick or maybe Selkirk, that wis aboot their distance. And, as ah say, there's nobody on the farms now, there's the tractors and combine harvesters. Then the estates a' carried quite a lot o' workers an' a', but no' now. And Condie's and Jocky Turnbull's, the grocers, they both had vans that went round the farms and sold their stuff, and bought the butter and eggs frae the farms as well. And the Store came in, tae.[19] They're a' oot o' it an' a', and there's no baker there. There's only the one shop, Haldane's, that sells that sort o' thing. Well, in these days when ah lived in Lilliesleaf it wis a self-contained community. It wis jist the lack o' transport. They didnae seem really interested in what wis goin' on in the outside world. They were more interested in what wis happenin' in the parish sort o' style.[20]

Agnes Brown

Ma father wis a baker, a foreman baker, at Stow before he came to Lilliesleaf some time before 1910. Ma grandfather Brown had a baker's business and a licensed grocer's in Galashiels, and he bought ma father this baker's business in Lilliesleaf. Ah wis born there in June 1910 in the house called Plumtreehall. That wis where the baker's shop was. The baker at Plumtreehall before ma father was Henderson, ah think, a friend of the Henderson that wis in the village Post Office. But ah haven't the foggiest idea if Plumtreehall had been a baker's shop for a long, long time before ma father came.[1]

Ma father belonged Galashiels. At Lilliesleaf he had a journeyman baker at first, Robert Dick, but he had to go away to the 1914–18 War. And then in the war, when Robert Dick was taken away, ma sister Jenny and ma brother Tom they got away from school before they were 14 and helped in the bakery.

Ma mother also belonged Galashiels. Before she got married she wis in the mill, a weaver. She lived till she wis about 90, ah think, and died a long time after the Second War. They were a long livin' family these ones, and ma granny and grandfather, too, they were 90.

Ah had three sisters and two brothers. Jenny, Mrs Smith, ma oldest sister, nine years older than me, wis born at Stow. Then there wis Tom, who wis born at Stow also, then Jim, the joiner one, and ah came next. Then ah'd a sister Georgina, married on a chap at Innerleithen. She took TB and died. And then there wis Nannie – Annie, as we should call her – six years younger than me.

Ma earliest recollections are of Lilliesleaf. Ah don't remember much about the First World War, ah wis too young. Mr Birrell, the headteacher, his son wis killed, ah remember that. Ah have an uncle on the village war memorial, George Millar, ma aunt's husband. He'd emigrated from the village to Canada and in the war come over with the Canadians. And he and ma aunt got married and he never came back, no, he never came back.

Ah went to school at the village when ah wis five in 1915. It wis old Mr Birrell wis the headteacher and, well, there wis Miss Morrison, one o' these old-fashioned kind, wi' the big hat, lace collar, and the fur and the nipped-in waist. There wis quite a lot o' children then at the school. And, well, they were changin' every May day, the term day. They were always moving around in the horse and cart, flitting. And father used tae have tae go and see if he could get new customers.

Oh, ah liked the school. We had quite good teachers, singing teachers, the drill teacher came from Hawick, and we had a gardener teacher, George Chalmers. Ah could do everything, but ah didn't like English. Mr Birrell would get us to analyse the Bible. It would go on, jist go on and on. But ah wis good at arithmetic and compositions, I enjoyed those. We didn't get nature study, rambles in the countryside, in those days, but we did get out into the garden at the bottom, we got wee bit plots. And then we had the cookery class. Ah've heard ma brother Tom saying when they used to get cookin' and old Miss Morrison she went by, somebody would sprinkle some flour on her . . . round the back, and somebody else put some water on it. I remember somebody bringin' a pig's tail and tyin' it to the handle. So there wis a bit o' mischief going on.

At the school, a nurse wis one o' the things ah thought ah wid like to be. But then as things turned out I had to jist fall to as soon as ah left the school. Ah knew ah had tae go into the bakery business because ma sister Jenny was getting married and ah had to follow on. So before ah left school ah knew that this is what ah'd be doing. Ah didn't mind that at all, ah didn't resent it a bit. Ah wasn't ambitious.

So working with ma father in the bakery wis ma first job and ma one and only job after ah left the school. Ah worked in the shop at Plumtreehall selling stuff. The bakehoose wis away along at the other end o' the house. Ah wis always in the shop. But, och, ah liked it. Ye knew everybody, everybody knew you. Ah wis never a baker, well, ah could do some things. I could bake some o' the little cakes and things like that, and ah've seen me try ma hand at shortbread and things. But I was never in the baking. Ah never wanted to train as a baker. Ma sister Nannie trained and went to classes at St Boswells for cake decoration. She could do these brides' cakes and things like that. Ma sister Jenny worked in the shop and in the bakehouse, did a bit of baking herself and learned the trade. Ah don't know really if it wis unusual for a girl to be a baker. Ah mean, there wis a shop in Galashiels and ah mind there wis a woman and she made the pies. And, as ah've said, in the 1914–18 War, when Robert Dick, the journeyman baker, had had to go away to the war, Jenny and Tom left school before they were 14 and helped. In 1916, when ma sister

Nannie wis born, ma father got his first motor, and he used tae go delivering with the motor, and Tom used tae go with the horse and cart.

Baking wis a hard life. Ah mean, on a Friday night Nannie and I would sit, oh, tae about twelve, one o'clock, sometimes later, and get Tom up tae go intae the bakehouse. Oh, it wis a hard life. Ma father had long hours, all hours – open hours, well, ye know what ah mean. He would be up at five o'clock in the morning, sometimes earlier. And then on a Friday night, as ah say, Tom started about two o'clock in the morning. And then they would be out in the van all day delivering. Tom didnae get an awful lot of sleep by night, he didn't. But he made up for that! He jist went his own way, ah think. Then ah've seen me at about 12 o'clock on a Friday night packing the boards for the van for a Saturday morning for them to get away. The boards slotted into the van.

Ah started work maself jist whenever ah got up in the morning, about eight o'clock. Ah wis quite a good riser really. Well, ah'd jist come down and had ma breakfast and, ye know, jist worked all day. The shop wis open as soon as ah got up. It wasnae a fixed time, not at all, but normally it was about eight o'clock. Nannie would be down, well, if she could get up – she was not a good riser! – she would be down at the end o' the village with the rolls. Then normally the shop shut at six o'clock at night. But no matter when ee shut there'd be somebody coming along to the front door, asking for rolls or bread or something. It wis a long day.

Holidays, ah always got holidays. Well, ah remember being away for a week. When we were children ma mother had always taken us tae Spittal for a week, or Portobello, ah think. And Jenny and father would come down for the weekend and then they would come back for us the next weekend.

In the shop ee wis jist yourself. So ee didnae have an hour's break or so for your dinner. Ee see, the shop wis attached to the house, next to the living room, and ee jist popped in and out all the time. You were always on call. The busy times were when you'd sit down for a cup o' tea or for your dinner. That wis the busy time. That wis the time they used tae come. And then a lot o' the young chaps would come in at night and sit in the shop and chat away, chattin' me up – flame to the moths! And ma mother would be shoutin', 'Your supper's ready!' Tom Curr from Edinburgh brought the Boys' Brigade to Riddell every year and of course they got all their stuff frae us: father would always send them up something for nothing before they went away. And we always had a concert, and Tom used tae do cartoons.

And ah remember he did one o' me once: 'The Baker's Angel'! But, ach, these were the days.[2]

Nannie got up in the morning before me and she'd go down the village with the rolls. She had her basket. She had her orders, ye see, these were the regulars. When she wis off ah went down wi' the rolls. And then we got the private car, and they got the box put on it at the back and the bread wis in it. Nannie and father went, jist round the village, and then up tae the likes of Bowismiln, a little farm, jist up the road tae Selkirk a bit. They didnae go far, within the parish o' Lilliesleaf mostly. So Nannie didnae jist deliver in the village, she went out into the country two or three times a week. But ah wis always in the shop, ah never went out. It wasnae by choice, it was the way things worked out. Young Peter Chisholm, the son of the blacksmith, taught Nannie tae drive. So she wasnae long at pickin' it up. Ah did start tae learn tae drive the private car. Old Peter Chisholm took me out once or twice tae learn. And then ma brother Tom took me once along the back road tae Netherraw. And ah must have din somethin' wrong, ah wis jist aboot in the ditch. And Tom says, 'Ye're a stupid besom.' So ah never did any more, ah never learned tae drive.

We were the only baker in Lilliesleaf. But there were quite a few bakers came in to the village with vans. Well, there were Featherstone's from St Boswells, and was there a van from Hawick? Ah jist can't remember really. But we always had a good trade in the village. We always had a living. Ma brother Jim was a joiner, he was out; but there were four of us in the family – Jenny, Tom, maself and Nannie, and ma parents as well, who were dependent on the income from the business. Well, in these days it was a good business.

And, ye see, father used tae go out quite a bit into the country. We sold from the shop but also from the horse and cart and the van. They went as far as Ancrum, and further, ah think – Fairnington or somewhere father used to go to.[3] Oh, they used to go pretty far into the country. We had regular customers that depended on us. Somebody used tae say they could depend on Tom, because he always came at the same time. And of course wi' farm workers it wis essential for them tae have their bread. And the wages they got wis not very much was it then? But ah never went wi' the van, ah wis always in the shop.

We didnae provide bakeries to any o' the shops in Lilliesleaf to sell. We didnae have a contract wi' Turnbull the grocer, oh no, nothing like that. We jist sold from the shop and the van and the horse and cart.

In the bakehouse there wis jist the one oven, oh, an awful big one, because it wis built on at the end of the house. And father had big peels.

The fire wis in the corner, and ye had your tank for the hot water and that. He heated the oven wi' coke, aye, he had coke. He had a little shed at the end o' the Humes' field, and that wis where they got the coke in. They got a load in at a time. We burned a lot o' coke because the oven wis on all the time practically. And then we used to get the loads of logs, and they were chopped and put in tae set the fire away. Oh, it wis a big job. You were at it all the time.

Ah could not remember now the number o' loaves and rolls ma father baked. Ah ken when the war wis on ah had tae count the coupons – was it BUs we had? Ye only baked durin' the war according to the number o' coupons you got the previous week, but ah jist can't remember doing it. But anyway always we had the plain loaves and the pan loaves, but ah jist can't remember the numbers. But it must have been a fair number, because he had what they called the sponge tae set. He had this long trough for the bread and ye had tae set that the day before. He had brown loaves, he had all kinds. And then if anybody came jist before the shop opened at nine o'clock they used tae come to the bakehouse and get the rolls at the bakehouse, and bran scones, too. The rolls and that are no' nearly so nice now as what they were in ma father's day, well, it's all mass production now. Ye see, a roll, when we made them, father made them individually, and they were all intae the oven. But now they're all stuck thegither. And ma father was well known for his currant loaves. That wis a specialty. He enjoyed makin' them. Cakes and buns – we'd all that. Ye'd a' kinds o' buns, Paris buns, plain cookies, cream cookies. Pies similar – the pie shells were made up. We had a pie machine, but I never did it. We got the meat for the pies from Robbie Richardson, the butcher. Robbie got pies as well, made by us. We were sort o' interdependent.[4] Then ee'd Christmas cakes, and Easter cakes wi' little birds and eggs on them. And then, well, as ah say, we did cakes and made sandwiches, and if anybody wis goin' a picnic ye'd have tae make up picnic bags. They would come into the shop and ask and put in their order, tell ee what they wanted, and you would make up their bags. Well, there wis a Sunday School picnic and there wis a school picnic. They used tae go tae Spittal and they would stop half-way at one o' the little villages and have their picnic and maybe a bottle o' lemonade. We would provide the cakes and things like that for weddings, and Nannie would make the bride's cake. That wis a big job, a skilled job. As ah've said, Nannie went to St Boswells to classes for decoratin' the brides' cakes. And we sold self-risin' flour. We used tae make it up in this big trough. Tom wid mix it up and somebody else would put it into bags, somebody else would weigh it, and then somebody else would tie it up. Oo catered for whist drives. And we once catered for a farmers' ball. So there was everything, we had a good variety. And we normally sold out pretty well of all we baked. Oh, there wis maybe a difference between the numbers we sold on a Monday or a Wednesday. It could all depend on where they were going, out so far into the country. But the shop wis really at the centre o' a lot o' activity in the village.

Well, ee wis all interested in the village. There was more to do in the village than what there was elsewhere. Ah mean, you had badminton two or three times a week in the Currie Memorial Hall. And then ee would go out and play matches in Denholm, Hawick, Galashiels, Jedburgh, Bonchester. Ah wis secretary to the Badminton Club. Another thing we used tae do: Mrs Sprot used to get up pantomimes. Ah wis in those. We went round the little places in the pantomimes jist any time at all. There were no young fellows in it at all, it wis girls, all girls. We went to Ashkirk, and ah remember goin' to Bonchester. And we used to do sketches, ye know, at a party and at a village concert. There were a lot o' them in that. A drill teacher came to Lilliesleaf and she came into the shop for something for her dinner one day. She says, 'I hear you were in this sketch. A friend of mine said they'd never laughed so much for a long time.' Nannie was in it, she was active as well. The Land Girls wis in them as well when they were there durin' the war. Then ee wis secretary tae the Rural, and they used to have festivals in Galashiels before the war and we had a choir in at the festival in Gala, and we got a cup. Ah wis in the choir. And they did country dancing as well, and ah think we got something for that as well.[5] Oh, there was a lot of activity. I mean, there wis something about every night. The older ones like ma mother she went to the Whist Club. Then we had dances, Whist Clubs, oh, it wis a busy life, and as ah've said, oo in the shop catered for whist drives. And at the dancing in the village, girls would meet boys.

Ye'd no transport then, no' much in the way o' buses. The only time oo went to Hawick or Gala or Selkirk wis if oo had a badminton match on, or ah've seen us go tae Midlem, mind. Ah once went to Selkirk to play tennis. But we got up a tennis court and a puttin' green in Lilliesleaf. Well, ee was in everything. There were plenty o' things to do, ee never felt bored. Then ah think there was evening classes in the village. The only one I went to was dressmaking. I never wore much of what I made, ah dinnae think.

I never really played the Hand-ba' in the village, I would jist often go and watch. Ah've seen some o' the women joinin' in, but that wasn't ma cup o' tea.[6] It was gey rough and tough. In Jedburgh they block all the windows up on Hand-ba' Day. But that wasnae ma scene at a'. The teachers all gave a ball for the children, and those people who were married in the year gave one. The saddler, Henderson, used to make the ball and put the ribbons on. Ah think some o' them used tae do their own. They used tae get a cricket ball and decorate it. Then whoever hailed the ba' ee'd give them money, not a huge sum. But there was one o' them called Sneaky Ad. He used tae go for miles and hide the ball, and go back and hail it.

Then in the Second War I was in the Fire Service. I volunteered for that. Well, I did register for war service but I wis never called up. You were in the trade, you see, you were in the baking trade. The firemaster in Galashiels used tae come over and give us training in the village. Ee learned about hoses and ladders, and bringin' folk downstairs and all the rest o' it. Anyway, the Cross Keys pub went on fire. Oh, well, we were at a dance that night and we were called out, so we had to get on our overalls and go along to the Cross Keys. But we weren't called out very often, not really. Then the Riddell House fire, ah didnae know anything about it till the next morning. Somebody come intae the bakehouse and told father about it. That wis a big fire, the House wis jist ruined, it was a shame. We used often to be in there, you know, with ma chum. If they couldnae get a maid or something they would come tae her and ask her if she would give a hand. Ah'd go in and see her. And then, too, durin' the war I used tae collect the salvage. Well, ah didn't collect it but they used to collect all the paper and salvage and bring it to me, and a Mrs Somebody from Newhall would come and collect it. Then so many – ma sister-in-law wis one – used tae go up tae Hawick to the packing station for the knitting and send them a' to the troops. They used tae knit socks and balaclavas. That wasnae ma strong point, these sort of things. Ah could knit plenty o' sweaters and thae things, but no' socks. Ma mother used tae sit and knit socks, but no' me. Ah always remember when the war began Mr McKenzie, the minister, sayin' to me, 'We'll have to stop the badminton club and we'll have to stop . . .' something else. 'Well,' ah says, 'Mr McKenzie, if we do that what are we going to do?' Ah says, 'Ah don't think that's a good idea.' However, we carried on, and he came and apologised to me after and said, 'You were quite right.'[7] And then the old Free Church in the village was into a food store durin' the war, and of course ee had your black-outs on. But durin' the war the village jist seemed tae go on as usual. Of course, ah knew the fellows who didn't come back from the war: Willie Robinson, that wis Jean Elliot's brother-in-law, and Billy Dick – his father had been ma father's journeyman, and then there wis one aboot Clerklands – McNaughton, and Tommy Henderson o' the Post Office, and Nin Turner – his name would be Jim likely, but he never got anything else but Nin Turner.[8]

Ah mentioned the old Free Church, and ah think when ma mother and father came to Lilliesleaf first they went to the Free Church. But ah don't think they liked the minister, Mr Alison. Ah remember Dr Sym in the parish church, and Mr McKenzie followed him. He wis a different stamp althegither, of course. Ma brother Jim's wife she came with Mr McKenzie and his sister from Perth to Lilliesleaf. She wis their maid. But, oh, the parish church wis a long way out o' the village. It was quite a big church of course, it wasnae fairly full. Ah wis active in the church as a young woman. Ah wis a regular attender and ah sung in the choir.

In Lilliesleaf, well, they had the Conservatives, and they had a sort o' concert thing in the Currie Memorial Hall. Well, maybe the Earl o' Dalkeith would come and speak, and then Lord William Scott. They would have all the tables laid out, and each woman had a place allocated where she would bring her cups and that. And old Ma Elliot, Nan and Jean Elliot's mother, she would bring a' her silver. She liked a nice place at the front. And Nan Elliot – she had the ice cream barrow – Nan used tae come along then. Ma Elliot wasnae active in the Conservatives. Ah think Ma didnae care as long as she got . . . well, she had tae provide her place and her china and everything. But there wasn't a great deal o' political activity in the village. The villagers werenae keen on politics. Major Mark Sprot maybe and Jock Sprot, and, well, I mean, Jock wis away quite a bit. Major Sprot never came into our shop: he wis above that. And we didn't provide the big House at Riddell with bakeries from the shop, not at all. Major Sprot always seemed very severe, but Mrs Sprot was very nice, and Jock – ma brother got on awful well with Jock. We were at Celia Sprot's wedding in St Giles Cathedral to William Whitelaw. Celia and Nannie had the Brownies in the village. Nannie and I got invitations to the wedding, quite a few of the villagers were there, and they took us in by train. It was during the war, and Colonel Alex Sprot was there, Major Mark Sprot's brother. Colonel Alex was awfy famous, a nice soul.[9]

Ma father and ma brother Tom was in the Freemasons, and ma brother Jim was an' a'. There wis no Order o' Freemasons in Lilliesleaf:

ma father and Tom went to Hawick, and ma brother Jim, ah think, went to Melrose.

Then there were characters in the village. The Old Laird, Jimmy Hume's father, he was one. There wis a spar along in the hedge, and the Old Laird used tae sit in there. He always had a cley pipe and a tweed hat on – no' a deerstalker, it wasnae as modern as that. He really was an old worthy. He used tae come a lot across tae us in the shop. Ah've seen Nora Henderson and I run across when oo were girls and oo'd get a penny or a ha'penny if oo sung tae him. They called him Frip. The sale he went tae, he wis always biddin 'Frip !' They called him the Laird. He was the village butcher. And, ee see, the two sisters, Tib and Nance Hume, they were butchers tae. They served in the shop.

Then there were a whole lot o' tramps used tae come tae the village. This would all be before the war. Of course, ah wis always good tae them. Ah shouldnae, because they jist came back again. Ah remember one come intae me in the shop one night. It was a woman, Old Aggie, they ca'ed her. Fred Wylie the policeman was there. And she says, 'Ah'm goin' away intae Aggie's' – that was me – 'for protection.' Oh, some old worthies! But they came into the shop. Oh, they were always wantin' something. They didn't pay me, they were beggin'. But, och, ah didnae mind giving them a roll or a pie or something. Jean Norris and Jess Gledstone came. Jess Gledstone, did she sell pot lids? And then there were yin came sharpenin' knives. And ah remember Bet the Boar, a great big woman. Old Bet the Boar she would swear, ah think – the gentry and all that . . . Ah couldnae tell ee what sort of things she said because ah never heard her, but ah remember seein' her. And then there wis another, and he wis a nice man, too, he used tae come wi' his walkin' sticks. He jist had thir walkin' sticks, he wasnae sellin' them, and he really wis a nice old man. Ah don't know why he had more than one stick. He made them, ah think. Ah wis never asked tae buy any. He wis a nice old chap, ah liked him. Quite a few o' them came wi' things to sell, they werenae pure tramps. Of course, they'd make straight for the baker's shop! And, ye know, they used tae leave a chalk mark. Well, that would be to let the others know that they would get something, ye see. Ah never saw the mark and ah don't know what it was. They must have left a mark on our shop door, because they were never away, aye, they were never away. There wis one man used tae come in, oh, very refined. Ah don't know what he was. He used to chat away. Ah couldnae be doin' wi' him! He'd maybe been something better, ah think.

He had, you know, quite a nice voice. Ah never found out who any o' these tramps were. They came more than once a year. Then there were the Douglases, they sorted rags – rag merchants, bone and rag, scrap metal, that sort of thing. The Lilliesleaf policeman, Willie Robertson, an awful nice chap, he had two sons and he wis there for years, and he says, 'Och,' he says, 'the tramps come along here.' He says, 'Ah jist take them oot the village and gie them a kick on the backside and send them on their way.' Ee wouldnae dare dae that now. Of course ye never see tramps now do you?

Well, when ma father retired just after the war, he and ma mother went back tae live in ma grandfather's house in Gala. Father died at the age of 69 in 1947, jist the year ah wis married. When he retired, Tom and Nannie and I took over the business. And then when ah got married, Tom and Nannie carried it on for a while, and then they sold the business and they came to Galashiels. Nannie wis manageress in a baker's in Gala, and Tom worked for them as a baker. Nannie never married. She did have a chap in Edinburgh one time, one o' the Boys' Brigade, but he went away to the Forces and of course somebody else got him.

Ma husband Laurie Anderson wasn't a Lilliesleaf man, he wis born at Whitmuir, on the Selkirk side. His father wis steward on the Whitmuir estate. Laurie wis in the silk factory at Jedburgh, but he went away at the very beginning of the war. He wis in the Service Corps and he drove a' during the war. He came back in 1946 and we gave it a year first and then we got married.

Well, ah wis in the shop at Lilliesleaf for about 22 years, from 1924–5 to 1947. It wis a long time! When we sold the baker's business after the war, Haldanes bought it. They were bakers in Berwickshire. Later on they moved from Plumtreehall to Riddell the draper's old shop, opposite the school. Haldane's sell everything, it's a general store. It's not a baker. Ah don't think Haldanes bake at all. They buy it all in. So there's no baker at all now in Lilliesleaf.[10]

Major John Sprot of Riddell

I was born at Riddell on the 26th of May 1911. Mark Sprot, my great-grandfather, had bought the estate of Riddell almost a hundred years earlier, in 1823 – well, it was bought by the trustees of his father, who had died in 1818 and had left money for an estate to be bought for each of his two sons. Riddell was purchased for Mark, the elder son, who was born I think in 1801. Spott at Dunbar was bought for the younger son. So Riddell was bought for my great-grandfather when he was about 22.

The estate was bought by forced sale because the previous owner, Sir John Buchanan Riddell, whose forebears had been granted Riddell by King David I in the 12th century, had gone bankrupt after he did a terrific number of improvements to the estate. Sir John thought the main road from Lilliesleaf to Selkirk at that time was too public, as it came by Riddell Mill, across below the modern tower, behind Riddell, past Riddell Cottage, and out at the back of Clerklands. So he moved the road round to its present position at his own expense. He built the bridges for the public highway and for the south drive, and then moved the Ale Water under them. The work was done with nothing but pick and shovel. And he improved the estate a lot. I believe before his day there were very few trees in the parish of Lilliesleaf. He began the planting of trees and he planted quite a number.

The planting was carried on by Mark Sprot, my great-grandfather. There was nothing really left for his son, my grandfather, Lieutenant General John Sprot, who inherited Riddell in 1883, to plant, so he did not do much planting. My father, Major Mark Sprot, was very interested in forestry and he planted a considerable amount. The first of the conifers was planted by him. On his death, when I inherited the estate on the 1st of January 1947, I continued the planting. We had to plant mainly in softwoods because a lot of the timber had gone during the First World War, the Depression of the 1930s, and in the Second World War, and the estate was rather impoverished by that. I had to plant softwoods mainly, because we had to have something available to pay off the next round of death duties on my demise. So it had to be softwood, to be ready in time for that. We got the back planting done in the late 1970s, beginning of the 1980s, and then we were able to enjoy ourselves and begin to plant hardwoods. One had had to plant softwoods in order for Riddell estate to survive.

Mark Sprot, my great-grandfather, who lived at Riddell from when it was bought for him in 1823, was very interested in the estate. He rebuilt all the farmhouses and buildings on the estate, and the ground was all drained by him. So the present farmhouses and steadings date from about the 1830s. The house called Riddell Mains was built in 1826 as the estate office. Clerklands House, where I live now, was built in 1832 for about £100.

The first Riddells built their wooden Norman fort on the site where the late 19th-century tower now stands, and then they built there again in stone. At the same time on that site they had a chapel of rest for the monks, I think. My belief is that they lived there till about the 1520s, but I think Riddell dates from about 1527, when it was built on the present site in the form of a peel tower. In 1607 the Turnbulls rustled the cattle and burnt down the house, and they were had up for *heirscheip* and *stouthreif* – armed incursion and theft with violence. And then Riddell was rebuilt, and then in the late 17th or 18th century they built on the west wing. And that was how it was when my family came to it in 1823. My great-grandfather Mark Sprot built further additions to the house after 1823. Another thing he did was he re-directed the drives. My grandfather Lieutenant General John Sprot did considerable renovations in 1885, and proper bathrooms were put in; otherwise he didn't do very much. The only thing I regret that he did was that in the dining room, on the west gable, there were still the arrow slits from the old peel tower, and he turned those into larger windows, which is, I think, rather a pity. My father Major Mark Sprot made no alterations at all in the building. So that was the position with the house at Riddell when I was born in 1911.

Then just before the First World War my parents decided Riddell was too big to live in, and in 1914 they built Chesterknowes. That cost £5,000 to build. We were there at Chesterknowes till the end of the war, and then they decided to come back to Riddell. And then, about 1923, my parents again felt Riddell was too big to live in. So they built on to the estate office, Riddell Mains, and made it into the size it is now. We went to live in Riddell Mains and let Riddell itself. But people didn't want quite such a big house as Riddell, so we went back to Riddell and let Riddell Mains. In the Second World War the Women's Land Army wanted Riddell, and so we went back to Riddell Mains.

And then they burned Riddell down on the 19th of December 1943. The Fire Brigade came and put the fire out just with a small hole in the roof. We said, 'You must leave two people overnight. Old houses are apt to smoulder and flare up.' And they refused. Four hours later there was a FUMF! and up it went. Nothing could stop it. All the floors were just pine trees slung across, not nailed on below, and boards on the top, and in between it was stuffed with bog hay. So nothing could save it. It was a tragedy. Well, after my father's death in 1946, I lived with my mother at Riddell Mains till 1987.

Riddell estate was somewhere in the neighbourhood of 2,500 acres when my great-grandfather Mark Sprot acquired it in 1823. But a lot of it had to be sold off by my father at the time of the Depression between the two World Wars, and the estate is now 1,700 acres. It consists of roughly 350 acres of woodland, 1,300 of farming land, and the remainder is made up of roads, rivers, ponds, and sites of buildings and things. The estate goes down in a narrow neck to the ford at Lilliesleaf, merely because it contains the long drive. The roadside is the march as far as the Hermiston road end. We then go up the Hermiston road for one field's length, and then there is one other field between it and the Ale Water. Everything else is on the north side of the river.

The farms that had to be sold off in the 1920s mostly were Friarshawmuir, Chesterknowes, Shawburn, Friarshaw, Middles, St Dunstan, Riddell Mill, and Harelaw. To pay death duties after the 1939–45 War I had to sell off most of Newhouse farm – I kept two fields back. I had also to sell off Bowismiln farm, the greatest part of which I've since bought back. I also bought back a woodland – the Carlawburn plantation, which goes down to Chesterknowes – on the north-east corner. Chesterknowes itself was sold piecemeal, it must have been in the 1950s, and that was one bit left and I bought it back.

* * *

I think my great-grandfather Mark Sprot went down south quite a bit but, as I've said, he was mostly in residence at Riddell. He married a Shewell lady whose uncle was Colonel Shewell, who in the Crimean War brought the Light Brigade out of Balaclava after their charge.[1] My great-grandfather had four sons. The oldest was my grandfather, John Sprot, and he went into the army in 1848. The second son, Mark George, he'd been in the army, too, and he died in Geneva from things, I think, brought on by the wounds he had received at the battle of Balaclava. The third son died at school, some little school in Ealing, near London, reportedly from the result of a flogging. Rather as a result of that, the fourth son was not allowed to sort of go anywhere, school or anything.

So my grandfather John was only 18 when he joined the army in 1848. As a boy he went to school at Carlisle and, I rather think, Newcastle. He also went to some crammer school in London, because I know he went hunting at Dulwich. I think it was only behind a dog with a kipper, taken by a little boy who was paid 6d [2½p]; but they hunted. Then he obtained a commission by purchase in the 83rd of Foot, the Dublin Fusiliers, and joined his regiment at Fermoy or Cork, in the midst of the Irish rebellion in 1848, just after the Irish Famine. The Sprot family had no connection whatever with Ireland, and I think it was just that the purchase in the Dublin Fusiliers was available and was probably a cheap one! Then they received orders to move to India, and he never saw home again for 12 years.[2]

My grandfather rather blotted his copybook by going to India. His father had said he didn't want him to go, and behind his back organised him to be transferred to another regiment. But that didn't suit my grandfather, who very angrily went off to London and demanded an interview with the Duke of Wellington, which he got. He told the Duke he didn't want to leave the Dublin Fusiliers and would he kindly arrange that he remained with his regiment. The Duke patted him on the shoulder and said, 'That's the sort of fellow I like.'[3] As a result my great-grandfather, who I think must have been a very severe man, rather disapproved, and I'm afraid most of the family fortune was left to the younger surviving son, who then went and built Drygrange House, near Melrose.

When my grandfather got out to India he was promoted to lieutenant. He was stationed at Poona and Karachi, and spent five years in the Sind and at Gujarat. He attended the military college at Poona, obtained a very good job in the public works department there, and made the road from Amandooga to Torka and Goderay – about 175 miles. The government's money had run out in the last bit of it, but he talked to the people doing the road and they finished it off for nothing. Perhaps that was part of the background to his later reconstruction of the drives around Riddell! So he was out there during the Indian Mutiny. On one occasion an Indian had to be executed. They executed mutineers by tying them to a cannon and then firing it off. So the condemned man said it was an awful insult to be tied and could he be untied before being executed. My grandfather stood surety that he didn't run away. Those were terrible times.[4]

In 1858 my grandfather was made brigade major, and came back home in 1860. He was so much changed his family didn't recognise him: he'd gone out a boy and came back a man. Then in 1867 he purchased his rank as a major, and was sent to Gibraltar. He travelled on half pay for 18 months. I have his diary for his trip to Moscow and back at that time, complete with all the expenses – extremely interesting, because Russia was then undergoing great changes after the emancipation of the serfs in the 1860s. I think he thoroughly enjoyed that, though he didn't speak any Russian that I'm aware of. Then in 1869 he was appointed major in the 91st Highlanders, the Argyll & Sutherland, and later commanded them, eventually becoming colonel of the regiment. He commanded a brigade and a district in England, but he didn't see active service again – only riots in town! He was a great advocate of making the army more mobile by having them mounted on bicycles. He was himself a very great cyclist. When he was back at Riddell he always had an organised bicycle race to Biggar in Lanarkshire and back, for which the prize was a medal. He retired from the army about 1884. He was a major general by the time he retired and was given the honorary rank of lieutenant general. My grandfather wrote a lot of military pamphlets, as well his autobiography.[5]

When he retired he came to live at Riddell more or less permanently until his death in 1907. They had a house in Eastbourne in Sussex, which they would go down to for summer holidays. They always hired a saloon carriage on the railway and that was put into the siding at Hassendean, between Belses station and Hawick. On the evening they were going down the children were all sent over to Hassendean in the waggonette about six o'clock, given their milk or whatever it was, and put to bed. After supper the grown-ups would get the landau, or whatever their carriage was, and be driven to Hassendean, and settle down in the railway saloon carriage. Then the night express train would come. The engine would hook on the saloon carriage, and off they'd go. When it got to London the grown-ups got out of the carriage to go and do their shopping and things. The children were kept in the carriage. In the afternoon, the grown-ups went back to Victoria station to the train, and there was the same saloon on the train for Eastbourne. Oh, my grandfather was a man with force of character, and very much interested in the whole of the parish of Lilliesleaf.

He was married three times. My father, Major Mark Sprot, the eldest son of my grandfather's second marriage, was born in 1881 and died aged 65 in 1946. He was born in Surbiton in Surrey of all places: my grandfather commanded the District in the army down there at that time. But my father was never very fit. He always had asthma, and bronchitis very often, and it sapped him. But he was very vigorous, and very, very interested in agriculture in Scotland. He went to Eastbourne for a prep school, then he wasn't really fit enough for a public school because of the asthma. So he went to a sort of crammer's, and then he went on to Sandhurst and joined the Scots Greys about 1899, he'd have been about 18. He was in the Boer War. He didn't speak much about his experience in the South African War, though he always said that if he had to live in any other country in the world it would be South Africa, because of the scenery and the climate. Then when my grandfather died in 1907, my father inherited Riddell. I think he didn't get out the army until 1908, when he retired with the rank of lieutenant. I think he enjoyed his army service, but I think he enjoyed his home at Riddell better. He loved the place. He'd gone into the army with the knowledge that it would be till his father died. He then took over the adjutantship of the Lothians & Border Horse, the local yeomanry regiment. He was called back to the army in 1914 and went out with the Scots Greys to France, but I don't think he got as far as the fighting, when he had to be invalided home, and served after that mostly in Yorkshire, I think, on instruction. His other ranks, to captain and then major, came after the First World War started.[6]

After the war, he plunged into an extremely active life of estate and farm management, forestry, and leadership in Scottish agriculture. In the 1920s and '30s there was less grain grown, and really Riddell estate let farms, and let parkland on a grazing rent. My father took over one of the farms, Bowismiln, to farm it himself for a number of years. But he gave it up as he was so busy organising other things. He was president of the Scottish Agricultural Organisation Society. He got this and the Scottish Milk Board, the Scottish Wool Growers, and various things like that moving. He was honorary president of the Scottish Landowners' Forestry Society. He was on the Scottish Landowners' Federation, and he was also on Roxburgh County Council for, oh, 30 or 40 years, and convener of its Roads Board. It was when he was convener they changed the roads from water-bound to tarmacadam, a big change. He was chairman of the Agricultural Executive Committee during the war. Despite the ill health, which remained with him till the end of his life, he was tremendously active.

And he loved hunting. That was his first love. He had permission from the hunt to keep four beagles, which he hunted just after hares round the estate. That was all. In his youth he was a polo player, and when he was in the army he raced. To this day the Royal Scots Greys – well, the regiment is now the Royal Scots Dragoon Guards – still race for the Sprot Cup, which is cross-country, point-to-point.[7]

On the County Council he sat as a member totally independent. In those days there was no politics, no politics at all, no party divisions of that sort. My father was not politically active. I mean, he occupied himself with, and ran probably, the Lilliesleaf branch of the Conservatives. But that was about the limit of it. He never stood as a parliamentary candidate, he wasn't in the slightest bit interested in that. Lilliesleaf seems never to have been a place for politics. They had their little sort of local associations, but that's all. My forebears and family have been committed to the Conservative Party, but none of them was tremendously active in the Party, not that I'm aware of. I mean, if there was a thing on, probably they'd go merely to support, to wave the flag, that sort of thing. That was all.[8] And I can't recollect any of the workers on Riddell estate being politically active, or any being active in the farm workers' union. My recollection is whenever I spoke of it to them, if I did, they were all heartily sick of the union and couldn't be bothered with it! They simply didn't join it. Very occasionally one was probably a member, but probably because he'd been forced by somebody else and couldn't care less.

* * *

I hate publicity. But, as I've said, I was born at Riddell in May 1911 and inherited the estate in January 1947 when my father died. I was the second member of the family: I had an elder sister, Elizabeth, and a younger sister, Celia, and brother, Aidan. We were all born at Riddell, except my younger sister, who was born in Chesterknowes. My earliest recollection of Riddell, I think, was being out in the pony cart, governess cart, seeing the wood up at the moss, and a bonfire with the branches. That would be just before the First World War, when I was about three years old.

I didn't go into Lilliesleaf much as a child, and I don't think my father had a great deal of contact either with the village. We had a lot of silly little feus of tuppence and threepence there, I think dating from the Middle Ages! The family didn't own any houses in Lilliesleaf. I think there was a distinct separation beween Riddell estate and the village. Obviously, there were some connections, because, for instance, the Riddell estate workers must have spent a considerable part of their wages in the shops in the village. Then I think my step-grandmother sort of kept a social eye, as you might say, on the villagers, and my mother in her day sort of ran the Women's Rural and started the Girl Guides. Incidentally, the Lilliesleaf Girl Guides were the first Roxburghshire Girl Guides, they were the first to be founded, and founded by my mother and a friend. The Scouts, on the other hand, never really got off the ground. The Free Church minister had a troop and then they failed, I think, when he left about 1929. One of the ministers had a Boys' Brigade, and then when he left it faded. Nothing in a youth thing ever really lasted. Later on, after the 1939–45 War, I ran the Army Cadet Force in Lilliesleaf. That lasted a number of years and then it faded away. I suppose it's a chronic thing with young people's organisations, that it's very difficult to ensure continuity. Once the leaders get older and pass out of the organisation, or else the young ones are too frightened, or if the young ones join, the older ones say they're leaving because it's just children.[9]

My first school, my first preparatory school, was at Broadstairs in Kent. There was never any question of my going to Lilliesleaf village school. It simply wasn't done. My parents instinctively thought, as theirs had of them, of my going to a public school in England. So I went to Broadstairs when I was nine in 1920. Before that my elder sister and I were privately educated at Riddell by a resident governess, Miss McLetchie. I don't know where she came from. And then she was followed by a Miss Rowe.

My interests in reading, etc., were aroused first by the governess. She got them going. I think the mornings were the period of study. Whether there was anything in the evenings, I don't know. In the afternoon one used to be always taken out in the governess pony-driven cart. Like any other child I got reading, writing and arithmetic – the three Rs – and a bit of French, I think, and piano. One didn't do much of nature study, which is rather surprising. But it was quite a wide basis for a small person. Religious instruction, I think, was mother's job. When I went off to Broadstairs, my elder sister remained with the governess and then eventually she, too, went to school in England.

Going to Broadstairs was a very traumatic change for me. I remember it quite clearly. I was taken down in the train by my mother and just dumped in the place! I felt completely lost. But I soon found my feet and to a certain degree I liked the school there. But it was too far away for my liking, because it took two days to get home – a long journey.

It was tucked away at the other end of the country. I was quite homesick. It was the usual run of school studies: reading, writing, arithmetic, French, geography, history. Then I went to a smaller school started by one of the masters in Westgate, Broadstairs.

I went on to Stowe Public School in Buckinghamshire when I was 14 in 1925. It had just started two years earlier and it concentrated on Classics rather than science at that time. It was a good public school. I don't think I suffered homesickness quite so much at Stowe, though it was still a long way from home. But I made friends easily and quickly. The housemaster, Major Howarth, was probably more sympathetic than anybody else there. I think he knew as an ex-army man how to deal with people. I felt Stowe a stimulating experience, it was nice in the country, and you could do what you liked. It had its golf course and its lovely grounds. There were about 400 boys there.

I think geography and arithmetic were probably the two subjects which I was most interested in at Stowe; history not, because they would never teach Scottish history. One wasn't learning anything about one's own countryside. What I was interested in was the story of what happened in your own country. There were a number of other Scots boys at Stowe, but I didn't really make particular friends among them. I remained at Stowe for three years till I was 17 in 1928, and I went to a crammer's then for a year, with the object of trying to get into Cambridge University. I think the idea was to take an agricultural degree, for which Cambridge, rather than Oxford, at that time was the place. I was by then to a certain degree interested in agriculture. I think we were still in the formative years, as you might say: I didn't have any overriding ambition. But I wasn't fortunate enough to gain entry to Cambridge.

So I went into business – manufacturing paint. It wasn't something perhaps I would have chosen if it had been possible to do something else. It was really the land I was interested in. But I think family seemed to think one should go into business. It was those days, you see. It was a training, one would learn about accountancy and administration, and these lessons could be applied to management of the land. So I remained with the paint manufacturing firm up to the 1939–45 War, though I came back to Scotland as a local agent in 1936.

I joined the Territorial Army in Hawick in March 1938. There was nothing in Lilliesleaf. I joined the TA then because I thought I should, and I was asked, and to a degree because of my reading and my understanding about the international situation. That that was the month Hitler annexed Austria would have helped influence me. I joined the King's Own Scottish Borderers, something of a break with my father's membership of the Scots Greys, a cavalry regiment. You couldn't do that, you see, because there wasn't a Territorial section of the cavalry, and all you could do would be to go on to reserve. In the war my younger brother Aidan did follow my father's footsteps and was in the Scots Greys, and he saw action in North Africa, Italy, and right through France to the Baltic, where they met the Russians. But at that time in 1938 there were a few villagers in Lilliesleaf who also were joining the Territorial Army, though I don't think very many. Well, at that moment there was no war, there was peace, and the TA didn't attract then. And I had been a member of the Officers Training Corps at Stowe so, apart from my family tradition, I had already had a basic military training. I joined as a 2nd lieutenant, and had the usual summer camps and so on until the war broke out.

I was at Riddell when, about a week before war was declared, I went off with the Territorial Army. I was in the 4th Battalion of the KOSB, which was rather split up on guard duties then, and went with my platoon to Drem aerodrome in East Lothian. I was there for a few weeks, and then went to Berwick-upon-Tweed, the KOSB depot, and entered the training centre there to train the men. I was there for about a year and half and then went to the Border sub-district at St Boswells. I'd been ill and was ploughed medically. So I remained at St Boswells till spring, 1944, when the headquarters moved to Galashiels, and then I went to India and Ceylon. I didn't see any of the fighting in Burma, but I remained in India and Ceylon until July 1945, when I was in one of the first groups to be demobilised. I think I was demobilised early because my father was ill, and I was got back to look after Riddell. He died in 1946.

About the men from Lilliesleaf who were killed in the Second World War, I really couldn't say much. I was away, you see, so much that I don't know. The only one I really knew was Jack McNaughton, who was an absolute dear. Clerklands was let to Eric Cranston, and Jack McNaughton was a nephew that came from Ashkirk. I knew him quite well. He was a bit younger than me. He was the most charming young man I've ever come across. He had this beloved grey pony which he adored. After Jack's death, old Mr Cranston kept it till it died. I think Jack McNaughton was with the Lothians and Border Horse, but I don't know where he was killed. Then William Robinson who was killed, I knew his brother Jim very well. Jim was the village postmaster.

* * *

When I came back from the war in 1946 a lot of the trees around Lilliesleaf had gone. A lot of them, as I've said, we'd lost at Riddell; quite a lot of the nice woods went during the war. What made me so angry was that you were told that had to be cut and that had to be cut, for war purposes. So you sold them to the timber merchant, and he sat on them till after the war and waited till the price rose.

I hadn't, as I've said, had a close connection with Lilliesleaf as a boy or a young man, because I was away from home at school in England and then, until 1936, working there in the paint manufacturing business. I knew, however, a fair number of the people in the village just by meeting them. I wasn't a member of any organisations in the village. As I've said, any youth things there never used to flourish; they lasted a few years and then died always. The only one that hadn't was the Girl Guides. I'd always been interested in young people and youth associations but of course I couldn't attempt any youth work in the village before the war. My own chief contribution was in building up in Lilliesleaf after the war the Army Cadet Corps.

So my family, on the whole, were at Riddell and didn't have close connections with the village, except as I say, in my mother's case with the Women's Rural and the Girl Guides, and in my own with the Army Cadet Corps. And, well, of course it depends what you call the village. For instance, St Dunstan farm and its cottages at the west end of the village was one of the farms on Riddell estate. The Green, also at the west end, where Steele the builder had his yard, was also on Riddell estate. So there was, or had been, estate contact with the village.

Then there was the church. I was christened at Riddell by the then Church of Scotland parish minister, Rev. Dr Sym, and confirmed in the English church. My family were sort of both Church of Scotland and Episcopalian. Sometimes it was the village church in Lilliesleaf they attended, and sometimes it was the Episcopalian in Selkirk. I think there was a sort of dual . . . I mean, it was a duty to one and a duty to the other. I think that probably you'd say they were really Episcopalian, but the village church had its responsibilities. In the Lilliesleaf church, for instance, there is a plaque to my uncle. And I think my family were good to the village church. I think my great-grandfather Mark Sprot planted the trees in the avenue up to the church. And as principal landed proprietors the Sprots were one of the main heritors. But there's no Episcopalian tradition around Lilliesleaf, apart from my own family. Really, it was the sort of landed gentry. Then when they had Irish labourers here who were Catholics, I don't know what they did or where they went to worship. They built the little school sitting up on top of the Common here in Lilliesleaf for the Irish who were doing the drainage and things somewhere, I imagine, about the 1850s or 1860s. I think it was built by subscription for them. There was an evacuee family in it during the Second World War. Then I can remember that the Borthwick family lived there about the time of the First World War. They've pulled the little school down quite some years ago.

I always go to the Lilliesleaf church, I'm a fairly regular attender. The attendance has slipped, and there are very few young people in the church, mainly older people and mainly women. I always think a Sunday service these days should be early so that people have time to go out and visit their friends. We've got two services, Bowden at ten o'clock, us in Lilliesleaf at 11.30. We get out at perhaps half past twelve from church. Well, you can't go and visit friends far afield then, half the day's gone. If you got out at, say, eleven o'clock you'd have ample time to go a distance and see your friends. After all, Sunday is the only day really that is available, when people are not working. But I feel the Lilliesleaf church still plays an important part in the life of the village. I think where one sees it most is when the minister left residing in Lilliesleaf. It's different, it's not the same as having him walking down the street.

His manse is in Bowden. We had the Lilliesleaf and Bowden manses to choose from. The Bowden manse is all part of the church beside it; Lilliesleaf manse was completely disassociated from the church itself. Bowden were very keen that the manse should remain there, and we thought it only proper that it should. I think I'd have different views now. I think I was probably responsible in that, to my mind, Bowden was so obviously all in one with the church there that it would be wrong to separate them. So the Lilliesleaf manse was put up for sale.

Now you've got an awful lot of ministers all next door to each other, elbow to elbow. You've got Galashiels, Melrose, Newtown, Earlston, St Boswells, Jedburgh – all in the towns. There's no resident minister whatever, you might say, up the Teviot and the Yarrow, except one, I think, at Denholm and one at Yarrow Kirk. Otherwise there is not a country minister till you get to Lockerbie and Langholm. That's a big change. There ought to be ones for the full countryside, even if he had three churches. The rural can be pushed on one side, you've got more people in a town or a city to help the minister than you have in a scattered countryside.

As for the ministers, well, Dr Sym, an interesting man, he was at Lilliesleaf till 1928. Then we had the Rev. James McKenzie till 1961.

After him there was the Rev. Ewan Traill, rather an amazing man, who was a Territorial officer to begin with. He went all through the African campaign up into Sicily, when their padre got killed. 'Well,' Traill said, 'I nearly finished my training before the war. Would you like me to take on the job till you get somebody?' The commanding officer said, 'Yes, very much.' And Traill was quite amazing. He would walk out into no man's land and bring in wounded, and he got the Military Cross for it. After the war he was in charge of the Dr Graham Homes in Kalimpong in India. Then he came to Lilliesleaf and was with us for about three years. Then he went on to Hoy in Orkney. Then we had the Rev. Harry Jamieson, a first-rate minister. He was the senior Scottish padre to the RAF before he retired. He felt he should do a little civilian work before he actually packed his bags, as you might say. We had him for about seven or eight years. He was a very great ornithologist, and retired to Galashiels. Then we got the Rev. Tom Donald. He was an accountant by trade. I think he'd always wanted to go to the Church, but he had a family which he had to bring up and see they had a good proper education, which he couldn't provide on a minister's stipend. When they grew up he took up the holy orders and he came here and took over Lilliesleaf and Ashkirk. Then they linked them with Bowden as well, and that was too much of a good thing. His health wouldn't take it. So he retired. From 1988 we had the Rev. Jim Watson, who again was a late-in-life minister. I think he was in local government. In some ways it's better for them to come in when they've had experience of other fields, rather than straight from college. But I think when they come in they're very much more intense. They're so committed, and then they begin to get a little disillusioned. They come thinking they can do everything, fill the church, and then they find they can't. I don't know whether that's only Lilliesleaf, but I think it's universal. And I think the Church of Scotland won't allow us now to have ministers who're under 55 years old: Lilliesleaf's a nice place to retire to. But the ministers in my lifetime have all been very, very active.[10]

I don't think the two parishes now, Lilliesleaf and Bowden, marry very well. They're very, very different places. And I think Bowden, being more of a sort of, what shall I say, dormitory for retired people, rather look down their nose on Lilliesleaf. Lilliesleaf remains a working village, but it's becoming, I'm afraid, rather more of a retired person's place, too, which is sad. Numbers of young professional people are coming to live in Lilliesleaf and I would think rather elbow out the young of the village. I mean, they come out of golden bowlers and can afford to really spend money, where the young in the village can't and it's very difficult for them to get housing.

I think in the old days Lilliesleaf was the centre of the countryside. There were far more shops in the village than there are now. That is an outcome of the spread of the motor car. And, you see, there was nothing in Bowden. I think if they wanted their shopping they came then to Lilliesleaf for it. Then, in the 19th century, if you look at Rutherford the Kelso man's *Directory*, I think you'll see if you look at Lilliesleaf and the professions it refers to seven people who were grocers. Whether that meant they served behind the counter in one shop, or whether there were seven shops, I don't know.[11] Oh, I can remember there was the Post Office, which was also a sort of stationer's, I think. Then opposite there was the ironmonger, and then again on the other side there was the saddler. And then there were two grocers, Turnbull and Condie, and two drapers: Riddell was one and Turner's was the other. And then there was the baker, the butcher, the smiddy, the sweetie shop. I remember Peter Chisholm, the blacksmith, very well, and the one before him, Falla. The smiddy was an old established and a crucial business – rather like Kwik-Fit these days! They weren't only horseshoers but engineers, wheelwrights, turned their hands to all sorts of things: they had to. Douglas the fencer is still flourishing, though a lot of it takes the form of electrification now. Drystane dyking is practically dying out, it's so expensive to do. If you've got a dyke that's down you can still find a dyker, but he's probably got to come a distance. I can remember when there were dykes around Lilliesleaf; there aren't many now. It's cheaper to put up an ordinary fence.

Public transport to and from Lilliesleaf is a little bit better than it has been in the past, there's a little improvement. But I think they'd love to stop it. I don't think it pays. I should think it must be heavily subsidised by the council.

Then the children's games, they've changed completely: all these awful sort of computer games. In the old days you invented your own amusements. Nobody knows now how to do that, and you've got to be entertained. You no longer see a hoop, you no longer see hopscotch, and marbles have disappeared. You occasionally see conkers. But now it's much more the football, playing it as well as watching it on television. I mean, we let them have a field at Riddell Mill and put a football pitch on. Well, nobody ever bothered in the old days with that. I think it was they were just isolated, and Lilliesleaf was an isolated village. But Lilliesleaf has produced some well-known rugby players

– the Cranstons of Netherraw farm. I think there were two of them
who played for Hawick and Scotland.

The Ale Water, well, I think they always used to bathe. I know we
always used to bathe just down beyond the old House, and boats on
the Water: it was deep enough for canoes. And I think there was
always bathing further down the Water at the Postman's Pool at
Riddell Mill, at the corner where the river turns sharply round. It
was called the Postman's Pool because a postman was drowned there
in, I imagine, the 19th century. And I think people used to bathe
down at the ford.[12]

Angling was private on the Riddell estate from the main road
bridge down to the exit of the Riddell Mill lade. And then the rest of
the Ale Water, up above and below that stretch, was utilised by the
Hawick Angling Club. They rented that stretch. So any other fishing
was unlawful and was poaching. Well, I think at Lilliesleaf poaching
was just the sort of normal – one for the pot, not this commercial
business. There was once, I think, a case of somebody who used
cyanide in the Ale – some young fellow with a burned hand. It was a
stupid thing to do. Oh, he didn't realise – just a sort of laugh. He was
practically run out of town by the poachers! I should imagine
poaching was fairly common on the part of some of the villagers. But
I don't think it ever did any harm. I don't remember any court cases.
Of course I was away a great deal from home, but I'm quite sure I'd
have known if there were. But there weren't.[13] I mean, all that's
happened here that I've seen is if somebody has been fishing on the
loch at Clerklands without a permit you whisper it to the police.
Once somebody did that and I whispered it to the police. And the
police said, 'Oh, it's not through flowing water, the loch. Therefore
it's not poaching. It's theft. Do you wish to prosecute?' I said, 'For
God's sake, no!' It's a fairly subtle distinction between poaching and
theft. In theory fish can't appear in a loch – they must have been put
in – therefore it's somebody's private fish.

We had quite a few roe deer at Riddell before the war. I think
quite a few must have gone in the war because of poaching, because
they were very few after the war. And then I did a certain amount of
foxhunting, around the estate and further afield. I mean, we thought
nothing of hacking to Newmill on Teviot in the meet, which was
perhaps, oh, as the crow flies, 10 or 12 miles. We thought nothing of
doing that and hunting all day and then hacking home again and
grooming your horse. It was a very long day. I don't think the anti-
blood sports people know actually what they're talking about.

Because one of the only other ways you can control the fox is by shooting, which usually is the most dangerous occupation imaginable, filling the fox with lead and leaving it wounded. The fox doesn't lick itself and therefore gets gangrene, and the only way it can feed itself then is to go and feed on lambs or pheasants or something. The only other way is to snare them. And if you snare them the snares should only be put down last thing at night and lifted first thing in the morning, which nobody ever does. And it's a most disgusting way of doing it. To my mind the only way is hunting. The fox is far cleverer than the hounds and it nearly always escapes, and it keeps them stirred up and on the move. I think that's the best way of dealing with them. It's the kindest. It's still the same.[14] You can see the fox outwitting the hounds, popping into the river and going down the river so it doesn't leave a scent, and then getting out, running up a hill before it shakes itself, and then sitting down and watching the hunt.[15]

Kate Douglas

There were 13 in ma family altogether, four brothers and nine girls. One of ma younger brothers, John, died in infancy. Ah'm among the youngest, ah'm the ninth one. The majority o' the family wis born at Riddell. Ah wis actually born at Riddell in March 1913 but ah think ah'd jist be aboot three when we came tae live in Lilliesleaf. I cannae remember bein' at Riddell.

At Riddell estate ma dad, Robert Henderson, wis what in these days they called a carter. Well, they had tae go tae Hassendean station for coal and everything. Ah think ma dad wis born aboot 1870 at Old Melrose, his family had a wee farm place there at Melrose. Ah think he would work on the farm to begin with. Then he went intae the police force in the Glasgow area, ah dinnae think it wis Glasgow itself. But he had tae retire from the police force owing to ill health. Ah dinnae think he wis awfy long in it really, jist a few years, and then he had come back intae the country tae work as carter for the Sprots at the Riddell estate. Then when he come down here tae Lilliesleaf aboot 1916 he wis gardener at the manse. He also did church officer: the two jobs sort o' went together. That wis what he did until he retired. He wouldnae have a very big wage, they werenae big at that time. He wis 77 when he died in 1947.[1]

Ah think it must have been in the Melrose area ma father had first met ma mother. After she married, ma mother never worked outside the house. Well, whiles she used tae help two old ladies, Miss Robertsons, jist down the road, jist wi' a wee bit housework when they got in aboot their seventies. They were awfy good tae us. But ma mother had so much tae do at home she couldn't afford the time tae work outside the house, not even at harvest time.

As ah've said, ma grandparents on ma father's side had a small farm near Melrose, but ah jist cannae remember them. They must have died when they were maybe in their fifties. Ma mother's parents had a farm, too, a smallholdin' aboot Melrose, then they went up to a place above Hawick, tae a kind o' smallholdin' there. Ah cannae mind them at all either. But ma mother's eldest brother, he was a blacksmith down at Belses.

By the time we came down tae live in Lilliesleaf, some o' ma brothers and sisters were away, or gettin' away, workin'. Ma older sisters went out tae domestic service. That wis always the thing in these days. Ma oldest sister Agnes, she went intae domestic service, but ah cannae jist remember her first job. There wis a big difference in our ages, she'd be, oh, 20 years older as me. She got married and became Mrs Weatherly. The second oldest one, she wis one that had always been sort o' ill. Ah think she'd taken turns all her life. Then Janet, the third oldest, she went tae domestic service, tae help Mrs Turnbull in the farm at Easter, at the east end o' Lilliesleaf. Janet never married. She always remained a domestic worker till ma mother died, and then she had tae come home to look after the house, ma father and ma brother. Janet always worked at Easter farm till after the Turnbulls went away, then she went tae work at the Crags farm, jist over the fields a bittie, till ma mother died. None o' ma sisters worked outside in the fields. Then my eldest brother, and later on ma youngest brother Tom, who wis born in 1919, they worked in the County Council Roads Department. And ma middle brother Andrew, or Danny, he worked over at the Middles farm. My eldest brother wis the only brother married, but then he had no family. Danny wisnae ever married, and Tom wisnae married: he wis killed later on in the war.

Oh, ma parents had a struggle, they did, they did. But we didnae seem tae mind it. Ah mean, jist a bigger pot o' potatoes wis made, and we'd milk, and, well, on the farm at the Middles ma brother Danny, a ploughman there, whiles got a chicken. We'd always porridge and that in the mornin', and whiles porridge again at night. But we mostly had something in the meat line, a bit mutton maybe. We used to get it from Archie Elliot, the farmer at the Middles. He wis good tae us. And then he used tae give ma brothers eggs whiles, too. We jist managed fine to get something. Then because he wis a gardener, ye see, ma father got a lot. We had a garden ourselves, though no fruit trees. But ah've seen us get apples from a neighbour. Then the two old maids ma father used to do the garden for, they used tae provide fruit and that for jam. Oh, ah always got plenty tae eat. Ah don't ever remember bein' hungry as a child. That wis one thing. Mind you, I wouldnae say we had a lot o' variety. Then the oldest aunt, Janet, that had kept house for ma father's parents, she wis awful good tae ma father and mother. Then the Rev. Dr Sym, where ma father worked, he had friends in Edinburgh, actually they were Mrs Sym's friends, and there were two girls. And they used to send us parcels of clothes and things. We were always so excited when their parcels o' clothing came, 'cause they were the best of clothes. The parcels came more often than once or twice a year. They seemed tae have plenty o' money to spend on clothes, ye see. They seemed to change quite often. And the clothes werenae worn out, they were quite new clothes. Ma mother wis quite handy at makin' them down. And ma elder sister wis quite handy too, she could jist make anything down. Oh, ah mean, oo come out quite respectable!

I wouldnae have missed the experience o' bein' in a large family. Ah think there's something about a large family: ye give and take. Other folk's fussy and fykie and one thing and another. But there's something about a large family ye never get in a small family. Ye maybe cannae grasp what it is. But it's companionship, ye see, and ye share wi' one another. Ye dinnae need tae go out like for company: it's all there!

In Lilliesleaf we lived in Cheviot Cottage, a house up the Back Road. It wis next to Andrew Shortreed's house and it was the Shortreed's property then. We were in there, but by this time, as ah say, some o' our family were away workin', there wis a lot o' them away tae domestic service. Cheviot Cottage had three rooms: it wis two bedrooms and a biggish living room. I can remember when there might be jist the younger ones and ma parents there. Well, the girls would be in one o' the bedrooms, and the boys in the other. Ma parents and maybe the two youngest ones in the family were in the living room. Ah never felt that ah had so many sisters and brothers that ah never got peace or privacy. Overall oo wis all quite quiet really. Ee ken, oo couldnae say we were a rowdy family. Ee respected each other's rights. And, ah mean, we wouldnae dare retaliate to oor father or mother, ye'd never dream aboot it. No, everything went quite smoothly. We had quite a happy life.

Ah remember going to school from Cheviot Cottage. It'd be 1918, for oo wis jist five in the March and ah think it wis the May term that oo'd start, because they'd more times in these days for takin' ye in tae school. Ah can always remember an episode in the school when there were two new teachers, young women, Miss Long and Miss Falconer. Miss Falconer wis tall, Miss Long wis small. Well, ah liked the school. Ah wis jist quite keen tae learn. Ah enjoyed readin' and writin' essays, and then countin' and everything. But ah think in a family you're learning as you go on, learnin' from your sisters and brothers. Ye listen tae what they're doin' and then when it comes your turn you've an idea what's goin' on. We did learn from one another. Ah mean, the school wis no bother tae us. And ma parents encouraged us to work hard at the school. Ah mean, ye didnae get off wi' your lessons or anything. Ye'd your lessons immediately ye had your tea. Everybody had tae get down tae the lessons. Us girls wis all quite bright. The girls o' oor family, well, most o' us had the dux prize at the end o' the thing. Ah cannae remember so much aboot the oldest one, but in ma school days ah can mind o' Rube and Bella and I a' gettin' the dux prize. Ah wis the dux at the time ah left the school. But the boys were kind o'. . . They werenae sae keen on the school! And ma brothers used tae say, 'Och, ye're jist the teachers' pets!'

But ma sister above me, Bella, she wis really very clever. And Dr Sym, the minister, wanted tae send her tae the college in Edinburgh. Ah don't know what college it would be in these days, but he wanted tae send her to this college. But ma parents said no. They said, 'We're no' makin' flesh o' one and fish of another. No, we're no' havin' that, because that might make an animosity in the family.' And they jist said no. Bella wis really awfully clever. But Bella wasnae awful disappointed aboot that. She jist accepted it. She wasnae upset. She said, 'Well, if ah can't get it ah can't get it.' Because as a family oo'd jist always been the same. Everyone got made the same and they jist didnae worry, jist accepted it. Well, Bella jist went along the road tae Dr Stenhouse, a retired doctor in the big white house on the Back Road there, and wis jist doin' housework and things for them. And she wis always there, ye see, for a wee bit help for ma mother as well. Later on she got married tae a Hawick lad and went tae live in Hawick. She never got the chance tae develop her education. When she went intae the mill in Hawick she wis foreswoman early on. She'd a boy and a girl. The girl wis jist three and the boy wis jist a year old when her husband – he'd been down here at Lilliesleaf seein' us – wis killed on his motorbike on the road tae Hawick. But she married again after that, and her second husband wis a very good step-father to the kiddies.

Ah left Lilliesleaf School at 14 in 1927. Girlhood ambitions, well, ah don't know that ah'd have much option, because before ah left, Mr John Turnbull, the grocer, came along and asked ma parents would ah come and help in the house and his shop, ye see. Mrs Turnbull wisnae feelin' awfy great at the time, so it wis tae help her in the house. And that wis that, jist it. It wis a reasonably interestin' job, ah liked it fine. In the morning ah went to the house, in the afternoon to the shop. Mr Turnbull came from Earlston and he had set up the business in Lilliesleaf. It must ha' been about or before the First

World War, because ah cannae remember him coming tae the village. Oh, it wis a busy shop, quite a good business, a lot o' the folk came into the shop. Ye see, folk didnae go out the village then. The supermarkets now have changed a' this, too. Then Mr Turnbull had a van and he went out delivering groceries around the countryside.

Ah stayed in wi' the Turnbulls at their house. Ah got a lovely bedroom and everything. It wis the first time ah'd had a room tae myself. It was great. Ah stayed there all week, slept there every night. But every night you were allowed home, ye ken, maybe from 7 tae 9. Ah got a' ma meals wi' the Turnbulls, ye jist lived as a family. Mrs Turnbull's health wisnae awfy good, but she was up and about. Ah wis jist doing housework. She did all the meals. The wage, oh, it wisnae much. Ah think it wis £2 in the four weeks, ten shillings [50p] a week, but paid every four weeks. Of course, ah wis all found as well, ah mean, ah had a room and the food. Ah thought ah wis awfy well off! Ah think ah used tae give ma mother the money, ye ken, oo went home and jist gave her the money and then, well, she would have ma clothes tae get, she bought them for me. She gave me some money back if ye were goin' anywhere. The only time ye got it wis if ye were goin' out. Ye didnae get money otherwise. But Mrs Turnbull used tae give iz it! She wis good tae iz. Ah didnae smoke, never been a smoker, and ah dinnae think ah had any expensive tastes. Ah jist can't remember what it wis, but you got a little more if you were going anywhere – dances maybe.

The dances were in the village in the Currie Memorial Hall. Ah'd be 16 anyway when ah first started goin' tae dances, not before then. But, oh, some o' them were away tae dances at 14. Ma mum wouldnae let us go before we wis 16. And oo werenae allowed tae go tae dances outside the village. But then jist after that ah think ah started tae pal wi' Dan Douglas when ah wis 16. Dan must have had a little bit more money as me, because he whiles paid me in! Well, he wis a local lad, ah'd known him all ma life. That's jist what it was. Ye knew all about them and that. But there were a few used tae come from Melrose and St Boswells tae the Lilliesleaf dances, though we werenae allowed tae go tae Melrose or St Boswells. Oh, ma parents they were strict aboot that. We never seemed tae want tae go though. Well, ye always obeyed your father's and mother's orders. If that's what they wanted ee jist said, 'Well, that's it.' Because if there wis one o' us wisnae allowed tae go there wis none o' us allowed tae go. So we didnae think any more about it. And ma friends were the same. Of course, another thing in these days was transport. There werenae sae much then out tae Hawick and these bitties. And there werenae even sae many cars. Ken, the lads hadnae cars jist at that stage.

In the Lilliesleaf hall the dances wis country dances, eightsome reels and that. But they were quite good dances. Ah think the band wis village mostly, jist lads in the village. Sometimes it wis nine o'clock they went in, and in these days whiles it went on tae in the mornin'. They dinnae nowadays but we did in these days. Ma parents didnae mind that, ye see, because ah wis stayin' wi' Mrs Turnbull. And then George Turnbull, the son, would be there at the dance, too, and he'd make sure ah got home. So ma parents didnae mind that, they knew where ah was, they never thought anything aboot that. There wis never any harm came o' it.

Once ah started courtin' wi' ma future husband Danny Douglas we never went tae any town's dances. And then in thae days there werenae much o' things – tennis, bowls, sport – for girls at all. They didnae start the youth clubs tae later on, maybe nearer the war. But ah dinnae ken if ah had very much spare time really!

At the Turnbulls, well, ah jist got up wi' the family, and started work about eight or nine o'clock in the mornin', workin' in the house in the mornin' and the shop in the afternoon. The shop closed at six. On Saturday nights it wis nine and ten o'clock: in these days Saturday night wis a late night. So ah wis workin' from eight or nine on Monday morning right through till ten o'clock on Saturday night. Ah didnae work on a Sunday, well, ah mean, jist the usual thing, jist if ye had been like in your mother's – a wee bit dusting about. You hadnae that much tae do. Then in the evenings ah went home and jist chatted wi' ma parents and ma sisters and brothers. Well, we jist played cards and dominoes or some o' these sort o' things, ye see. Ah didn't play tennis or badminton or anything like that. Well, some o' them did once the badminton started. But we didnae seem tae be the sporty type somehow! Then when Danny and I were courtin' we jist went for walks. Danny didnae play badminton or anythin' like that. He wis more in the Rifle Club. And he went tae the bowlin'. That wis jist the normal patterns for girls like myself in the village. Ye didnae go to pubs, oh, mercy, no! Before the war, ah mean, if you went intae a pub you were low – a girl, oh, terrible. It wis different for the fellows, but the girls, oh, no, never did. Ah'll tell ee, ah think ah'd be 50 year old before ah went intae a pub. And, ah mean, ah wisnae goin' intae the pub – ah wis collectin' and *had* tae go intae the pub. It wis The Plough, and the fellow shouts, 'Come in!' Ah said tae him, 'D'ye know this, it's the first time ah've seen the inside o' this pub.' Oh, it wis jist as ah expected. Well, of course, the sawdust wis on the floor in these days. Ah didnae take drink maself. But, oh, ah mean, you'd have thought it wis terrible in these days, a girl goin' intae a pub. I mean, the girls that did go intae pubs wis looked down on. Ye didnae associate wi' them. They were a small minority, but ye wouldnae associate wi' them.

When ah wis young the only holiday we got wis the school trip! Latterly they went tae Spittal. But ah can remember once – ah cannae remember whether it wis a Sunday School trip or no' – oo went tae Eildon Hall, the Earl o' Dalkeith's place, in farm carts. And oo went tae maybe Riddell and these jist kind o' local places. But we never went a holiday when ah wis a schoolgirl. After ah started tae work, well, the only holiday was when ma sister married a farmer down at Berwick. Oo went down there in the 1930s, it wis an annual holiday. Ah think it wis only seven days tae begin wi'. There werenae sae many holidays then.

None o' ma sisters, as ah've said, worked outside in the fields as farm workers. None of them were bondagers. Ye see, in this district the bondagers came from Ireland. I mean, I've seen Clarilaw farm have as many as a dozen Irish women. Ah can mind o' them. They called them bondagers but they were Irish girls. Ah cannae remember any other bondagers at Lilliesleaf, jist at Clarilaw. It wis a big farm. Well, it wis the Duke of Roxburghe owned it. They'd have their own workers, permanent workers, oh, it wis a big farm right enough. And then later on, after the Second War, when I helped Mrs Jean Robinson in the Post Office, there were a lot o' Irish male workers used tae come in there from Clarilaw too. They still carried on comin' jist the same as before the war. Oh, Clarilaw wis a large farm right enough. And then there werenae the machinery in these days, it wis manual work, that's what it was. Ah mean tae say, the Irish workers came over in troops. Ah mean, they went tae different farms round Hawick and all these places. But Clarilaw wis the only place at Lilliesleaf ah can really remember these fellows. They were sort o' regulars there, well, they came more or less every year. They didnae stay all the year round. They jist came for the harvest, and the potato gatherin' and when the turnips were needin' thinned, and these sort o' jobs. And then they went back home maybe around Christmas. They didnae lodge in the village, they stayed up at Clarilaw there at Clarilaw Burn. It's a new house now that's been done up. In these days they were always ramshackle places they lived in, jist broken down cottages, rough, right enough. But that wis in our younger days. They managed for themselves, they'd jist cook away for themselves. They didnae seem tae worry. The local vans, ah think, called there at Clarilaw Burn. That's how they did their shopping. They were well-behaved men, ah mean, it wis jist they would have a wee bit celebration at the weekend, that's what it was. They would come aboot the pubs, no' the Irish girls quite so much. Ah don't know whether the girls went tae Melrose or no', but they didnae come sae much tae Lillieslieaf. Ah cannae remember the women coming to the village at all. It wis the menfolk came down tae the village and got a wee bit excited maybe on a Saturday night. Ah think it wis mostly The Plough Inn they went to – that would be nearer Clarilaw. They'd a wee bit jollification on a Saturday night, and then they would fight among themselves. There werenae any fights between the villagers and the Irishmen, no' that ah can remember. Ah didn't know which part o' Ireland they came from; ah think it'd be the north. But they were super workers, oh, gosh, they were super workers. But ah cannae say there wis any animosity between the villagers and the Irish, ah cannae say that. Ah think most o' them would be single men but, still, some o' them put their money away back to their wives, so some o' them must have been married. Ah didnae make friends wi' any o' the Irish girls who came over. Ah think they were rough, the men an' a'. Ah mean, they wouldnae spend a penny that they didnae need. They used tae send all their money away tae Ireland, ye see, on the Saturdays when after the war ah worked in the Post Office, jist helpin' Jean Robinson.

In these days between the wars ah remember tramps comin' tae Lillieslieaf. There wis a woman used tae come – Bet the Boar, ah remember her when ah wis a kid. She wisnae extraordinary big. But she was an awful woman, Bet! Oh, it wis when she got drunk, ye see, that the carry-on wis. Well, when Bet used tae come she'd be selling things, like pins, clothes pegs, your dish cloth, and a' these things, small things, jist anything. She used tae come round the doors. She had her times for comin' round right enough. Mind, if she came tae your door she wis quite civil. Oh, no, ah wouldnae say she wis threatenin'. Ah cannae mind o' her havin' a stick. But ah mind o' her jist havin' this big straw basket over her arm. But, oh, Bet wis a heavy drinker. Ah cannae jist remember if she went tae The Plough or the Cross Keys: she wid go tae both, ah think! It wis jist when she got this drink in her, she jist got a bit abusive and started tae shout. Oh, ye could hear her coming! Ah used tae get frightened, ee ken, when ma mother used tae say, 'Ah'll get Bet the Boar tae you ones!'

But ah cannae remember so much about the other tramps that

came tae the village. Midlem would get the full force o' them, ye see, wi' havin' the lodgin' house there in the 1920s and 1930s. Ah wis quite young and ah remember there'd be quite a lot comin' and goin' tae the lodgin' house, because it wis a registered place. Ah widnae say they were comin' and goin' as much as every week, they jist had their times for coming – in about St Boswells Fair in July, the 18th, ah think it was, and these sort o' times. Ah dinnae think they kept tae a regularity. But, ah mean, ah wouldnae jist say that the folk that came tae St Boswells Fair were exactly tramps, not like Bet the Boar. They were muggers, more like the gypsy type. Their goods wis better goods: ye ken, it would be rugs or these things. The tramps, ye see, were maybe really unemployed folk. They had no fixed abode. They would sleep in the hedgerows then if they were stuck. There was a house at the Old Middles at Lilliesleaf they whiles used to go to. It wis jist a broken down . . . It would be a farm cottage once upon a day, and ah think that's where they used to whiles go. They jist went in and would light up a fire wi' twigs and they would gather around, ye see. They got a roof over their heads anyway at the Old Middles. Jist after the Second War, ah think, they jist closed the Old Middles altogether. That wis jist to save tramps from goin' there, ye see. And then they disposed of it. But we really werenae troubled much wi' any interference that way wi' tramps. They were always quite well behaved. Our Lilliesleaf policeman used tae run away tae the calls at Midlem, where it wis definitely a sort o' proper lodgin' house wi' a man in charge. There wis trouble there frae time tae time if there wis maybe more than one in the lodgin' house. But it wis an organised lodgin' there.[2]

*   *   *

Ah left Mr Turnbull's aboot 1933, after maybe five or six years there, and ah went tae Melrose. This wis a job ah got through ma aunt. Ah think ma aunt had known these folk, he was a solicitor. Well, ee ken, when ye're young, ye jist say, 'Oh, ah'll have a go – a wee change.' So ah went tae these ones as a nursemaid. There wis a baby jist a month old, and the other one was two. They were nice kiddies and I enjoyed that job. They were quite a wealthy family, the solicitor and his wife, by comparison wi' ma own family. Ah lived in again, got all ma food again. Ah cannae remember ma wages there. But, oh, mercy, they were really awfy good tae me. And they had a cook. Ah jist dealt wi' the children. Ye whiles got days out wi' them tae Edinburgh and that.

And ah accompanied them on their holidays. They liked in about Edinburgh – ah think it wis his folk wis Edinburgh – and Oban and these sort o' bits. It wis quite excitin' tae go tae thae places. That made a difference, too. Ah wis still courtin' wi' Dan Douglas. By that time he had a car and used tae come over tae Melrose. And ah always managed tae get home to visit ma parents and brothers and sisters. I used tae come home regular. The only time at Melrose ah felt kind o' homesick was if you came home from your holidays and went back. It wis quiet workin' at the solicitor's compared wi' Turnbulls'. It wis the only time ah could say ah really wis maybe homesick.

Ah'd be there at Melrose wi' the kiddies for maybe three or four years, and after that ah went tae Linthill at Lilliesleaf as kitchen maid. Ah think somebody told me about the job. Ah thought ah wid like tae learn cookin'! Ah enjoyed the job. The cook did the main part and had the responsibility, but ye prepared vegetables and learned how tae do the things under the cook's instructions. Ah think ah wis paid £3 a month. Ah lived in at Linthill, and we were all found, your food and everything. The under-housemaid and I shared a room. She belonged a village outside Edinburgh. Ah got on well wi' her and ah still write tae her. There wis five domestic staff then at Linthill: the cook, maself, a tablemaid, a housemaid, and an under-housemaid. And then there'd be the outside staff – chauffeur, gardeners, grooms, and one thing and another. It wis the Sanderson family – Mr John Martin Sanderson, known as Martin, o' VAT 69 whisky – that lived at Linthill. They were quite nice but ye didnae come in contact wi' them very much. Of course, ah wis in the kitchen all the time. It wis the tablemaid and the housemaid that wis the contact really. And of course it was easier at Linthill to get home to see ma parents and to be courtin' wi' Dan Douglas. At nights, ye ken, the cook used tae let us go out and oo could have a walk round the place and that.

Dan and I got married in 1937. We'd been courtin' since we were 16 – childhood sweethearts! He wis in the same class at school as me an' a'. Mr Sanderson wis nice, he gave iz a silver tea service. We got married jist in ma parents' house, the minister came tae the house. That wis quite common in these days. It wasnae difficult for me to stop workin' after ten years or so when ah got married. Ah think ah'm a person ah jist take everything in ma stride. They built a wee bungalow for us jist up in Douglas the fencer's woodyard. It wis wooden and asbestos in these days, the kit houses. And then we came down to live here at Ashbank, in the main street o' Lilliesleaf, in 1946.

Dan and I had one daughter, she lives in Lilliesleaf. Ah didn't go back to work after ah got married, except in the war years, when ma mama looked after ma daughter tae let iz go, ah jist went tae help Mr Turnbull out in his shop. And then after the war ah jist kind o' helped Jim and Jean Robinson at Christmas in the Post Office.

Ah kent a' the village lads that were killed in the Second War. Tom was the youngest one o' our family, the Hendersons, and it wis Tom that wis killed. And these other ones killed wis a' the same kind o' age wi' ma brother, younger than me. There's one o' the Dicks wis killed, and one o' the Turners – Ruth Turner's brother – and Willie, the youngest one o' the Robinsons, he wis killed. Willie wis a Regular. Willie's father had been killed in the First War. And, ye see, I wis chummy wi' Kate Robinson, Willie's sister. She wis ma chum when we were at school. Kate wisnae awfy strong and wis an invalid.

Ma brother Tom joined up jist before the war: he went intae the Territorials. He wis in the 5th KOSB. He wis killed in 1944 at Eindhoven, Holland.[3] It wis a mine that killed ma brother. He'd been out in a land rover and struck the mine. The day ma brother wis killed ah knew that somethin' had happened, ah had a premonition that somethin' had happened. Well, it wis a blow for us, because ma mother had died six weeks before. And Tom had jist got word that ma mother had died, ye see. But he couldnae get leave tae come home at that time. Ma father had tae bear the two deaths so close together. He never wis the same after.

Then ma brother-in-law Jim Douglas, Dan's younger brother, wis a prisoner o' war. He wis a prisoner in Italy. Ah remember his mother comin' up and sayin', 'Jim's a prisoner.' 'Well,' ah said, 'ah could tell ee, he's no' dead.' Because, as ah say, the day that ma brother Tom died ah knew that somethin' had happened. Jim wis in the KOSBs but he wisnae in the same battalion as ma brother Tom. Well, Jim wis released at the end o' the war, and it wis a wee bittie after that his health deteriorated. Ah wouldnae say he wis jist an invalid. It wis jist he wis awfy jumpy. His nerves seemed to go. Ah mean, he couldnae control – say he'd had a farmer on the phone about twice or thrice a day: 'Are ee coming tae get the fences done?', ye see. The pressure of work – Jim couldnae take that. So when ma husband Dan came tae 65 ah says, 'Dan, ye're jist going tae retire. It's nae use carryin' on.' By that time Willie, Dan's older brother, wis dead. Willie hadnae been able tae work for a good while before that. Lung trouble he had. So, ah mean, he wisnae able either, ee see, and he died in 1970. Jim wasnae fit. So ah says tae Dan, 'Well, ye're 65. Jist finish up.' So that wis it. Jim died in 1992. He'd just be a victim o' the war.[4]

Ma father-in-law had founded the Douglas fencin' business. He'd come tae Lilliesleaf from Ashkirk about the First World War, because when the Douglases came they lived next door tae us. Ah cannae jist remember them coming, but that's where they lived. Dan, as ah've said, wis in ma class at school, he wis three months older, and we started school at the same time. We were jist always together, ye see. Ah think Dan's father had set up the fencin' business in Lilliesleaf. It was a good business right enough. And the three sons, Willie, Dan and Jim, they'd had to work, they didnae get off wi' it. Dan had started doin' that when he left school. The three sons were all fencers. Their father wis quite a hard taskmaster – but he could work himself, mind. It wis farm work they did, and then they got on to the Shows – the Union Show, the Kelso Show. And then in their day they had the point-to-points, they did that, these sort o' things, anythin' to do wi' wood and fences. Oh, they did quite a big expanse, travelled all over the Borders doin' that. Dan always enjoyed that work. Oh, he had some very hard jobs to do, out in all weathers, got many a soakin' workin' out in the fields. They jist had tae go on in these days. The farmer jist thought ee should be there! It wis hard work right enough. Holidays – we were awfy lucky: we got New Year's Day! We didnae even get Christmas Day. Of course in Scotland oo didnae get Christmas Day in these days, no' in Scotland. No, New Year's Day wis the only holidays we got. But Dan never grumbled. His health wis always good up till he was aboot 60, and then they saw a shadow on his lung. He went in for a wee bittie and then he come oot again and he jist rallied round. But it wis his older brother Willie that had the biggest lung trouble, and the thing was Willie never put a cigarette in his mouth. Dan wis a heavy smoker. Well, when Dan retired in 1978 we had tae close the fencin' business down and give them redundancies and everything. Then our nephew Billy Douglas, Willie's son, and one o' the workers, Billy Reid from Chesterknowes, took it over.[5] Dan died in 1985.

Well, lookin' back over ma life in Lilliesleaf, oh, heavens, it wis definitely a time o' change, right enough. Oh, the whole place is fair changed. It's no' the same homely atmosphere. People dinnae know each other so well. And they live individual lives. When ah worked in Turnbull the grocer's shop ye knew all the farm workers and the farmers and everybody. Ye used tae know everybody aboot the place, which is quite different now. Ah mean, you wouldnae know a farmer now. Ah don't know if there'd be many farmers in the farmhouses now. We used tae know everybody, they were there for years and years, they were part o' the community. Now they're no' even farmers. People have bought the farmhouses and people are buyin' the farm steadins tae get houses. It's different altogether. In these days they were jist a' farm workers and their families, and they would be there for years. The thing has all changed, because it's no' country folk that's come intae the village. They're comin' from cities. Ah'd say they keep more to themselves. And maybe some o' the village folk'll be a wee bit wary o' the incomers. Oh, the atmosphere in the village is completely changed – no' for the better. People are no' carin' for their neighbours as they used to in the old days. It's a more a lonely life than it used tae be. It's the supermarkets now that's changed a' this, too. That's what's taken the trade out o' the village. Ye cannae blame them either. It's jist different altogether. But ah think we've lived through the happiest o' it, we've seen the best o' it.[6]

Will Young

Ma father used tae work wi' Tam Henderson, a cabman, at St Boswells. He had horses and cabs. Ma father yaised tae meet everybody off the railway station and take them wherever they were goin'. Well, ah wis born at Mertoun Brig, St Boswells, on the 24th o' October 1912. But we came up tae Midlem Mill, that's doon the brae frae Lilliesleaf, when ah wis six in 1918.

Ma father wis born aboot Nenthorn in Berwickshire. He wis born aboot 1878 and it wid be in 1950-somethin' when he died, 1952, ah think.[1] He wis a gardener tae trade but, as ah say, when ah wis young he had this job as a cabman at St Boswells. His wage wadnae be big and he worked six days a week, Saturday as well, and very irregular hours. Some nights he wis early, and some nights he wis late. He wis always away from the house at six o'clock in the mornin'. His last job on a Saturday night was tae pick up the minister off the train at St Boswells and take him tae Midlem. He went back on the Monday mornin' tae Midlem, picked the minister up and ta'en him back tae the station. The minister came frae Edinburgh tae preach at the parish church. There were no minister then at Midlem, so he was sent doon specially. Ah cannae mind his name, ah wis jist a boy, but ah can mind what he said onyway. He always had a little bound bag that length, and he always says tae ma father, he says, 'Now, Jimmy,' he says, 'don't drop the bag.' After two or three Saturdays ma father says, 'Ah'll have tae ask him what wid happen if ah dropped the bag.' So this Saturday night he said, 'Jimmy, dinnae drop the bag.' Ma father says, 'What wid happen,' he says, 'if ah dropped the bag ?' 'Oh,' the minister says, 'ah cannae preach unless ah'm half-drunk.' He had the whisky bottle in't! Ah can aye mind o' that. Ma father wis quite a quiet man. But, oh, he yaised tae tell oo about the wild horses he yaised tae drive and everything like that. He never took me in the cab. He could hae ta'en oo, but it wis sic a length tae go down.

Ma mother wis born in Portobello, jist the same age as ma father. She yist tae be a domestic servant, a laundry maid. That's how ma parents met. Her father wis a policeman. Ah wis once there at Portobello.

Ah didnae like the town – too mony folk. Oh, give me the country! Ma mother had a difficult time during the 1914–18 war when ma father wis conscripted tae the army. There were five or six o' us bairns by then. Ah dinnae ken how she managed. It must have been a struggle for her. Ma mother died aboot, ah think it wis a year after ma father. She'd been bedridden for 17 years.

Ah never heard much aboot ma grandfather Young, ma father didnae speak much aboot him. But, oh, ah think he worked on the farm, he wis a farm worker in Berwickshire.

Ma earliest recollections is o' livin' at Mertoun Bridge. Oo wis up the stair there, and the water bailie stopped down the stair. Well, when oo wis there ma mother yaised tae keep two lodgers. And they were the best poachers ever ah seen. Whenever the ludgers came in: 'Ee havenae seen the bailie gaun aboot ?' 'No, he's no' in yet.' So whenever the ludgers came in for their tea, they went out to poach fish. And ma mother used tae light a candle in the back kitchen windae when they went out, so the poachers kent tae come away! But poachin' wis very common. Ee had tae poach tae live, ee had tae. Ma father had a big family tae feed. He did a wee bit poachin' himsel'. He wis takin' a risk, o' course – especially Mertoun estate. But, oh, it wis a lovely stretch o' the Tweed yon for salmon.

Ah dinnae really remember much aboot bein' at Mertoun Bridge, but ah remember stertin' school at Clint Mains, that wis aboot half a mile away. Then oo went tae a house on the Mertoun estate, what they ca'ed Bellshill. Oo had tae walk aboot three mile tae Clint Mains school frae there and back. Then oo wis only at Bellshill aboot a year when oo came tae Lilliesleaf – Midlem Mill. Ma father wis in the army, in the Royal Field Artillery, when oo flitted. He wis conscripted.[2] After the war he worked again wi' Tom Henderson doon at St Boswells, and he cycled back and forrit frae Midlem Mill.

Midlem Mill's dist the same now as then. It's jist the cottage and the old mill. Oo lived in the cottage. And when we came there first in 1918 a' the things for makin' the flour and everything wis in there. It yaised tae be a meal mill, but when oo came there it wis jist a sawmill. Ah yaised tae spend some o' ma time in the mill, jist watchin'. The sawmill wis Linthill estate, and there yaised tae be twae foresters from Linthill down in the sawmill.

Oo lived in the cottage, well, White, the farmer, didnae need it. In the cottage there wis only, well, a livin' room and a sittin' room and a bedroom and a kitchen, and then there wis an ootside toilet. There were ten o' us, ma parents and ma brothers and me and ma sisters.

Jim wis the oldest, then Peg, then Geordie, then masel', then Tom, Dave, Rob, and Jean.[3] Ma parents slept in the livin' room, the girls were in the sittin' room, a little room, and the boys wis up the stair. Oh, there were high jinks upstairs! But thae conditions were normal in thae days. Ee never thought anything aboot it. There were a lot o' big families and small hooses. Ma parents had a bit o' a struggle wi' a family o' eight o' us.

Oh, Midlem Mill wis a nice place tae live. It wis fine and near the water, the Ale Water. In the summertime oo wis never oot the water. There yaised tae be a cauld down there, and there yaised tae be a grand stretch o' water. Ee could swim for aboot, oh, 300 yards anyway. Ah dinnae ken how it'd be, but it wis hot and cauld springs. Ee had tae keep the cauld for ca'in' the meal mill and the sawmill. But the cauld's all away now.

Frae Midlem Mill ah walked up every day tae Lilliesleaf school. Oo come across the ford near the Mill and up the lane by the back o' the manse. There were nae buses then. Ee never thought anythin' aboot it. It did ee a lot o' guid a walk, and some o' ma brothers were at the age they walked wi' me tae the school. And then there wis a' the children comin' frae Clarilaw farm, and then ee had Newhall, they had tae walk. Ah liked the village school. Ah went there frae 1918 tae 1926, ah left when ah wis 14.[4]

Mr Birrell wis the headteacher, and then there was a Miss Morrison. That wis dist the two o' them. Ah started wi' Miss Morrison when ah wis six. By the time ah got older there wis a third teacher there, Miss Falconer, and then there was another one came, a Miss White. There were four o' them then. The big room that Birrell had there wis a peteetion that ee could pull oot and be made intae two rooms. Ah had Mr Birrell later on as a teacher. He wis a very nice man. And he paid the wages up at Riddell. He could lay on the strap. Ah got 24 one mornin', 12 on each hand. Well, ee see, the Duke o' Buccleuch's hounds wis in the Moss on the Wednesday afternoon, and that, the hounds, wis too much for us big laddies. So off we went tae the hounds. And of course oo didnae go back tae school. Oo wis at the hounds a' afternoon. So in the mornin', after he got the roll called, Mr Birrell gied oo a wee bit lecture. 'Now,' he says, 'all the boys that wis at the hounds yesterday afternoon, come out.' Of course, oo a' lined up. There wis ten o' oo. And he got the coat off and intae the desk for the strap: 'Hold out your hands.' Twelve on each hand. Six wis the usual maximum, but 'twis twelve on each hand for gaun tae the hounds! It wis very unusual tae get as many as that. But, oh, it didnae dae oo any harm, and it didnae dae oo any guid. And ah'll tell ee what: ee couldnae gin hame and tell eer mother or your faither that ee got the strap, or ee'd ha' got another lickin'! They always supported Mr Birrell, and they wouldnae be too pleased ah'd been spendin' the afternoon at the hounds.

Och, ah dinnae ken now what ah liked best at the school. Sums wis a' right, ah wis quite interested in them. Ee didnae get naethin' like woodwork or metalwork. Ee got gardenin'. It wis good. Ee'd a' eer ain little plots down at the back o' the school. Ee could grow whatever ee liked. Mr Birrell took us for gardenin'. Ah quite liked history and geography, and most o' the lessons were a' right. And the women teachers were quite nice teachers, quite encouragin'. The school days were quite happy days. No' like now. No, ee respected your teachers. When ee wis goin' along the village and ee seen them ee touched your cap. No' now: 'Hallo, Jock.' Ye had a wee bit discipline – especially if ee got 24 whacks wi' the belt!

Ah had plenty o' pals at the school. And ee yaised tae play the bools in the playground. Oo played up agin the dyke. Oo had a back in the dyke, and oo put sae mony bools in and then ee stood back tae try and knock them off. And then oo yaised tae dae what oo ca'ed knuckle. Oo played roonders and kick the can, hide and seek, tig, leave-o, oh, everything, sometimes played football: ee jist had tae kick it aboot the playgrund. And, oh, ah loved fishin', and o' course we were livin' at the waterside at Midlem Mill. Ma childhood days were very happy.

Ah wis only six when the war finished in 1918. Ah don't remember Armistice Day. But when ee seen the war memorial ah remember some o' them on it. Frank Kerr, ah think it wis Clarilaw he worked, a ploughman. David Moody wis Frank Moody's brother, ah kenned Frank Moody. Ah think David Moody worked wi' Jones frae Larbert, the wood folk. Then Andrew McKinnon, there were a McKinnon family across the road in Lilliesleaf frae where ah live now, and he would be one o' the brothers. And ah wonder if Joseph Cochrane would be Davie Cochrane's brother. Davie wis at Linthill.

* * *

Aboot 1923–4 ma father started at Riddell and oo flitted up tae Riddell. He wis the groom and gardener there. Well, it wis the cyclin' back and forrit between Midlem Mill and St Boswells that din him. Ah think it'd be aboot ten miles there and back, and bad weather in the winter. Ah wis quite happy tae go tae Riddell, it wisnae far and oo'd twae or

three pals at the school frae up there. Oo played up there, and ah knew
the whole stretch o' the Ale Water and oo did oor fishin' in the auld
Ale – and a bit o' poachin', even when ah wis a laddie! Oo walked
doon frae Riddell tae the school. There'd be quite a few children
walkin' from Riddell: fower Mortons, three Campbells, and oorsels.
And then there were the fellaes frae Clerklands, they came doon an' a'.
That wis a long way, they came through Riddell estate. And then oo
used tae come doon the damside, a nice walk. Ah went tae the school
at Lilliesleaf, till, as ah say, ah left when ah wis 14 in 1926.

My first job wis workin' at Clerklands farm jist on the land, and
ah had 7s 6d [37½p] a week. It was a tenant farm, Wattie Inglis had
it then, he'd be Billy Inglis's grandfather. Well, the first job ah did wis
tae lay turnips doon tae sheep at the lambin' time. Ah went wi' a
horse and cart and laid oot turnips, forked them oot. Ah didnae do
any ploughin', no' at that stage, ah wis too young for that. Ah had
tae sow the turnips. Ee had tae watch the seed wis still goin'. And ah
took part in the harvest time. There were three ploughmen worked
at Clerklands, ah wis the only odd laddie.[5] So there were three pair
o' horse, and ah had ma ain horse ca'ed Prince. Of course, ah wis
accustomed tae horses even before ah left the school, especially wi'
ma father bein' a cabman. Then Clerklands had a bondager, Mary
Smith. She'd be what – in her twenties, quite a young girl. She daist
did anything on the farm, any odd kind o' job. She never did any
ploughin'. But harvest work, milkin' the cows, feedin' the hens, and
singlin' turnips. Quite a nice girl. Ma oldest brother Jim married her.
That's where they met, when she was workin' at Clerklands. She
stayed in one o' these houses on the flat at Clerklands, the one next
tae the steadin'. Her mother and father stayed there. Her father wisnae
a ploughman, ah think he wis retired then. Her brother wis a ploughman.
Ah think she belonged doon St Boswells way but she'd always
worked on the farm, always been a bondager. She wis at Clerklands
till she got married, then she stopped workin'. That wis the usual in
those days when girls got married. Mary Smith wis the only bondager
at Clerklands. But there used tae be a lot o' bondagers at Clarilaw
farm. There were aboot what? There'd be eight ploughmen doon
there, and every one had a bondager. It wis their daughters that wis
the bondagers. That wis when oo wis at Midlem Mill and at Riddell
an' a', the 1920s and 1930s. And then ee used tae see the tractors
stertin' tae go in. Well, they didnae need as many people. Ah don't
think there were any tractors roond Lilliesleaf when ah began workin'
in 1926. Ah mind the first tractor ever ah drove wis at Dimpleknowe.

Ah went tae Dimpleknowe in 1939 and the next year ah wis drivin' a tractor. It cost £110 – a year's wages for me then, more or less.

At Clerklands when ah started there the hours were six o'clock in the mornin' tae six at night. In the mornin' ee worked on tae half past eight then ee got half an hour for eer breakfast. Then ee worked till 11 o'clock and stopped tae one o'clock for eer dinner – two hours for your dinner, to give the horse a rest! Ee took the horse intae the stables at 11 o'clock and ee fed him but didnae groom him, and then you went for your dinner. Ee wis back afore one o'clock: ee had tae have the horse ready tae go out the stable at one o'clock. Then ee worked frae one'clock till ee finished in the stable at six o'clock, well, ee got a quarter o' an hour in the afternoon for eer tea. In the stable ee saw tae the horses, fed them and groomed them, and ee wis finished and went home at six o'clock. Ah hadnae far tae go home from Clerklands tae Riddell, dist aboot a mile, and ah had a bike. So that wis Monday tae Friday, then Saturday ee got half an hour for eer breakfast, and stopped workin' at 12 o'clock, and got a half-day on a Saturday. So ee were workin' about 10¼ hours a day, Monday tae Friday, and five and a half on a Saturday – aboot 56¾ hours a week. And then ee worked overtime in harvest and at hay time. So ah wis daein' that frae the age o' 14. Ah had ma dinner when ah got home and then got washed up. But ah dinnae remember feelin' very tired. Ah wis fit, and ah would always go oot and see the maids at night!

Ah worked at Clerklands for a year or two anyway. Ah left there when ah wis 16 and ah went tae work at Riddell. That would be about 1928, and ah worked there till 1934. When we went tae Riddell first the McConnells were in the old Riddell House. The old Major Mark Sprot was goin' tae pit the rent up, and the McConnells widnae have it so they moved away doon tae St Boswells. So the big hoose wis jist let for twae or three month.[6] Ah found Major Mark Sprot quite nice, he wis a' right. He'd always a good horse and could lead the hounds anywhere. I found the Sprots were a' right, ah met them quite often about the place.

But ma father left Riddell before ah stopped workin' there in 1934, and the whole lot o' us moved wi' him tae live at Clerklands. He did odd jobs aboot the farm there. He wis the odd job man, what they ca'ed the orra man. Then in 1934 oo a' came doon frae Clerklands tae live in Lilliesleaf. Ah stopped workin' then at Riddell. When ah left Riddell ma pay might ha' been aboot 25 shillins a week. Ah'd be 22 then. Ma father left Clerklands and came tae Lilliesleaf because he wis workin' at Riddell Mill then wi' Peter Kemp and thame.

Riddell Mill belonged tae Peter Kemp, he bought it and ma father got a job wi' him. He jist wanted away frae Clerklands, thought he could do wi' a change.[7]

When oo wis doon at Riddell first there were aboot twelve maids there. There were cooks, housemaids, scullery maids, under-hoosemaids, and parlourmaids. And then ee'd a footman and a butler, and then forestry workers and gardeners and a pigman and a'thing. The cook wis always Mistress. Ah wis keen on the maids and ah went tae see them at Riddell Hoose. Ah started courting the girls when ah wis aboot 16, when oo lived at Riddell. So ah wis courtin' the maids at Riddell for aboot six years! The maids came from all over, they werenae local lassies. Ah remember there were two came frae Hawick, and Edinbury, and there wis one or two came frae over the English side. There were nae Glasgow girls there, or Highlands or Aberdeen. Well, there wis one or two local girls frae Lilliesleaf. But they lived a' in the big hoose. Their livin' conditions there wis all right. Of course, ah wis never in their bedrooms! Well, maybe the younger ones had a room maybe two in a room, ee know.

So oo went tae court the maids after oor day's work. Oo had oor dinner when oo got home, got washed up, but ah didnae put on ma Sunday best, ah dist went in the overalls. Oo went up there tae get oor supper. Major Sprot didnae know oo got oor supper there! We used tae gether in the back door o' Riddell, and sneak up the stair intae the kitchen. There wis twae or three o' oo goin' up there every night and had a nice supper. The Sprots didnae see ee. But the cook must ha' known oo got oor supper, and must ha' taken a kind o' motherly interest in oo! That wis aboot ten o'clock ee had your supper. Oo'd dist sit and chat wi' the maids, teased them and that, a' fun.

When oo wis at Riddell ah looked efter the stoke hole, the furnace for heatin' the water, keepin' the big hoose warm. So oo played a trick on the maids. Oo got the biggest pail tae haud water and oo tied it on the back door. Oo kent one o' the maids wid be oot at ten o'clock, because there werenae room in the mansion hoose for her and she stopped in one o' the cottages wi' Mrs Crawford, ah think. So the heyshed wis across frae the back door, and three o' oo got intae the heyshed and wis lyin' waitin' on the door openin'. And when the back door opened it tipped the pail: 'Oh, hell, it a' . . .' So oo got oot the heyshed and away. Oo went away ower a bit and oo's comin' walkin up and oo seen the maids comin'. So oo stopped and spoke tae them. And 'Wis't you yins that tied the pail o' water on the door?' 'No, it wisnae us. Oo're jist new up frae Lilliesleaf.' They must ha' kent it wis us. So twae nights efter that ah wis stokin' up the fire and, 'Ah, well, oo're goin' away hame now.' Opened the door: a bucket o' water came doon on the top o' iz. The maids kept me and Dave Moody in there till twae o'clock in the mornin'. Every time we tried tae get oot – another bucket o' water! The maids' room wis up abune oo, ee see.

Then this night Dave Moody and me wis in tae see the maids. There'd been a big dinner party. So, 'Come on,' this maid says, 'gie's a hand tae clear the table.' So oo sterted tae gie her a hand. There wis whisky, port, sherry, oh, there wis a' kinds o' drink. So Dave and me sterted on the drink! And tae get hame ee had tae walk doon and then gin across a little brig. And the burn wis in flood. Dave says, 'Oo hae tae watch till oo get on tae that brig right. Oo've jist had fer ower much tae drink.' Ah, wi' that, oo wis in the middle o' the burn, up tae here in the water! That sobered iz up!

Oo got tae know a bit aboot the maids' workin' conditions. Well, the kitchen maids wis always up at six o'clock in the mornin' tae get the fire lit and everythin' for the cook tae get up and get the breakfast made. The kitchen maids were the youngest, and they were up first. The butler he looked after a' the wine and a' thing. He'd get the breakfast table a' set and a' their orders. So ee learned quite a lot aboot the big hoose.

And ah married one o' the girls there, Edith Mary Smith. She had worked at Riddell two or three years. She came from Fulham in London. She wis the same age as me. Oo wis married in 1936, when ah wis 24. And nobody knew oo wis gettin' married, oo kept it very dark. Ah hired a car on the Friday night for 30 shillins [£1.50], and oo went away tae Edinbury on the Saturday mornin' and got married in the sheriff's office. That wis a common thing in those days. And oo wis married for 54 years. Oo never had a family.

Ma wife had always been in domestic service, went straight intae that when she left school. She wis a nanny tae start wi'. When she wis wi' somebody down in London they yaised tae come up in the summertime tae a little place this side o' Biggar in Lanarkshire – Skirlin'. And then they used tae go away back tae London in the wintertime. Then she got another job – wi' Lord Lovat. They had a house down there in London and they came up tae Beauly at Inverness for the summer. She wis a nanny then, but she changed tae housemaid. She liked the children but, ach, she wanted a change. It must have been aboot 1934 she came tae Riddell. She widnae go back tae London for anythin'. She wis down there durin' the war and she wis gled tae get back home here. She said she widnae go down tae live there again.

In Lilliesleaf there werenae any special customs o' courtin', jist keepin' eer eyes open! And goin' tae the dances: there were nice dances along in the Currie Memorial Hall, no' every Saturday night, dist every now and again. It wis country dancin', eightsome reels, Dashin' White Sergeant. That wis where the young fellaes met the girls. In those days girls wouldnae go intae pubs. If a girl wis seen goin' intae a pub, 'Oh, she's a bad girl that.' But oo wis fortunate oo lived at Riddell and there were a dozen maids there. But, ee see, there yaised tae be maids in a' thae big houses: Cavers Carre, Chesterknowes and Linthill. Oh, ah've been in them a'! Chesterknowes wis part o' the Riddell estate at one time, but Chesterknowes wis much smaller than Riddell Hoose, much smaller. There werenae many maids there. But oo dist went away up tae Chesterknowes tae see what like they were! And see what the supper was! Oh, ee always got eer supper. That wis the done thing: young fellaes came tae the back door and chatted up the maids, and ee wis asked inside and then ee had eer supper.

There wis courtin' o' the village girls as well. There were The Baker's Angels, three nice lassies – the Broons, oo ca'ed them The Baker's Angels: Aggie and Annie, and what wis the other yin's name? There were three o' them.[8] Then there wis Louie Riddell, she stopped in Wellfield along there in the village. Oh, ee knew who the girls were, oh, ee kent them. So courtin' wis jist seein' them aboot the place, goin' tae the dances, and visitin' the big hooses. There wis quite a number o' the young fellaes, some o' ma pals, married the maids in the big hooses. But ah wis the only yin in oor family.

* * *

As ah've said, ah loved fishin' and ah did a bit o' poachin', even as a laddie. Ah think oo wis a' poachers! Ee had tae poach tae live, ee had tae. Oo did oor fishin' in the auld Ale Water and a bit o' poachin. Ah wis catched yince. Ah think ah wis aboot 14 year auld. Ah wis goin' hame tae Riddell and ah seen this couple o' fish lyin' at the side o' the water. Says I, 'Ah'll have one o' these the night.' So after ah got the tea, and when it wis dark, ah got the lamp and the stick, and away doon. Ah says ah wis goin' up tae see Jock Glennie. But ah went awa' doon tae the Ale. Ah went doon below the two fish and ah waded up and ah catched one o' them. Ah wis gettin' up ower the bank and a voice at the top says, 'Would ye like a hand up?' 'Aye.' It wis the demn bailies! Two o' them. Ah didnae ken them. Ah didnae want tae ken them! Oh, the Tweed Commissioner bailies kept an eye on the

Ale as well as the Tweed, a' the rivers. So they gied me a tellin' off.
They ta'en the lamp and stick and the fish and everythin' away frae me.
So ah didnae get the fish. But ah got its mate the next night! But it
wisnae long tae ma father got a letter frae the sheriff doon at Jeddart,
that ah wis never tae go near the Water again. Oh, ma father gied iz
a good tellin' off. But ah did go near the Water again. Ah dist ignored
the sheriff's letter. Ah think ma father wisnae too displeased ah went
back tae the water again! That wis the only time ah wis caught. Ah
wis never in the court, never fined anything. Ah took precautions no'
tae be caught again, kept a watch: once bitten, twice shy.

It wis jist sea troot and troots in the Ale. There nae salmon comes
up there now. They yaised tae come up when ah wis young. Ah think
ah caught one one Sunday mornin'. Ah wis oot fishin' and ah seen
this fish in a tree rit, and ah went home and ah got the cleek and ah
got him out. And, oh, it wis a lovely one, quite a big salmon. Ma
father helped me tae eat it, he didnae gie me a lecture then!

Ah poached in the daylight as well as at night. Ah dist kept an eye
open for the bailies. They didnae come tae the Ale Water at regular
times. Ee never knew when they were comin'. Ah sometimes had ma
pal wi' iz, and one o' us kept a look-oot. But there were certain places
ee could go and feel fairly safe. Oo daist went up at Riddell and at
the cauld bar. The bailies rarely came there.

Well, the fish helped ma mother feed the family. It wis a big family.
And ma father didnae have a big wage as a gardener. And when ah
started tae work ah didnae have a big wage masel'. Sometimes ma
brothers went poachin' as well, but ah wis the main poacher. But, oh,
everybody poached in those days. Ee didnae see it as a crime, and
there wis a kind o' tug o' war wi' the water bailies. They were quite
nice people. They had tae dae their job. There wis a gamekeeper at
Riddell. Well, there wis one gamekeeper there, he wis the best poacher
ever ah seen. What wis his name – Bentley? It wis before the war. He
yaised tae pit us off the water and poach hissel'! Major Mark Sprot
didnae ken anythin' aboot it or Bentley'd have lost his job. But
naebody clyped on him.[9]

As ah say, everybody wis poachin'. They a' knew in the village.
Some o' them tried tae sell the fish roond the doors. But if ee had too
mony ee'd dist give them away. Ah used tae gie fish tae an auld
wummin over there, Mrs Currie. And then oo used tae hang a fish on
the policeman's door for him now and again! And he ta'en it! There
wis no interference by the village policeman. He didnae see that as
his job. He left that tae the bailies.

The first Lilliesleaf policeman ah remember wis Mr Wood. The police station then wis along at the other end o' the village, dist aside the Post Office. Mr Wood had twae sons and twae o' oo wis playin' this day in the gairden at the policeman's, and oo did somethin' wrong. Ah cannae mind what it wis now. 'Now,' Mr Wood says, 'if ee dae that again ah'll lock ee up.' So oo dist played away and then oo did it again. 'Aye, come on.' He shut oo in the cells for twae hours! It wis dist a joke, he wisnae serious aboot it. Oo wis dist wee laddies. Oo were in the same cell, naethin' but a wee windae tae look out o'. But oo werenae bothered. Oo'd sit and speak tae yin another. But it wis Mr Wood's door ah hung the fish on. He wis followed as the policeman by Bell. And there wis a one Sked here, and Dick Barton after the war – that wisnae his right name, though; and Fred Wylie durin' the war. But Fred Wylie wis in the police station when it wis shifted doon the other end o' the village before the war. Ah dinnae ken why they moved oot the auld yin. They'd twae cells up there, but they'd nae cells in the new yin. He dist had a little room in his house and he had tae dist pit them in the room. But there wis never ony serious crime in Lilliesleaf, maybe drunk and disorderly. Ah never got locked up as a poacher!

* * *

When oo a' left Clerklands in 1934 and came doon tae live in Lilliesleaf ah stopped workin' at Riddell and ah sterted workin' wi' Roger, the cartin' contractor at Earlston. He carted anythin'. So ah wis a lorry driver for a year. Ah learned tae drive a car when ah wis 14 year auld. Ah yaised tae gaun wi' ma brother Jim on Turnbull the grocer's old T-Ford van. Well, ah had tae take it frae one house tae the other. Ah never passed a test, there were nae test in thae days. Anybody could jist go on the road.[10]

But then ah wis gettin' married but, ee see, ah couldnae get a house. So ah ta'en a job on the farm – Dimpleknowe, to get a house so that ah could get married. Dimpleknowe wis in the parish o' Ashkirk, and Jim Pattison wis the farmer there. Ah went up tae see him and got the job and ah had a rented house off him. Ah got married then, as ah've said, in 1936. Oo wis there till 1948.

So ah wis at Dimpleknowe when the war broke oot. Ah wis cried up. Ah dist wanted tae go tae the RAF, and went tae the RAF in 1941. Ah worked in a maintenance unit and wis in Britain a' the time, mainly at Stafford. Once ah got a fortnight's leave for tae gaun away abroad, and had a' the jags an' a' thing. And when oo went back it wis a' cancelled. As a married man ah wis pleased aboot that! But ah got home quite often: ah knew the officer and pulled his leg a wee bit! While ah wis away ma wife gien the farmer at Dimpleknowe a hand, jist general work. Ah came back hame in 1946 and worked at Dimpleknowe, as ah've said, until 1948.

Ah joined the Farm Servants' Union in 1948. Somebody, ah think it wis Tam Hope o' Newhooses, asked iz tae join before ah left Dimpleknowe and ah dist joined it! Ah'd never joined the Union before the war. Ah don't know why. Nobody ever asked me tae join then. The Union wisnae strong in Lilliesleaf. They widnae join, but they a' wanted a' the privileges o't. If it hadnae been for the Union they widnae ha' been gettin' the wages they're gettin' now, mind. Ah cannae remember anybody whae wis in the Union before the war, it wis weak, weak. Then there wisnae any tradition o' politics in Lilliesleaf. Ah mean, there werenae many Labour men here.

When ah joined the Union in 1948 they had a little branch here in Lilliesleaf, wi' monthly meetins. Oo met in the Currie Memorial Hall. Oo met in the pub, The Plough, a while, because the Hall wis gettin' too dear. Ee had more privacy along in The Plough than what ee'd in the Cross Keys. Oo met in a room, no' in the bar. A fellae Robert Bruce wis the chairman. The Bruces were at Riddell at one time but Robert's father retired and they came doon tae stop in Lilliesleaf. Ah think it wis maybe Jock Craig o' St Dunstan's farm wis the secretary. And Tam Hope wis yin o' the leadin' lights. Ah think they had aboot 20 members here then. Ah think most o' the farm workers in and aboot Lilliesleaf were in the branch. But, oh, some o' them wouldnae join. Ah became quite active in the Union. Crawford frae Kelsae wis the heid man o' the Union and, well, oo yaised tae get Crawford up now and again and he'd tell oo a' aboot a' things, what he wis wantin', and what he could dae wi', and what wis gaun on.[11] Oo didnae have socials, dist a meetin' once a month and peyed your dues. There were still a lot o' workers on the farms then. But now there nobody on them.

Well, when ah left Dimpleknowe in 1948 ah went ower tae work at Whitmuir, between Midlem and Selkirk. Ah did general farm work there – tractorman. Ah wis there tae 1952 and then oo went tae Shawburn. Jim Wylie wis the farmer there, then Mr Allan ta'en it over efter that. Oo wis in Shawburn for 31 years and then ah came tae live here in Lilliesleaf.

Well, efter the war farm work turned different a'thegither. It got away tae all machinery. Ee'd aboot a' the machines o' the day.

Combine harvesters were comin' in. So there wis less demand for workers. By the time oo went tae Shawburn that wis the case. When ah went there there were two workers. Ma younger sister Jean wis workin' there, and then masel'. It wis unusual for a woman tae work on a farm then, Jean wis the only one at Lilliesleaf. She'd always wanted tae do that. Then she went awa' doon tae England. Efter Jean left there were dist masel' at Shawburn.[12] Well, ee yaised tae get in casual labour frae Friarshaw up the top o' the hill, they had a farm up there, they all lived there. But the farm workers began tae disappear. The aulder yins jist retired. The younger fellaes, well, some went intae the mills in Selkirk, and then some started wi' the builders, some started on the roads. It wis sad. It affected Lilliesleaf a lot because, mind, ee hadnae the people comin' in tae dae their shoppin' or anythin' like that. Now they've cars and they go away tae Hawick and a' these bits.[13]

Margaret Borthwick

I was born at Loan View in Lilliesleaf on the 9th o' November 1920. Ah think ma first recollections were ma grandfather Borthwick takin' me for walks on Sundays. It seems to stick in ma mind. Long before ah went to school, he took me for a walk on Sunday mornings, and he used to name all the trees. He learned me the names o' the trees as we went up the road, and I used to try and get this recited off, whether it was elm or beech or what it was. Eventually I learnt them. And ah used to gather all the different coloured snail shells from the side o' the road and bring them in to the house and put them on the table. Everything happened on the table in the living room then. Ma mother used to chase me because she found the snails werenae out o' some o' the shells, and they'd come out wi' the heat. But wi' ma grandfather's encouragement and teachin' I learned a lot on nature and birds from goin' on these walks. It gave me a permanent interest in nature.

And when oo went up the Riddell road there he used to have a little drinking cup. It was like aluminium, it folded down and there was like a clover leaf on top. He used to take the lid off and go to the spring in the wood up where the Combe's Lodge, Riddell South Lodge, was and go in and get a drink. I used to think this was marvellous to get a drink out o' this cup. It was good, clear, beautiful water in those days.

Another recollection is the mud on the side o' the road, how the roads were so dusty, and when it had been rainin' all the sandy stuff used to run down in the village. As quick as we could get out we'd make mud pies at the side of the road. The road wasnae laid the same then, it wasnae tarmacadamed, it wis dusty. We used to play there happily across the road from the house, just at the edge o' the village Common, at the foot o' Bellfield, George Tinline's place. A lot o' hemlocks and nettles and that grew out there, and we used to get stung tryin' to catch bees in the jars.

Ah remember o' ma mother sayin' – that was before ah went to school – 'If ye watch ye'll see the lamplighter comin' along.' Lilliesleaf had the paraffin lamps as street lights, and of course it was the last gasp before they lit them. Tom Kinnie – Tom McKinnon, quite an elderly man – wis the lamplighter. He came wi' the ladder – and up each pole and lit the paraffin lamps.[1]

Loan View was a good place to live, because it wis right on the junction o' the road to Hawick and Selkirk with the road through the village to Melrose. Ye saw a lot o' traffic. Before St Boswells Fair on the 18th o' July ma mother used to give me a cushion out at the step into the house so I could watch for a' the horse-drawn caravans comin'. Ah think we called them Gypsies. They came frae the Hawick direction, they came from the Riddell direction, they came from all over, goin' to Boswells Fair. And it was always spoken about as the St Boswells Flood, because they reckoned it always poured. It was a horse fair, they sold a lot o' horses there. It was the gypsies that ran the fair, but there wis an awful a lot o' people went. It wis a big draw. A' the Green wis full, right into the houses. And beautiful caravans, ah remember. They were yon brown and all varnished and beautifully decorated. They couldnae get on to Boswells Green until a certain time. They were there two days, but the show wis only one day. Therefore they would maybe try and camp down at the ford at the Ale Water at Lilliesleaf, or the Stank road – the lane that comes in below the Middles farm frae the Hawick road – or wherever they could get in for the night, and then they were ready tae go on tae Boswells Green. And of course they come round the doors in Lilliesleaf wi' stuff, tryin' tae flog stuff, a' kinds o' things, tinware and that. Ah remember seein' them wi' yon flowers they made wi' moss rose – mossy stuff and white stuff roond aboot them. Somethin' like the wild roses ye get oot there, but there's white stuff in it.

And ah have great memories o' goin' to the smiddy in Lilliesleaf. Willie Falla was the smith then, a slimmish man with a little moustache and the steel-rimmed glasses. Oo used to go in and ask could oo pick up the bent nails for him? Oo used tae pick them up from the floor o' the smiddy and separate them, the old nails into boxes, and the new ones into other boxes. Of course, when he made the horse shoes he used to chase us out. But we used to hang on like monkeys on the bottom door o' the double doors and try and peer in when the sparks started flyin'. We loved it when Willie Falla let us into the smiddy, oh, it was a great place. We were down there one day and he was up havin' his dinner. We thought the smiddy fire wis awfy low. We had a job reachin' the bellows, but we put some more stuff on the fire and got the bellows goin'. What a row oo got! We were chucked oot that day.

Willie Falla had been the smith in Lilliesleaf for quite a while then. He had a wife and family. Everybody called his wife Beeny, that would be Rubina, or somethin' like that. Ma mother said that Beeny was one of the neighbours that used to look in and keep an eye on her brothers and sisters and her when they were children and ma grandfather Borthwick was out workin'.[2]

Ma grandfather Borthwick's wife had died when his family were all young. There were seven o' them, three girls and four boys. Ma mother was the youngest. Ma grandfather wis working up in that quarry near Ashkirk, and walking there and back, and these seven children were in the house. Mum said whiles they had a housekeeper, whiles they'd none. Ah think sometimes the housekeepers wouldn't stay when there was so many children, so neighbours used tae look efter them jist. There were nobody right tae look after them. Ma aunty, the eldest o' the three sisters, she wis tryin' tae keep the house at 12 years old.

They were brought up in the little house on the village Common, where the road from Hawick meets the road from Ashkirk and Selkirk. The gable end o' the house faced the village, and the little windows all faced to the west. They carried the water from down at the pump down the road up the hill to the house. The house wis jist a but and ben and a little pantry place that held the buckets o' water, and everything had tae be done there. It wis so difficult. That house on the Common was built by public subscription originally. They used tae let people into it. It was a kind o' shelter place originally. Ma grandfather wis the last that had given a day's work tae that house, one o' the last to contribute towards that little house they lived in. So ah think that's how he got the use o' it for him and his seven children. Long after that, in the Second War there was a family o' evacuees livin' in it. The council took over the house, and they let George Tinline in there wi' his incubators a while. Eventually they jist demolished the house. I was quite annoyed aboot it bein' demolished. They should never have demolished it. Ah feel somethin' could have been done with that house.

Anyway ma grandfather and his children, when they left the house on the Common, they moved down then into the house called Loan View, almost opposite. It had a clay floor. Loan View was named after The Loaning, where ma grandparents had lived, up near the Middles farm on the road to Hawick. There were nothing at The Loaning when ah wis a kid: the house they'd lived in there would be fallen down by that time. There'll be an apple tree or two left, ah think, that belonged there. There used tae be fower or five little enclosures there; it's a' intae one field now. It could easy be a smallholdin' in those days.

But, oh, ma grandfather had a terrible struggle, oh, terrible, terrible. Ma grandmother wis young when she died. Ma mother's eldest sister, as ah've said, left school at 12 years tae try and keep the house. And ma mother said that each month – ma grandfather wis paid monthly – it wis somebody's turn tae get shoes or boots as the case may be. Each month there wis some had tae come off his pay for his children's shoes or boots.

Then a lot o' tramps used tae be on the roads long ago, and they seemed tae get an awfu' lot o' tramps up tae this house on the Common wi' the children there. What the tramps found was that they were giving them something – it wis usually a piece or something they got then. The tramps used tae leave marks, and here they left a mark. Ah don't know whether they'd do it wi' stones or whether they made a mark on the wall or something. But the other tramps when they came knew they'd get something there at the house on the Common, ye see. So that's the way they got so many tramps there: the poorest folk in Lilliesleaf maybe having to help the other poor souls tae live.

Well, what happened eventually was that ma mother, the youngest o' the seven children, she was left at home more or less, lookin' after ma grandfather Borthwick. But, oh, he remained a fit man more or less until his death. He was labouring latterly to Tommy Steele, the stonemason down at the bottom end of the village, on the corner just across the road from the Common. Ma grandfather worked till he was 70. He was at the building of the churchyard wall, and got so many lairs in the cemetery because of giving these works.

So ah wis brought up by my mum and my grandfather Borthwick. When ah stayed there at Loan View all ma aunts and uncles had left home. Ma brother Tom, who's 13 years older as me, and I never knew ma father at all. After her difficult childhood, that made things difficult for ma mother as well. Ah think ma grandfather featured greatly in our childhood. We learned such a lot from him. As ah say, ma mother was left lookin' after my grandfather till he died. She had a very hard life, too.

Before I went to the day school I went to Sunday School from when I was three or four years old. We went to the old parish church. I used to go with another girl from the Back Road. Mother saw me so far then this girl took me the rest o' the way. The minister was still Dr Sym. I remember him wi' his albert chain. He had this white beard, and he was quite a kindly man and took an interest in the children. When you attended the Sunday School you used to get a little card wi' a text on it and ye took this home and ye learned it for the next week. Once you had three or four o' these cards you got a bigger one to keep. The Sunday School wis in the morning, separate from the adult service.

Ah started at the school in Lilliesleaf in 1925. I remember my first day. The biggest thing that ah found difficult wis to sit in the seat. You jist wanted to be runnin' about. And the other ones were the same, and the teacher was always tellin' us to 'Get back to your seats.' But it was the old slate and slate pencils. You used to take a little cloth or a bit o' sponge and some water for your slate. And we got shells: shells we counted with to begin with. They were in lovely varnished boxes, light wood, wi' a sliding lid. They were sea shells and they were all the same. They were the kind that had the one slot across, a sort o' darker bit on the top o' them. And they were teachin' us to take three away and four away – ye seemed tae get quick intae lessons.

Ma first teacher was Miss Boyd, the infant teacher. What a terrible woman she was! Oh, ah didnae like her at all. She was horrible to the kids. She used tae get intae tempers, rages. And the seats were on different levels, ye took two steps as ye went up. Well, she used tae fly intae rages and she threw this girl's readin' book and it went down behind the piano. There was a row, because the covers came off the book, and your mother had to pay for your book. One day we were in a semi-circle, reading. I liked the reading. I needed the toilet and I had asked to leave the room, but she wouldn't let me go. So I stood there till I wet myself. And she said, 'Go home and get changed. Dirty little pig.' And as I went out the door – it was the old latch on the door, and of course instead of touching the latch I did that with my fingers to close the door. She banged the door and of course it caught my fingers. She come and run my fingers under the cold tap and then sent me home. And of course ma mother was washing, in the house wi' the tub and a' the rest of it, the difficult way. Oh! Ma mother wis right up in the air. She says, 'She thinks ah've nothing else to do but change you and that. And are you sure it's exactly what she said?' 'Yes.' I told her exactly. 'Well,' ma mother says, 'I'm just going along to the school.' And I says, 'Oh, ye're no' goin' along?' I was cryin' about it. 'I'm goin'.' There had been umpteen people that had tae seek that teacher. She was really a horror. But ma mother went along and said tae her, 'And in future, I want you to let her out when she needs the toilet.' Miss Boyd says, 'If she requires.' Ma mother says, 'Is she in the habit of asking out when she doesn't ?' Because, I mean, ah wouldnae have, ye know. So there was quite a rammy that day.

Ma mother, she'd fight if we were right, ye know. So ma mother said to Miss Boyd, 'And I want no repercussions of this.' Because it had happened wi' other people.

We didnae have Miss Boyd that long. We had a teacher after her, Miss Brown, a gem of a teacher, she was really nice. She was so keen on singing, and she seemed to give us such a lot. And then we had Miss Bryden for so long before ah moved on to the other room. Each teacher seemed to have such a lot in them. That's what I found. So I enjoyed the school after Miss Boyd had gone. I enjoyed the sewing, the music, and reading – just about everything. When ah wis still in the infant room ah remember Miss Brown brought this cotton and we were to make this tea cosy. And she had these boxes of Clark's cottons and oo'd all to go out in turn and choose two colours for to do this stitching round the tea cosy. And I remember thinking that this was the most marvellous thing. So ah've always been interested in sewing and colours. And ah liked the drawin', paintin'. Ah still try to do a bit of paintin' and drawin'. Ah'm no' very good at it because ah never went tae secondary school. Ah liked sums and handwriting. Ah wisnae jist terribly good at puttin' essays or stories together: sometimes it worked and sometimes it didnae. And then we used to go to the festivals in Galashiels for singing and dancing and stuff like that. Ye came back wi' certificates or whatever.

I've always been a great believer in books, and always a keen reader. Ah've learned an awful lot out of books. Ma mother encouraged me first. She was a keen reader herself and a good writer, good at composing letters. At Christmas always what ah wanted as my first choice was a book. I can remember our first school reading book, about a dog and a cat. At Christmas ah always got a girls' annual, but ah cannae remember now the names o' the annuals. And then as ah progressed, well, ah read a lot o' the classics: Scott, Dickens. We had tae learn *Ivanhoe* and *The Talisman* at school when I must have been about 12. But we found it pretty dry readin', awfy dry.

Ah liked poetry: some o' Walter de la Mare's, and ah liked Burns. Ah liked jist a lot o' them, various ones, some out of each. Mr Constable, the headteacher at school, he gave us quite a bit on poetry. Mr Constable was a great disciplinarian, very disciplined, but fair. He didnae use the belt an awful lot. It'd have to be somebody bein' very insolent, or stealing or something. I never had the belt, never had the belt. Oh, ah felt that the school encouraged you. So did ma mother. She was a woman full of character and she helped an awful lot o' people.

Going to the High School in Hawick, well, ma mother couldnae have afforded it. Oh, we talked about it but it wis jist an impossibility: books and everything, and the travel – or else you had to lodge somewhere, or cycle back and forward to Belses station. It wis jist impossible, impossible. Ah think when ah wis at the school there wis only one boy went on tae the High School, there certainly wisnae very many of us from that class. But not goin' tae the High School didnae bother me, because ah think ah learned a lot after ah left the school. Ah just delved intae books

Then at that time they used to have these prize books at school. I always wanted the prize for perfect attendance. That was the one ah wanted. But I could never achieve it. I was forever off wi' something, I took every childhood illness that was going. And then in ma last year at school ah wis gettin' on fine when suddenly ma mother couldnae get out the bed, wi' a sore back. So ah said, 'Ah'll jist stay off.' 'No, no, ee've had perfect attendance.' Ah said, 'No, no,' and stayed off. So she bought me a book when she was able. But I got school prizes for music and cookery.

So ah left school when ah was 14 in 1935. There werenae many jobs for us, mind. Well, ah did think of goin' into nursin' first. But then ee'd to wait so many years and ye had to be older before ee could get in. And ah didnae have any certificates. Well, I was slightly disappointed. So it wis jist – private service. Well, it was a while before I could get a job suitable. There was very little employment then for Lilliesleaf girls. For there wasnae transport for tae work in shops or anything. None o' the girls worked in the mills in Selkirk or Hawick, there wasnae the transport at all. There was a bus service but ah dinnae think it went for workers at that time. Then the shops in Lilliesleaf were too small. They didnae employ anybody at that time. There was nothing. So when ah left school it was jist aboot workin' outside on the farms or inside work in the big hooses. There wis nothing else for girls. Ah don't think any o' the girls in ma class really went then to work in the fields. Jean Young did, she was younger than me. She was a bit unusual in doin' that. Ah dinnae think there wis an awfy lot o' them went to work in the fields. Oh, ah think that wis something girls were tryin' tae avoid. So it was really domestic service for girls in Lilliesleaf who left school at 14 as I did. That was the only job that was open to you. And that meant usually movin' away from home, because there wouldnae be enough farms round Lilliesleaf to employ all the girls. And it wis jist a bad time then for jobs, a very bad time.

Well, I left school at Easter and I was unemployed until I took this job in November. The place was Ettrickhall farmhouse, 20 miles above Selkirk, up the Ettrick Valley. Oh what a place! When ee looked out the window ee seen in front there wis a bit went in the wall like, and it wis a monument to James Hogg, the Ettrick Shepherd. No' the one up at the Lochs, but the one there.[3] And I was just a skivvy – and a right one. And of course folk said, 'Oh, ee'll be homesick . . . ' But ee have tae remember we hadnae travelled very much at that time, travel wisnae widespread. And November – winter. Oh, it was terrible.

Well, first of all, I mean, we didnae have much room at home in Lilliesleaf, a but and ben, a room and kitchen, but we were comfortable, we were warm. But up there at this Ettrickhall farmhouse, when the farmer's wife showed me where ah wis to sleep ah didnae think that wis where ah wis tae sleep. So you'll know what ah had. She took me in there and ah thought, 'It cannae be this, it cannae.' There wis a camp bed and at the side o' the bed a chair wi' its back broken off. There wis a mirror on the wall that had been an oval mirror broken through the middle and it was tilted on its side and two bits o' string on it. That was what wis hangin' on the wall for a mirror. The room had been a boxroom but the window was the same size as in the other rooms, so it was a huge window. And cold! Oh, it wis terrible. There wis no fire, no heating, nothing.

Because in Lilliesleaf they had been teasin' me, 'Ee'll be homesick' and this and that, I was so determined I widnae be. Ma mother had kitted me all out with difficulty, wi' nighties and this and that and everything she thought I would need. Ah slept wi' a cardigan and ankle socks on, to try and keep warm in this camp bed. I mean, it wisnae covered – frozen. It wis terrible. The farmer used tae give me a shout at five o'clock in the mornin', but ah wis sometimes up at four o'clock writin' a letter, ah wis that cold. He used to knock. He was all right. But no' her.

So ah wis up at five in the morning and plunged into the work at five, oh, aye, it went on. At five o'clock I'd go downstairs to the kitchen. They'd a great big range, and that was ma job – to separate the cinders from the ashes and get this big range goin'. And up above the kitchen there wis a fellow lived up in there – well, ah say lived, he slept up in there. Ye want tae see his bedroom – ah think it wis even worse as mine. It wis a little galley place where he slept. He worked on the farm, a nice fellow, he belonged Bonchester. Ah've often thought aboot him since then and thought ah would like tae talk tae him again.

And on these dark mornins, ye see, it wis terrible. Ah mean, ah wasnae used tae being oot in places like that. Although we were brought up in a village, this was a wilderness. Well, when this farm worker used tae hear me at the range at five o'clock in the mornin', he knew it wis time for him tae get up. And when I heard his feet on the floor above ah used tae think it wis great, you know, somebody movin' around. And, oh, the work! And folk used tae come to the door for milk in the mornin', and ah wis gettin' them milk, and feedin' the bairns, washin' the floor, and a' the rest o' it. The girl they'd had before me was 25, but she had been put away for thieving. But ah wis doin' the same amount o' work as her. Ye'd jist be workin' a' the time. Ye'd forever dishes or somethin' or other. Well, ee'd supper at night and a' the rest o' it. So you were working from five in the mornin' till between ten and eleven at night. There wis no recognised stoppin' time, there was nothing. That wis seven days a week. Oh, ah worked on Sundays as well. As ah say, ah didn't get an afternoon off or anything. Ma wages were 7s 6d [37½p] a week. There was a sayin' that if ye got offered ten shillins [50p] a week, don't go: that wis folk that wis havin' difficulty findin' anybody tae work for them. Of course the farmer at Ettrickhall had never told me anything about the previous girls workin' there – they'd be careful tae keep that from me, though I knew the one before me had been put away for thievin'.

Ah wis 15 and ah wis too young tae cope wi' that, ye see. So time went on. This wis, as ah say, 1935–6. It's no' that long ago when ye think of it. Well, this young fellow, the farm worker – we used to eat together in the kitchen. Oo never got butter, and we only had, say, gooseberry or blackberry jam. The strawberry jam and everything wis locked away in the room at the front, which the farmer and his wife had. So, oh, it wis very plain feeding really. For breakfast we could have a fry or porridge. But otherwise, a scone, marge – jist pretty plain. And then the farmer's two older children were at the school. So ah had tae see tae them, make pieces for them, and see them off to school. Then ee were left wi' two children at home, one in the pram and this other little toddler. And then the wife didnae get up early in the mornin'. It wis terrible. Och, it must ha' been about eight o'clock when she came down the stair. By then ah wis cartin' armfuls o' logs from the stackyard down for the fire, and a' this carry-on, fillin' them up, and feedin' the hens. You were wadin' through snow this height tae feed hens, shut in hens, or whatever, both different ways frae the house – an awfu' work. It wis a big farmhouse

Ettrickhall. Well, ah think there was four or five bedrooms. And the kitchen floor was big, a big cement floor, and that wis a' tae wash. Oh, the work wis tremendous. That wis what ah had tae do every day.

The wife jist wisnae nice at all tae me. Of course ah'd aye been interested in the sewin', and ma mother used to get me a *Good Needlework* magazine. Ye got a transfer about every month. Ah wis awfy keen on embroidery. And mum had given me one o' these lovely writing boxes you used to get wi' the writing paper, padded on top, to keep ma transfers in. Well, there wis a big window ledge in ma room and ah had the box sittin' there. And one day the wife had gone in tae the room and opened up the window from the bottom. And here it had rained and the rain . . . Ah remember cryin' tae masel' about these transfers.

Then Christmas came. So Christmas Eve they all went away tae Borthaugh, up above Hawick, to her sister's, where they were having a Christmas tree and everything. And ah wis left on ma own, because the young farm worker fellow was away home for the weekend. He used tae cycle home to Bonchester. He'd be somewhere in his twenties, a single lad. And, oh, ah wis scared stiff, ah wis absolutely scared stiff in that house maself. Ah really was. A' that ah wis left wi' was a heap o' ironin'. The wife used tae help wi' the washin'. But ah had tae do the ironin'. Ah mean, there wis a lot o' us, and there was the kids' stuff and everything. There was no other worker, just the farmer, his wife, the young lad, and maself. So ah remember ma mother sayin', 'If ah'd known that ye were up there eersel' ah'd have hired a car and ye widnae have been there when they come back!'

And this went on. Ah never had a day off. Of course, there were naewhere tae go up there. So the farm worker fellow, when he used tae go down to the shop, which wis about a mile down the road, ah'd ask him to bring me sweeties or whatever. And he wis good that way, he used tae bring me things like that. He tried to encourage me and to cheer me up, and I could talk tae him. He couldnae intervene for me wi' the farmer and his wife. But he said to me, he says, 'Now if they ask ye if ye can milk, say no.' Well, ah had learned tae milk doon at George Tinline's in Lilliesleaf. But the young farm worker says, 'Say no, or they'll have ee doin' that as well.' Well, came the time that ah wanted tae go and get a card for ma brother Tom for his birthday on Christmas Day, because ah'd always sent him one, and the wife wouldnae let me go. Ah think that would be the first time Tom never got a card at Christmas. So ma mother wrote up.

Ee see, ah'd never told ma mother a' what wis goin' on. Ah never let on aboot a' this, what wis goin' on up there. And, ah mean, the wife wis the type o' person . . . One day ah wis in the middle o' washin' this kitchen floor when the wee one wanted a piece. And ah'd said that ah wid get him it when ah wis finished washin' the floor. He went away through and told his mother and she demanded ah stop and gie him a piece. This is how she treated ee. She wis jist terrible.

Ah think the farmer himself knew. They'd had two or three workers that couldnae stick it at Ettrickhall. So ma mother wrote up and said, 'Why don't ye ask if ye can get a weekend at New Year?' The farmer used tae go to Hawick and get in big bags o' sugar and that because o' the winter, get it in bulk. 'And,' ma mother says, 'when he's at Hawick maybe he could bring ee here tae Lilliesleaf.' So ah asked, and 'Oh, aye, ye can get off for the weekend.' So ah remember comin' in ma mother's hoose in Lilliesleaf and ah sat doon and ah wept ma heart oot. So ma brother Tom says, 'Margaret's no' gin back, no' gin back.' 'Aye,' ma mother says, 'ah wouldnae go back.' Oh, ah thought folk would speak about iz if ah didnae go back and work a month's notice. So when the farmer came for me, ma mother said, 'Now,' she said, 'Margaret's leavin'. She'll work a month's notice.' And he never biffed an eyelid. Ah think he wis so used with it, workers leavin'. Ah mean, he wis a' right himself, he wis decent enough tae talk tae and everything. But he never tried tae intervene for me wi' his wife. Ah think she ruled the roost really.

And of course the month that ah worked ma notice it wis murder. It wis worse. Oh, it wis murder, it wis murder. That job at Ettrickhall was a bad start. A lot o' the other girls in Lilliesleaf went intae private service. Some o' them were a wee bit luckier than me. Ah think ah wis a bit unfortunate. Oh, ma mother was doin' her nut when she knew ah never even got a bit o' butter. We were brought up wi' butter, country butter.

So ah wis at Ettrickhall about three months. Ah went in November, ah wis there in December, then worked ma month's notice. That was plenty. They didnae give me an extra five bob [25p] or anything when ah wis leavin', they didnae thank me. There wis nothing. And, as ah say, I'd murder with her the last four weeks I was there.

Then ah came back home tae Lilliesleaf and ah tried for different jobs. Ah fancied private service a' right, but ah wisnae fancyin' some o' these very big establishments where ee were . . . So ma brother Tom wis at Chesterknowes then workin' on the estate for General Jardine, and Mrs Kimble, the groom's wife, wis ill. Tom said he wis sure ah could come up maybe for a week or two and stay in the house with her. So ah went up there and got on fine, and from there ah progressed tae the big house at Chesterknowes. Ah got a job as housemaid, because the other housemaid was leaving. But ah wis kind o' thrown in at the deep end, because though ah went as housemaid the girl that was tablemaid took off ill. And of course on the tablemaid's day off the housemaid did her work. But ah wis most interested in the table work and ah quite liked General Jardine and Mrs Jardine.

General Jardine wis very just but he wis awfy picky. He thought ah wis too young for the job. Ee see, he wis used wi' gettin' his clothes seen to, and the tray taken up in the mornin', and this, that, and the full works and he said he thought ah wis too young to do it. But Mrs Jardine thought I was quite capable to do it. Therefore he watched me like a hawk. Once she went to the cook next mornin' and she says, 'Margaret had him stumped.' She wis tickled pink aboot this. The previous night at the table he'd said he hadn't got a fish knife. I thought that was funny, so ah went to the dining room drawer and ah brought out a fish knife. He said, 'That's the same as what I've got. It's a butter knife.' So being young and kind o' ignorant, ah went back to the drawer. They jist kept a mere half-dozen for daily use, ye see, and the fish knives were silver and had a plain handle. The two butter knives that wis in the drawer wis similar but they had a sort o' shell bit at the top o' them. So ah brought out from the drawer the other butter knife and the rest o' the fish knives and took them all tae him, and said, 'That's all we have, sir.' He wis a wee bit guarded. He says, 'What's the difference?' So I pointed out the difference. He says, 'You're right, I'm wrong.' And they said he would hardly ever apologise even to his daughters. He'd always got away wi' gettin' oot o' it, he hardly apologised. But ah liked him.

He had two daughters. Ah remember when they were presented as debutantes at court – the dresses and a' the rest o' it – which is not done now.

When Mrs Jardine was away, the General used to have what he called his bachelor dinner parties. And there were Colonel Sir Somebody, and Somebody and Somebody. A' the boys wis there. And it wis very often a Friday, and he used to have Maxwell-Scott from Abbotsford, and therefore there had to be a fish course on Friday, ye see, though General Jardine himself wasn't Catholic.[4]

He wis a tall, very upright man. Ah dinnae ken what age he'd be then. He was very regimental. His car wis beautiful polished and looked after. It wis blue, and ma brother Tom says the General had the first Rolls-Royce roond aboot Lilliesleaf. When he came tae the hunt everyone knew his horse and his car. He was always that wee bit more immaculate than everybody else. Ye could tell. The carpet that wis on his bedroom floor wis checked. He'd told the housemaid they'd had before me, 'I'm not shifting these chairs 364 days in the year for you.' There were certain squares in the carpet from the bed – four squares and the leg; and the other one, so many spars along the radiator. He wouldnae have it moved any different.

Dinner was at half past seven, and they had the full works. They dressed for dinner. For all there were only the two o' them there at Chesterknowes they still dressed for dinner and a' the rest o' it. There were candles on the tables, and a' the rest. But ah got used wi' it and, mind, it wis nice really. And ye had tae put out his clothes for dinner, and a' this carry-on. When ah went first the girl before me showed me where his evening clothes was, ee see. There were evenin' trousers and like a pink hunting coat he wore at night, and this creamy-coloured waistcoat and that. So one night before I actually took over the job the maid says, 'Now you come doon and do it yourself.' General Jardine didnae like anything oot o' his routine. He wis right army in that. So ah went and tried and ah couldnae find this hunting coat, ah couldnae remember where she had said it was. There wis one o' these big tallboys wi' all the drawers that pulled out, and ah hunted the drawers, ah wis huntin' everywhere, and ah couldnae find this jacket. But ah did find one. Ah had a feeling it wisnae what she'd had, but ah thought, 'Ah'll put this out.' His dressin' gown went over one chair, and his slippers and his evenin' socks ready to slip his feet into. And then on the bed – it had tae be in order – the vest, the pants, the trousers, and a'thing like that. So when she came and had a look at this big red coat ah'd laid oot because ah couldnae find any other, she says, 'Oh, that's his coat that he uses for the big Caledonian Dinner!'

I lived in at Chesterknowes. I had quite a good room there. It wasnae big but it wis adequate and it wis comfortable, and wi' a nice view. Ah didnae have a fire in ma room but, oh, the house wis warm. It wis central heatin'. Some o' them wis one room on their own, but ah had tae go through another girl's room to go into mine. Mrs Jardine – Agnes Hargreaves-Brown she'd been, and she wis English – used to sail through all these rooms, and she'd open a drawer or anything to have a look and check up. Oh, she checked it, even lookin' into drawers wi' your personal belongins in them. She didnae regard the room as yours, no' really. Ah think it wis jist she was so fussy she swept through these places to make sure you were keepin' it right. Ah think she wis a wee bit eccentric. But she was nice. Ah quite liked her.

And ye got clean sheets, your turn came for clean linen and everything. Ah think it'd be maybe every fortnight or something like that it would work out among the staff. And you got uniforms. Well, ee had tae provide a blue button dress in the mornin', but they supplied the big apron and cap. And then in the afternoons we had a black dress which we supplied, and they supplied the apron, caps, and cuffs, and stuff like that. You had to provide your own shoes and stockings. Oh, it wis quite a bit o' expense for the amount o' money you were gettin'. So again ma mother had tae help me out tae begin wi'.

Ah cannae remember the wages ah started with at Chesterknowes, but ah think it went on to about ten shillins [50p] and something a week. You didnae have a lot o' money. But the food was good. We ate the same as the Jardines, unless it was something very unusual. Like what they had, say, at dinner the night before, like the cream came up fresh from the home farm for the lunch and for the dinner. And what they'd had for lunch we had for our dinner. We were one meal behind them, ee might say, but it wis similar food.

We were up at seven in the mornin' and then jist started your daily round o' work. Ye did so much work before their breakfast about half past eight. Ye went up in the mornin' wi' the General's early mornin' tea, about half past seven, eight o'clock, something like that, and you opened the curtains. And you lifted his evenin' clothes and brought them downstairs and carefully brushed them for the next night, and then ee took up his day clothes. Oh, he wis very much a man o' routine. Of course he'd lived all his life in the army, and he was a neat man. Then you worked right through the day. Well, the afternoon you wouldnae have much to do unless you would answer a door or do the tea-time tea. It wisnae sae bad. And at night of course there was dinner at half past seven. Well, by the time ye got the dinner past it wouldnae be quite ten. Once they had their meal over you washed up and that. Then you had hot water bottles to put up into their beds. And if the General had guests there ee took up these cans o' hot water for the ewer. They had the bathroom just opposite, but this was in case they wanted to use the water there in the bedroom. So ee'd be finished in aboot between nine and ten o'clock. Then you had your half-day off every week, and was it one day every three weeks? At first it was something like that. The half-day off was the same day each week, ah think.[5]

Jean Robinson

In 1920 John Hume, the Prudential insurance agent at Lilliesleaf, retired. Then ma dad got the job, and oo flitted from Teviotbank, near Hassendean, over to Lilliesleaf. We were in Ashgrove, on the main street, and ah stayed there until ah wis married in 1936.

Ah wis actually born in St Boswells in April 1909. Ma father was a Prudential agent then at St Boswells. There wis no office, it was only bicycles he used, and he worked in all those places from St Boswells right away down near Kelso. It was quite a tiring job, wi' long hours. Ma father came from Bowhill, the Duke o' Buccleuch's place, and his father was head forester there. And then ma father came to Cochrane's, the grocer's shop in St Boswells, and he was the horse and trap driver there. He was in the army in the 1914 War, he never wis abroad, but in 1919 he had this influenza in London, he wis very, very ill and he nearly died. When oo came to Lilliesleaf ma dad always did his work on a bicycle and he cycled the full parish. He never had a car, he was always ridin' about on his bicycle, and long hours. It wis a horrible way they had then, the Prudential. If somebody had back payment due but couldnae pay, ma dad wis an awfy good-hearted person and he would put in the money out of his own pocket for them goin' on. And many times ma mother never had any money. It wis a struggle.

Before she was married ma mother was a lady's maid. Ah couldnae tell ee a' the places she worked at. But ah know one wis Linden Park, Hawick. Her only brother wis killed in the First World War.[1] Because when ah wis a girl she had a struggle, as ah say, she used tae take in boarders at Ashgrove in Lilliesleaf. In the 1920s, when Sanderson came tae Linthill, after the Curries and Ottos had lived there, Linthill wis a' renovated and Sanderson added bits on tae it.[2] Oh, it wis a long time the work went on. It had been in a bit o' a state before then. And all the workmen – joiners and plumbers and electricians – came from Edinburgh tae work at the renovation. Everyone in Lilliesleaf had workmen that worked there. And Bobby Turner o' the village married a plumber that wis there, that wis her first husband. Ma mother had three electricians. Ah can mind their names even. And we would be the first ones in Lilliesleaf to have the wireless then, because we'd the electricians stayed wi' us and they made up a – what wis't: 2LO? We had the crystal set, and ah can mind o' sittin' wi' the earphones on and hearing from London away in the distance.

Ashgrove was a fair size o' house. Ma mother and dad had three o' us: ma elder sister Nan, who wis born in 1905, and ma brother John, nearly two years younger as me. But, well, at Ashgrove we had the attics, ee see, and ma dad made up two rooms up in the attics. The family o' us were up in the attics. Ma mother and ma dad had the middle room, ma brother wis in one, and I and ma sister in the other one. The lodgers were downstairs, where there wis the wee dinin' room, the sittin' room at the side, and the shop. When we went in tae Ashgrove there wis jist the rafters and a very low ceilin', and ah remember them gettin' the floor lowered in the sittin' room to make it a wee bit higher. And we put a bathroom in afterwards. Ashgrove wis a very fine old house, probably 18th century. And it wis after ma grandfither died we had to make one o' the wee bedrooms.

Ah wis still at the school then, it wis jist 1921, jist after we come over to Lilliesleaf, when ma grandfither, ma mother's father, Jimmy Gurney, died. Ma dad used to always take the breakfast up to him on a tray, and here that day he'd been a bit pushed – he wis goin' out somewhere: 'Go on, Jean, take Grandpa's tray up.' And ah wis the one that found ma grandfither dead that mornin'. Ah knew fine he wis dead. Ah can still see him there. Well, he wis buried at St Boswells. That's where he belonged. He wis a stonemason, and he'd been at the buildin' o' the dykes wall at Floors Castle at Kelso. It wis the time when there wis so little work, and they took and gave him this job and they built the dykes. It wis the men round about that built that wall, I suppose they'd come from Kelso, Hawick. My grandfather Gurney with other ones walked from St Boswells down to there every day, and back tae St Boswells a' thae number o' miles.[3]

Ma first memories are o' St Boswells, where ah wis born. Ah went to St Boswells School, ah think oo went earlier than five at that time. Oh, ah liked the school. Ah learned tae sing from the organist at St Boswells, wi' a' the scales, and ah liked singin'. But when ma dad came back after the 1914–18 War he had tae gaun tae Hawick tae his job, ee had tae move from St Boswells, and we were in the farmhouse at Teviotbank. So ah went then tae Clarilaw School, near Hassendean. But oo were only there for aboot a year and a half, so ah went tae Clarilaw School jist for a short time – but a very happy time. At Clarilaw they used tae put on a concert, and ah wis the one wi' the principal part.

The headmaster said, oh, ah should go on as a singer. Ah kept on singin' but ah never did anything about it, except that later on ah wis in the choir. But, as ah say, we came over then from Teviotbank tae Lilliesleaf.

So ah'd be 10 or 11 when ah went into Lilliesleaf School. Ma teacher then was Mr Birrell, the headteacher. He was very easy-osy wi' us. He did everything: he wis factor o' Riddell estate and he'd more work at his desk wi' his factor's work. He wis the registrar, and he had a sort o' workers' insurance thing: they yaised tae come and pay their money over tae him, and he had tae do wi' the ploughing match. He had a whole lot o' different things, ye know. And many times oo'd sit in his class and he'd say: 'Write an essay.' That wis tae keep us employed while he got on wi' a' his work, the factor work and everything else. His only son Andrew wis killed in the war, and he had a daughter, Christine Margaret – Teenie Maggie they called her – and she married French, a solicitor. But Mr Birrell never spoke about the death o' his son Andrew, not in ma time anyhow, ah never heard him, because Andrew was dead before ah went to Lilliesleaf School.

The school had the headmaster's room, and then there wis a partition which they rolled up, and Miss White had that room. The juniors had to come through his room if they wanted out. Ah wis in the seniors. Then Miss Falconer's room was the middle room, and when ah went first that wis also where our cookin' teacher, Miss Little, came from St Boswells. Then they got a kitchen built down in the playground, a buildin' wi' corrugated iron sides, and that wis the cookin' room then. And then there was the infant room. Miss Boyd, from Maxton, was the teacher there. So there were four teachers then. And first thing in the morning oo had oor assembly, everyone in the school assembled and oo sung a hymn. Mr Birrell would jist say a few words and that, and then oo went to oor classes.

Oh, ah enjoyed the school, ah always enjoyed the school. Ah wis interested in learnin' and ah wis always interested in writin'. Ah wis always great on writin' essays, and ah won a prize – the SSPCA prize, Scottish Society for the Prevention of Cruelty to Animals, and ah wis so proud o' this. Ma great-great grandfather wis John Younger, a St Boswells man and a shoemaker by trade, and he wis a poet and essayist. He had letters from Sir Walter Scott's son, wantin' him to make him long fishin' boots. Ah've never written poems or stories, but ah must have got a wee bit off John Younger, because ah love writin' letters.[4]

And then at the school there was an annual picnic, wi' the parents goin' too. All the farmers would give their carts and horses. That was an absolute treat to go in a cart wi' the Clydesdale horses. It aye seemed tae be Shawburn farm oo went tae. Ah cannae mind o' goin' anywhere else. And oo'd cross the ford at the Ale Water to go to Shawburn. I expect the mothers would walk over, they wouldnae go in the carts. And if there wis any younger ones they were gettin' pushed in their prams. It's not far tae walk tae Shawburn – ee used tae walk tae Midlem. Ah went once to the old Secession Kirk in Midlem, ee walked and never thought anythin' about it. Ah think the annual picnic would mostly be a Saturday in the summer. Ah jist cannae mind but ah think oo'd have races and that. And ah presume oo jist got wir picnic bag, it wis always a bag oo got. Even the Sunday School treat we had, ee got your bag. That wis the grand thing: opening the bag and seein' what was in the bag.[5]

Jist when the school summer holidays started, aboot the end o' June, always a Saturday, nearly a' the village went on the annual trip to Spittal. It wis a village holiday. Well, we went in this charabanc with the open seats, and it certainly had a hood at the back: it came over if it was rainin'. Ee stepped up two or three steps, fairly high, intae the charabanc and ee sat on benches one row behind another. Everybody went, children and parents. I'm sure there would be about four or five charabancs. They had tae get them like frae Hawick, and it'd be the Border Motor Company then. Ee went to a church hall in Spittal and ee had eer bag. Ah can aye mind o' it. Ye had an iced sticky bun and jist a cake o' some kind, and a sandwich. Ah cannae mind so much aboot the sandwich, but the sticky bun seems to have stuck in ma mind. And then something like lemonade or ice cream. Ee went paddlin' in the sea. It was a great day out. And when oo came back again ah think oo stopped halfway and had a drink o' lemonade or somethin'. It wis about 40 miles between Lilliesleaf and Spittal. And comin' back, because o' the dust, ee were like coal miners. It wis jist metal roads then, no tarmac. And the dust! Well, the children were in the first charabanc wi' the teachers, and grown-ups were in the last one. And of course the last bus wis gettin' all the dust frae all the charabancs in front, so the folk in it were particularly black! But people didnae get dressed up in their Sunday best tae go on the trip tae Spittal. Ee kept eer Sunday best for Sunday.

That's another thing, when ah think on the kirk then and now. Then a' the farmers and all the farm workers went tae the kirk. That Lilliesleaf kirk wis absolutely packed. Ye saw the farmers up on the side, the farm workers were maybe down in the body o' the kirk. The farmers with their wives and family sat separately from the farm workers. But practically every seat wis taken. And ye jist had the wee nameplate on the end o' your seat. They don't have that now, ye have tae pay so much. And then in Rev. Dr Sym's and Rev. McKenzie's day there were umbrella stands ootside. That wis a' done away wi'.

When ah wis a girl ah went to Sunday School. Ye went in the morning for about an hour. Well, Kate Douglas's father, the beadle, went along to the parish church and rang the bell at ten o'clock in the mornin'. Every Sunday he walked along there, and if it wis snow he would clear the path intae the church. And ah think he'd get aboot ten shillins [50p] a week. And he looked after everything. So it wis ten o'clock to Sunday School, and the Sunday School teachers, Miss White and Miss Falconer, were school teachers as well. There wisnae an awfu' lot o' children in the village then, no' compared wi' what there is now. But a fair number went to Sunday School. Of course, there wis the United Free Church then as well. So that cut the numbers at the parish church doon. The Sunday School at the United Free would be round about the same. It wis 1929 when the two churches came thegither. Ah wis 20 then. Ah wis aye Church o' Scotland and ah've always been a regular churchgoer.

As a girl ah went to the Band o' Hope. Next to Condie's grocer's shop near the Post Office there wis an old house and oo had the Band o' Hope in there. Later on the old house wis made intae Condie's storage place and he sort o' kept his paraffin in there.[6] Then there were Brownies and Guides and I went to them. Ah started in the Brownies when oo wis at St Boswells. By the time ah got to Lilliesleaf ah wis in the Guides. Mrs Sprot o' Riddell had the Guides at Lilliesleaf and ah wis in them. They met in the village hall. Ah never went campin'. Well, in the Guides ee jist worked for eer badge – cookin', reading, all sorts o' things. I enjoyed them all. And once a year Mrs Sprot made up a concert. She was really great, an awful nice person. It was a grand concert and practically all the village was there. Ah mind o' Elizabeth Sprot – we were about the same age – in a play, there wis the lady and we were the maids all dressed up. We used tae go up tae Riddell, and that's where many a time oo had oor open air Guides meetin'. The Guides never got into the Riddell big house itself. But once, before ah got married, ah wis invited to what they called The Farewell or the house cooling party. Mrs Sprot wis in a beautiful pink chiffon dress and the hangin' sleeves, and they had their butler and a' their different maids. Ah remained in the Guides till ah wis 14 and started workin'. Oh, ah liked the Guides. Ah don't know if they gave me a feelin' o' self-confidence, ah wis aye a kind o' shy person. Ah wis awfy nervous singin' or anythin' like that, but later on it wis the drama that gave me the confidence, helped me greatly wi' that.

There wis another thing they used to have, but that wis after ah wis grown up a bit: the Girls' Friendly. It wis jist like a glorified Sunday School for girls o' 14 and upwards. It wis jist like a club. And ah can mind when Elizabeth Hume – they called her Owie, because when she wis a wee girl she couldnae say Elizabeth – and I wis to sing a duet, *Your Tiny Hand Is Frozen*. And ah froze completely. Ah wis too nervous.[7] But later on, after ah wis married, we used to have concerts and ah used tae do poetry readins and recitations and ah could always lay it off fine. And then later on, too, as ah say, ah wis keen on the drama and wis ten years in the drama. There used to be a drama festival. Ah mind o' one we went to in Hawick that ah wis in, it wis *Putting Affairs In Order*. Ah wis supposed tae be released from prison and put my affairs in order, make this last speech, and then ah died – collapsed on the platform. One o' the school teachers took ma daughter Esther up to the festival on the last night in Hawick, and Esther had said to her: 'This is the last night ma mother's goin' tae die.'

Then when ah wis a girl myself at the school ah mind the games oo aye played: hide-and-seek, chasin' one another round the village and up the lanes, kick the can, skippin', no' sae much o' peerie tops wi' the whip and top – ee had tae have a level surface for that, but throwin' the ball against the gable end and catchin' it, peevers – peeverie beds oo called it, wi' a an old shoe polish tin or a stone. We'd grand times. There wis no danger then for children. They dinnae do these games now. Then ee played rounders right enough, but there wis no hockey, no organised games, nothing like that, though at the school Mr Birrell maybe'd take ee down into the playground and ee played rounders wi' the boys and girls there.

And then girls didnae join in the same in the Hand-ba', it wis more for boys and men. Ye went to watch them, and usually it wis cold and snowy on the Hand-ba' Day in February. I used tae aye feel cold and ye hadnae wellingtons. That's a thing ah can aye mind o'. When I went to school first ye hadnae wellingtons, and ah wis bothered wi' the chilblains. Ye'd jist boots and it wis no' comfortable standin' there at the Hand-ba'.

Ma mother and dad and oo went holidays, well, mostly every year, to Spittal, jist for a week. Ee got into digs, ee bought your own stuff and the landlady cooked it for ee. That wis what ee did. Spittal really wis the most popular place. Mostly we always managed a holiday at Spittal. But ah don't think that would be true for all the villagers in Lilliesleaf – a lot of them wouldn't be able to afford a holiday then.

Ah remember the shops at Lilliesleaf jist after the First World War when oo came tae the village. From the church end or east end Henderson o' the Post Office wis the first, and he had a saddler's shop at the back. It was Biltie Law first there – he lived in the big house next door tae the Post Office, and his sister Jessie wis in the Post Office when we came tae the village, then Henderson had taken it over. Hendersons were in the wee house next to it, on the other side, and then when Biltie Law died they bought his house and went intae that. Then across the road wis Walter Hume, the tailor, in the tailor's shop. Then Walter started up the ironmonger's business and put in petrol pumps, and had a big van and went round the village and the countryside with the ironmongery. They still kept the tailor's workshop up there. Then across the road from Hume's there wis Condie's grocer's shop, where ma future husband Jim started work when he left the school. And back across the other side wis Jocky Turnbull, grocer. Turnbull's had a horse and lorry to begin' wi, and Jim Young, Will and Rob Young's oldest brother, went to work there when he left school. Then there wis the Plough Inn. The licensee then wis Geordie Brown, and he also went down to Belses Station tae bring the travellers that came from Edinburgh. Ah think he had a trap and then later on a car. Then along the street tae Brown the baker: Jenny Brown, the eldest girl, wis in the shop then, Aggie, Jim and Nannie were all still at the school. Ina Brown died. Then further along, opposite the school, wis Andrew Riddell the draper. Johnny Gray, who lived down at the west end o' the village in a wee old house wi' a big hedge round about it, worked in Riddell's shop. Johnny's sister wis a kind o' poet and wrote songs and that.[8] And then ee came down tae the next place, Jimmy Hume, the butcher. Well, now Jimmy Hume hadnae a shop, ah think a' his meat wid jist come frae the killin' hoose. Jimmy had the killin' house up in the Back Road. They called him Jim the Cet, and ah think he wis also called Thrip, because when he went tae sales it wis aye a bid, 'Thrip' – thruppence. He had the grandest meat, and there could be bluebottles or anythin' flyin' around in his van, a horse and trap, but he had the grandest meat. And there wis none o' us ever the worse for it! Oh, hygiene! Oh, he didnae worry aboot that. The meat wisnae covered in any way, not at all, but none o' us wis ever off ill wi' food poisoning or anything else. And then ee came to Turner's shop, and he had a draper and boots, sellin' boots, and he used tae go round the country. Ruth, his daughter wis in the draper bit. But Ruth didnae like that and liked goin' away doon tae the Ale Waterside and trippin' a' ower the place. And very often that shop wis never open, and her father wis away round the countryside sellin' shoes and boots. Then that shop closed. Then further down on the other side wis Robert Spiers's, the joiner's place.

And then at our house, Ashgrove, was ma sister Nan's shop. Nan opened her shop it'd be 1921, a year or so after we'd come over from Teviotbank to Lilliesleaf. She'd still be just a young girl then, maybe 16 or 17. She wasn't the first to have a shop at Ashgrove: John Park had had it as a shoemaker's shop. And in the back, where she began her tearoom, wis Park's workshop. I helped tae take the nails and tacks oot the floor. Oh, it wis a terrible job that, it took an awfy cleanin'. The shop wis a' one wi' our house, the shop and the house were a' one. The shop was at the front and the back shop led from the shop into the back.[9]

Nan had the teas. Ma mother wis a great baker and used tae bake for Nan's teas. And folk used tae come, walked round, from Selkirk. And they got a beautiful ham and egg tea, and a' home baked, for half a crown [12½p]. Oo had regular walkers, mainly from Selkirk. They were jist called walkers, jist ordinary folk out for the day. Mr and Mrs Tully and their son Jim, came round pretty regular, mostly on a Sunday. None o' the villagers came in for their tea, oh, there wis nothing like that. Nowadays the Plough Inn and the Cross Keys have pub lunches. But there was nothing like that then.

My dad wis an elder at St Boswells kirk, and when we came tae Lilliesleaf his name had been put forward as an elder. But it was turned down because his daughter Nan opened the shop on Sunday afternoons, for all she'd been in the church in the mornin'. We all went to church every Sunday. Ah wis awfy hurt aboot that, and so wis ma dad and the whole family. And tae think he wis sich a . . . He would have done anything for anybody. He'd been an elder at St Boswells but he never wis an elder at Lilliesleaf.

And we were the first ones to have bananas in Nan's shop at Lilliesleaf. They used to have to bring them from Selkirk, the bananas. And Nan wis the first one to have ice cream in her shop. There was a sign on the wall: ICES. And she had a wee cart ma dad made wi' the pram wheels, and she used tae go round the village wi' the ices on it. The ice came in big blocks from Selkirk, they had an ice factory there. The ice wis brought by a lorry once a week, a fellow Hogarth came round wi' the lorry. And the ice wis put up in the coalhouse, and the ice cream machine wis put in there. Ma mother made the ice cream. Ah helped as well to turn the handle, puttin' the salt on the top o' the ice, makin' the ice cream. And that wis the first ice cream in Lilliesleaf.

Ah can mind this old fellah, a tramp, used tae come into the shop and he'd ask for toffee. And we'd say, 'Oh, what kind o' toffee?' 'Toffee ee make tea wi'.' He meant coffee – 'Toffee you make tea wi'.' There were some auld worthies right enough. And, oh, ah mind o' tramps, and can mind when there wis Childknowe and the East Middles. There wis a lot o' tramps lived in there. The women wi' their long skirts used tae come round the village wi' their baskets. The men seemed to be away in the pub drinkin'! But they used tae come round wi' flowers made oot o' turnips, and of course the usual – the clothes pegs, and their baskets. There were a lot o' them tramps, but some would be muggers, tinkers. They came and jist stayed there at Childknowe and the East Middles as well. Childknowe wasnae such a ruin as what the East Middles was. That wis in the 1920s and 1930s, when ah wis a girl or a young woman. Sometimes, but no' very often, they had children wi' them. There wis one ah remember, ah don't think it wis her husband that came wi' her, but there were never any family wi' them.

But ah can mind an awfu' lot more about St Boswells Fair, a horse fair. Now they a' came, muggers, as they were ca'ed then, wi' their horse and their caravan, the rounded kind. That was when ah wis a girl, we went up tae see them comin' from all over. They were all down St Boswells Green. The whole place wis crammed. And down on the one side was the Irish people, the other side was English, and then the Scots ones. They all kept separate. Oh, it wis a big affair, St Boswells Fair. And before the Fair on July the 18th, they sort o' camped on the roadside, because they werenae allowed on tae the Green until 12 o'clock midday. Ah've got a photiegraph o' me as a baby in ma dad's arms, and in the background is a tent which wis the Lilliesleaf tent, well, the Cross Keys' tent – they came to the Fair wi' their drink, ye see. And ah can mind o' that tent yet. It wis aye, 'Come on. We'll up tae the Lilliesleaf tent. There's aye a fecht there!' So ah knew aboot Lilliesleaf long before ah came tae the village in 1920.

* * *

As a girl ah wanted tae be a lady's maid, same as ma mother had been. One o' the essentials for that wis ee had tae have dressmakin'. So that's why, when ah left the school in the summer o' 1923 as soon as ah was 14, I got a job in Melrose in September learnin' the dressmakin'. Ah cycled seven miles to Melrose and back to Lilliesleaf, which ah wouldnae do now. And ah wis there six months, the longest ever anybody had stayed wi' that woman!

Ah wis the apprentice like, and there wis nobody else employed there. Ma wage was half a crown [12½p] a week. Ah cycled tae Melrose and back for half a crown a week. Ee'd tae start at half past eight in the mornin' and work tae five at night. And then ah'd cycle home after that. Ah had tae leave home about half past seven in the mornin'. It would be an hour on the cycle, from Lilliesleaf up to Dingleton Hill and then down into Melrose. Then on the way back, up Dingleton and down to Lilliesleaf – hills both ways, so it was a good hour each way. And, as ah said, that wis September ah began and gettin' into the dark mornins. And ah used tae see Tib Hume in Lilliesleaf away tae milk her cow in the mornin', and ah had tae put on an oil lamp, cyclin' away tae Melrose. There werenae any other girls went with me, ah wis on ma own. But, well, ee wasnae nervous in thae days. Ee couldnae do it now. Ah'd learnt tae cycle before ah left the school and ah had ma own bicycle. But, oh, it was an awfy long day for a girl o' 14. But then, Nell Henderson in the village, Nell wis away tae service. Well, they would have even longer hours. But ah wis up before seven in the mornin', had ma breakfast, and then on to your bike.

And ah had tae carry ma piece. Well, ah had the bag on the back o' the bike. And ah had ma time off for to take ma meal in the middle o' the day. I don't think ah got as long as an hour for that! I used to go up to where the Melrose parish church is, yon grassy bit, sit there, take ma sandwiches, or whatever it was, and ee didnae have thermos flasks then. Ah had somethin' like a wee metal tea bottle, a wee flask wi' a cork in it. And then back to work till five o'clock and cycle home. And ee'd practically tae walk frae Melrose right up tae the top o' Dingleton Hill yonder. Ah often wonder how ah did it.

Well, ah didnae cycle all through the winter. After a month or two ah moved into digs in Melrose. I stayed there wi' a big family, the Fraters, for, I think it was two months, and ah thoroughly enjoyed it. Ah didnae at first, because it wis the first time ah'd been away from home. But they were such a jolly family and there wis a lot of them, and we lived practically up in the attic. Ah didn't know the Fraters before then. But, as ah say, ah thoroughly enjoyed it. But even before and after then ah can remember cycling when the weather wis fairly bad – snow and rain.

The dressmaker wis Miss Barlass. She didnae belong this way at all, belonged Glasgow, ah think. The first place ah went tae work for her it wis down in Abbey Street in Melrose. And then she moved up on to the Dingleton, and she had a room there. But ah dinnae ken where she lived herself at a'. She had a mixture of clients. She wis a horrible woman. She wis a right spinster. She kept me workin' to the very end, ye know, at five o'clock, even if it was a stormy night. She kept me to the very end and wouldnae say, 'Now it's time ye wis away home.' It wis an awful life but ah'd stuck it for six months. Then ah finished up and ah came home, and ma mother said, 'Ee've din very well.'

Well, when I came back from dressmakin' at Miss Barlass's in Melrose it was the Co-operative Society in Selkirk had dressmakin'. Ah think they'd advertised in the *Southern Reporter* and I got the job as an apprentice. The Co-operative was in Chapel Street, Selkirk, then and they had quite a few dressmakers. As the apprentice ah got to make sleeves. That wis ma job. A lot o' it wis alterations jist for the department downstairs. Ma wages were 14 shillins [70p] a week – oh, it wis a great big amount compared wi' ma half a crown [12½p] a week wi' Miss Barlass in Melrose. Ah cycled seven miles back and forth every day from Lilliesleaf to Selkirk. It wis the same distance but easier than cycling to and from Melrose. I went by Riddell and Clerklands. It'd be about a year and a half ah wis there wi' the Co-op in Selkirk, until they gave up dressmakin'.[10]

Well, ah wis at home in Lilliesleaf when Adam Brown, the draper in Selkirk, who'd come tae ma mother wi' a travelling van when she'd lived at St Boswells, came to see me. He'd heard ah'd left the Co-operative in Selkirk, and he asked if ah wouldnae come into his shop. So ah went then into Adam Brown's. And ah cycled there, but jist for a short time, because that wis when ah got ma motorbike.

Well, there were buses at Lilliesleaf but they didnae go tae Selkirk or Melrose. Bob Mitchell had buses, and he had the garage next to the Cross Keys. And then there wis Jim Moore, but he had a smaller bus. He used tae run tae Hawick. Both Bob Mitchell and him went tae Hawick. The bus went right roond aboot by Ashkirk tae Hawick. It stopped at a' the wee places on the road, and they'd get messages and they'd bring them back. It was a social service! And the bus came back round about by Ashkirk again tae Lilliesleaf. The buses didnae come Hassendean way, not in those days.

So it wis jist after ah began at Adam Brown's in Selkirk ah got ma motorbike from Johnny Hume o' Bowden. Ah must have started at Adam Brown's in March 1926. Ye got a licence then when you were 16, and ah wis 17 that April when ah got the licence for the motorbike. Ah didn't have a test or anything. Ma motorbike was a Coventry Eagle, and its number still runs in ma mind: KS 3280. Then later on, by the time ah got married, ah had a wee two-stroke. Ah wis ten years with Adam Brown in Selkirk, until ah left tae get married in 1936. And every day in those ten years ah went into Selkirk on ma motorbike. Well, ah had a chum in Selkirk, Jean Fowler, and when the weather wis very stormy ah stayed wi' her mother. But otherwise ah went back and forrit every day, in the winter, too, between Lilliesleaf and Selkirk on ma motorbike. Then ah used to bring Jean out on the back o' the motorbike to Lilliesleaf for the weekend. There wis a pillion for a passenger on the bike – jist the hard seat! But ah got a cushion put on it for Jean, that wis a' we had.

Ah very seldom went to Selkirk by Riddell and Clerklands. There wisnae much traffic on that road, ee see, and if ah'd had a breakdown . . . So ah came by Midlem and then from Clarilawmoor followed the main Kelso–Selkirk road into Selkirk. It was seven miles from Lilliesleaf to Selkirk and it took me about half an hour. Oh, in the summer it was very pleasant. Ah thought ah wis in the Isle o' Man TT or something, flying along the road! Ah expect ah wis doin' about 20 or 30 miles an hour. But, oh, ah used tae hate the wind. Especially from afore ye came tae Midlem, there wis beech trees on either side o' the road. And, well, wi' high winds ee never knew whether or when ee wis goin' tae come on a branch on the road. But nothing ever fell on me, though ah have had to lift branches off the road. So I used to hate the wind.

Then in the winter, many a time comin' along Clarilawmoor in a blindin' snow storm ah wondered if ah'd come to the Lilliesleaf road-end there, or if ah wis away past it doon the road tae St Boswells and Kelso. Ye couldnae see. Once ah came off the bike – it wis icy roads – at Ladylands, comin' off the road through by Selkirk golf course, jist intae Selkirk, where the camber o' the road wis pretty bad then. Well, there wis jist a garage there, and ah jist went round the corner, it wis pure ice, there wis no gritters out early, and the motorbike jist slided intae the side, and ah jist slid off. The motorbike came on the top o' iz. Ah couldnae lift it because ah couldnae get a grip. But ah couldnae help laughin'. Anyway ah sounded the horn and Mr Bryden, a photographer in one o' the cottages further down the road in Ladylands,

wis comin' up for his milk at Briarbank. He came rushin' up and
lifted the motorbike off me. He wanted me to go down and have a
cup o' tea. 'No,' ah said. 'Ah'm goin' tae get on tae the bike here or
ah'll lose ma nerve.' And ah jist got on and got down to the town. Ah
wasnae hurt. And, except that time, ah never had any accidents. And
ah only had one puncture on the road in ten years. Ah wis about
Whitmuir Hall road-end, between Clarilawmoor and Selkirk, when
– a puncture. Ah'd jist got off the motorbike when a car stopped and
the driver mended the puncture for me. Ah wis lucky.

The roads at that time werenae tarmacadam. It wis metal, jist the
wee stones that the road rollers used tae come and crush down. The
road along The Cut stood out in ma mind. The Cut wis atween Lilliesleaf
parish church and the Chapel farm road-end, where the main road
turns left for Selkirk and Melrose and right for Ancrum, Kelso and
Jedburgh. Well, goin' along The Cut there was potholes on either side
o' where the traffic wis, and there wis two ridges atween them. Ah wid
try tae get along one o' the ridges, and ah usually managed it.

Ah wore goggles on the motorbike. Ye didnae have a helmet in
thae days, ye jist had the heavy flyin' suit. It wasn't leather, it was sort
o' gaberine waterproof. Ah kept ma motorbike in a passageway at
the side o' Adam Brown's shop in the main street in Selkirk. To begin
with, if ah couldnae get the motorbike to start, Jack Waters, the rugby
internationalist, and his brother Harry – their butcher's shop wis
next door – would come and help iz tae get it started.[11] But Wattie
Scott had a garage at the foot o' Tower Street in Selkirk, and latterly
ah used tae keep ma motorbike there. Wattie wis an awfy friendly
soul, and a lot o' the young men that ah knew used tae congregate in
Wattie's garage at night when ah wis settin' out for Lilliesleaf. And if
it wis a stormy night they'd say, 'Is't red roses the night again ee want,
Jean, for eer funeral?' But ah aye managed. Ah wis the only girl in
Lilliesleaf wi' a motorbike.

Whatever the weather, ah used tae aye like tae get home, ye know,
tae Lilliesleaf at weekends. When it wis an awfy wet snowing night
and ah couldnae get home on the motorbike on a Saturday night,
Jimmy Scott, the blacksmith at Midlem, had a car and he used tae
always come intae Selkirk wi' folk and then out again. Ah mind o' one
Saturday night ah wis comin' out wi' Jimmy and we got the length of
what ye ca' The Rig, after ee pass the golf course, on the Selkirk–
Midlem road. The snow wis up the height o' the hedges. Jimmy couldnae
get through it. Oo got oot the car, intae the field next the road, and
crawled along the top o' the snow in the field, up tae Smedheugh, a

mile from Selkirk, and got over on tae the road again. And then the snow wasnae sae bad. Ah expect Jimmy would have tae go back intae Selkirk. Ah had the company o' two folk tae Midlem, and then ah walked maself all the way tae Lilliesleaf – about six miles from Smedheugh. And ee never thought anything aboot it, never thought anything aboot it.

As ah say, ah wis the only girl or woman in Lilliesleaf then wi' a motorbike. But there was a woman from Bowden – ah've forgotten her name now, she was a bit older than me. She had a motorbike and she travelled tae Hawick on her bike. Ah saw her most mornings, we used to pass each other between Lilliesleaf and Midlem Mill. Sometimes jist when ah wis leavin' the village ah would meet her on her road to Hawick. That's how oo got to know one another. She wis in a draper's shop in Hawick. She belonged a house at the toll at what oo called the mirror crossroads at Bowden: it used tae have a mirror there, which was a great thing, it wis quite a dangerous corner. She died jist lately, about 90 year old, in a home.

When ah started at Adam Brown's in 1926 ah got 30 shillins [£1.50] a week, another rise in ma wages. Ah'd got 14 shillins [70p] at the Selkirk Co-op and half a crown [12½p] at Miss Barlass's in Melrose. At Adam Brown's oo started at nine o'clock in the mornin' and worked to half past seven at night, and eight o'clock on a Friday night and Saturday night. Ye got a half-day on a Thursday. And, as ah've said, ah travelled 14 miles a day, six days a week, back and forrit on ma motorbike. But ye jist never thought anything aboot it. Ye had tae dae it.

Well, ma ambition as a girl to become a lady's maid finished after the dressmakin' at the Selkirk Co-operative came tae an end. Ah jist decided to stick wi' the drapery business at Adam Brown's. Ah wis there with him for ten years. Then in 1936 ah got married. Ah wis jist finished workin' with him when Adam Brown gave up the drapery and come out, and in fact he died before the war came in 1939.

Most women in thae days when they got married gave up their jobs. Ah think it wis the done thing. Adam Brown didn't actually tell me that. It wis jist an understood thing. Oh, there wis no goin' back to work after ye wis married then. Jim Robinson and I had been engaged for a number o' years. But, ah mean, there wis practically nobody knew then. In those days long engagements were not uncommon. Oh, you went to show your engagement ring for long enough. In Adam Brown's shop in Selkirk, where ah worked, you wasnae allowed tae wear an engagement ring. I don't know why that was. It was jist something you wasn't allowed to do. You were told you were not to do it. One o' the girls in the shop used aye tae push her engagement ring under the shelf, but she wore it when Adam Brown wasnae there! Ah think that wis quite a common thing that ye didnae show off you wis engaged, though Adam Brown didnae give us any reason why he wouldnae allow it.

Ah had met Jim Robinson jist in and about Lilliesleaf. As ah've said, when he left school he was with Condie the grocer, then he went up to a grocer at Oxton near Lauder and got a wee bit more money there, and he stayed in lodgins there. Then he went to Walter Ballantyne, grocer, at St Boswells for a while. Then he just thought he'd get a better pay if he went to the buses, and he became a bus driver in Hawick. It would be Brook & Amos to begin with, ah think, and then the SMT. So, ah mean, before we were engaged Jim wis a driver on the buses and ah sometimes saw him there.

Normally the girls met the boys at the dances. But Jim wis never a dancer. Ah wis a keen dancer. We used tae go to the dances in the village hall wi' our long evenin' dresses on. And ye looked at a' the ones, the incomers, when they came frae Selkirk or Hawick. There wasnae a regular Saturday night dance, jist fairly spaced out. But oo had real big dances. They'd start aboot eight o'clock. The men used to stand doon the one side o' the hall. You always started off wi' the Circassion Circle. And there were no' that dancin' wi' one partner the whole night as ee have now. Ee had a' the different dances. Ah aye mind o' Jim Henderson sayin' tae me, 'Oh, ye'll gie me the waltz again?' And the same wi' Johnny Boyd: 'Waltz the night.' They would stand and give ye a nod, ye know, 'Aye, keep that dance.' We even danced the quadrilles at a' the big dances, and an eightsome reel, a Petronella, and a' that sort o' thing, then like a waltz or something in between. It wis traditional dancing, no' them foxtrots or quicksteps. There were some good dancers and, oh, ah wis an awfy keen dancer. David Jeffrey and I won a waltzing competition!

Ee didnae go with a partner to the dances, ee went wi' eer girl friends. And, as ah say, ee danced wi' practically everyone that wis in the hall. And the hall wis pretty well filled, well, at least something like a hundred young people. Mind, after a whist drive usually the older folk stayed and watched the dance that followed on. And if there'd been a whist drive some o' these dances finished about 12 o'clock maybe. Of course, ye said tae the other girls, 'Are ee gettin' a set home the night?' That wis the expression, a set home, and that wis the normal custom at the end o' the dance, some young fellow would usually say

tae ee, 'Can ah set you home?' Ee jist got a partner home. Ee'd no
bother, ee went off wi' them and no bother. Ah always got a partner
home – ah wis such a keen dancer, ah think that's what it was. Ah
think it would be an awfy slur if ye didnae get a partner home! But
even if ee got a set home, it wisnae that they were goin' tae be a
boyfriend, it wis jist an escort home.

Well, Jim and I were engaged for a number o' years. Wi' his father
bein' killed in the First World War he had really tae look after his
family. There were five o' them: he had an elder sister Anne, then Jim
came next, then Rob, Kate and Willie. Jim wis only 11 when his
father wis killed in 1918, and his mother, havin' the family o' five,
couldnae work. Jim's sister Kate was an invalid. And we were jist
come back from oor honeymoon in April 1936 when Jim's mother
took ill, wis taken into the Infirmary, and then came back to live with
us, but she died that July. Kate went then to stay with her sister Anne
at Eccles in Berwickshire.

It was when oo heard the Parks were leavin' Roseville in the village
that Jim went to Robbie Spiers the joiner and we got the house, and
that wis when we decided to get married. It wis a short time, because
gettin' a house wis the sort o' critical thing. Roseville wis a rented
house, we werenae in a position to buy a house. When oo got married
ah think Jim's weekly wage on the buses would be about £3. But then
oo wis able to bank off that. Ah started tae save, though ah didnae
have a job. Married women never got tae work, not until the wartime.
But before the war ee went to the butcher and you'd get a nice gigot
o' meat for about half a crown [12½p]. Coal wis then also about half
a crown a hundredweight. And then the coal wis brought from Belses
station by the horse and cart, a ton at a time, and it wis dumped at
eer door and wis barrowed up into the coalhouse or coal cellar. It wis
grand coal: ma mother used to talk aboot the Black Diamonds.
Earlier on it wis 'Dr' Blythe, down at St Dunstan farm cottages, the
coal came wi'. He had a fair big horse and cart. Then later on it wis
Arthur Harvie and his mother delivered it from Belses. Ah think
Arthur and his mother wis intae a motor lorry then: Arthur's sittin'
in the lorry and his mother carried the coal. She always had her hair
in a plait and she carried the coal on her back. Ah can see her yet,
slim, but oh, she wis a tall, strong woman, purposeful.

Of course it wis sich a short time after Jim and I were married that
the war came. Jim wis in the Reserve, not the Territorial Army, and
then they were paid so much for the Army Reserve. Ah don't know
how much they were paid, ah don't suppose it wis very much. But if

there wis war they were called up right away. So Jim was called up as soon as war broke out. He wis in the Royal Army Service Corps, Field Ambulance. They went to Colchester first. But Jim said ah wisnae tae go to the station at Hawick tae see him off. He thought it would be far ower emotional for me. And ah wis so annoyed when ah heard that Jimmy Fraser – he wis in Condie's grocer's shop and he wis in the Reserve – had his wife there at the station when they went away that night. Well, they'd no uniform, no equipment, nothing at all, and when they went to Colchester ah think Jim said they got just a belt! There wis nothing, so they were sent back again. But ah went the next time and ah saw Jim off at Hawick station. Then they went to France.

He wrote me from France in the winter o' 1939–40. In fact he got leave – ah still have his pay book – and they had to pay their own way for comin' across on leave. Ah mind it wis a terrible frost that year and the Ale Water wis frozen over. And we kept the fire goin'. We knew Jim'd be comin but we didn't know when, and ah jist kept the fire goin' all night in case he turned up. Well, in the middle o' the night he walked from Greenhill – the buses would stop there near Selkirk – about the six mile tae Lilliesleaf.

Then when he was in France at the time o' Dunkirk in 1940 he didnae mention very much about what wis goin' on, jist except the roads were packed wi' folk – refugees and that. He'd been drivin' this big lorry and they were told when they came to Dunkirk they were tae take jist what wis necessary in a little hold-all bag, and to throw their kit bags into the canal. The lorries were all goin' to be driven into the canal, too. So he says, 'Ah wis that mad ah flung everything intae the canal.' So he had nothing and came back wi' nothing. But Jim never really told ye very much about what wis happenin', and ah never heard very much about their actual comin' back, except that they were down in the hold on the ship.

But ah remember that it wis a wireless broadcast by Anthony Eden. He said that everybody had been brought out from Dunkirk that they could possibly get and they couldn't bring any more. That wis the Saturday night. And ah had never had word afore then. Everybody wis gettin' word that this one wis safe and that one wis safe, and Jim wis the only one that . . . And ah never had word until the Tuesday. Ah'd kept up a' that time. But ah broke doon then. Ah got a letter then from Jim. The WRVS were handin' out thir on the train somewhere where they landed in England. Jim had said, 'Oh, ah'll send a telegram.' 'No,' they said, 'your wife'll get this letter jist as quick.' That wis Thursday, the 30th o' May when he'd arrived in England, and it was the followin' Tuesday morning afore ah got that letter. Oh, it wis a great relief. Ah've got the letter still and this is what Jim wrote: 'Somewhere in England, the 30th o' the 5th month 1940. Jean, I arrived in England today fit and well. Will write as soon as I get to know what's goin' to happen. Yours, Jim.' That wis a' they got time to write. But later Jim told me the boat they came over from Dunkirk on wis absolutely crammed full. He said they were jist standin', some o' them of course were sick, no' feelin' well, lyin' on the deck. And somebody standin' beside him wis shot and killed on board the ship.[12]

Oh, then – it wis a long time after that – they went to North Africa. Before he went away there he wis up at Comrie. But he had embarkation leave in December 1942, and again he came home walkin' from Greenhill, and when he came in he wis tellin' us the Cross Keys in Lilliesleaf was on fire. Ah wis expectin' our first child, Keith, by then. So Jim left in December 1942 and Keith wis born in April 1943. We aye hoped Jim would get another embarkation leave before he went to North Africa. He went along North Africa and then intae Sicily and then Italy. But he never saw Keith until he came back from the war in 1945. When Jim came home Keith jist got behind me – that strange man!

Durin' the war ah used tae go along and draw ma allowance – ah cannae mind what it was but it wouldnae be very much, and then Jim had a small allowance from the SMT. But there wis no family allowance until after the war, when for the second child you got 7s 6d [37½p]. But before Jim had gone away ah had moved up the village to Eildon View, where ah wis stayin' wi' ma mother. Ah let our own house to two Edinburgh ladies, and of course that wis helpin'. And ah helped ma sister Nan in her shop. But we were never short o' food. We got across at the Middles farm there – Archie Elliot, Johnny Elliot's uncle, wis in that farm – and we got cream, butter and eggs, and were never short. When ah wis younger ah'd used tae pal around wi' Johnny Elliot but there wisnae anything serious. We used to be friendly wi' the whole Elliot family; they werenae relations o' ours. But Archie used tae tease me, 'If ye mairry oor Johnny ye'll get the Middles farm.'

We lost two members o' Jim's family durin' the war. Ma brother-in-law that wis husband o' Anne, Jim's eldest sister, wis batman tae an officer. He wis in Ireland, waitin' up for this officer, and a gas fire had either gone out or whatever. But he wis gassed, asphyxiated. And then Willie, Jim's youngest brother, wis killed in the war, too, in France in 1940. Willie wis one o' the rearguard. Ah mind Willie wis intendin' to make his home wi' us. Ah wis stayin' wi' ma mother when he came on leave. When he wis leavin' that mornin' our chimney had went on fire and ah wis tryin' to shovel the burnin' soot. Willie wis goin' away back on the bus and he jist said, 'Ah've an awfy feelin' ah'll never be back here again': a premonition. Willie had been born jist before the 1914–18 War. Ah think he worked in Hawick, there were no' much work for him, and he'd decided he'd join the army as a Regular. He wis in the Royal Scots out in Palestine before the 1939 War.

Well, after the war Jim wasnae goin' back to the buses. He went intae the office o' Woodrow Taylor, a building firm, down at Charlesfield, near St Boswells. Then he had an interview for a job wi' the Council. Jim Hume that belonged Lilliesleaf wis the County Clerk then. And all Jim Hume needed to do was to put in a word for Jim, as he knew the family. He never: he sang dumb at the interview. And Jim didnae get that job in the County offices. Oh, it might have been all different.[13] Anyway he went back to the SMT buses then and drove buses between Lilliesleaf and Hawick. Oh, he was well known. He travelled by a Norton motorbike. Then when Andy Henderson, son o' Jim Henderson o' the Post Office, wis killed in a road accident Jim Henderson felt he wanted tae give up the Post Office and retire. And ma Jim got the job o' postmaster.

At that time oo still jist stayed at Eildon View. But when Elwyn in the Back Road came up for sale Jim jist put in an offer, of course it wis very little then, and we bought it. So we never actually lived in the Post Office house itself, Jim Henderson lived in that. Eildon View was a nice house but a bit damp, and Elwyn wis a bit bigger.[14]

Rob Young

There wis an awfy lot o' the Youngs. There wis ten o' us, ten o' a family. Ah had actually six brothers and three sisters. and there wis about four o' us born in the cottage there at Midlem Mill. Ah wis born there in August 1923. Ah wis the second youngest and the youngest son. Oh, it must ha' been one whale o' a struggle ma parents had, wi' ten children.

One o' ma brothers died as an infant when he wis aboot seven weeks old, and ma eldest sister she died in Edinburgh at the age o' 37, jist dropped doon dead. She'd be aboot 16 years aulder as me. Ah didnae know her very well because she wis away a' the time. She'd gone off tae work in service in Edinburgh from the age o' 14 and she wis only home jist occasionally. Then she wis married and she'd two boys when she died. We brought them up through here at Lilliesleaf. The youngest boy wis five when we got him.

Ma earliest recollections are o' Riddell: we'd moved from Midlem Mill by then. Ma father wis gardener tae the Sprots at Riddell. He did the garden, always looked after the horses, and also seen tae the pigs. That would be when ah wis growin' up in the 1920s. They had an awfy lot o' pigs at Riddell then and every pig wis named. A' the pigs were in pens doon the drive, and every pen had a shed for the pigs tae gaun intae. And a' the books were kept on when they had litters and how many they had. And they had tae go doon wi' the pony and trap and feed them in the mornin' and in the afternoon. They were only allowed a certain amount o' food in the day. It wis a' weighed oot for each pig.

Ma father wis born in Coldingham in Berwickshire, and he wis in the gardens at Nenthorn, near Kelso. Ma mother, an Edinburgh woman, was in domestic service as a laundry maid at Nenthorn, so that's where they met. Of course, as a gardener he would have a low wage all his life. At Riddell ma mother used tae milk the cows, make the butter, and pickle the eggs. And the hens got so many ounces per head, that wis the rations for these lot o' hens for the week. The rations were made up every Friday and taken oot every Saturday tae the different places. But everything wis done on paper. Old Major Mark Sprot wis very methodical, everything had tae be counted, everything.

As ah say, ah've no recollection of livin' at Midlem Mill – ah wis too young. But at Riddell the hoose we lived in wis on the corner, at the pillar box. There was no water in that house. But, across from the house jist, there wis a horse trough, and we used tae get the water frae the tap at the horse trough. A' the water wis tae boil in pans and kettles. Ye'd had tae have a basin on the kitchen table tae wash your dishes and everything. Then ye'd tae take the washin' water oot and walk across tae the horse trough and pour it doon the syver there. Ma mother had three buckets for water, they stood in this wee pantry place, and they were filled up in the mornin' before us boys went away. If she needed extrae water if she wis washin', she got it. Then the toilet wis jist a wee hut away across the gairden: oh, that wis awful. And, oh, ye'd no bath there. Oo yaised tae get bathed as bairns in front o' the fire in a big zinc bath, girls first then the boys. Everyone wis jist bathed there once a week on the Seterday night. That wis a big job for ma mother. By that time of course there'd only be four o' us at the school. Ah suppose ma aulder brother David would be bathin' his ain sel'. But oo were a' still at home then at Riddell, except ma eldest sister in Edinburgh. So there were eight o' us livin' then in that house at Riddell, plus ma parents.

There were five rooms in the house. There wis two double beds in one room down the stair, there wis a double bed in the livin' room, where ma parents slept, and up the stair – it wis a steep stair, wi' a door at the bottom – there wis a double bed in one room where the lassies slept, and another room wi' a double bed where Jim and Geordie slept. Doon the stair in the room wi' two double beds, ah wis there, wi' Dave, Tam and Will – four o' us.

Up the stair you went up on to this landin', and it wis aboot a coom ceilin', and ye could see the rafters and the nails o' the slates through the wood: there wis really no ceilin', and there wis rafters across. And in the wintertime when it wis frosty ye seen a' the frost on the ends o' the nails. Oh, freezin'! There wis a fireplace upstairs and sometimes they put a fire on in the wintertime but, oh, the cold wis terrible. And no electricity – jist a paraffin lamp in the livin' room, and for the bedrooms ee went wi' a candle in a wee candleholder. But a' that wis normal in those days wi' big families.

And it wis a happy family, oh, we a' got on reasonably well. Ah can remember ma brothers when they were goin' oot at night, ye know, on Friday night a' goin' oot tae see girls, tae the dancin' and things like that. Yin wid brek the lace in his shoe and go and pinch one oot o' somebody else's shoe. Ma faither used tae go oot doon tae Lilliesleaf for a pint on a Saturday night, and there'd hardly be a Saturday night that he would go for his shoes and there wis two laces in them. Mostly there wis one, because somebody wid pinch it. But nobody ever done it, ye know. It wis the same wi' their back studs or front studs for their shirts. There wis always a back stud or a front stud missin'. One brother wid say, 'Where's ma back stud, Missus?' Ma mother says, 'Well, ah dinnae ken. Ah've never yaised it.' And if maybe yin wis gaun oot and fancied another yin's tie he'd get the tie on and slip oot. And the other yin: 'Where's that tie ah had?' And then he'd maybe gaun tae a dance and discovered Tam had it on. That's the things they got up tae, but nae badness in it really. Ah wid be, ah think, 12 year auld, aboot 1935–6, when the first one o' ma brothers got married. So while ah wis growin' up they were a' there at home. The older ones were a' workin', and wi' a' their wages comin' intae the hoose my parents by then were a wee bit better off probably.

Earlier on, when ah'd be six, ma second oldest brother George, he'd got a job at Clerklands farm, drivin' a pair o' horse. By then there wis four o' us still at the schule. But the rest o' the lads were workin' and sort o' maintainin' theirsel'. So we'd all moved frae Riddell up tae Clerklands, a mile away. The farm belonged then to the Sprots. It's right on the Selkirkshire boundary, in fact, there's half o' Clerklands in Selkirkshire, and the other half's in Roxburghshire, on the edge of Lilliesleaf parish. Ma father didnae fa' oot wi' Major Mark Sprot but he got a job then as gardener or general jobbing man for Peter Kemp down at Riddell Mill, and he used tae cycle there from Clerklands. Ma mother, as ah've said, worked milkin' the cows and so on when she wis at Riddell. But when we moved tae Clerklands, ah mean, that wis her job gone.

At Clerklands there wis two double beds in the kitchen, so the girls were in there as well as ma parents. And then another room had two double beds and four of the boys were in there. I wis wi' ma brother George in the wee bedroom. At Clerklands we had runnin' water inside and a flush toilet. Oh, God, that wis unusual then! We were really posh! There wis no bath and we didnae have hot water, jist cold water. Well, oo'd jist heat it in kettles or pots on the fire. But it wis a great benefit tae have this cold runnin' water – and sinks. It wis better than havin' tae cart it frae a pump or from outside. Tae have runnin' cold water in your house you were really well off, oh, it wis brilliant. Well, then we went tae Riddellshiel, part o' Clerklands, ye see, half way tae Riddell, and we were there about a year before they put the water in. They had tae put one o' these rotary pumps in tae pump it up intae a tank upstairs. And they put a flush toilet in at Riddellshiel. Oh, mercy, that wis a real boon tae us.

Ah can remember when we were at Riddell and Clerklands Monday wis wash day and ma mother wis washin' for ten o' us. And ma father sort o' built a boiler in the corner o' the dyke so that she could boil the water in it. And it wis a' done on a scrubbin' board and everything. She used tae wash and iron for ten o' us. The washin' wis a day's work.

Then when ah wis 11 oo moved tae the village, tae Lilliesleaf, so that would be 1934. All ten o' us were still together then in the family. Ee didnae think aboot it then, but when ee think back on it now it wis overcrowdin' – double beds, four folk in them, it wis like an army camp. There wis nobody ever came and stayed wi' us, because there wis no room, there were no room at the inn. Ma father and mother had brothers and sisters and oo had cousins, uncles and aunties. But ye jist saw them occasionally. They were away doon in maybe Coldstream and Duns and thae bits in Berwickshire. They'd come for a day and that wis it. And oo never got away for a holiday. Ma mother took us tae Edinburgh tae her sister's one day each year durin' the school summer holidays. Oo went by train frae Belses station. Somebody wid take us tae the station. Oh, that wis a big outin'! And of course when ye went back tae the school after the summer holidays ye always had tae write an essay on one day in your holidays, and it wis always aboot the day that ye went away. And, ah mean, ee thought ee'd been at the other end o' the earth, because – Edinburgh, it wis an awful distance away! And ah suppose it wis something, because probably a lot o' the Lilliesleaf bairns then had never been any further than the village.

* * *

Ah wis six when ah went to school. Oo walked frae Riddell through the fields to Lilliesleaf – ah think it wid be aboot a mile and a half or something like that – and walked back at night. But then ee were cuttin' it a wee bit short comin' doon the dam side, as we talked aboot. Ah had a younger sister and an older sister that went tae school wi' me. There wis three o' oo at Lilliesleaf school taegether. But there wis quite a few bairns from Riddell walked tae the school then.

Ma older brother David, he wis at the High School in Hawick. David wis the only one o' oo that went tae the High School. Ye see, then every school book wis tae pay for, your parents were supposed tae pay for everything. It wis a lot o' expense.[1] And ma parents did that because David wis brainy, ye know. He went wi' the bus. But ma father had tae pay a' his bus fares. David wis picked up wi' the bus at eight o'clock in the mornin' frae Clerklands. The bus went then by Ashkirk and then intae Hawick. Ah don't know if it wis the workers' bus he got. The other ones at the High School that lived in Lilliesleaf had tae go tae Belses station. So maybe David wis luckier goin' wi' the bus. Ah cannae remember now what time he wid be home frae the High School. Well, David finished up jist joinin' the police force.

Well, we were up at Clerklands and Riddellshiel five year until, as ah say, oo moved tae Lilliesleaf when ah wis 11 in 1934. And oo walked tae the school frae Clerklands and Riddellshiel, that's three mile tae the village – so six mile there and back. When ee're kids ye're never tired. There wis quite a lot o' kids at Clerklands then. Oo came through the Riddell policies and down the dam side. There wis other lads there and sometimes oo yaised tae have jumpin': oo used tae jump the fences on the road doon, tae see whae could jump the highest. One night we were jumpin' over and ah went right over the bank and fell intae the burn that comes doon frae Clerklands tae Riddell.

When we were at the school oo used tae get tuppence [2d – just under 1p] for a jotter. There wis always one o' us needin' tuppence for a jotter. It wis a lot o' expense. But we didnae need the jotter at all. We were needin' the tuppence tae get five Woodbine. Ah wis a smoker as a bairn. Ma parents had never realised this. Ma mother used tae say, 'Ye're always needin' jotters.' And it was a damn shame really because ma parents couldnae afford it. But there wis always one o' us needing tuppence for a jotter, ah think every other day it wid happen. But we got tuppence. And this mornin' we were goin' doon the dam side tae the school, puffin' away at a cigarette. Somebody looked roond – and here wis ma faither comin' doon the field, wheelin' his bike 'cause he'd got a puncture, and makin' for his gardenin' work at Riddell Mill. That wis the end o' the cigarettes – and the tuppence for a jotter! Oh, that wis an awfy row oo got.

There wisnae school dinners then, no' even soup. Oo always got oor dinner at night at home. Oh, oo never went hungry. But it wis porridge every mornin', every mornin' in life ee got porridge. And ee'd get an egg afore ee went tae the school. Ee'd get a plate o' porridge, and then a slice or a couple o' slice o' breid wi' your egg in the mornin'. We took pieces wi' us tae the school. The teacher had one o' these big fish kettles, ye know, and in the wintertime she used tae make cocoa and we used tae get oor cup o' cocoa every day. It wis a ha'penny. Oo used tae pay 2½d [1¼p] a week for oor cocoa. The cocoa wis at lunchtime, for takin' wi' your pieces. And of course, there wis more expense for eer parents: three of us at the school, so 7½d [3¾p] a week – plus oor tuppence for oor 'jotters'!

In the wintertime, ah mean, if the roads were blocked wi' snow oo jist didnae go tae school. But oo mostly always got there. And that wis the time that we really wanted tae go tae the school! We were anxious tae get there because there wouldnae be very many others there and oo wouldnae get very many lessons, ee see. And then we always had a snowba' fight wi' the teachers. And then ploddin' through the snow wis an adventure. Of course the roads were opened wi' the horse and snowplough then. And, oh, lots o' times ye were soaked wi' the rain. If it wis very wet weather we used tae take a dry pair o' socks in oor bag – well, it wis topp-ed stockins oo wore and short troosers in winter and summer. So that if oor feet were wet oo changed oor socks. If oo didnae have oor slippers wi' oo, well, they used tae have a big box in the school with gym slippers in it, and the teacher jist told us tae go and get a pair o' gym slippers oot the box. If it wis really wet or there wis snow we were ootside at leave time. And oor boots were put under the radiator, so that they were dry for goin' back home. It wis a lot for young children tae walk one and a half tae three miles either way if the weather wis bad. Mind, ee got accustomed to it, it wis hardy for ee, it wis good for ye really. It wis healthy. And ee could observe nature – there wis a lot tae see – as ee walked along.

Ah wis never a truant frae the school, never felt tempted. Ma older brother Wull, he yaised tae play truant. When they were stayin' at Midlem Mill he used tae climb this fir tree and he sat up there till the bairns came hame frae the schule at night. He'd probably come doon durin' the day and hide along the Ale Waterside. But he used tae watch them comin' back at night again, and then get doon and join them and come hame wi' them. The way ma mother found out aboot Wull wis she went up tae the farmhoose for the milk in the mornin', and Mrs White and her wis standin' speakin'. Mrs White says, 'Mrs Young, look up at the top o' yon fir tree.' And there wis Wull sittin', no' knowin' his mother's eyes were on him. That's how Wull got tae the schule!

Ah didnae want tae be like ma brother David and go to Hawick High School. Ah wisnae in that category. Ah liked the school. Ah liked gardening, drawin' and paintin', handwork, arithmetic, but ah hated history. They didnae have school sports. Then when ah started the headmaster wis Mr Constable, then it wis Mr Young, Alexander Young, a right nice man, a right good teacher.

Ah can mind o' being on' a school trip, ah think it wis North Berwick. But Spittal was the usual place for the village trip. That wis an annual thing and ah went on that. Then we had a Sunday School picnic every year at Linthill or Shawburn or Chesterknowes. Oo a' marched there, and oo had tae march back again. But that was as far as we got. And they run races, and oo had oor tea and a bag o' buns.

We walked down tae Sunday School in the village. And then we were maybe comin' oot the Sunday School on the road along the village and we'd meet ma mother, and then oo went back tae the church wi' her. Ma father didnae go tae church with ma mother, not a lot. Ah dinnae think he wis a churchgoer, he went occasionally, maybe on communions or something like that. But ma mother went. There'd be a fair number o' children went tae Sunday School in those days. They had three teachers along in the church there, and there were a lot more kids then, big families. But they're no such big families now. Everything's changed.

As a boy at school ah took part in the Lilliesleaf Hand-ba' every year along in Andrew Shortreed's field there. Ee got a day off the school for that, and later on ye used tae get the half-day off work, too. It wis the adults' Hand-ba' in the afternoon, but the school wis closed for the day. It wis in February. Depends: 'First comes Candlemas, then the new moon', and it's the first Tuesday after that. East played West, ah wis in the West. Ye could hide the ba', do anythin' ee liked wi' it, as long as ee got tae the hail. Ee did a' that runnin' and ee'd maybe get aboot three shillins for it! But, oh, it wis guid fun. An ordinary weddin' ba' wis jist coloured a' different colours; the silver weddin' wis a' white ribbons. And sometimes, when the silver thruppenny wis on the go, they used tae double up the ribbon and sew in silver thruppenies at the end o' them. A golden weddin' it wis a' yellow, but, oh, golden weddins were very rare. But ah've seen the number o' balls away up the length o' 20 or something, away, away back. But it's tapered off now, there's no' many now. Of course, there's no the amount o' folk, adults. Ah never went tae any o' the other village Hand-ba's, jist the Lilliesleaf one.

* * *

Well, when ee wis at the school ee couldnae get away quick enough. Ah wis like that. In fact, ah left in 1937 when oo got the summer holidays and ah wis 14. But ah didnae have a job, so ah went back tae the school till Christmas. It wis no' really difficult tae get jobs then. There wis quite a few jobs goin', ah mean, ye could get jobs wi' horses if ye wanted, but ah didnae want it, ah didnae want tae work on a farm. Two ambitions ah had: tae be a housepainter, or work in a gents' outfitters. Ah jist fancied them. They were two completely different things, and ah got none o' the two o' them. It wis hopeless, withoot havin' tae travel or tae live away frae home. Well, ah didnae have very much choice really, because this job came up at a sawmill. And ma fither says, 'Ah've gotten ee a job.' 'But,' ah said, 'it's a sawmill.' 'Well,' he says, 'ye're goin' and ye're stertin' on Monday.' And that wis it. Ma parents thought they were doin' the best thing for me, and in thae days, ah mean, ye jist had tae get a job.

The sawmill wis at the Woll at Ashkirk. Ah think it wis aboot the end o' January 1938 ah started. Ah cycled there, it wis five miles from Lilliesleaf, and cycled back at night. The sawmill wis up on the road towards Ettrick, a steep hill, ye had tae walk aboot a' the way up, pushin' your bike, though a rare freewheel comin' back. Ah cannae mind now when ah left the hoose and wis away in the mornin', but ah'd take at least half an hour tae cycle there. In the mornin' ee were cyclin' uphill and intae the wind. Ah got soakins, very often I wis wet, because ee jist had a raincoat on and eer legs were soakin'. But ee jist had tae plod on. And in the winter, well, there wis snaw and ah cycled through the snow. Then ee jist had tae get muck-ed in when ee went up, tae. And ye were workin' in the sawmill so ye had an auld peeny made oot o' an ordinary seck, and that wis it. Ee gradually dried. But then if the trees were wet ye wis gettin' a' the wetter durin' the day. Oh, the sawmill wis an awful job. It wis a grind jist. But it wis a job.

Ah couldnae mind what ma wages were there. But ah'd be gettin' aboot ten or twelve shillins [50 or 60p] a week as a laddie o' 14. Ee started there at seven in the mornin' and finished at five. By the time ah got home it'd be half past five, six o'clock. Of course, it wis an awfu' lot easier comin' back as goin', because ee'd normally the wind on eer back. And ee worked Saturday mornin'. Ee didnae work overtime.

There were six men employed at the sawmill. They were friendly and gave ee a bit o' guidance. Ah mean, they showed ye what tae do and everything, learnt ye how tae do things. There were two older men at the sawmill. Ah wis 14, they wid be aboot 35 tae 40, really experienced men. So ye took it for granted what they said wis right and ee learned frae them. Ee learned aboot the different types of wood and that sort o' thing. Then there were other men worked out in the woods. But you very seldom come across them. The owner o' the sawmill wis Bell, he lived in Woll House. It wis an estate sawmill, a small sawmill. It had been goin' for quite a while. They sold a lot o' wood – chocks, boards, stobs and everything.

Well, ah wis there at the sawmill for six month and then ah got a job at Riddell. Ah think ah heard there wis a vacancy in the gardens and ah got it masel'. Ma faither didnae speak for me: he wis still workin' at Riddell Mill then. Ah went up and seen George Combe, the gairdener at Riddell. He'd followed on there from ma faither. Ah started workin' in the gardens aboot the middle of 1938. Ah started work at seven o'clock and worked on till five o'clock. Saturday it wis seven till 12. Ee got aboot ten minutes, jist a short break, in the mornin'. Ah had a flask and a piece, but ah aye had ma breakfast before ah set off tae work. And ee had an hour for eer dinner. Ee didnae work overtime. Ah wis 16 when the war broke out and, well, after the war started and they started ploughin' up the fields ye had tae go oot and help them wi' the singlin' o' the turnips and the hay and the harvest, and sometimes ye got overtime. Ma wages at first wis 15 shillins [75p] a week. Oh, ah liked the gardens, it wis a job that appealed tae me more than workin' in the sawmill.

There used tae be a factor at Riddell at one time, before ah sterted work there. Although when ah started at Riddell first in 1938 Andrew Birrell, the retired Lilliesleaf headteacher, he wis a sort o' factor and he paid the wages. Oo got paid by the month and he came up every month.

So ah worked in Riddell Gardens right on till after the war. Of course, you werenae allowed to leave durin' the war, you couldnae jist change your job in those days. So ah wis in the gardens but ah wis workin' on the farm as well. And ah used tae do a boot boy's work in the mornin' in the Big House for the Sprots. Ah'd tae get a' the logs in, chop the kindlin', clean the knives, and clean a' the gentry's shoes. That wisnae because o' the war, that's what they always done. In a lot o' these big houses they have a boot boy does a' the little jobs aboot the place. But ah had tae do it, though ma work wis mostly in the garden.

Ah used tae do that boot boy work in the mornin' at seven o'clock when ah went up tae the Big Hoose. Ah used tae start on that and go away over and empty the ashes, empty the kitchen bins, and get the boxes a' filled up wi' the sticks for the drawin' room and the study, and chop a' the kindlin, clean the knives, get a' the shoes doon, clean a' the shoes and take them back up the stair again, and then go and see the cook and see what vegetables she wis wantin' for lunch. Then go away tae the gairdens, get the vegetables, take them ower, and then ah came back tae the pottin' shed in the gairden and had ma flask and ma piece. A' that wid take maybe a couple o' hoors. Ah didnae mind doin' a' that. Then ah got started tae work in the garden.

Ah wis never called up in the war, because ah wis in a reserved occupation. Ah had four o' ma brothers in the Forces: David and Tom, Jim, and Will. They all survived the war. But there wis five men from Lilliesleaf went to the war and didnae come back. I knew them a'. They'd be maybe three or fower, maybe five, year older than me.

Away back when ah wis a kid, ah think there wis aboot 12, 13 servants at Riddell Big House. When ah wis there from 1938, there wis four servants. Ah don't know why it would be smaller by then. There wis none o' ma family worked in the Big House. And ah wis the only one o' ma family workin' on the estate. Ah got on quite well wi' members o' the Sprot family. They were quite kind and considerate. Ah can remember when ah wis a kid and ma father worked in the gairdens at Riddell and auld Major Mark Sprot wis comin' round. If he wis wantin' tae see ma faither it wis always lunchtime when he came because he knew ma faither would be in the hoose. And the auld Major wid come roond shoutin', 'Young! Young!' And ma faither wid have tae gaun oot and see him. Everybody wis ca'ed by their surname. But, ye see, ah wis brought up on thae things. And of course the gentry, ah mean, they spoke tae ye, they were really guid wi' us. And when ah went tae work at Riddell ah got ca'ed nothing else but Robbie by the Sprots a' the time ah wis there. They'd known me since ah wis a laddie.

Then they always had a Christmas party. They had it in the laundry at Riddell, in the ironin' room, a biggish room. A' the members o' the estate staff, a' the husbands and wives and a' the kids – well, a' the kids, and the mothers and fathers went as well. So a' the families were invited. Oo got a sit-down meal. There wisnae an estate outing, never an annual picnic, oo'd jist get oor Christmas. Oh, oo always got a box o' sweeties or something like that at Christmas, and ma father got tobacco and ma mother got a tin o' tea or something. There wis always something. And when ah wis workin' in the gardens at Riddell, at Christmas time oo always got a box o' cigarettes as members o' the estate staff.

As ah've said, auld Major Mark Sprot wis very regimental, no' very approachable or friendly really, kept ee very much in eer place. He died actually when ah wis workin' at Riddell, jist after the war. And then the present Major Jock Sprot was on. And he's a different kettle o' fish, a different kettle o' fish a'thegither, far more relaxed than what Major Mark wis. Mrs Sprot, she wis a lady, she treated ee well, a very nice person. Ah always found the Sprots, even the auld Major Mark that always ca'ed me Robbie – though if he saw ma faither, he'd say tae him, 'Hullo, Young' – they'd never pass ee withoot speakin'. And, ah mean, he said 'Good mornin'', and ee said, 'Good mornin', sir,' and that wis it. Ye didnae 'sir' them a' the time. The auld Major Mark wis never in our house; Mrs Sprot was and her eldest daughter Elizabeth. Ah can remember them comin' along one day tae our house in Lilliesleaf and they were in talkin' tae ma mother, because ma mother wis in bed at the time. Ah don't remember them comin' when oo lived at Riddell or Clerklands. And Mrs Sprot, ye could meet her and have a great blether wi' her. Even tae she died, if ee wis up at Riddell for a walk and ee met her she wid jist say, 'Hello, Robbie,' and ee'd get on the blether and have a great crack wi' her.

Ah never joined the union, the Scottish Farm Servants' Union. Ah think all sorts o' workers came in, but ah dinnae ken if oo in the gardens at Riddell come under it or no'. And ah cannae remember any other o' the Riddell workers bein' in the union. Ma brother Will wis in the union, but he wis workin' on a farm. But in the estates it jist wisnae done. Ah don't know if auld Major Mark Sprot didnae approve o' the union, probably he didnae. But ah've heard it said that estate workers didnae join the union. Or they widnae be employed wi' an estate if they were in the union, or something like that. If ee were an estate worker eer loyalty wis tae the estate. Ah cannae remember anybody actually gettin' the sack frae Riddell because he wis in the union. They were jist no' in the union.

When ee were workin' ee got the half-day off for the Hand-ba'. That wis your local holiday. And ye also got New Year's Day off. That wis your annual holidays. Ee didnae get a week's paid or unpaid holidays as well as that. But if ye didnae go tae the Ba', ye didnae get the half-day. It wis expected ee went. And men used tae come tae it frae a' ower: Ancrum, Denholm, and a' roond aboot. And after the holiday business started after the war, through the workers' union, ye got three days' holiday in the year. But if ye went tae the Hand-ba', that wis only two and half days holiday ye got. The Hand-ba' wis counted as a half-day's holiday. So after the war the Hand-ba', as far as the adults were concerned, wis affected. Ee see, when they started this gettin' holidays, well, some o' them said, 'Och, ah'm no' goin' tae bother takin' a half-day off for the Ba'.' It wis taken off their holdiays. But it spoilt the Ba'. It went kaput for the adults. It's a' kids that plays now.

Well, ah worked there at Riddell ten years till aboot 1948, jist after Major Jock Sprot took over. Ah left Riddell then through jist temper really. Oo were always paid monthly. Ah can remember havin' a bit o' a struggle because ee had tae try and eke oot the pay over four weeks. Ye see, ah used tae give ma mother four weeks' dig money, and what ah had left ah had tae divide it intae four and pit it up in ma drawer. Ah had tae use that money. But then if you were needin' something extra, 'Oh, ah'll jist take it oot o' next week's,' ye see. And by the time ye wis gettin' near your last week ye'd nothing left. Ah don't think any of the workers there ever asked for advances or subs for their wages from the Sprots. Ah doubt they'd get subs even if they'd asked for them. When ah went to work at Riddell first, as ah've said, ah got 15 shillins [75p] a week. It went up a bit year by year, sometimes by two shillins [10p] a week – a very sma' sum. Ah couldnae really remember what it wis by aboot 1948, but it'd be £4 or £5 at the very maist, ah wid think. And the hours were jist the same: seven till five, and ee still had tae work till 12 o'clock on Saturday mornin', wi' an hour for eer dinner, and ah think aboot ten minutes for eer breakfast – it wis jist a short break for eer flask and piece.

So we had a chat one day and there wis aboot half o' us agreed that we should really be paid fortnightly, no' wait a month. So this day – it wis in the summer – ah asked Major Jock aboot it. And he jist says, 'Well, Robbie, I never gave it a thought. We'll have to see what everybody says.' He says, 'Ah can't change it now but once it comes to stocktaking' – they had their stocktakin' on the 11th o' November every year – 'we could change it then.' And it went tae McLaren, who wis foreman. And Major Jock said tae McLaren he wid have tae have a vote on it: 'If ye want your wages fortnightly, we'll change it then.' So we had a vote on it and they voted for jist 'It didnae make any difference. Oo can jist have it monthly.' Ah think they'd possibly be afraid. McLaren hadnae indicated that Major Jock wisnae pleased, there wasn't anything like that. But there wis two o' us, the youngest ones of course, werenae in favour o' havin' the pay monthly. 'Oh, well,' ah says, 'if that's the kind o' folk – liars – that ah'm workin' beside, that's it finished.' So about two or three days after that ah met the Major and ah told him why I was packin' in ma job, and jist told him tae take ma notice. He jist said, 'Robbie, you're not going?' Ah says, 'Ah am.' He says, 'After all those years?' Ah says, 'Yes, ah'm goin'. They were all agreein' it wid have tae be fortnightly and,' ah says, 'they went back on their word. So if that's the kind o' folk ah'm workin' beside ah'm gettin' out.' And they employed somebody else after that in ma place. Then he wisnae long there till he wis away. And then after that they changed it tae fortnightly pays.

When ah left Riddell ah didnae have another job tae go tae. So ah jist din some fencin', put up fences, worked wi' this one and that one, jist roond the farms. And ah dug gardens and cut hedges and things like that. Ah did that for aboot a year.

And then ah got a job wi' the local baker, Brown the baker. He learned me tae drive. Ah wis deliverin', a baker's round, and he went with me, learnin' me tae drive. Ee started aboot seven o'clock in the mornin' and on till aboot five, sometimes it wis six when ye got hame. Ee went away up the other side o' Ashkirk, and ee used tae go away doon tae Ancrum, and this side o' Hassendean, Huntlaw, Newlands. Ee did Midlem, up tae Whitmuir, and Bowden: there werenae bakers in Bowden. Ee went tae farms and farm cottages, went roond them twice a week. Ye went tae Ashkirk Mondays and Thursdays; Tuesdays and Fridays roond by Ancrum; Wednesday and Saturday ee did Midlem and Bowden. Usually ee finished aboot one o'clock on Saturdays. Oh, it wis an interestin' job. Ye'd see the countryside. It wis a contrast wi' being in the gardens at Riddell or in the sawmill at the Woll. And ah quite enjoyed meetin' people a' the time on the rounds.

In the van ye had everything – scones and cakes and bread and biscuits, everything Brown made themselves. Ah wis the only vanman. Tam Broon wis the head o' the business. It wis a good business, and they were super bakers, super pan loaves they used tae bake. So that wis a good job for me. Well, ah wis with Broon the baker aboot two year, ah think, and then they gave up. But ah wis still wi' Haldane's when Haldane came and took over Brown's business. And Haldane, a father and two sons, came intae Lilliesleaf as a baker, did a' the bakin' as well, and they were good bakers, too. They came frae doon Berwickshire. Then Haldane's became a sort o' general provision merchant, and they stopped bakin' themselves. The old man jist wisnae able and he retired, so they jist gave up the bakin'. So ah wis with the Haldanes for aboot three years. Then ah went intae a licensed grocer's in Hawick.

In the wintertime ah travelled tae Hawick by the bus, but in the summertime ah cycled the nine miles, a' uphill, frae Lilliesleaf, and back at night. It wis a long day. The shop wis open at half past eight. Ah used tae leave the hoose at 20 minutes tae eight. Ah had a right auld bike tae begin wi' and ah had tae walk up the hill, the Loanin', frae the village tae begin wi'. But ah got masel' a new bike, three-speed, and it made a' the difference goin' up the hill. Ah wid get on that bike in the village and ah never wis off till ah got tae the shop in Hawick. Oh, it wis better comin' back at night.

Well, ah wis there for two and a half years, and then ah got the chance o' a job in Lilliesleaf wi' the Hawick Co-operative branch. And ah wis there for 13½ years. When ah got the job they said, 'Ye'll have tae join the union.' Ah said, 'Ah'm no' goin' tae join the union.' 'But,' they said, 'ye'll have tae join the union!' And if ah hadnae joined the union ah widnae ha' got the job! It wis a closed shop, this wis the thing. Well, ah wis jist doin' general work in the shop, and you were gettin' things in bags and you had to weigh it up. If ah'd stayed on ah'd have got the manager's job. But ah didnae fancy that. Ah had jist got a wee bit fed up wi' the job after 13½ years. So ah left that in 1967 and ah went to Lawson's, credit drapers, Castle Terrace, Edinburgh. But they had a branch in Hawick and ah went tae them. We were in Hawick for a year or two and then they closed the shop and we went to Galashiels and went in with Household Supplies. We were in Galashiels for aboot seven years, and then they closed the shop and oo worked from Edinburgh. But ah didnae live in Edinburgh, because ah had a van from the firm and ah wis doin' part o' the Borders, though we had tae go intae Edinburgh every Thursday mornin'.

Lawson's, ah think, wis the job ah enjoyed most o' a' the jobs ah did. Ah think it wis the travellin', and you're goin' intae so many houses. You meet so many people, and interestin' people. And ye become a friend rather than a traveller. You're advisin' folk. And they'll ask you aboot this and that. Mind, sometimes ah used tae think ah wis mair like a social worker when ah went roond. And if they wanted anything din, 'Oh, ah'll jist wait till Rob comes.' 'D'ye change bulbs? D'ye changes shades? Ah wonder if ee could pit a plug in for iz? D'ye think ee could change the belt in ma hoover?' They were womenfolk that didnae ken a thing aboot it, and, ye know, ye jist dae a' thae things on eer road roond. Ah enjoyed daein' that. Well, ah wis wi' Lawson's for 20 years and ah finished in August 1987 and retired then at age 64. So Lawson's wis the longest job ah had in a' ma workin' life.

Well, lookin' back, if ah'd only had a job like Lawson's earlier on after ah left the school . . . But, oh, it wis a' experience. Ah didnae like the sawmill at Woll. But, ach, ah got through life. In the village, ah'm still on the hall committee, ah clean the hall, ah rin up and doon tae the hall, and ah play badminton two nights a week in wintertime. Then ah've got a big garden, plenty grass tae cut, and the hoose tae keep. In the summertime ah have quite a few holidaymakers come. Ah do bed and breakfast on the q.t.! And self-caterin' as well.

* * *

Ah've lived ma life in Lilliesleaf or a mile or two ootside it at Riddell, Clerklands, Riddellshiel. In the village, well, they dinnae seem tae have many activities now. Certainly, they've got their football team, jist a group o' young lads. Riddell gives them a loan o' this field for a pitch on the way roond tae Riddell Mill. Then they still have their bowlin' and their badminton in the wintertime. But there's never anything really goes on. When Ruth Scott wis in the village she used tae make whist drives and beetle drives, and get up concerts and pantomimes and a' this. There's nothing like that now. There hasnae been a whist drive in the village since before Ruth died. We did arrange a concert for the centenary o' the Currie Memorial Hall in 1991. And there wis one minister's wife had gotten a concert up two years ago and two years before that. But that's a' there is, there's never anything else in the village. Ye get an odd dance. But a' the younger yins seem tae be too busy goin' tae the pub and suppin' it up. A lot o' them are never any further as the pub, it's a' the pubs they go to. When we had oor centenary celebrations for the hall, Mr Shaw Stewart announced frae the platform that there was the annual general meetin' in October, at the end o' the month, and for folk tae come along, 'cause they were needin' folk on the committee. Well, the annual general meetin' came along and there wis four o' us there. Ye see, they dinnae seem tae have an interest in anything. It's sad really. And if ye really couldnae manage it ye'd have tae hand the hall over tae the Council – and then they'd be all up in arms aboot it.

So ah cannae see that people are beginnin' tae take more interest. Ah don't know if there's any sign that incomers tae the village are takin' initiatives. We've had such a lot o' incomers intae the village. We've got two or three schoolteachers in the village, and two o' them take an interest in the church. And Rev. Watson, the minister, has tried and tried and tried, but he's got an uphill job. Then the Council have this Recreation & Leisure, but they dinnae dae onythin' o' that in Lilliesleaf. There's two fellows in the village on the community council, which covers Lilliesleaf, Ashkirk and Midlem. But there's never very much done. And they take so long. It disnae maitter what it is, oh, they cannae have that and they cannae dae this. Ye're hittin' yer heid against a brick wa' the whole time.

The village certainly has changed. It's no' what it used tae be. There's no' the characters in it now, and there wis far more activity in the old days, there wis always something. Well, ee see, bingo took over frae whist and everybody clambered tae the bingo because they were playin' for money. And this is the root of all evil now: it's money, money, money. The bowlin' now have their tournaments in January, pairs and singles, then in February they have the rinks tournament. And the prizes – it's a' money, money. The voluntary spirit has declined in the village over the years, it's no' the same at a'.

But the school's doin' well. They're goin' tae have tae extend it. There's three or four teachers there the now, and they're goin' tae have tae build another room on, because there are so many kids. There's jist more folk comin' intae the district wi' kids. But then again in another few years they might be a' goin' away wi' their kids, ye know, and oo might be back tae where we started. Oh, it's a kind o' sad story, but the village is in decline. There's gettin' less and less young folk in the village. Ee see, away years ago people were more stable, very seldom there was a house in the village for sale. But now there always seems tae be houses for sale. Often retired folk buy them. There's always strangers comin' in tae the village, and a lot o' them don't take part in the village. And some they're workin' outside the village. Ye hardly ever see them.

Then ah think aboot everybody in the village'll have cars nowadays. When ah wis a lad at the school in the 1930s, Turnbull o' Easter had a car, the Post Office folk had a car, Wat Hume the ironmonger had a car, Turnbull the grocer had a car, Brown the bakers had a car, Spiers the joiner had yin, Tommy Steele the builder had yin, and then there wis Peter Chisholm, the blacksmith, and Billy Inglis when he came in tae St Dunstan farm, he had yin. That wis a' the cars that wis in the village, less than a dozen. Now it's a' changed, folk can get away frae the village any time they want. And that's another reason they're no' interested in havin' entertainments for themselves.

Ah'm jist as much attached tae the village as ever ah was. But, well, ah don't know that ah wouldnae want now to live anywhere else. In fact, ah'm in the throes o' maybe goin', hoping tae get a wee flat in Melrose. Ma garden in Lilliesleaf is steep, there's a lot o' cuttin' o' the grass, the house is too big really, and ah'm gettin' older. It'll be the first time in ma life ah'll have moved oot the parish. Ah've been in this hoose four years past, and ah wis in that other hoose in Lilliesleaf for 53 years from 1934.[2]

Bert Reid

Ah wis born in the Cross Keys pub at Lilliesleaf on August 22nd 1927. Ma parents belonged Hawick but they flitted doon tae Lilliesleaf in 1919 at the end of the First World War.

Ma faither wis 68 when he died in 1947, so he wis born in 1879. He got involved in the drink trade when he left school, and he wis a barman in Hawick previous tae the war. He wis conscripted intae the Royal Army Medical Corps durin' the war and, though he very seldom spoke aboot his wartime experiences, he wis in northern Italy a while, ah know that. When he came back oot o' the army he bought the Cross Keys doon here in Lilliesleaf and took over as the licensee. Ma parents ran the pub jist themselves, they didnae employ anybody.

Ma mother and faither had got married jist before the war. Ah cannae really tell ee what it wis ma mother done before she got married. Ah cannae really remember her speakin' aboot that. She wisnae a domestic servant and she hadnae worked in a shop. It'd probably be the mills she'd work in.

Ah had two brothers. David, he'd be three year older as me, and Bill would be born in 1917 – ten years older as me. Ma brothers and me and ma parents lived upstairs in the Cross Keys. As ah say, ah wis jist born there and grew up there. Well, upstairs ye had the kitchen and a sittin' room, and two bedrooms and a bathroom. Bill, David and me at one stage shared a bedroom, and David and me shared the bed in thae days. Bill had a bed tae himsel'. Then downstairs in the pub ee'd a bar and a sittin' room, and your cellar through the back.

Ma earliest memories o' Lilliesleaf, well, ah can mind well back aboot some o' the aulder people that lived in the village. Ah mean, it wis full o' auld worthies. Ah must have been very, very young when ah remember about the likes of auld 'Dr' Blythe, as he wis named. Ah've nae idea how he got the name 'Dr' Blythe, he had nae medical qualifications. Well, he wis a great character, really he wis. Ah dinnae ken if he'd been a ferm worker. He din a lot o' odd jobs. Ken, in thame days he cut a bit gress wi' the scythe. He had a horse and cairt and did a bit o' contractin' frae Belses station at yae time. He lived in

St Dunstan cottages, the second one comin' frae thon end, the Selkirk end, o' the village. Ah dinnae ken how that came aboot, ah widnae ha' thought he wis a retired ferm worker frae St Dunstan ferm: it wisnae normal for retired ferm workers tae stay on in the ferm cottages.

'Dr' William Blythe wis a married man but there never were nae family. And, oh, well, 'Dr' Blythe yaised tae like a guid shot o' drink, ee ken. And ah've seen the Seturdays, efter the efternin sessions, when the pub used tae shut at three o'clock, when he went doon tae his hoose his wife wid lock him in the stable. There were a wee stable then between St Dunstan cottages and the garage. Rither as let him in the hoose she locked him in the stable till he had sobered up. And of course it wis a great thing wi' the kids watchin' this, ee ken, watchin' the auld 'Dr' bein' locked up. He wis never a violent chap. But he jist liked a guid drink, and at times he got a wee bit ower the top. So, oh, aye, his wife used tae shut him in the stable, jist for an hour or two till he sobered up. Then she unlocked it and let him oot.

'Dr' Blythe's wife didnae work. But he'd have a garden and vegetables and maybe a fruit tree. Some o' the hooses in the village in thame days had pretty big gairdens. If he grew his own tatties and other vegetables that'd help keep him goin'.[1] But they must ha' lived verra cheap. Oh, he liked his drink. But, well, of course, they were a' the same: they could a' go tae the pub and get their drink. Ee yaised jist tae wonder where their money came frae. Ah ken drink wis very cheap in thae days, but wages wis very sma' an' a'.

A lot o' the old characters in the village in thame days, well, frae ever ah can mind, they were mair or less odd job men. They werenae permanent ferm workers. Ah dinnae ken why that wis. They had some funny ways some o' the auld chaps in thae days, and some o' them wis very independent like. 'Dr' Blythe couldnae ha' made much o' a livin' jist doin' odd jobs, cuttin' grass. This is the thing ah often wondered aboot thir auld chaps. There were that many o' them, and, well, they'd be gettin' paid next tae naethin' for thir odd jobs. Ah dinnae ken how did they live. It's amazin'. They'd maybe poach aboot in somebody's gairden, dae a wee bit work there. And yin or twae o' them looked efter the kirkyaird. Then when the threshin' mill came intae the district maybe thir auld chaps'd be goin' roond the ferms gettin' a bit day here and there, jist odd job men. Oh, it must have been a hard life for them makin' ends meet.

There'd be an awfu' lot o' aulder men like 'Dr' Blythe in Lilliesleaf in thame days. There were one lived jist doon in River Cottages there – Tom McKinnie [McKinnon]. He jist lived hissel', and he wis the same.

He wis the lamplighter at night. But through the day he jist popped aboot in somebody's gairden or somethin' like that, odd jobs. Ah couldnae really tell ee if Tom McKinnie had been a ferm worker. But a' the time ah kent him like he wis lamplighter and din odd jobs. Bein' lamplighter meant him goin' up the village street and the Back Road every night summer and winter. Well, he used tae gaun through the day tae. They were paraffin lamps like, and he had tae gaun through the day fillin' the paraffin and cleanin' the auld lamps, and then go roond at night and light them up then pit them oot in the mornin'. There were quite a few lamps, baith along the main street and along the Back Road tae. That kept Tom McKinnie busy. Ah think it'd be the parish cooncil paid him for that.

Another old chap lived doon there, he got named Bobby the Banesetter. Now he wisnae a banesetter by any means. But there were a chap when it used tae be the Ba' Day at Lilliesleaf, which wis a big day in February in the village, and the story ah've heard onywey wis that this chap had gotten a finger maybe oot o' joint or somethin'. And Bobby the Banesetter had putten it in for him. And ah think that's how his nickname had arisen. Ah dist kent him as Bobby the Banesetter. Ah didnae know his surname, and, ah mean, ah kent him for years and years. Bobby dist worked for hissel'. He yaised tae gaun aboot shootin' rabbits and snarin' rabbits and thae kind o' things. He wid die, jist like 'Dr' Blythe and quite a few o' the others, probably dist before the war.[2]

Then, well, John Bell, he wis the chimney sweep. And he dist din odd jobs an' a' forbye the chimney sweepin'. And an auld fellae, Tom Steele, he wis practically the same, dist din odd jobs. Another auld chap, Jockie Dryden, he wis a bagpiper. He wis jist another worthy, though he wis a real hero, ee ken. He lived hissel' a' the time ah can mind o' him, and he wis another man that took quite a lot o' drink, and where the money came frae jist, ah dinnae ken. Jockie Dryden lived in that hoose Ashbank, where Kate Douglas is in't now. There'd probably be one or two other yins. But thae's the real worthies.

Then ye'd another chap – Wat Hogg. Wat always had a job like. But he wis a real worthy an' a'. He stayed in an old shed up in oor garden behind the Cross Keys. The shed wis made o' slabs and it wis only a tin roof. Wat had an old mattress on the clay flair, and he slept there. He worked as a labourer wi' Tammy Steele, the builder. Wat didnae have a wife or faimly, as far as ah know he wis an unmarried man, or maybe a widower or separated. Well, he lived in that old shed quite a while. Oh, it must ha' been awfy hard in the winter: there wis nae fire in the hut.

Wat used tae come intae the Cross Keys, and he yaised tae get his meat frae Mrs Young, Wull and Rob Young's mother, that lived next door tae the pub. He wasnae a lodger wi' her, but he got his meat, his meals, there. Ah used tae go intae the shed when ah wis a wee laddie and see Wat, and ah remember him quite clearly. He wis a pretty small chap, slightly made. Well, Wat died, ah wid say, before the war. The auld shed wis jist demolished. His auld mattress and blankets wis jist taken oot and burned.

As far as ah know, Wat Hogg belonged Lilliesleaf, and so did the other auld chaps like 'Dr' Blythe, Bobby the Banesetter, Tom McKinnie, and a' thae others. They didnae come in tae the village frae Hawick or Selkirk. They were a' aboot the same age group, they'd a' be in their sixties or seventies then before the war, maybe jist a bit aulder than ma faither.

Then ee'd an old chap used tae stay in the East Middles there. That wis a doss hoose for auld tramps and folk. The Middles ferm that's there now, that's West Middles. East Middles wis a cottage further down the old road, the Stank, that goes over tae the Crags ferm. The tramps used tae doss up there at the East Middles a' the time. But there were an auld man, he wis always ca'ed Sailor Jack, he lived in one room o' the house. He'd be a retired seaman. He yaised tae come across tae the Post Office and get his pension every week, and he lived in the one bit o' the East Middles hoose. But the rest o' the hoose wis a' the tramps o' the day that yaised tae gaun there. And that had always been the case frae ever ah can mind. It wisnae a very big hoose, maybe three rooms, ah wid say. Ah dinnae ken if't had been a fermhoose at yin time.[3]

There were a lot o' tramps in thae days before the war. There were a big, big lot o' tramps came roond the district. Oh, they jist toured roond aboot. Ah mean, ee could almost set eer calendar by when ee wis goin' tae see them again. It wis the same folk. They came frae Hawick, Selkirk, Galashiels ... Ah mean, some o' them ... One couple, a man and a woman, ah knew specially, they used tae gaun away maybe doon tae Alnwick in Northumberland and back up tae this district again. Then they wid jist float away doon that direction again.

Well, they'd eat very little at times some o' them, ah mean, jist what they could scrounge off o' some o' the housewives and that. They jist went roond the doors askin' for bread or tatties. But the funny thing is that they could a' get their money for drink. Oh, they came intae the Cross Keys. There were often tramps in the pub. Ma faither didnae mind them comin' in, no, no. Well, ah think wi' some o' them they widnae really be born on the road, they wid be unemployed at yin time and jist take tae this wanderin'. And ah think it wid stert up frae there. A lot o' them that tramped the roads wid be folk that couldnae get a job and dist . . .

Ee ken, some o' the auld yins they were born on the road, ken, the real tramps. Oh, ah can remember them. They stick in ma memory a lot o' them. Ah mean, yin real auld worthy wis Bet the Boar. That wis her name, aye, well, nickname, Bet the Boar. Ah think her right name wis Hepburn. Ah dinnae ken why she wid be ca'ed Bet the Boar. But ee never seen such a woman! She wis a small woman. Ah mean, her face wis like leather. Oh, she always had the auld long skirt, ee ken, and coats and shawls, oh, well wrapped up, and always a hat. On her feet, oh, onything: some days, ee ken, ee'd meet her and she'd shoes on, others maybe she'd a pair o' auld wellies. But jist whatever onybody chucked oot or she could get a haud o', ee ken. And she dist slept onywhere. But yin place she yaised tae gaun tae here near Lilliesleaf wis Milrighall. That's a ferm between Lilliesleaf and Midlem. And she slept in there in an auld open-fronted cairt shed, summer and winter. A real hard, hard wumman, ee ken. But the folk there at Milrighall wis awfy guid tae her, for a meal like, get a meal, and they aye let her sleep there. It wis twae weemen that wis in the ferm then. Oh, they were guid tae her. Well, she'd only stop the yin night like there. Then she'd be away wanderin' the next day again. Oh, dist a restless soul. She wis always on her own, always on her own. She didnae collect things, maybe empty jeelie jars, tae sell them, no' really. But she jist knocked on doors and asked for water or bread.

Ah never kent Bet the Boar bein' ill. Frae ah can mind o' her first ah reckon she must ha' been weel intae her fifties. Well, she yaised always tae talk aboot her faimly. But whether this wis dist somethin' in her mind or no', whether she really had a faimly or no, ah dinnae ken.[4] Whether she wis the full shillin'. . . Ah suppose there could ha' been summat wrong wi' her mind somewhere alang the road. But, ah mean, ah dinnae ken. Well, it wis hard tae tell wi' some o' thae kind. Some o' them kent as much as they wanted tae ken. And other yins ye got a different opinion o' them, ee ken. But, oh, Bet the Boar, she wis an awfy woman. What a character! Oh, she wis a holy terror! Well, she used tae come occasionally intae Lilliesleaf. She didnae come tae the village a lot. Her main route wis Midlem and doon by Bowden Toll, ee ken, doon there, and dist a circle roond there a' the time. Oh, an awfy wumman, oh! Oh, she took a drink and got a bit noisy and violent. Oh, she could be a nasty woman at times.

Ah can remember once a young girl – she wis a stranger tae me the lassie, but she'd been cycling up the road and Bet the Boar had jist yoked on her for nae reason, knocked her off her bike. The lassie wis in an awfy state, ee ken. Oh, Bet the Boar always had a stick wi' her, she had. As ah say, she could be a nasty woman at times. She wasnae really a drinking person, no' really, compared wi' some o' them. But occasionally if she wis in the village she wid come in tae the Cross Keys and have a refreshment.

Bet the Boar wasnae the only wumman tramp ah can remember, oh, no. Ah can remember one they ca'ed Mary Tait. She wis a big ginger-heided wumman. Oh, she wis an awfy wumman there tae. She didnae belong Lilliesleaf. But she could be a violent person her when she had a pickle drink. Oh, she went intae the Cross Keys.

And there were another yin, she always wis ca'ed Big Bella. Ah think Bella Robertson wid be her name. She wis a holy terror, oh! Oh, my God! Oh, she wis a big woman, strong as ony man. Well, the polis in thame days, aboot a' they had tae dae wis watch the pubs, and ony o' thae tramps they seen standin' aboot they'd lift them, ee ken. They'd take them tae Melrose. But ah can mind o' when Fred Wylie, the village polisman, wid go tae lift Big Bella, ken, for bein' drunk. And she wid jist get a haud o' the polisman and pit him right on the bane o' his back. And Fred wisnae a wee light soul either. But Fred, he wis scared for her, ee ken. He used tae get awfy excited if Big Bella wis aboot the road. He used tae get a' worked up at Bella because he kenned there'd be certain trouble if she wis in the village. Ah dinnae ken where Big Bella belonged. But she tramped the countryside. And, oh, every time Fred Wylie went tae lift her she used tae pit him doon on his back. 'It's a' right,' she says, 'ah'll come wi' ye now.' She wis usually on her own. Oh, Big Bella wis a horrible wumman. She wisnae mentally unbalanced or anythin', oh, no. But, oh, jist a right evil wumman, she wis. Ah think she'd been born a tramp, ah think she'd been born on the roads.

Wi' some o' them it worked oot that way: there were tramps wi' children that became tramps theirsel', always trampin' roond. Quite a few used tae have an auld pram wi' their belongins in it. What a hard life, oh! Then, ee see, some o' them if ee had a right bad spell in the winter, they'd pit their fit or their shoe through a shop windae or somethin' like that, and they'd get intae jail for 60 days. Ah, well, that wis no' jist what happened in Lilliesleaf, but in different places. Ah mean, there were quite a few o' them telt iz aboot this cairry-on, ee ken. If they'd a hard spell and they wanted inside, jist a brick through the windae or somethin' like that, then 60 days or somethin' like that. They got a square meal then. Oh, there were a lot o' that then.

There were another couple yaised tae come roond Lilliesleaf, well, Aggie Conroy they ca'ed her, and Hughie. Ah dinnae ken Hughie's second name, but he wis the man she yaised tae gaun aboot wi'. And a real pair o' characters thir. But Aggie wis a clever tramp her really, as fer as gettin' money went. Ah mean, Aggie and Hughie could come intae the Cross Keys and they were sittin' drinkin' nips and half pints, ken, whereas some workin' folk couldnae dae that. And as soon as they got short she'd gaun oot, alang the village, roond the village, and she could come back intae the pub wi' twae or three pound – oh, jist beggin'.

There werenae any o' them that telt fortunes or read palms, no' really, nothin' like that. But, oh, quite a few o' them had their wee boxes and wid sell kirby grips and buttons and maybe some claes pegs and somethin' like that, ken. Usually they had haversacks or whatever, and some o' them cairryin' baskets on their airm a' the road roond, ee ken.

Oh, there were quite a lot o' tramps in thae days, quite a lot. And then Lilliesleaf lies aboot midway frae Hawick tae Melrose, and Jedburgh tae Selkirk, so folk goin' between these toons'd be sure tae come through the village. Quite a few came through Lilliesleaf and had their places where they stayed. Quite a few tramps didnae take drink. One ah remember, he never ta'en drink at a'. But he always stopped in the barn at Easter ferm in the village for one night, and on his way again. And ee could depend on that man comin' roond maybe yince every six weeks. Oo always jist kent him as Scrubber, he wis always ca'ed Scrubber. He never got intae any bother, oh, no, a verra, verra quiet man.

Ee never got much oot o' the tramps, ken. Ee never fund oot what had made them become tramps. They wouldnae speak much. But ah'll tell ee: ee never heard them complainin', never heard them complainin'. It didnae maitter what there wis, they never complained. Ah remember seein' some o' them on a really bad day – snow, rain, pourin' doon. But they never complained aboot it. A funny thing, ah've seen them soakin'. But ee never seen then off ill, ee never heard o' them bein' off ill. Ah mean, soakin' or goodness knows what, and they were off and up some place, ken, at night.

Ah dinnae know what the tramps' sign on buildins wis, but ah've heard aboot it. Ah've heard that they had their place and left a merk for their folk comin' ahint them tae let them ken it wis the right place tae gaun if they wanted a slice o' breid or a cup o' tea. Oh, there must ha' been a kind o' brotherhood o' tramps, ah think, and they passed messages tae each other. And they reckon that they had their ain slang an' a'. Ah never heard it like, well, ah've heard some o' them talkin'. But they reckon that they had their ain kind o' language among theirsels. They could be quite interestin', some o' thae tramps. Ee'd get the odd yin that wis maybe well read, educated. But they widnae be original tramps, they'd be somebody that wis doon on their luck, ah think, and went on tae the road. But ah cannae masel' remember now anybody like that. Mind, some o' them had a fair auld patter aboot them when they were talkin' tae ee. And they were mainly Scots, Borderers, ah think, and ee got twae or three frae the north o' England. But ee didnae get many Irish among them.[5]

* * *

Well, ma earliest memories are o' the Cross Keys pub, the village and its auld worthies, and ma memories stretch back tae 1930–31–32. Ah can remember before ah went tae school the Sunday School picnics. It wis always a great day the Sunday School picnic. Ee used tae have tae walk frae the village tae Shawburn. The Sunday School picnic wis always held at Shawburn in a field there. Ah dinnae ken what the reason it'd be there. But the very earliest times ah can remember it wis at Shawburn. Then later on it wis shifted tae Linthill, jist in the field right in front o' the big hoose, next tae the Ale Water. Sanderson o' Linthill wis quite an important person, he'd probably be an elder o' the kirk, and he wis the heid in Vat 69 Whisky. When he came tae Linthill ah think he wid maybe still have somethin' tae dae wi' the Vat 69 business, but he'd probably be semi-retired. He yaised tae gie the schule kids their Christmas pairty every year, he paid for that. He wis at Linthill frae ever ah can remember.

Ah started at Lilliesleaf school when ah wis five in 1932. Well, ah wis never fond o' the school at any time. It wis never yin o' ma favourite places the school. Ah wasnae a scholar. Ah mean, ah like-ed tae roam the countryside a' the time. If ah wis doon the Ale Waterside or somethin' like that – poachin' aboot, that wis me. Ah wasnae a truant frae the school, well, no' really, probably occasionally.

Miss Bryden wis ma first teacher. She came from Selkirk and she used tae get a lift tae Midlem Mill and she walked frae Midlem Mill up tae the school, a guid mile. She wis young, an exceptionally nice woman. Ah'd be aboot a year at the school when she got married. There were three teachers when ah first went, one o' them wis Constable, the headteacher. Miss Hepburn wis the other teacher, she married Andy Henderson o' the Post Office. Ee got each teacher in turn as ee moved up a class: Miss Hepburn, then the headteacher.

But ah wis never keen on the schule somehow. Ah dinnae ken what the reason was. Ah always got on fine wi' the teachers, nice teachers, ah had really guid teachers. But ah always wanted tae be oot and away sort o' thing. The bell couldnae come quick enough for tae get oot the schule. Ah wis an active, energetic laddie, ah run aboot a' the time. Then ah didnae really find the subjects interestin', though ah wis always fond o' handwork.

Oot o' the schule, well, jist oo used tae gaun tae the fishin'. Well, in thame days – oo hadnae a fishin' rod – oo used tae gaun guddlin' the troots, ee ken, wi' a snare, and passed the time wi' thae things. And ee learned a lot aboot nature, the wild flooers and a' that, oh, ah enjoyed that. Oo got nature walks at the schule maybe yince or twice a year. Ah wis always interested in the countryside, ah wis always a lover o' the countryside.

And then catchin' rabbits, oh, oo never missed a finishin' if oo could possibly help it. Oo went roond a' the farms. Ken, ee used tae have thingmy sayin' tae ee, 'Now that ferm there they'll be feeneeshin' maybe aboot six o'clock the night. There another yin up the road, he'll be feeneeshin' aboot fower o'clock.' And ee jist went frae yin and then ee popped aboot the other yin.

Ee used tae sell the rabbits ee killed. Ee got 6d [2½p] for a rabbit. Rob Richardson, the butcher in Lilliesleaf, he wid buy them off oo, and then he used tae send them a' away. Ah think it wis Leeds the rabbits went in thame days. Oh, ee could always make two or three bob [10p, 15p] pocket money wi' the rabbits. Well, it'd be cigarettes maistly ee'd spend it on. Ah wis a smoker, pretty young when ah started, maybe aboot eight, nine year auld. Ah wis a regular smoker. It wis usually a tuppenny Woodbine ee got then, they were the cheapest. Ma pals smoked as well, that wis the done thing. Ah dinnae think ah regret that now. Ah enjoyed it when ah did smoke. And tae make it mair interestin' it wis somethin' we shouldnae ha' been daein'. Oh, ma parents didnae let us smoke then. But then the auld police – ee'd tae watch the polis an' a', he'd report ee tae eer parents.

Billy Shiel wis one o' ma pals in the village. He lived in that house right opposite Muselie Drive road end. It wis a top storey they lived in, and ee had tae go up an area passage at the end o' the house and up. When Billy left the school he got a job as a fireman on the railway, and when the railway packed up he went intae Edinbury. Ah haenae

seen him for years and years. Then when ah wis young Jim Preston wis
another yin o' ma pals, but Jim died a young boy aboot eight year auld.
Jim wis Mary Preston's older brother, and practically the same age as
me. Ah think it wis diphtheria Jim died o'. Ah remember him dyin'.
Jim and me wis great pals, ma closest friend. Oo played thegither
since ever ah can mind, even afore oo went tae the school. He lived a
couple o' doors up frae the Cross Keys. It wis a terrible shock when
he died. He'd be taken away tae the Hawick fever hospital. Oh, ah
wis lucky ah never caught diptheria masel'. There wis quite a lot o' it
aboot the village at the time in fact. Well, there were a young boy,
Geordie Sked, the policeman's youngest boy, died near enough the
same time as Jim Preston, jist before the war.

Well, ah wis glad tae leave the school, oh, great when ah came the
age. Ah never had the slightest inclination tae try tae go on tae
Hawick High School. There were one or two frae the village yaised
tae go tae the High School. Well, ah left the school when ah wis 14,
it would be the summer of 1941.

Ah started work straight from school wi' the Forestry Commission.
They had their place at Clarilawmoor. That wis what ah wanted tae
do. It wis a guid open-air life and ah preferred that tae go on tae the
ferm like. Ma parents said it wis up tae me. If that's what ah wanted
jist tae get on wi' it, sort o' business. Well, ma very first job wis
peelin' trees. Ee'd a peelin' spade and takin' the berk off a tree efter
they'd been cut like. And it wis a very monotonous job this peelin'.
Ah didnae care for it really. But ah wasnae oot very long till ah got
on tae the job on the lorries, cairtin' the timber tae Newtown St
Boswells station. Ah wis jist loadin' the lorries and unloadin' them at
the other end. Oh, ah enjoyed that. It wis heavy work, but it wis
enjoyable. Ah loved the outdoor life.

For wages ah got £1 a week. Well, £1 wis the wage but ee'd 10d
[4½p] off for unemployment and ee'd eer ain insurances like. But ah
got 19s2d [95½p] a week in the pay packet. Oh, it wis quite a good
wage then for a boy. The hours were eight o'clock tae five, and ee
worked Saturday forenoons then – a 5½ day week. Ah got on well wi'
the other workers. Oh, there'd be a lot up there, 70 or 80. There were
maybe aboot half a dozen frae Lilliesleaf. Tam Borthwick wis there,
and ma brother David worked wi' them a while afore he went intae
the navy. One or two chaps frae Midlem used tae work wi' them, and
there'd be a lot frae Selkirk and St Boswells and roond aboot. Well, ah
worked wi' the Forestry Commission for aboot three year. Then ah
went tae Bain o' Glasgow, timber contractors.

Ah worked wi' Bain up there at Whitmuir. Ah'd cycled tae work a' the time ah wis wi' the Forestry Commission, and ah cycled part o' the time ah wis wi' Bain. Then there wis a lorryman sterted frae Hawick and oo yaised tae get picked up at Lilliesleaf in the early mornin'. Bain had a sawmill right on the side o' the loch at Whitmuir, between Midlem and Selkirk, and ah started wi' thame. Then the sawmill shifted frae there doon tae Kippilaw, between Lilliesleaf and Melrose, and ah wis wi' them there. Then ah shifted frae Kippilaw tae Clarilaw Burn, then frae Clarilaw Burn up tae Thirlestane Castle at the top end o' Ettrick. It wis very isolated so some o' oo lived in bothies, auld wid huts. Ah've seen better hen-hooses as some o' them, ee ken! Oh, poor conditions, rough goin'. Usually there wis aboot two o' oo in a bothy, it wis jist a sma' hut. The heating wis, well, jist an auld wid stove, that wis it. Ee jist kind o' looked efter yoursel', did eer ain cookin'. In ma spare time, well, ah always had tae be right in the countryside me. If there were a burn or a river near hand, that wis me. Oh, ah could never live in a city, a day in the city is too long for me.

Ah can remember one or two accidents wi' Bain in the sawmill like. There wis very little medical provision, jist a bandage and a bit o' elastoplast kind o' thing, get it stuck on and away tae the doctor. Ee were taken away tae the hospital or the doctor, there wis nothing on the site, no' really, jist a little box wi' odds and ends in't, ee ken. Oh, it wis terrible.

Ah think ah'd be six or seven year wi' Bain. Then aboot 1951–2 ah went tae work wi' Jones o' Larbert, at the sawmill at Lilliesleaf. Ah worked in that sawmill for probably about six year. Then ah went out on tae cuttin' oot in the wids. Ah worked doon the Mertoun estate doon by St Boswells. Ah cut a lot o' wid doon there, and then doon on Newton Don estate near Kelso, and ah cut a lot o' wid doon there tae. Then ah wis ower at the Wells estate, at the other side o' Denholm, and cut a lot o' wid there. So ah wis movin' roond, and usually at thae places for at least a few months at a time. Oh, it wis pretty hard, heavy work.

It could be dangerous work, tae. But ah wis lucky, ah never had any bad injuries. Ee seen quite a lot o' accidents. Ah can remember one or two gettin' their hands cut on the circular saws like in the sawmill itsel'. Well, ee tried tae be as careful as ee can, but ah think some folk get so over-confident workin' on a saw. They thought they could master a saw, which ee canna dae. Ah mean, you make a mistake and the saw'll have your fingers. There's nothin' as shair as that. Ah think a lot o' folk got over-confident and it jist *tttccchhhttt. . .*

Ah think ah'd be ten year wi' Jones o' Larbert till ah left aboot 1961–2. After ma faither died in 1947 ma mother ran the Cross Keys. But when ah packed up wi' Jones o' Larbert it wis a time when ma mother wisnae so fit for the bar. So ah got a job jist general labourin' wi' Tammy Steele, the mason in Lilliesleaf. Ah wis hame every night and could gaun intae the bar and gie ma mother a hand efter ah'd feeneeshed work' wi' Tammy. Well, ah worked wi' Tammy a couple o' years. Then after ma mother died aboot the middle o' the 1960s ah wis left the pub, a free house, and ah had three years full-time in the pub. But ah didnae like that at a'. Well, ee wis very sair tied: in thae days ee had tae open at 11 o'clock in the mornin' and shut at three in the efternin, then open at five and shut at ten. Now ee can please eersel' when ee open and when ee shut. But in thame days ee couldnae. And ah felt there were other things in life forbye workin' in a pub. Ma wife wis jist the same as me, oo were in it thegither. Ah can mind when ah went up tae the solicitor's in Hawick and says tae him, 'Ah want tae sell the business.' 'Well,' he said, 'in that trade, ee're jist lettin' life slip past ee.'

At the Cross Keys oo'd quite a lot o' fermers for customers, and quite a lot o' ferm workers an' a'. The worthies aboot the village wid nip up tae The Ploo Inn for a couple o' whiskies or somethin' and then come doon tae the Cross Keys. So there were some men went tae both pubs, but some only tae the Cross Keys or only tae The Ploo. It wis maybe some wid like ma parents and wid go tae the Cross Keys, others wid be attracted by the folk at The Ploo. There wis nae obvious difference, maybe jist habit, and if ee lived at yin end o' the village ee maybe jist went tae the pub there. At the Cross Keys we had some regulars, the like o' Peter Kemp o' Riddell Mill, that came in every day. Peter and his aulder brother Dick had lived abroad – ah cannae mind what pairt it wis – afore they came tae Lilliesleaf, and they wid make a lot o' money. They'd probably come in there maybe in the late 1920s. Dick died doon at Riddell Mill before the war. Peter Kemp wis a quiet man, no' a heavy drinker. Peter and Dick always come in the back o' lunch time and had maybe a couple o' pints, and they'd come back at night again and have twae pints. But later on, durin' and at the finish up o' the war, Peter started drinkin' mair and mair. Then ye had the regulars among the farmers. Airch Elliot, the fermer at Middles, and Wat Elliot the farmer at Newhoose in thae days, and Peter Brodie o' Hermiston, they were a' pretty regulars at the Cross Keys. And then ferm workers, well, Auld Daid – Bob Dalgleish o' the Middles, a great character, loved by baith auld and young – wis a regular.

Everyone called him Auld Daid. Bob could walk intae a pub and sit doon aside folk his ain age or sit doon aside youngsters and he wis made welcome. Oh, he had a great sense o' humour. Bob had always been a ferm worker, at Dimpleknowe up abune Hermiston at yae time afore he flitted doon tae Lilliesleaf. But the Dalgleishes were in the village in Woodbine Cottage, right next tae the Cross Keys, a' the time ah kent them.

As ah say, ah love the countryside. Well, in the wintertime, when ee'd see a run o' salmon up the Ale Water, ah mean, ah learned the river then. Ah poached fish frae ah wis maybe twelve year old daist until ah had the bad turn and took a hert attack in 1986. Well, ah had tae poach fish. Even when ah wis twelve ah wis always lookin' for a fish. Ah mean, if ah thought there were a fish in the river ah had tae be oot efter't. Later on, when ah got a bit aulder, ah've seen iz gettin' up at one o'clock in the mornin', two o'clock in the mornin', a' the hoors o' the mornin', away walkin' up tae some o' the burns, and away doon the river, oot poachin' wi' the lamp and the cleek. It wis usually on your own. It wis always best tae gaun yersel'. Oh, ma parents didnae mind. Well, they kent it wis nae yaise. So ah jist went onyway, because ah had tae. Ah had tae be there. It wis maybe like the salmon theirsels comin' up the river – ah felt ah had tae go doon there. Tae me the sport wis terrific.

So ah wis poachin' salmon in the Ale Water frae the age o' twelve. It wis the Ale, ah didnae go as far as the Teviot. And, well, ye yaised tae get the sma' burns an' a', thae little burns, ye yaised tae get fish frae thame an' a. Well, what they ca'ed sea trout, maybe aboot twae and three pund. They yaised tae come up thae burns. So in thame days there were good fishin' burns but it's nae use now. Ah dinnae ken why – whether it's wi' pollution or no'. But ee still get the run o' salmon up in the back end. But as far as trouts go there's no' a trout in the River Ale. Oh, it's terrible.

The salmon came up the Tweed intae the Teviot and then intae the Ale, oh, almost right tae the top, right tae the source o' the Ale at Alemoor, away beyond Ashkirk. So right the length o' the Ale ee could expect tae find salmon in thame days. And ee still get salmon in the Ale.

Ee caught the salmon wi' a cleek and a light. When the salmon's spawnin', they make a hole in the gravel for tae spawn intae. If ee gaun oot at night wi' a torch and ee're wadin' up the water and ee come on them, usually they'll lie tae the light, no' move away frae the light. And ee tug eer cleek and stick and get them wi' them – quite easy when ee know how. If they do go off – folk talk aboot the red – ee dist stay wi' the light on and they'll gradually tail back tae the light again.

It wis easy tae go intae a fishin' tackle shop in Hawick and buy a cleek. They cost in thame days maybe aboot 6d [2½p]. Oh, they werenae dear at a'. Then ee jist tied the cleek tae a stick. Of course, when ee went oot at night ee had tae hide thae things under eer jaicket, ee had tae be careful.

Roond aboot Lilliesleaf the weight o' your fish wis usually maybe six, seven, eight pound – fairly sma'. Ah've seen in the summertime, when ee got a run – well, no' a run, we talk aboot the spring salmon comin' up. They usually came intae the river in thame days aboot, well, ah've seen June a guid month for them. But they were very scarce like. Ah've seen iz get 14, 15 pund. And they were real fresh salmon, oh, excellent. So oo quite often dined on salmon at the Cross Keys. Ma parents didnae mind that! Ah didnae sell salmon ah caught, ah jist gien them a' away. Ah'll tell ee, there wis never an auld-age pensioner had tae want for a fish when ah wis there. Oh, ah yaised tae gaun intae the auld-age pensioners. Ah've seen iz buryin' a salmon in the gairden.

Ah wisnae the only yin at Lilliesleaf that poached. There were half a dozen sort o' regular poachers went oot at night. Ee used tae get quite a few folk poachin' at the caulds in thae days. The caulds were where the salmon leapt up.

Ah wis never caught poachin'. How ah'll never know, for ah wis never off the waterside. But if ee varied eer times when ee went oot ah think that helped a bit. And, as ah say, it wis always best tae gaun yersel'. But of course if ee're standin' in the river wi' a light it wouldnae be difficult for the water bailies tae see ee. Ee got the bailies frae the Tweed Commissioners, they yaised tae come roond. There were the odd poacher got catched. Well, sometimes ee got some o' the Hawick yins comin' doon an' a', poachin' frae Hawick. And an odd person wis picked up, well, there were always one or two that got picked up. When oo worked doon at the sawmill at Cavers Carre there, on the run o' the salmon up ah yaised tae gulp ma pieces and run across tae Linthill cauld at the dinnertime, and get a couple of salmon and away back again. And oor boss then – he wis a Hawick chap, Emery they ca'ed him – says, 'How d'ye gaun aboot gettin' thae salmon?' 'Oh,' ah says, 'it's easy, min. Buy eersel' a cleek and pit a cadge on a stick, wait till ee see them comin' up, then run intae the cauld and get them.' So here he must have bowght himsel' a cleek right enough and he'd come doon on the Saturday mornin'. Now that's the very worst thing ee can dae, gaun near a cauld at the weekend, because the bailies are always aboot at the weekend. Oh! Emery wis standin' wi' the cleek and stick and the bailies arrived. That wis him! He wis fined like. Well, ah suppose the fines were heavy compared wi' the wages, maybe fines o' £5 or £8. What ee got'd depend on whether it wis your first or second offence.

There wasnae a bailie livin' in Lilliesleaf, no' in our time. But in the olden days there used tae be bailies. Ah can jist remember when ah wis at the school there were a water bailie in Riddell South Lodge. Joe Rodden they ca'ed him. He yaised tae gaun aboot on the old motorbike and sidecar, gaun trailin' roond a' the caulds. Ee used tae get quite a few folk poachin' at the caulds in thae days. But Joe Rodden ah think he died wi pneuomonia or summat. Then, ah mean, Fred Wylie, the local policeman, kent oo poached salmon. But he never tried tae interfere. Even ony o' the police efter that, ah mean, they a' kent ah poached. But they never interfered. They left that tae the water bailies.

Oh, ee had tae be carefu' at the poachin', because there'd always be eyes lookin' oot. Then, well, the gamekeepers – there wis always a gamekeeper at Riddell in thame days an' a'. They kind o' watched. Bert Bruce, he wis the gamekeeper, he lived in yin o' the lodges at the west side o' Riddell. But he wis a' right, Bert. Ah mean, if oo wis oot for the salmon through the day the thing wis ee used tae stay in a pool when ee knew there wis salmon in't. Ee used tae thraw stanes at the pool and ee frightened the salmon intae the rits o' the trees. And ee yaised tae get them there. Ah mind yin day especially. Ah wisnae oot fishin' or poachin' but ah'd met Bert Bruce onyway. 'Aye,' he says,' that wis a guid yin ee got yesterday.' 'What?' ah says. 'That salmon ee got.' 'No' me, Bert,' ah says. 'Ah, min,' he says, 'ah stood and watched ee takin' it oot.'

And then Major Jock Sprot, like if ee wis oot through the day poachin', the Major din a lot o' walkin' roond aboot, ee ken. And ee'd be that busy lookin' for a salmon, ee ken, and no' lookin' roond aboot ee ower often. The Major always sterted whistlin', tae let ee ken tae get away oot the road. If he spotted ee on the river he wid stert whistlin' a tune o' some kind. And ee said, 'Oh, the Major!'

Of course in the aulden days there'd be quite a lot o' poachin' gaun on, because they'd have tae poach tae live in thame days. Ah can mind auld Bob Dalgleish – Daid o' the Middles – tellin' iz there'd been some o' them oot poachin' up aboot Riddell yin night. Tam

McKinnie wis yin o' them. And Tam wis climbin' oot the river up the bankin' but he slipped and the cleek went right in through his cheek. And, well, ee cannae get them oot because o' the barb on them. So they walked doon intae the stable at St Dunstan ferm there and they got this auld roosty file thing. They filed it through the cleek tae take the cleek oot the inside o Tam's mooth. Ee can imagine the pain when they were fiddlin' aboot wi' that – and a file, a saw wid ha' been bad enough. Oh, Tam had a scar efter that. God, ah remember the scar!

But, oh, poachin' wis a great sport tae me, really great sport. Ah thoroughly enjoyed that. Ah havenae din ony fishin' for twae or three year now. When ee're standin' in the water an' a' that, it's no' so good when ee get older.

* * *

Well, when ah left Tam Steele the mason and sold the Cross Keys ah went back intae the timber trade again. Jock Law o' Ancrum took ower the sawmill at Lilliesleaf when Jones o' Larbert finished there. Ah sterted work wi' Jock Law and ah worked wi' him for fower year. Then ah left there and went tae Riddell estate. That wid be aboot 1973, and ah think ah wis 13 year at Riddell. The work ah din there wis anythin' – odd jobs, helpin' on the ferm, helpin' wi' the feedin' o' the beasts, and a' this kind o' thing. Ah quite enjoyed it. Ee got a wider variety, oh, aye, ee'd a grand variety o' jobs.

When ah went tae Riddell ah think the wages wis £20, £21.50, or somethin'. It wis abune £100 a week by the time ah left, though the value o' money had fallen a lot by then. Ah wis on good terms wi' the other workers at Riddell, and Major Jock Sprot wis grand, oh, a nice fellah. Ee couldnae ha' gotten a better. And when Andra Grant, his nephew, took over, oh, a proper gentleman, Andra, yin o' the finest fellahs ever ah worked for. Ah remember the auld Major Mark Sprot – a different kettle o' fish him.

Well, ah took a hert attack aboot 1986 and ah had tae sort o' pack up work a'thegither. Well, ah'd been back and forrit tae the doctor a lot. So the doctor sent me up tae the Peel Hospital for a cardiogram. The doctor there put iz on tae the machine. 'Ah,' he says, 'straight intae the ward.' Then a couple o' year after ah had a stroke. So ah wis back intae hospital for a wee while again.

Lookin' back on a' thae years at Lilliesleaf, ee see what's happened is a' the ferms roond about here they'd be very lucky if there's mair as yin man on them. Even when ye talk aboot some o' the bigger farms, the likes o' Clarilaw and Hassendean, well, at Clarilaw there'd probably yaised tae be, och, eight workers on it. Ah think there's a manager and one worker now. And a' the hooses on the ferms have either been selt or they're full o' holidaymakers. Ye see, youngsters in the village that gets mairried now the first thing they dae is get a hoose in the toon. A lot o' them flitted intae Hawick, some o' them intae Selkirk, where the work is. Ah mean, let's face it: there's nae work in Lilliesleaf. It'd be a case o' havin' tae buy a motor car tae trail back and forrit. There is a bus service o' a kind, but it's hopeless. So they jist get a hoose in the toons, and that's it. Well, ye get the odd young workers aboot the place. But maist o' them had tae flit intae Hawick, ee ken. The amount o' youngsters oo've lost oot the village is sad really. Mind, they're guid youngsters, tae – a grand lot o' youngsters aboot the village, jist great folk for the village. There are no' many young folk livin' here now. Oh, Lilliesleaf's completely changed a'thegither.[6]

Jimmy Shortreed

Well, while ah wis still at achool and the last few weeks before ah left, jist comin' up for 14 in the summer o' 1941, ah jist naturally thought it would be farm work. Ah never had anythin' in ma mind outside that. There wis a few o' us at school the same age and what were we goin' tae do?

So ah went and got fixed up with a job workin' on Easter farm at the end o' Lilliesleaf. Ah went maself tae Easter farm and asked the farmer. Ah got the job without tellin' ma father or consultin' him. It wis jist a thing ah made up that ah wis goin' tae get a job, and that wis it. It wis jist tae start as a laddie. But ma father disillusioned me there. He forbade me tae take the job, he widnae allow me tae take it! He didnae want me as a farm worker. He thought that ah wisnae suitable, or it wisnae a suitable job for me. He wis inclined tae push me toward a trade proper as against jist farm work. So ah had tae go back tae Easter farm and say that wisnae on. Then another farmer, from the Crags, came and (he didnae ask me) asked ma father if ah could go and work there. And ma father said no, that ah wisnae goin'. And that wis that.

Well, ma father had worked on a farm all his life, it wis a hard life, and he didnae want his son doin' that. That's just what it was. It wis a sensible enough decision. Of course he wis very shrewd at the same time, because when ye look back, although he didn't talk direct to me, he wis sort o' siftin' me out to see what wis in me, what ma interests were and that like. Ma interests wis a thing that we didnae talk aboot. We didnae talk a great deal, ma father and I. He was a very quiet man, kept very much to himself, though he wis a very respected figure in Lilliesleaf. But he left it to oorsels, ma younger brother Andrew and me – mair for my part anyway – to make up ma ain mind, except that he didnae want me tae work on a farm! He vetoed ma decision. Oh, ah wis upset at the time. But ah didnae have any sense o' resentment. In the end ah wis glad ah hadnae gone tae Easter.

Ah wis born at Berrybush, between St Mary's Loch and Tushielaw in Selkirkshire, on the 20th o' August 1927. Ma parents brought me as a baby aboot 1928 tae Lilliesleaf. But ah cannae mind much aboot the village until ah went tae school when ah'd probably be aboot five and a half. Ah dinnae mind onything before that. Ah would be a wee bit aulder startin' the school for the simple reason ah spent a year in and out o' the Royal Infirmary in Edinbury. Ah had some kind o' eye trouble, and durin' ma stay in the Infirmary ah had took pneumonia. And once ah got over that ah had tae get ma tonsils oot! A' that took aboot a year. Ah wis due tae go tae school efter the summer holidays in 1932, but it'd be the spring o' the following year before ah went.

On the whole ah liked the school, ah enjoyed masel'. Ah liked the woodwork and gardenin' when ah got that length. History and geography ah wis quite keen on, tae. But ah wisnae much good at readin' and writing: it wisnae ma brightest subjects that. Ma parents encouraged me tae read at home. Ah can mind learnin' tae read. It wis a great achievement once ah could read. Ah thought it wis a great thing. There wis the school library in these days and ah got books at the schule. They came in boxes frae the County Library. Ah cannae mind how often they were changed, but it wisnae very often. It must jist have been aboot yince a year, because we used tae get fed up wi' the books. Oh, ah wis a keen reader as a boy. It wis maistly adventure stories. Ah think Robin Hood made the biggest impression on me, because ah mind o' readin' it mair than yince. But then ah got on tae R.M. Ballantyne stories efter that, and ah enjoyed them.[1]

As ah say, ma father forbade me tae begin workin' on a farm. But at the same time he didnae influence me in takin' up gardenin'. It jist so happened that when ah left the school they were needin' a boy in the garden at Linthill, jist ootside Lilliesleaf. The chap that wis there, Robbie Dick, had been called up tae do his army service. So I got the job and started as soon as ah left the school. Ah think Mr J.M. Sanderson o' Linthill had phoned the headmaster and he had put ma name forward. Then Jimmy Davidson, the Linthill gardener came up – we knew he wis comin' that forenoon – and talked tae ma mother and I. Ma father wis away doin' somethin' and he wisnae in on it. When he come back he wis told I'd got the job at Linthill. He didnae try and veto that one, though he wisnae 100 per cent happy: it wis the summer holidays and he'd thought he wis goin' tae have my labour for the summer holidays!

I got 15 shillins [75p] a week the first year at Linthill. The second year the wages increased to £1. Ah worked eight hours a day, from eight in the mornin' tae five at night – a shorter day than on the farms. I was quite well off that way. And it wis only a 44-hour week, because it wis four hours every Saturday. Then ye got one week's holiday and one day's holiday, rither better than many other folk got. Ye got New Year's Day, and we had Ba' Day in February: ye had the afternoon off for that, though ye worked Christmas Day. The workin' conditions in Linthill gairdens were really quite good, and ah felt ah wis indeed well off. Ma wage wis all given to ma mother, and ah got a shillin' back! There wis nae formal indenture, nothing signed, but it wis considered an apprenticeship. Of course, ah didnae go to any evening classes, there wis nothing. Ah jist learned on the job.

Well, ah started off in the mornin' wi' the boilers tae do first. They were all to rake out, the ashes to take out. It was the Big House boiler, ah had both the Big House and the greenhouse. There wis the hot water in the summer, and of course there wis only the one boiler when ah started work in the summertime. Come the wintertime there wis the central heatin' boiler and the glasshouse boiler at the gairdens. They were tae rake out and take the ashes out o' them, and then they were jist slightly stoked tae boost the heat up.

And then I'd the boots tae clean. Mr Sanderson's shoes – he wore brogues – ah had them tae clean every mornin'. He went shootin'. Of course, there wis shootin' boots as well! The shootin' wis pheasants, doon at Floors on the Roxburghe estate. He went oot shootin' once a week, but only frae aboot October to the end o' January. So cleanin' the boots and shoes took an hour.

Then ah had tae cycle from the gardens up tae what we ca'ed the Cut Corner, where the junction takes off frae Lilliesleaf tae Ancrum. Ah had tae stand and wait there at the Cut Corner until Andy Henderson from the Post Office came from Belses station wi' the papers. He stopped there and handed oot the papers tae me and ah had tae run down wi' them on ma bike back tae the Big Hoose. Mr Sanderson got *The Scotsman*, *The Tatler*, and the *London Illustrated News*. Ah can remember those three anyway.[2]

So for four years ah did the boilers, the boots and shoes, and the papers, till ah wis called up. I wis still the boy. The last three or four months ah wis at Linthill there wis another laddie started – Bill Reid, he lived at Chesterknowes, his fither wis the gardener there – and ah wis showin' him what tae do and the pair o' us did it thegither.

Anyway ah wis finished and intae the garden by half past nine maist mornins. Then, well, ah'd the vegetables tae get. After ah'd cleaned the boilers and the boots ah had tae go intae the kitchen and ask what they wanted for vegetables, and the cook gave me the order o' what ah wis tae bring up. So when ah wis comin' back wi' the papers ah collected what vegetables wis tae take up tae the Big House, and they were taken up at the same time as the papers.

Then the very first job ah got wis weedin' the paths and those kind o' things, jist in the gardens, the sort o' jobs laddies wid be given. And ah wis shown how tae do it – a case o' a Dutch how and a rake. Ye howed them off and then raked the weeds off. And then ah progressed to the diggin'. And ah had all the herbaceous borders. Ah had all the flower work tae do while ah wis there, because the gardener, Jimmy Davidson, wis in a reserved occupation, ye see. He wis eligible for military service, but tae avoid him goin' tae military service he only did fruit and vegetables. He did all that work. If he'd done the flowers he might have been called up! Not that there wis much fear o' anybody seein' him doin' it. But that wis why ah got so much o' the flowers tae do. But for me as a laddie that was a good thing, that ah wis learnin' that side o' gardenin' sooner than ah might have been. Ah enjoyed that. As far as the fruit wis concerned, ah was mostly cleanin' up behind the gardener. Ah didnae have much preference really between the flowers and the vegetables, it wis much the same. But it wis nice tae do a wee bit o' one then the other, you werenae doin' the same thing a' the time. Ah wis learnin' a lot, it wis a good trainin'.

Jimmy Davidson, the gardener, would be in his thirties in those days, quite a helpful, kindly man, and he encouraged me tae learn. He wis strict but fair, he was very good, and we worked thegither very happily. Oh, it made a great difference.

There wisnae jist Jimmy Davidson and me in the garden. There wis also Miss Elspeth Sanderson, a daughter o' the Big House. She classed herself as a Land Girl. And she wis avoidin' military service, tae: a dodger, that wis my view. It wis understood between Jimmy Davidson and me that that's what it wis about. But she didnae come out till ten o'clock in the mornin'. She had a longish lunch hour, and then she wis stopped again by four or the back o' four o' clock! Ah mean, she had her hours tae suit her. Oh, she took her work seriously but, I mean, she had a great time. She seemed tae spend most o' her time workin' alongside wi' Jimmy Davidson. Ah wis often delegated tae work on ma own on the other work. Oh, Miss Sanderson wis friendly enough in her own way. She jist didnae bother much about me. Ah wis jist one o' the village laddies and that wis it. She wid be at least four or five years older than what I wis. Ah never saw that her father, Mr J.M. Sanderson, seemed concerned that she wisnae goin' off tae the Forces.

Mr John Martin Sanderson wis the chairman o' the board o' VAT 69 whisky. We only saw Mr Sanderson for about half an hour each day. He used tae come intae the garden pretty regular round aboot 11 o'clock. Ah wis told that even if he did come in ah wis tae carry on workin' unless he came tae speak tae me. If he came and spoke tae me that wis a' right. But other than that ah wis jist tae carry on as normal as if he wisnae there. It wis jist part o' his routine. He jist came in and spoke tae the head gardener, had a look at the thermometer – there wis a thermometer hung on a post in the garden – commented on the weather more or less, and then went away again. He did that every day, it wisnae for very long. Ah had no cause tae complain aboot Mr Sanderson at all. He wis quite pleasant and friendly and treated me very reasonably. Ma contact wi' him wis limited to that few minutes in the mornin'. The only time ah can ever remember him dealin' directly with me wis when ah'd been off ill for two weeks anyway. It wis jist the flu. Ah wis in bed for two or three days, and took a day or two tae get back on ma feet again. When ah came back tae work he made a point o' seein' me, came down tae the garden and spoke tae me, and had ah had the doctor, and all the rest o' it. And ah said, 'No, ah hadn't had the doctor.' 'Oh, well, the next time you're ill you get the doctor, because ah need a sick line.' Ye see, ma mother and father didnae bother wi' a' that either. Ye know how ee were jist ill and that wis it. But Mr Sanderson wisnae unpleasant aboot that. And ah wis paid in full for the weeks that ah wis off, it wisnae a question of not bein' paid.

So there wis never any grievance over workin' hours or workin' in the rain or anything like that. If it wis rainin' you found work tae do inside the hot houses, and we had logs tae split and kindlin' tae for the fires. And there wis always jobs tae be done in the garden. Of course, it wis a' manual work – diggin' and prunin' and cleanin' up. Ah mean, ye hadnae mechanical aids.

And then ah wis away one day a week for three months for November, December and January, at the shootin'. This wis Mr Sanderson's own shoot that he rented every year on the Roxburghe estate, and he invited different people every week tae come. There wis usually half a dozen o' them. It wis locals. They were mostly retired army. There wis Colonel Ewing and Major Marshall, and there wis Misters this and that. Even Mr Otto, the previous owner o' Linthill, he turned up. And ah mind once o' bein' grouse shootin' up at Roberton beyond Hawick. It wisnae a case o' Mr Sanderson havin' the shoot there, he wis invited tae join somebody else's shoot. And on the days, the Thursdays, comin' home from the shootin' – the forester, Tom Craig, and I went, well, had tae go, as beaters, we always accompanied Mr Sanderson – there wis always a stop at the Buccleuch Hotel at St Boswells. Mr Sanderson and the forester went in, but ah wis left always in the car. But there wis always a bottle o' beer brought out and given to me. Ah didnae drink the stuff and tae begin wi' ah'd jist left it in the car or somewhere. Ah didnae bother even bringing it hame: ma father wis TT, very much against the drink. Drinking was hardly thought of at that time, before you were 18 anyway. Some o' them ventured into pubs efter that. But oo jist hadnae the money for these kind o' things, although ah cut grass for some o' the aulder folk in the summer months and got a shillin' an hour for daein' it. But there was a man in the lodge at the Linthill driveway discovered ah always got this bottle o' beer, so: 'Oh, bring me the bottle o' beer. Dinna leave it.' So he got the bottle o' beer latterly and looked forward to our shootin' days!

Mr Sanderson, as chairman o' VAT 69, went every Friday tae Edinburgh, ah take it it would be tae the board meetings: that wis never discussed. Mrs Sanderson went with him. She wis pleasant enough, too, a bit more strait-laced maybe, reserved, but she wis a nice enough person. Ah didnae have much contact wi' her. She came intae the garden occasionally, jist tae have a look at it and gather flowers. She cut them hersel'. She wis always pleasant enough tae me.

Mr Sanderson had been a widower and remarried and this wis his second marriage. Besides Elspeth that worked in the garden, the Sandersons had another daughter and they had a son. Robin, the son, was the eldest. He wis an officer in the Scots Guards. Durin' ma time at Linthill ah mind o' him bein' hame only yince. He wis already away in the army when ah went there, and he ended up a captain and came back after the war. The other daughter, Catherine, the youngest, worked as a civilian in the War Office. The only time ah saw her was when she came home on holiday. She was quite pleasant and friendly. Then Mr Sanderson had an aulder son from his previous marriage that used tae come and stay at Linthill. The Sandersons had dinner parties and cocktail parties and these kind o' things. But they didnae have much in the way of house guests. As ah say, his aulder son from his previous marriage used tae come and stay, but ah dinnae mind much aboot anybody else comin'.

Linthill estate would be aboot 350 tae 400 acres, includin' the policies. Mr Sanderson owned the Chapel farm and Midlem Mill farm. There'd be about 150 o' the acres in Midlem Mill and aboot 200 on the Chapel, so the policies wid be aboot maybe 50 acres, quite a bit o' good woodland. That's why he had a full-time forester, Tom Craig. Ah wis never involved in forestry work but, oh, ah'd have found it interestin' enough.

As well as Jimmy Davidson, the gardener, who lived in a house on the estate, and Tom Craig, the forester, there wis domestic workers at Linthill, three o' them when ah went. There wis several cooks: Miss McLachlan, quite a youngish person, wis the first one but, well, she wis called up and went away to the war. There wis a succession o' aulder cooks, much aulder, after that. And there wis a housemaid and a table maid. There were still three when ah left after four years: Miss McEwan, another cook, and two very young lassies, teenagers. They werenae village, but they were local: one from Midlem, and one from Midlem Mill. The cook belonged Berwickshire. They lived in at the Big House. They more or less started work at eight o'clock in the mornin' or maybe earlier. They were up and doin' when ah went in at eight. Ah got on well wi' them, a bit teasin' and jokin', but ah didnae come in contact wi' them a lot, jist when ah wis in doin' the boots and gettin' the vegetables order or takin' the vegetables intae the Big House. There wis no butler, chauffeur or groom. There had been a chauffeur and a groom but they were paid off when war broke out. George McIntosh that played in the village band had been the groom, and John Reid the chauffeur. Well, there jist wisnae work for them, because petrol wis rationed, and the racin' horses werenae needed either, though there wis horses, three or four hunters, while ah wis there. Mr Sanderson had done riding himsel', but the time I wis there he didn't do any riding at all, and the horses were jist rangin' in the field. He had a big car, he drove that himself.

Ma job didnae involve the Big House, except maybe at the spring cleanin', when Spiers, the joiner at Lilliesleaf, used tae come down and we had the carpets tae beat. Then ah went intae the rooms and lifted out the carpets. In the Big House, which is on the other side o' the river, the Ale Water, frae Lilliesleaf, there wis a dinin' room, a sittin' room and a drawin' room, and other offices, downstairs. And, oh, there'd be half a dozen bedrooms upstairs. It wisnae a big house as Big Houses go. Mr Sanderson had been there for some years before ah started workin' in the garden. They'd bought it from Mr Otto, he moved down tae St Boswells.

There wisnae any sort o' social gatherin' for the Linthill staff at Christmas or anythin' like that. But, well, the garden wis open once a year on a Sunday in August. It wis through Scotland's Gardens Scheme.

And after that we were all up to the Big House and we had a sit-down tea. They got a bottle o' beer each: ah didnae get anything![3]

The Big House wisnae open on the open day, it wis jist the gardens, and there wis a rowin' boat put on the river and visitors paid so much. Miss Sanderson wis in charge o' that. But ah think if they could row they rowed themselves, if they couldn't she did it. Jimmy Davidson, the gardener, Tom Craig, the forester, and maself took part. There wis two driveways, ah wis at one and the forester wis at the other, and Jimmy Davidson wis circulatin' amongst the folk that were visitin' the garden. It wis jist a trickle o' folk came in in those days, because it wis wartime. There wis petrol rationin' and one thing and another. It wis mainly the Sandersons' friends that came. Lilliesleaf villagers tended no' tae go, ah think because they felt they'd be out o' place there, out o' their class.

There wis nothing sold, no flowers, not on the open day. Produce was sold out of the garden. That wis part o' the war effort. It wis sold tae the local shops or individuals that came. There were very few actual callers. It wis maistly a case o' the people in the village comin' tae me at home and tellin' me tae bring such and such a thing up: 'Could you bring me a couple o' turnips and I'll pay you for them,' sort o' thing. Eventually big quantities o' stuff wis brought up tae the Hawick Co-operative Store in Lilliesleaf and it went up tae Hawick. The gardens were too big for the stuff a' tae be taken by the Sandersons themselves. Oh, it wis a big garden – a lot o' diggin' in there for the two o' us! Then, apart from the herbaceous plants, there were no annual flowers. All the areas in the garden that had been annuals were back intae vegetable cultivation.

So ah found the gardens at Linthill an interestin' job and never had any regrets about takin' it up. Ah wis really interested in gardenin' and felt ah'd learned a lot. Ma parents were quite pleased ah'd got the job and the money ah wis able tae give them would be very useful at home, because ma father had a bit o' a struggle. He had a very small farm, two fields in front o' the house, and two very small ones and a 13-acre one up the Hawick road, and he did rent another field after that. But it couldn't have been easy for him. And ah'll tell ee something that ah've thought a lot aboot. He wis a kind o' socialist in his way. Because in the early days when we came tae Lilliesleaf he wouldn't go and work for other people, though he was asked often enough, especially tae work wi' sheep, but he widnae do it because there wis unemployed people in the village. Now he never said that he did that, but ah've thought aboot it often and this has been the reason, because ah remember ma mother sayin' that he did far more work for other people from wartime onwards as what he had done in the 1930s. He always came out tae the harvest at the Middles farm because in return they came and led his hay in for him and carted the muck oot tae his fields. He didnae have a horse himsel'. It wisnae easy for him, and it wisnae easy for ma mother either. His income wisnae big. But he'd always wanted his own farm. He wis very independent and very respected in the village.

* * *

The day o' the droppin' o' the atomic bomb in Japan wis the day ah wis away for ma medical in Edinburgh. Ah wis 18 a fortnight later. Ah'd jist thought it wid naturally be the army ah wis sent tae. There wis never any o' the other Services came intae ma mind. But they sent me tae the navy in September 1945. We went tae what had been before the war Butlin's Camp at Skegness. Oo wis three weeks there. Ee got kitted out and got some injections, and then ah wis off tae North Wales, tae another Butlin's Camp at Pwllheli. Oo wis there for seven weeks, and then oo went tae the naval barracks at Chatham after that. It wis a' a huge change for me, a gardener, frae village life, tae the navy. But ah'd nae difficulty. Maist o' oo were a' aboot the same age. Some o' them that had done apprenticeships might be 20 or 21, but the majority wis like me, 18. Ah wis the only one frae Lilliesleaf or roond aboot, though durin' ma service ah met in wi' two. But homesick – that wis a thing that never bothered me. But then, ee see, ah had been in hospital several times as a child, and before ah left the schule, when ah wis aboot ten or 11, ah had polyps growin' in ma nose and wis twice in hospital again then, once for aboot six weeks. So ah think that helped me tae be adaptable and no' tae feel homesick.

Ah wisnae long in Chatham Barracks and then ah wis intae Chatham dockyard on a care and maintenance bit on a ship there. It wis a cruiser, but ah wis never out the dockyard. And then ah wis back intae the barracks again. Of course, the barracks were overcrowded, because there wis as many ships bein' laid up. There were young men comin' back from a' these things, and there wis new drafts o' conscripts comin' in every fortnight. Och, the place was heavin'. So we were put out intae camps in the outskirts o' Chatham. Some o' the camps were hutted, one ah wis in wis an ex-army barracks, a stone-built affair.

Ah wis at Chatham frae November 1945 tae May o' the followin'

year, and then ah wis posted tae a ship in Plymouth. I wis a steward.
From there we sailed on a glorified merchant ship, what they ca'ed a
fleet aircraft carrier, to the Isle o' Man and Londonderry and once tae
Glasgow and various bits around that. The ship wis supposed tae be
carryin' supplies for the aircraft carriers. But full flat out it wis nine
knots, so ye'd never have kept up wi' an aircraft carrier. But anyway
we carried supplies tae various air stations and these kind o' things.
Ah did that until it wis time for ma demob, mair or less a year
afterwards in the summer o' 1947. So ah wis in the navy aboot a year
and ten months. It must ha' been terribly unfair tae some o' the other
branches o' the Service, because ah wis in and out the navy while
they were still waitin' tae get out from their wartime service, jist
because there wis a shortage o' men tae replace them. Ah didnae
fancy a permanent career in the navy. But the only disagreeable thing
ah found aboot the navy wis when ah went tae sea ah wis violently
sick every time. Ah wisnae a good sailor! So ah wis quite glad tae get
out and come back tae Lilliesleaf and tae civilian work again.

Ah still lived wi' ma parents in the Back Road. Though ma job at
Linthill gardens wis reserved for me ah chose not tae go back there.
Ah wis a bit Bolshie, ah suppose. After the navy the thought of workin'
in private service again kind o' put me off. Ah'd developed political
views a wee bit in the navy. Ah felt, havin' chats wi' other lads in the
navy, ma vision, ma experience wis widened, ah wis seein' things in
a different way. It's difficult tae put a finger on it. Ah didnae join a
political party. But ah'd had a' sorts o' general political discussions
aboot war and peace, how the country should be governed, and a'
that, and that made me feel a bit discontented aboot goin' back tae
Linthill tae a private employer. Ah didnae feel Linthill gardens wis a
kind o' narrow job, a wee private estate wi' only two or three workers.
It wisnae that. And of course by that time Jimmy Davidson, the
gardener, wis away frae Linthill. He got the sack actually. Well, the
excuse he was given was that he'd been orderin' stuff without
permission o' his boss. Mr Sanderson wis like that. Ee could work
for him for long enough and then all of a sudden he jist took it intae
his head that he wanted a change. It wis a thing he did wi' his gardeners:
seven or eight years and that wis it. It wisnae that ah wis thinkin' that
if ah went back tae Linthill that might happen tae me, it wisnae that.
No, it wis jist that ah really didnae want to work for a private
employer. It wis a kind o' political thing, but no' party political, but it
wis kind o' political as a result o' bein' in the navy and bein' influenced
tae a certain extent. Then ah wis always a keen reader and ah read

quite a bit in the navy, most o' it fiction rather than onything serious, though there might be the odd autobiography amongst them. But ah didnae study politics or economics or anythin' like that.

So when ah came back tae Lilliesleaf in 1947 ah worked wi' ma father and did odd jobs, went to farmers and worked in the fields a day here and there, ah always managed tae get work o' some sort, all summer till ah got a job. It wis the right time o' year, I mean, it'd been different if ah'd been comin' home in October like. It wis jist the harvest season when ah came home. Ah tried for various jobs in some o' the bigger gardens – Dryburgh and Mertoun were two o' them – but there wis a tremendous amount o' German prisoners o' war still in circulation. And they were only paid on the days they were needed. They could phone up and say, 'Well, we don't need ye tomorrow. Dinnae send anybody tomorrow.' And that wis it. That wis the excuse ye got, 'Oh, we're not takin' on anybody full-time. We can get plenty o' workers when we need them.' So it wis difficult gettin' a start. It wis a bit ironical, me jist back frae the navy and, like other fellows in the Forces, ee couldnae get a job because there were German prisoners o' war doin' the work. Cheap labour, that's what it was. Oh, ah felt a certain amount o' resentment about that.

Well, it wis November when ah went tae work in a market garden at Denholm. It wis an English couple, Wood & Wood, that had it. They were nurserymen and market gardeners. Denholm is near enough six miles frae Lilliesleaf but ah cycled back and forward. It's no' all uphill, it's a' uphill tae a certain extent, and then the other half wis a' doonhill. Ah went up the Hawick road, right tae past Newlands, then when ye get tae the high ground between Newlands and Hassendean ee're downhill a' the road intae't. It wis the same comin' hame at night, but very often ye'd get the wind on your back. Ah must have got many a soakin' but ah survived. And ah had a motorbike latterly.

Ma hours at Denholm were the same as at Linthill, eight tae five and tae twelve o'clock on a Saturday. The wages, it wis the agricultural rate, but ah cannae mind what they were, somethin' like £3 or £4 a week. You got the week's holiday and ah got Christmas Day and New Year's Day, because Wood & Wood were English and they insisted on Christmas Day tae bein' a holiday. After that, aboot 1950, Christmas Day began tae come in in Scotland as a holiday.

Ah stayed fower years wi' Wood & Wood at Denholm and then, well, ah went back intae private service, because ah wis thinkin' aboot gettin' married. And if ye were a married gardener ye got a house. It wis difficult gettin' a house in Lilliesleaf, there wisnae many vacant places there. There wis an awful lot o' them stayin' wi' their in-laws, one side or the other.

So ah went tae Eildon Hall, Buccleuch estate, between Melrose and Newtown St Boswells. It wis the then Duke o' Buccleuch's brother there, Lord William Scott, the MP for the area. He lived there, but ah wis employed by the Buccleuch estates, ah wisnae employed by him.[4] It wis harder conditions at Eildon Hall. Ye had tae work the agricultural hours: 49 hours a week, seven o'clock in the mornin' tae five o'clock at night. Ah left home on ma motorbike at half past six in the mornin' and travelled back and forward there frae Lilliesleaf till ah got married nine months after. Then we got the only house that wis available at the time at Eildon Hall: wi' an outside toilet and no hot runnin' water. But it wis somewhere tae start.

Ah'd known ma wife for quite some time. She'd been at school in Lilliesleaf, but ah hadn't known her then – ah wis five and a half year aulder as her – and she wis left school by the time ah come back from the navy. Her folk were livin' out on the A68 beyond Jedburgh, and that wis mostly why ah'd got the motorbike: it wis difficult courting there on a push bike!

At Linthill ah wisnae in a trade union, neither wis Jimmy Davidson, the gardener. There wisnae really much in the way o' a union for gardeners. Ah don't know whether it wis then or no', but the question did turn up after ah come back from ma spell in the navy. It appeared, and there wis a campaign run locally for tae get members. But there wisnae much response. Ah remember goin' tae the initial meetin' and that wis that. But ah certainly wisnae in a union, and neither wis Jimmy Davidson, when ah first went tae Linthill, and nobody approached me from the union. And ah didnae join a union when ah wis at Eildon Hall. That wis aboot the time that the meetins were bein' held in Lilliesleaf. We were telt that we could join the union but oor workin' conditions wouldnae alter none, because they had nae agreement wi' the landowners, ee see. It wis different like, the farm workers and the farmers, there wis an agreement. But with private landowners there wis no agreement. So union conditions couldnae be enforced. And it wid be unlikely the landowners wis prepared to grant them. Oo could join the union if oo liked, but . . . So ah didn't actually join, though ah went to a meetin' or two o' the union in Lilliesleaf. Ah remember Will Young wis one o' the active ones in it. But other than Will ah cannae remember them. It wis jist a handful o' folk at the meetins.

Well, ah wis at Eildon Hall, oh, aboot a year. Ah got on well enough on the whole there. The work in the garden wis similar tae what ah'd been doin' at Linthill. Then it wis through folk that ma wife wis visitin' in Lilliesleaf we got the offer of a job in Inverness-shire. Ma new employer offered much better conditions of course. We'd get free coal and free electricity, as well as hot runnin' water, which we hadn't at Eildon Hall. So one o' the reasons ah gave for leavin' ma employment at Eildon Hall of course wis that it wis poor quality housin'. Ah'd only seen Lord William Scott a wee bit at Eildon Hall. But ah got an awful lecture from him when he discovered that ah wis leavin'. Ye see, Buccleuch estates always had a great tradition o' good houses for their employees. Oh, it did upset him. So that wis why ah got the lecture frae Lord William. Oh, he wis quite angry aboot me sayin' this about the houses! Oo met him in the garden one day and got a great lecture from him. Ah didn't answer back, ah jist stood and listened and jist let it roll over me.

So we went off then tae Inverness-shire, at Nethy Bridge in the Spey Valley. Oh, it wis a big change. Ma parents didnae show it, but they were a bit upset at oo movin' away so far. Ma father wis gettin' his pension by that time. Anyway at Nethy Bridge it wis gardenin' again. Lord Glendyne wis the owner. He wis a stockbroker. But he only came up there twice a year, or two months in the year, for grouse shootin'.[5] Otherwise the house wis empty. But we still kept it in tip-top condition all the year round. Ma wife was quite happy there and she worked part-time in the House, doin' odd jobs. Her and the head gardener's wife cleaned it all in the spring o' the year, and then when the gentry came she helped out. We hadnae any family, and we've no' family yet.

There wis three o' us gardeners, a head gardener, maself and another. We did estate maintenance. But the estate wisnae any size, maybe 30 acres altogether. Ah wis there for the best part o' five years. That wis the longest till then ah'd been in a job.

Then oo moved tae Hunterston House, West Kilbride in Ayrshire. Again it wis private service and gardenin'. Ah wis gardener in charge, although there wis an aulder gardener had been there for a' his life. He wis nearly 60 by that time. There wis the two o' us at Hunterston. Ah wis roond aboot five years there.

Ah moved then tae Monteviot at Ancrum in June 1961 as head gardener. There were big gardens there, it wis quite a responsible job. There wis two other gardeners at Monteviot when ah first went, an under-gardener and a laddie. But I ended up wi' an under-gardener, twae laddies, and there wis four women forbye because they were pushing intae the commercial side. That wisnae ma cup o' tea.

Ah had nae bother wi' the Marquis o' Lothian at Monteviot. Lady Lothian wis a different story![6] She wis half Italian, her mother wis Italian. Oh, Lady Lothian couldnae make up her mind aboot anything. The garden wis bein' redeveloped again by that time. The bulk o' it had been done before ah started. But there wis quite a bit done afterwards. But she couldnae see anything in her mind's eye. Ye had tae put up fences and things tae show where hedges would be, aye, a terrible thing. And ye would plant things and then she would come out and look at it and, no, that wisnae right. And they'd a' tae be changed. It wis the same in the House. If ye took cut flowers or pot plants in they might be a' right and then the phone wid ring: 'Ah really don't like these. Could ee change them for something else?' And then ee'd have tae start doin' it all over again. That went on mair or less a' the time ah wis there.

Oh, ah liked some aspects o' the job. Ma wife wis quite happy there, too. We lived on the estate in a very comfortable house. And ma pay as head gardener wis better. The hours tae start with wis the 49 hours, and then it wis cut down and we ended up on a five-day week. Ah cannae mind jist how long we worked on the five-day week. Ah think it wis more than 40 hours, something like 44. And then, well, ah didnae really get the Saturday off, because there wis glasshouses and things tae maintain. So ah didnae get a five-day week. Ye could be out Saturday and Sunday. Latterly we got on tae a rota so that one o' us wis there, and ah got some time off. But that, the workin' hours, wisnae the reason ah left Monteviot. It wis because o' the pressures tae go commercial, and because o' Lady Lothian, the Marchioness o' Lothian. In the end ah got fed up wi' it, it wis jist too much. Ah wis at Monteviot 11 years, twice as long as ah'd been in any other job.

Well, ah moved then tae St Columba's residential school – what used tae be the White Fathers – at Newtown St Boswells. St Columba's wis owned at that time by Glasgow Corporation as a residential school for youngsters comin' out there tae get an experience o' the countryside. It wis a different sort o' job for me. Ah wis in charge o' the gardens. Ah wis jist masel' there. There wis a handyman gave me a hand wi' some o' the very busiest times in the summer times. Ah wisnae involved in teachin' the youngsters aboot gardenin', ah jist looked after the grounds and the garden. Oh, ah found that satisfyin' work. Ah wis there 19 years.

Oo lived at Bowden village, oo wis intae a council house by that time. Oo wis quite comfortable there and of course quite near Lilliesleaf. Ma father had died while we were at Nethy Bridge and jist a month before ma brother Andrew got married. But ma mother and ma brother Andrew were still in Lilliesleaf. Ah came back tae live in Lilliesleaf in 1976 after ma mother died the previous year.[7] Ma wife and I were happy tae come back tae Lilliesleaf again. Ah had tae stop work at St Columba's in 1991 wi' ma arthritis. Ah'm a bit better as what ah wis when ah stopped, for the simple reason ah'm not doin' the gardenin' work! Ah'm no' daein' the heavy work, so that takes the strain off ma joints.

* * *

Well, looking back over the 60 years since ma memories o' Lilliesleaf begin, the folk have changed entirely. Nowadays it's nearly a' professionals, as you would class them. There's a few manual workers – but very few farm-related workers nowadays compared tae what there wis. It's jist that they're no' needed. Farms are a' families where there is families. Riddell estate is the biggest concern and there actually workers are employed. But other than that it's jist a' family farms. It's because o' mechanisation. There used tae be a lot o' farm workers a' roond the village, but that's all finished now.

There's a great lot o' commutin' goes on. Well, ah mean, ah wis one o' them! Ah travelled tae Newtoon St Boswells tae St Columba's, and ma brother Andy he travels tae Galashiels. And there's quite a lot o' others: the motor car, ye see. Everybody has a car now, a lot o' us hae two cars. When ah wis a wee lad in Lilliesleaf there wisnae many motor cars or motorbikes in the village. Jim Robinson had a motorbike and there wis another yin had yin, he lived in a hut on the Back Road. Motorbikes then were mair common maybe as the motors, but motorbikes are few and far between now. But the bus service now is even better as what it was, believe it or not, which is a strange thing. They even have a workers' bus. When ah wis a lad there wis a bus tae Hawick jist twice a week, Thursdays and Saturdays. So the population in the village is definitely more mobile now.

Then there were characters in the village, like Ruth Turner Scott, tremendously active, and ah can remember 'Dr' Blythe, Bet the Boar, the tramp, and there wis Sailor Jack. Sailor Jack lived in what wis the Auld Middles or East Middles; it wis knocked doon years ago. He wis a bachelor, Sailor Jack, and he had one room in that house which was his. The rest o' it was for the tramps that roamed the countryside, and that's where they went. Oh, there wis three rooms there anyway, or a loft up the stairs, and there wis a bit o' a steadin'. Airchie Elliot, the farmer o' the Middles, wid own the East Middles, it wis part o' his property. But Sailor Jack wasnae much more than a tramp himself for what ah can mind o' him. He *wis* the character, Sailor Jack. He wisnae a tall man. Ah cannae remember his surname, he wis jist Sailor Jack. Ah think he'd be buried in the kirkyaird, but it wid be an unmarked grave. But there wis a great lot o' tramps turned up in the village. They came tae oor door. Ma mother always gave them tea and a piece. She wis known tae feed them. They often had a tin o' some kind and they wanted tea and they got a piece. They were never given money. Ma father approved o' that, tae. And there were other tramps of course sung, and it wis nearly always hymns or somethin' o' that kind that they sung. They would appear on a Sunday and they would stand outside and sing first, before they knocked at the door. Ah think it wis because they knew that ma father wis a very religious person. It wis mair or less at certain times o' the year they turned up.

And then there wis the packmen or packwives. There wis a Mrs Douglas frae St Boswells. She came round twice a year wi' her pack. It wis nearly all linen that she sold, bed linen or table linen. But she wisnae a tramp, she wis a travellin' saleswoman. She walked roond the village, but ah dinnae ken how she got here, ah've nae idea how she travelled tae the village. And there wis what they ca'ed the Galashiels packman, he came, tae. He had yin or twae suitcases. It wis drapery that he wis in.

Ah would think folk in the village are aboot as friendly, tae a certain extent. There's more activities certainly. There's a whole lot more clubs as what there yince wis. The membership o' them have changed, because the women go tae them nowadays. Ah mean, the indoor bowlin' club wis entirely male at one time, but now it's mixed. Ah think women are definitely takin' a more active part in the social life o' the village. Ah mean, they go tae pubs as well now! That wis another big change, the women goin' tae the pubs.

There's fewer folk goes tae the kirk. There's no' near sae many goes tae the kirk. They've discovered that it disnae do them any harm no' tae go! Ah'm still a regular churchgoer masel' and always have been. But the attenders at the kirk have dwindled away. There's no' that much a difference between the number o' members o' the congregation than what there used tae be. But the actual attendance has dwindled away. There's a sort o' general fallin' off in religious faith, and there's so many other attractions on a Sunday. Ah mean, at one time, when I was a boy before the war, there wis nothing on a Sunday. If ye went for a walk that wis the highlight o' your day. Tae even contemplate workin' on a Sunday . . . ! It wis a great step even that the garden at Linthill wis open one Sunday every year, a great step. Ma parents, ma father particularly, had strong Sabbatarian views, and ma brother Andrew and I wis strictly brought up that way. You werenae allowed tae whistle or sing on a Sunday, and even your readin' wis strictly controlled on a Sunday! Oh, well, ye could read *The People's Friend*. Ma father got handed on tae him by somebody else a paper they ca'ed *The Christian Herald*.[8] Ye could read that. But ye couldnae read R.M. Ballantyne on a Sunday, no' even under the bedclothes wi' the aid o' a torch![9]

Andrew Shortreed

Well, ah wis actually born in this house, Cheviot Cottage, the first house built aboot 1750-something on the Back Road at Lilliesleaf. Ah wis born in August 1931. Ma brother Jimmy, four years older as me, was born up at Berrybush, Yarrow, in Selkirkshire, and came tae Lilliesleaf when he was a baby. Ma parents moved here about 1928 from Yarrow. Ma father bought Cheviot Cottage and the land that goes with it, aboot 28 acres: two fields out at the front o' the house, and three fields further out the road towards Hawick, and a bit extra he rented from Riddell estate.

Previous tae that, ma father's uncle, also ca'ed Andrew Shortreed, had lived in the house ca'ed Wellbank, next door tae Cheviot Cottage. He'd been a gamekeeper at Tollishill, up behind Carfraemill, in the Lammermuir Hills. Ah think he'd probably be dead by 1928, and ma father would inherit Wellbank. It's ca'ed Wellbank because there's a well in the floor of the cellar of it. There's a hand pump, and they pumped the water up intae a tank, so they had their own water supply. Wellbank was occupied when we were children. There wis a family in there. But it's no' been occupied for a long time.[1]

Ah don't really know where ma father wis born. All ah know is that his father had died when he wis eight years old. Ma grandfather Shortreed wis a shepherd. He died up at a farm near Hawick, from pneumonia after gettin' wet dippin' sheep. He's buried at Ashkirk. So ma grandmother Shortreed wis left a widow with two children, ma father and his sister. But his sister died young, ah believe, maybe early teens. So ma grandmother must have had a terrible struggle. Ah think she moved intae Hawick but she didn't like Hawick, so she went to Yarrow – Berrybush, a very isolated farm, now all planted wi' trees – tae keep house tae her brother, a shepherd up there.

Ma father was not a man that spoke a great lot about his past. He wis 72 when he died in 1955, so he must have been born in 1883. Ah think a woman shepherd would be very uncommon in those days but, well, needs must. So ah believe that until ma father left the school, ma grandmother shepherded at Berrybush until he wis old enough tae take the job on himself. Ah think ma father's schooling would be fairly basic. He'd probably started school at Stirches, near Hawick, before they went tae Berrybush. He had a long walk o' about nine miles there and back from Berrybush tae Mount Benger parish school, jist aboot a quarter of a mile from the Gordon Arms Inn. It's an open road, there were no trees. Ma father spoke very little about his school days, never said if he'd liked the school and would have liked to stay on. Ma father'd probably be aboot 12 or 13 – as soon as possible, wi' his father dyin' so young – when he left school and began shepherdin' at Berrybush. He had a Long Service medal, so he must have worked there for at least 30 years before he came to Lilliesleaf in 1928. Ah think there were three different employers that had Berrybush at the time he was shepherdin' there. The farmers didn't live at Berrybush, so it wis always a farmer from somewhere else that had the farm. There wis only the shepherds' houses there. Ah think at one time there would be two shepherds and a boy, and usually they had a hayman in the summertime or, earlier on, a lambin' man. Ma father's uncle, the brother of ma grandfather Shortreed and of the other uncle that lived at Wellbank, Lilliesleaf, had a Long Service medal for 49 years in Berrybush. Well, there wasn't much discussion at all in our house about ma father's life as a shepherd at Berrybush. But ah think that had always been his ambition, to be his own boss. So he came down here to Lilliesleaf, bought these fields and worked away himself. In these days he could work away at that and do his sheep – it wis Cheviot sheep he had – and some casual labour. He was able to make a livin' that way. He didn't have that many sheep – about a hundred ewes. But he was kept fairly busy, and he cut all his hay wi' the scythe. It seemed no bother for him to cut the hay wi' the scythe. He'd done it a' his life. But in latter days, when he wasn't so fit, he got one o' these motor scythes. He also let some o' his fields then to a local farmer, and he took it easier latterly, though he did potter away until he died.

Ma granny Shortreed's maiden name was Shiel. Ah think there wis quite a lot o' Shiels in Yarrow, and there wis two different branches o' Shiels. Ah think ma granny came from the Shielhope Shiels: Shielhope's a farm on Megget Water, near St Mary's Loch.[2] Then ah think her mother, ma great-grandmother, came from away ower by Eskdalemuir.

Ma mother belonged Perthshire, but ah can't remember the name o' the place she wis born. It wis jist a village between Perth and Crieff, ah think. Ah think she would come down to work in the Borders in domestic service. Though ma parents never talked aboot this, ah think maybe she would come as housekeeper tae Berrybush. Whether it would be when ma father's mother wis old and ailing or maybe his mother had died, I don't really know. Ma mother talked very little about her young life. Ah think it'd be fairly hard times, because she wis the oldest of a large family. She went into service, working in farmhouses. She was quite a bit younger than my father. She was aboot 76 when she died in 1975. When ma brother Jimmy and I were boys durin' the war we used tae go tae her father for holidays. He was a farmer at Powmill village, near Crook of Devon in Kinross-shire. Ma grandmother there had died about 1937.

Shortreed, ma own name, is an old Border name but it is very uncommon. The Shortreeds go back a long way and they turn up in the most odd places. There is an Andrew Shortreed commemorated on a stone outside the Bank o' Scotland in Jedburgh. Ah think he wis a sheriff, a pal o' Sir Walter Scott. Ma brother Jimmy reckons that as far back as he can trace Shortreeds, they came from about Clovenfords, near Galashiels.

* * *

Among ma earliest memories o' Lilliesleaf ah can remember when the Back Road wasn't tarred. It wis jist a sort o' track. The village o' Lilliesleaf was here for centuries before houses were built on the Back Road as an expansion tae the south. The fields, like ma father's, that lie along the front o' the Back Road tae the south, at one time continued right over to the village. A lot o' these houses wis built on them, and then ah think the trackway along the back – the Back Road – would be made. These houses would be built on the old rigs that belonged Lilliesleaf. The rigs wasn't common land; a rig is a strip o' land, and each house would have so much land. The rigs would all belong to different people, and the rigs went right over from the village to the Moss.

Ah can remember them curlin' on the Moss durin' some o' the hard winters. There were a few hard winters aboot 1940–1, and the old men – they seemed like old men tae us anyway – Tommy Steele, the builder, Peter Kemp o' Riddell Mill, and some o' these people who were kind o' leadin' lights in the village, were scrapin' and clearin' the rushes at the Moss. The rushes grew up through the ice, and they had tae scrape them off, then get the ice tae freeze again over the top o' them tae get a really smooth surface for the curlin'. There wis a special square down in the Moss that at that time wis kept free o' rushes for the curlin' pond. And ah can remember jist aboot the beginnin' o' the war, a lot o' the young people skatin' on the Moss. Some o' the young Sprots from Riddell and some o' these people used tae come and skate. Ah never could skate but ah remember admirin' some o' them.[3]

The Moss is a very old feature of Lilliesleaf. I think there is an old map of the Moss, showing who belonged the various pieces of it. The Middles farm had quite a large bit o' it, and ah think Crags farm and Easter farm would have a bit o't. Ah remember an old lady, Mary McLean, in the village, she had a cow and she used tae cut hay along the edge o' the Moss. It's a' grown up wi' bushes now. But she must have got enough hay there every year tae keep her cow goin', and she must have had rights to cut it. Then I can remember the carts sometimes comin' in there and they cut the rushes for thatchin' their stacks.

There's some o' the older houses in the village – ah think ma brother Jimmy's is one o' them – have a right tae cut peats in the Moss: one man for two days, or two men for one day, something like this. Years ago the Moss was made into a Site of Special Scientific Interest, though ah think since then it has been declassified. At that time there was evidently about nine metres of peat in the Moss. Ah think probably it would have been dug out for peats over a long period of time.

Eels comes up the Moss. A drain, a big ditch, runs away from the Moss right past the front o' St Dunstan farm at the west end o' Lilliesleaf. That's where the water goes away. The eels obviously must come right up through, because ah remember when oo wis boys findin' a dead eel. A mechanical digger dug a bit out o' the drain, and ye could see the eels in the sludge and stuff at the bottom o' the drain. Ah've seen sometimes, when there wis water comin' in, if ye walked quietly forward the eels wis jist at the mouth o' the pipe, and when they saw you they dodged back in. Ah've never tried eatin' them, ah don't fancy eels at a'!

The Moss is the only one round aboot here. Ah've never seen any rowin' boats or rafts on it. But it must have attracted the laddies o' Lilliesleaf for generations. Ah don't think the young are so keen on outdoor pursuits nowadays – more television and this sort o' thing. But ah spent hours down there at the Moss as a boy. Ah used tae slide about on the ice wi' a sledge. Ah had two bits o' kindlin' wi' a nail on each end, and ah sat on the sledge and ee pushed yoursel' about. And slides: if it wis frosty weather, the first thing you did when you went home from the school wis tae see if the ice wis bearin', strong enough tae carry you. I never remember fallin' in, but I've often had wet feet. Bob Barnie worked at the Crags farm and lived in one o' the council houses along the Back Road. In the bad weather he used to walk round the Moss to and from the Crags. So this day the Moss wis frozen and Bob decided he would take a shortcut. He got to where the actual drain is – it's about six foot deep – and wis goin' across there and it jist – pouf!! He said no' even his bonnet was dry! He had tae go home and change. Various people that's went in there in the summertime have fallen into holes in the peat.

Ah mentioned there the school: ah went to the village school in 1936 when ah wis five years old. There wis four classrooms at that time. Miss Stirling, later Mrs Cranston o' Netherraw farm, wis our first teacher. The classroom wis a flat area and then the seats were banked up, sort o' like a theatre. It wis the old fashioned type o' desks wi' the foldin' down seats. But the classrooms were altered the year or maybe two years after ah went – ah wis still in the infant room when it wis altered – and after that we had wee tables and chairs. The infant room would be fairly full then, there'd be a lot o' children at that time in the district. All the farm cottages wis occupied, and some o' them had quite big families in them. They came in from quite a wide catchment area: Cotfield farm, for instance, and later on Midlem when Midlem School closed. Before ah left the school, Sandystones School, jist beyond Belses, closed, and some o' the Belses ones came in to Lilliesleaf as well.

Ah can remember as an infant o' five or six gettin' the belt from Miss Stirling. Ah don't know why, ah don't know what ah did wrong. Ah don't think ah wis a rebel at all. Ah don't think we had any trouble wi' the discipline at all. Ah think the local boys were fairly well behaved. There wis only one boy, Jimmy Liddell from Midlem, a wartime evacuee from Edinburgh, in the class above me, that wis a kind o' disruptive influence in the school, and Miss Lowden, the headteacher then, had great difficulty with him.

School ah found quite pleasant, ah quite enjoyed school. Mr Young wis the headteacher at first, but he died very suddenly in 1942, and Miss Lowden came then, ah think from Leith, as the headteacher. There wis a lot o' teachers came and went. There wis a Miss Somerville, a Miss Caird, a Miss Dunnett, and there wis Miss Robertson who married Jim Turnbull, the farmer at Easter. Ah don't think some o' these teachers stayed very long. Durin' the war Miss Bissett, a tall, gentle, elderly teacher came. Her sister, aboot half her size, a sort o' handicapped person, came tae the village with her and they lived together. The sister didn't work at all. Ah think Miss Bissett would be a retired teacher who'd come back durin' the war. Ah'm sure years later Mary Preston told me that when she was a nurse in Edinburgh Royal Infirmary she had the two Miss Bissetts in when they were dying. Then there wis Miss Robinson, the singing teacher – Robbie, they ca'ed her. She wis a wee bundle o' energy. She came in a car once a week tae the school. She taught us *The Sweet Lass of Richmond Hill* and other songs. She taught for a long, long time at Lilliesleaf: she was still there teaching my children.

The headteacher lived in the schoolhouse next tae the school. I never was taught by Mr Young, the headteacher. We used tae have a cow and Mr Young used tae get milk from us. Ah can remember takin' the milk down of an evening to his door, and maybe ah met him then more than ever ah would do at the school, because unless ee were taught by the headmaster ee wouldn't have much dealins with him at all. A lot o' the other teachers lived in lodgings in the village. Quite a few of them lodged with Mary McLean, who cut hay at the Moss for her cow. Ah can remember some o' the teachers bein' married – in these days a weddin' wisnae a thing it is nowadays – and the reception wis held in Mary McLean's house, because ah remember bein' outside wi' other children when they scattered the pennies tae us at the poor-oot. Ah think Miss J.D. Robertson, who became Mrs Turnbull, might have been one o' the lodgers there. Some o' the teachers lodged across the road wi' Mary McLean's sister, Tailor Robinson's wife. And some o' them lodged wi' Ellen Douglas, wife o' Bill Douglas, the fencer. Possibly some others lodged with Ruth Turner Scott.

At the school ah found most things interesting: history wis one, and ah don't know why but ah seemed tae take tae geometry and algebra like a duck tae water. And all my life ah've enjoyed reading. And ma parents encouraged me, although we never got encouragement to go any further in school. Ah don't think we'd ever be consulted whether we wanted to get further education or not. Thinking back now, I would have liked to have went to high school or something like that. But we didn't think a great lot about it. You wis just to go out and work. Ee wis jist a worker and that wis it. Ee wis never encouraged tae go to the High School in Hawick or nothing like that. It wis only the girls that went tae the High School in these days. Mary Preston wis one. If you wanted to go to the High School, if you wis clever enough of course, ye had tae cycle tae Belses every day and get the train tae Hawick. Anyway, ah felt ah'd enjoyed the village school and got a lot out of it. Ah wis very lucky in ma schoolin' and never had any problems really.

As ah say, readin' has been my great thing throughout my life, and ah'm still a keen reader. Rev. McKenzie, the minister, used tae give me books to read. Ah remember bein' off school wi' the measles and ah read about everything in the house at that time. There wis some o' ma father's books. He had a collection o' books, books about the Borders certainly, some novels. One ah remember wis R.M. Ballantyne – *Coral Island* probably. But we never had any comics, although ah can remember some o' the other boys havin' comics and me havin' a look at their comics. But we never got any comics on a weekly basis. Ah don't think it had ever crossed ma parents' mind that children should have comics. Ah don't think they would ever think aboot buyin' comics for us. They would probably think it wis a waste o' money! Talk aboot deprived: ah think we were brought up that we were to be workers. Ah think that wis the whole thing that wis impressed on us. You weren't so much supposed tae use your brains, you were supposed tae use your muscles. You weren't encouraged to use your brain a great lot at all.

But ah don't remember any conflict between ma interest in readin' and ma parents' attitude. Ah think ma father read as well. In later years, before he died, ah wis a member of a book club and he used tae read ma books after ah had read them! Some o' them he enjoyed, some he thought were terrible. But as a boy ah wasn't actively discouraged to read. But ah think it would be made very plain that we were jist workers, that we weren't supposed tae get ideas above our station sort o' thing.

As ah've said, ma father was not a man that spoke a great lot about his past. He was a very private man. He wis very strict, but ah think probably he was a very shy man. It's difficult to describe. He didnae mix with people, he probably didn't feel at ease in the company of other people. He wouldn't have any close friends. Of course, he lived a very quiet life as a shepherd. He didn't take part in any of the local things, nothing like that. Ah can only remember him once bein' in the village hall, and this wis somethin' tae do wi' the church and they were havin' services in the village hall. Ma mother used tae go with ma brother Jimmy and me to concerts and things like that. But ma father never went tae anything like that. He kept himself to himself. Probably his upbringing in a remote district like Berrybush in Yarrow might have something to do with that. Ah think the Rev. McKenzie at Lilliesleaf would try ma father to become an elder and he wouldn't take part in anything like that. Also I think he would be in his early days a Free Kirk man. His work on the farm and wi' the sheep would be his whole life.

Ma father went to church every Sunday. The Free Kirk – the United Free Kirk – in Lilliesleaf wis done away wi' aboot a year after ma parents came to live in the village: it amalgamated wi' the Church o' Scotland. Well, a' ah can remember first is goin' tae kirk twice on a Sunday! We went tae the parish church in the mornin', and the evenin' service wis in the old Free Kirk along the Back Road, behind the First War memorial. It would be the same minister, Rev. McKenzie, in them both. Ah don't know what the idea was, whether it was jist to keep the old church goin'. Then, well, Sunday afternoons Jimmy and I used to have to read and recite the catechism. In ma father's young days that would be quite common. But ah don't think there would be any other boys then in Lilliesleaf would have even heard of the catechism. We had to learn that man's chief end was to glorify God for ever, and this sort o' thing. That wis the bit ah remember, the Shorter Catechism. It wis a little paperbacked thing. Jimmy and I sat wi' ma father in the room and ma father examined us in the catechism.[4] I can remember one Sunday afternoon we could see the other boys playin' down at the ford. We went down there and, oh, we got into trouble: it was Sunday, the Sabbath. Ma father didn't want us doin' anything on the Sabbath, and he expected us jist to remain in the house. That was their creed in that time. Ah don't think we would be banned from reading. But we weren't supposed to play. Ma father himself used tae sit and read the Bible on the Sunday nights. He read it out loud sometimes, and sometimes he jist read it himself. Ah remember thinking that we were deprived because we weren't let out on a Sunday maybe, or something like that. But ah can't remember any teasing or things like that by the other boys in the village because o' our religious upbringing.

*　*　*

Ah remember from those days some o' the characters in Lilliesleaf. One wis Captain Currie. He lived in the middle o' the main street in the village, jist aboot opposite the school. Ah think he had something' tae do wi' Charlesfield, the ammunition place near St Boswells. He'd been a professional soldier. He'd risen from the ranks. Captain Currie was a very friendly chap, we chatted often, and he had a parrot. Aboot the beginnin' o' the war he had a very bad car accident. He had a plate in his head. But he wis a very smart, very soldier-like chap.

Then there were some characters among the tramps that used tae come aboot Lilliesleaf. They came to our door at Cheviot Cottage and asked for pieces. Ah think ma mother wis quite good tae them – so they would come back again! They usually had a tinny and they'd get their tinny boiled or get boilin' water put in it. There were women and men tramps. Sometimes there were couples travellin' together, sometimes it wis jist men. They jist had a sort o' bundle on their back and jist sort o' dressed in rags. Ah think they were mostly all regulars. They would have their districts. Ah don't know whether they would come every three months round a certain journey, but ah think they would be mostly regulars. Ah think they were jist more or less beggars. Ah don't think they looked for work at all. None o' them ever got a job and settled down in the village, not that ah recall. The last tramp – what ye would call a tramp man – about Lilliesleaf wis a man called Jimmy Baptie. He lived in an old cottage between the village and Hassendean: ah think in that time they had tae have an address for their pension. Jimmy Baptie wis an old soldier, an old piper, ah think. And that would be his address at Huntlaw, and he came every Monday tae the village and got his pension. He usually drank most o' it.

Ah remember Sailor Jack's house at the East Middles, but ah don't remember Sailor Jack. But ah do remember tramps spendin' the night at Sailor Jack's place jist before the war. The old road or track that runs up from the back o' the village towards the Crags farm is supposed to have been the track that the monks from Glasgow travelled on their way to Newcastle. It comes over from Selkirk, ah believe, over and through steppin' stones and up by Wellfield, through by the Bishop's Close in the village, up that lane, supposed to be goin' towards Newcastle. Sailor Jack's house at East Middles wis jist on the right side o' the road. Ah remember the house, it was fairly dilapidated. Ah think the finish of the East Middles house wis when a lot o' the stones from the walls there wis used to make the road in when the sawmill moved into St Dunstan's farm, beyond the west end o' the village. The roof o' Sailor Jack's house wis already gone by that time. Ah think it'd be two farms at one time, East and West Middles. The East Middles house wis quite small, jist a room and kitchen and a loft. Ah think the tramps would be up in the loft. So sometimes when tramps would be aboot the pub, ah think they wouldnae make Sailor Jack's. They'd probably collapse on the way there: no' through exhaustion – it'd be other factors, ah think!

Then there wis Aggie – ah think Aggie Kilroy wis her name. In much later years, long after the days o' auld Sailor Jack, and after ah wis married in 1955, she used tae come aboot Lilliesleaf quite a lot. She wid get drunk and go doon the auld road there towards the Crags, jist oot o' sight o' the village, and she'd lie doon and sleep it off most o' the afternoon. She wis a kind o' bugbear tae the local policeman.

Sailor Jack's wis the only place at Lilliesleaf where tramps stayed the night. But ah believe there wis one at Midlem. In fact there wis a couple o' tramps used to stay aboot Midlem quite a lot. Veitch wis the man, ah can't remember the woman's name. Of course, there were no pub in Midlem, and they used tae come down tae Lilliesleaf for their drink. Ah think it wis jist a sort o' shed that they lived in up there at Midlem. Then ah've heard ma mother talkin' about when ma parents lived up Yarrow, away out in the wilds, they had tramps there. They would come maybe every six months or somethin', come on their regular round, and ask tae stay the night. And they'd lie and sleep in the hayshed, or somethin' like this. They would need very little money in those days. They'd beg a cup o' tea and a crust at the door.

Ma father, then after him maself, owned the field where the Lilliesleaf annual Hand-ba' took, and still does take, place. No fee wis paid tae ma father or me for the use o' the field: this must jist have been one o' these 'aye been' sort o' things. Ah took part maself in the Hand-ba' when ah wis at the school and up to the time ah wis called up when ah wis 18, but ah don't think ah ever hailed one. The Hand-ba's have always been thrown off jist at the front o' our house, Cheviot Cottage, at the top o' the hill in the field. The players all stand at the bottom o' the hill and, well, the first scramble is for them to get the ribbons from the balls. It's a very old festival, but ah wouldn't like to say how far back it goes. There's some story that it wis supposed tae be started off wi' an Englishman's head, and the ribbons on the ba' wis his hair. There wis, or there still is, Hand-ba' at some other villages or towns in the Borders: Jedburgh is still tae the fore, and at Denholm and Bonchester Bridge there's stronger Hand-ba' as Lilliesleaf is now. Hawick and St Boswells had a Hand-ba' at one time, Ancrum's died out, too. Ma wife's nephew is a keen Hand-ba' player. He lives in Denholm, and he goes to the Denholm and Bonchester Bridge Hand-ba', probably the Jedburgh one as well. But also he went years ago now to some other Ba', down in Cumberland somewhere. He came home wi' the thing. 'Twis a different kind o' thing, it wisn't a round ball, ah jist can't remember now what it was, but it wis something o' the same idea.

A real hand-ball is made of leather, roughly aboot the size of a tennis ba', and it's made in sections like a football is made and sewed up. Ah'm no' sure what it would be stuffed with, probably horse hair or something like that. But it wis fairly solid. Usually the hand-balls is handed down. Ah don't think there'll be anybody able tae make a hand-ball nowadays. Ah think various people have them and you can borrow one for the day. Sometimes they use a cricket ball nowadays. Then the ribbons: there might be a tack or somethin' to hold the ribbons on at the end o' the ba'. Apart from the silver and golden weddin' ba's, there wis no particular colour essential, not as ah recall. The colour wid be up tae you, whatever your taste was. But the dominant o' the colours seems tae be red and blue – probably the easiest obtainable ribbons.

It can be the bride or the bridegroom or the two together, or it can be somebody else they appoint, that throws the ba'. There's no strict rules about that at all. The number o' ba's thrown depended, of course, on the amount of weddings. At that time, when ah wis young, ah would imagine about six ba's would be about an average. There were more young people stayin' in the village then and there were more young people gettin' married. The people that throw the ba's stand at the top o' the hill and read out the conditions, and say how much money wis on the ball, and jist tae play it fair, and that the money would be paid out when the ball wis brought back. So they made sure they got the ball back! That would be because it could be kept in the family and handed down. There might be five shillins maybe, or somethin' like that, for hailin' the ba'. It wis always beer money for somebody! Then the ba' wis hurled as hard as can be down intae the crowds waitin' at the bottom o' the hill. The men's all standin' at the bottom waitin', and the ball wis thrawn up intae the air and it jist falls down – and disappears!

There used to be quite a lot o' fun. They would get the ba' down intae the gardens – sometimes intae the minister's garden! There wis usually a ba' went through the minister's greenhouse, or somethin' like this. Sometimes they even got down, ah believe, as far as the Ale Water, a quarter o' a mile away tae the north, though ah can't remember ever seein' them going down that far. They never seemed tae go near the Moss at all on the south side o' the village: of course, often at the time the Hand-ba' wis played the Moss would be flooded. They seemed tae keep up intae the village.[5]

Ah can remember one year durin' the war the youngest o' the four Scott brothers wis home on leave. The four brothers, all quite a bit older than me, lived wi' their mother at Rosebank Cottage, right next to Peter Chisholm's smiddy. Well, ah can see that lad Scott yet at the Ba' Day that year. He jist seemed tae jump the fences wi' the ba' and he wis away. He must have hailed aboot half a dozen ba's that year. There wis quite a few fences tae be jumped before he got tae the hail at the plantation. But he'd be as fit as a fiddle.

Quite often when the ball would disappear it'd be smuggled. Rob Richardson, the butcher, he wis a great chap. He used tae wear those britches, the ball would disappear and Rob would saunter off somewhere – and the ball wis in his britches! Then they would probably go away and throw up another ba', and then this other one that had disappeared would turn up later on. The couple whose ball was next due tae be thrown jist had tae stand and wait or the players came back. They would have quite a wait sometimes. It could often be a windy, wet, cold day, but there was no shelter. They jist stood outside on the top o' the hill there, though ah have seen them standin' in the bield o' our sheds there, but not inside them. But ah think it would be quite a social occasion. They would stand and speak tae each other if it wis a reasonable kind o' day. If it wasn't, a lot o' them would go away home again maybe, leave somebody tae report progress, and come back later. There wis no time limit on the hails.

The person wi' the ba' had to touch it down, jist like a rugby try. Ah think there wis other similarities wi' rugby, too, though ah never saw anybody try to kick the hand-ba' at all! It wis always thrown.

So there were some rules but fairly few. Ah would think the bit about fair play wis more ignored than heeded. It could sometimes be a bit rough. There wis sometimes the odd injury – broken arms or wrists, or something like this. But nothing very serious. Ah don't ever remember them comin' to blows or anything like that over it.

Some o' the Ba' players came from Denholm and some o' the farms jist outwith the parish. But, oh, the Lilliesleaf men would likely try and keep them out: they liked the money tae be kept in Lilliesleaf if possible. But ah don't think there wis any great rivalry. They weren't organised as such. Then players that could run fast would certainly have advantages. Often there wis different – what would ye ca' it? – schools, and the runners stood back maybe: it's a fairly narrow field where the Ba' wis played, maybe 100 yards across. The runners would stand over the other side o' the hedge, and the stronger men would get the ball and throw it to the runners, and the runners wis away, ye see. It wis like a relay almost, a team game, and they shared the money. There might well have been schools within teams – more than one East and more than one West team. It wis jist something that wis made up amongst themselves.

Before the war ah think there would be at the Hand-ba' quite a lot o' unemployed men and this sort o' thing. Now, with the change in education arrangements, the schoolchildren once they're 12 years old all go away to Selkirk High School and don't get a day or half-day off for the Ba' game at Lilliesleaf. So now it's only the primary children at the village school that play the Ba' in the morning. For the school children there were shorter hails, maybe just a couple of hundred yards for the smaller ones. For the men, well, the Hand-ba' wis still flourishin' for five years or so jist after the war, then it just seemed to go downhill. Ah don't think employers were so keen to give men the day off and this sort o' thing. So the adult game became more or less defunct. Ah suggested it to some of the local people that they should move the Hand-ba' from a Tuesday to a Saturday, but naebody seemed tae be interested. Ye ken, ah thought it might revive it. But it jist seems tae be indifference. Nobody seemed tae care very much whether it went on or not, although Margaret [Borthwick] Wilson and some other people sort o' helped to carry it on. It might fall through altogether, because some o' the schoolteachers were not very interested in the Ba' Day. In the quota o' holidays the school gets ah don't think the Ba' Day holiday'll actually be allowed for.

* * *

When the war broke out in September 1939 ah remember the evacuees comin' tae Lilliesleaf. Ah didn't know where they came from. They probably came by train, or maybe by bus all the way. Ah think there would be quite a lot. As far as ah can remember there seems to have been three or four buses, charabanc things, wi' them came to the hall that day. There'd maybe be a couple o' dozen in each bus. From what ma mother said, they must have come round beforehand and asked people, 'Will you take evacuees?' And ma mother said, 'Yes, ah'll take two boys.' But ah can remember standin' at our fence lookin' down tae the village hall and watchin' the evacuees all bein' sorted out, takin' so many away somewhere. There were mothers as well as children, quite a lot o' mothers came.

There wis a big lot o' evacuees in the manse. Of course, the manse bein' a big place and Rev. McKenzie bein' a bachelor and his sister a spinster . . . There wis a lot o' evacuees there in the upstairs rooms, ah think the top storey would probably be given over to them, and ah think there wis mothers and families. It seems to me there wis a Miss Seth who was there and sort o' in charge o' the squad that wis in the manse. Then there was a family in the house on the Common, a mother and a family, there was two brothers anyway. Ruth Turner Scott in the village at one time had three evacuees. One wis James Hogg from Edinburgh. Ah can't remember when James came, but he stayed in the village till he left the school in 1945, the same time as me. He worked here for a wee while in fact. He started wi' McVitie & Price's biscuits in Melrose as a van boy, went round and helped tae cairry in the biscuit boxes. The other two evacuees wi' Ruth Scott wis Tony and a girl Patricia, but ah don't think they stayed as long as James Hogg. Patricia had red hair and ah think she wis Edinburgh, Tony came from London. That wis unusual for the village, because we found that most o' the evacuees here were from Edinburgh and Leith. Ah think Tony or his mother had some connection, a relative or somethin', with Ruth Scott. Ruth wis a very kind person, she had open house. Then Mrs Park – Lucky Park wis her nickname – she lived in an old cottage exactly opposite the Plough Inn, and she had two girls Telford stayed with her. But ah don't know for sure whether they were evacuees or not. But ah think aboot everybody roond aboot that had a space and the inclination would have evacuees. There were some evacuees, like David and Ian MacDougall, came later on to the village, but September 1939 is the only time ah remember evacuees comin'.

The evacuees that stayed on joined in the village life quite well. Ah remember them, the bigger boys, joinin' in the Hand-ba' and that sort o' thing. And James Hogg wis a pal o' mine latterly. It's wi' him bein' in the village as long that ah remember him so well.

Ah wis at the school of course durin' the war, and it must have been a tremendous impact, the amount o' evacuee children that would be suddenly shoved intae the school in September 1939. But ah can't remember much about it.

A lot o' the evacuees didn't stay very long, because the first night they were oot lookin' for the chip shop and this sort o' thing! They had no idea what a country village wis like. A lot o' them only stayed days, some o' them only weeks. Well, obviously the women were away from their husbands, they were away from their homes. They were unaccustomed tae village life. They were oot lookin' for shops, and this sort o'thing. They were jist totally out o' their depth, ah think, bein' in a country village after comin' from Leith or Edinburgh.[6]

Ma mother, as ah said, had said she would take two boy evacuees. But when it came to dishin' them out there wasn't enough o' what everybody wanted tae go round. So what ma mother got was a mother and boy, Mrs Webster and her boy Roger. Roger would be pre-school at that time in 1939, oh, aye, he wis, he wis much younger as me, three or four years younger as me. In fact, we had an old push chair and ah can remember pushin' him about in this. Roger wis an only child. Mr and Mrs Webster and Roger lived in Jane Street in Pilrig, Leith. Mr Webster wasn't with them of course. He was a printer to trade, and latterly he worked in the place where they print money in Edinburgh, because ah remember him tellin' us about burnin' the old money in the furnaces and this sort o' thing. Mrs Webster's father worked in the brewery, ah think it wis Younger's brewery. He used tae come to the village later on, through Roger and his mother being here. He was a keen fisherman and they took a cottage down there. He used tae bring what ye call a packald from the brewery. It wis brown sugar – it wis scarce of course in these days. And ah mind he brought liquorice, ah think they put liquorice in the beer. And he'd probably get eggs and butter away home wi' him. Ah can't recall Mrs Webster complainin' she wis homesick. She wis a cheery sort o' person. Ah think she would miss her husband though and her house. It's a funny thing a woman being into another woman's home. It would be difficult for her. Ah can always remember her comin' into our house by the lane ye come up from the main street. Well, in these days we had a shed that wis a coalhouse, and there wis a row o' doors. When she came Mrs Webster says, 'These doors – is it a dry lavatory?' And if it had been a dry lavatory she wasnae goin' tae stay wi' us. But we'd had a water closet ever since ah can remember, though in these days a lot o' the houses in Lilliesleaf did have dry lavatories.

So Mrs Webster and Roger stayed wi' ma mother and father and us maybe a year. The husband used tae come for weekends now and again. And after the worst o' the air raids wis past ah think they would go back home. Roger wis never at school in Lilliesleaf, and that wis maybe also why they went back home: he'd maybe be comin' on for school age. But the Websters always came for holidays after that, stayed wi' ma parents, and kept up. And ah've been often enough to their house in Jane Street, Leith.

Then durin' the war ah can remember the planes passin' over here – maybe the Clydebank blitz. But we didn't have a radio in the house until, oh, it'd be after the war, in 1947. And we didn't get a daily paper. Ma father got the *Weekly Scotsman*, that's all.[7] Ah don't think ma father approved of the radio. I don't think he would approve of music and this sort of thing. He was very strict that way. As ah said, we used tae go on a Sunday to the old Free Kirk, too. But durin' the war it was used as a food store. Ah can remember the lorries bringin' food from the railway station into there. Oh, there wis lorries came for weeks. It wis bags o' cocoa beans, because ah remember some o' the bags burstin' and these beans . . . And ah think there were boxes o' tins o' bully-beef and a' this sort o' stuff. And then maybe a batch would go away and another batch would come in. Ah remember us boys standin' watchin' the men puttin' them in. Jocky Turnbull, the grocer, and his son Dod Turnbull was in charge o' this foodstuff. Ah don't know what that idea was. Ah think maybe it was food wis spread out over the country, so that if it wis bombed in one place there wis always some somewhere else.

And durin' the war ah remember what used tae be the Long Drive up tae Riddell – it wis an avenue o' trees in these days, but they're all cut down long syne – and ah think it wis Canadian soldiers actually, but they had their vehicles camouflaged under these trees. And the tanks used tae come up tae the village about every day. The Poles, they were based at Melrose and their practice ground wis up here. They went up the Hawick road and up on tae the moor there, up behind Satchels farm. Oh, it was a great excitement when an army convoy came. I used to be outside our house and see a convoy comin' in the Hawick road and I'd rush down to see them goin' through the village. A convoy wis quite frequent. There'd be a long string o' lorries, maybe goin' frae Hawick through tae Melrose, on manoeuvres or somethin' like that. Ah remember us one Sunday night sittin' round the fire, we wis jist boys playin' at soldiers. It wis dark, a knock came tae the door and it wis two soldiers. Ah don't know where they were stayin' in their camp jist for the night. They must ha' maybe a' went tae the cottage doors. They came in and sat and had tea and sandwiches and what-not and went away again.

Ah can remember, too, the Land Girls comin' tae live at Riddell. They were all in Riddell Big House until it wis burned aboot 1943. Ah don't know what numbers there would be, but there wis quite a lot o' them at Riddell. Ah can remember them comin' tae the church. Ah think they walked, and they sat in a big row along the front o' the church, all in their uniforms, their breeches and jackets, green jerseys and flat hats. There were some worked in the woods, Timber Jills or something they called them. There werenae so many as the Land Girls. The Land Girls made some impact: it must have been for the young men o' the parish! Ah think there wis some battles up aboot Riddell. It was sort o' the local lads and the Ashkirk lads fightin' over the Land Girls. Some o' the Girls married local chaps: Jardine Chisholm, the blacksmith's son, married Pat Brown that worked at Netherraw farm.

And there wis one at Midlem Mill married tae a local chap. Helga, a real character, wi' very thick glasses like the bottoms o' bottles, also married a local lad. And Ellen Mills wis another Land Girl that married a local chap and lived in the village for a long time. Ah remember there were a red-headed one, Mowat ah think her name was, worked at Easter farm.[8]

Then there were some Italian prisoners o' war between Lilliesleaf and Midlem. There wis a wooden house, a sort o' wooden cottage – it's not there now – ah think it would probably be on Midlemburn farm, and there wis Italians lived in that for a while. Ah remember some o' the Lilliesleaf chaps had been at a dance at Midlem jist aboot the end o' the war. When they come back they started throwin' stones at the roof o' this house, waitin' for the Italians rushin' oot the door. But the Italians come oot the back window and roond the house and chased the local youths away wi' hay forks! And ah've a feelin' there wis Italians about Melrose or St Boswells or Newtown St Boswells.[9]

The memorial for the First World War is outside the old Free Church, maybe because it was nearer the village there than at the parish Church o' Scotland. The memorial for the Second World War is a plaque on the wall in the parish church. Ah remember some o' the ones who were killed in the Second War. Ah remember Danny Henderson's brother Tommy bein' home on leave from the army, then he wis killed in the war. Ruth Turner Scott's brother James, and Bill Dick, the eldest o' four brothers, wis killed; Robbie, the youngest brother, wis a prisoner o' war. Jimmy Douglas, an unfortunate chap, wis a prisoner in Italy. Jimmy wis the youngest o' three brothers – Douglas the fencers.

* * *

As ah say, I would have liked to have went to high school or something like that when I left Lilliesleaf school in 1945, when ah wis 14. But we didn't think a great lot about it. You wis jist to go out and work and that was it. But ah wid like tae have gone tae sea. Ah remember thinking that jist efter ah left school, thinking ah would like to have been a sailor. Ah don't know whether it wis the uniform, ah think jist the idea o' travellin'. Lilliesleaf's aboot as far from the sea as you can get in Scotland! Ah don't know why ah always had that notion. Well, I read books about sailing and this sort of thing, maybe that sparked off ma interest. Davie Reid o' the Cross Keys wis in the navy durin' the war, and ma brother Jimmy wis called up jist before the end o' hostilities in August 1945 and he wis in the navy as well. But ah didnae take any steps, apart from writin' off for some literature to the Royal Navy. Ye see, you could join the navy as a boy, ah think aboot 15 year old, boy's service. Ah probably didn't tell ma father. Anyway it never came to much. Ah started work at Riddell estate, that wis ma first job after I left school.

They wanted a boy to help in the garden at Riddell and this sort o' thing. It wasn't a formal apprenticeship, because Bill Jackson, the chap that did the garden, wasn't really a qualified time-served gardener. So ah worked in the garden and sometimes on the estate in busy times. As time went on ah spent more time on the estate as ah did on the gardening, until ah think when ah wis 18 ah wis workin' almost full-time on the estate, maybe jist occasionally in the gardens.

Major Mark Sprot wis the boss at Riddell at that time. Major Jock, his son, although he wis in the army durin' the war, ah think he'd be home shortly after ah started workin' there. Probably it was when Major Jock got home they started tae run the estate more on their own. Up to that time most o' the fields had been let off to other farmers. The Sprots had their own stock after that and they bought tractors and started tae do everything themselves. The staff would be increased. Ah know there wis two tractormen employed where there wis only a man with an old horse. On the farm when ah went there first there wis Bill McLaren, Rob Young, and Jock Bell wis the horse driver. After that two tractormen came, one wis a chap Law, ah think the other wis called McGlashan. But the tractormen did come and go, ah jist can't remember all their names now. Bill McLaren and Bill Jackson had been there a long time and they were still there when ah left Riddell four years later.

Major Jock Sprot had been in the Territorials in the King's Own Scottish Borderers. His younger brother Aidan was in the army in the Scots Greys, and later on he inherited his mother's family estate, Haystoun in Peeblesshire, and he became Lord Lieutenant of Peeblesshire. Major Jock's two sisters wis both in the Forces as well. The elder one, Elizabeth, wis married to Captain Grant o' the Royal Navy when ah wis there, and the younger sister, Celia, was married to Lord William Whitelaw. It's Mrs Grant's son Andrew that is the heir to Riddell now. Major Jock's retired, and Andrew runs Riddell now.

Major Mark Sprot, oh, he was a typical army officer. He'd been a Regular in the Scots Greys. The Sprots were a military family. Major Mark's father wis Lieutenant General John Sprot: every buildin' at Riddell had a plaque over the door, 'Repaired by Lieutenant General Sprot'! And he'd produced a book, jist a very slim volume; there used tae be hundreds o' copies lyin' up in the bell tower where the clock was. But Major Mark wasn't very well, he suffered was it Bright's Disease? – the legs fill up with water, and he used to go about with sticks, sometimes two sticks. He would come to Bill Jackson's house front door and shout 'Jackson!' at the top o' his voice, and stand and shout there till Jackson had tae trot off and see what he wanted. This was the Major's style. Ah didn't really have much contact with him. But he seemed a very gruff sort o' chap, not friendly at all. Major Jock wis a different chap altogether, a very pleasant man to work for, a very decent chap, very considerate to his workers. Major Mark died at the end o' 1946 and Major Jock took over then. Some o' the estate had tae be sold to pay death duties: Newhouse farm and Bowismiln farm were both sold off. Although later on, after ah left, when Clerklands farm became vacant Major Jock took it over himself, and part of Bowismiln has been bought back again.

So ah wis quite happy workin' at Riddell, learnin' about gardening and then about estate work. Ye pick up things as ye go along. It's later ee realise that ee've learned this and that aboot fencing and one thing and another, cuttin' down trees. Ah think ah did learn quite a lot there. We did both farmin' – harvesting and one thing and another – and forestry work, so it wis a good, broad training. And though Bill Jackson, as ah say, wasn't time-served, he was quite a good gardener. Well, ah don't know if the work wis satisfyin' or not, but it wis quite a good job. Ah can't really remember what ah wis paid at Riddell, £3 a week or something like that maybe. The hours ah think were about quarter past seven in the mornin' tae five at night. But it wasnae really a job ah wanted tae do if ah'd had a choice. Ah think ah probably was still aching tae get away tae sea. Ah still had that ambition all the time ah wis at Riddell.

Ah wis lookin' forward to National Service, though if ah had wanted ah could have escaped it, because if ee worked on farm work ee were exempt. Ee had tae go tae the Labour Exchange in Hawick and register after eer 18th birthday. Ah said ah wis an estate worker, whereas if ah'd said ah wis a farm worker ah wouldn't have been called up! Ah don't think ah told ma parents; they probably jist thought ah wid have tae go. But ah don't think they would have stood in ma way anyway. Ye were asked at this registration what you'd prefer to be. Ye didn't always get what you preferred. But when ye went for your medical to George Street in Edinburgh there was a test. If ye passed this test ye got intae the navy, if ye didn't ye went tae the army. So obviously ah must have passed the test.

Well, I was called up in September 1949 and reported to HMS *Royal Arthur*, at Corsham in Wiltshire. Basic training wis done there – marchin' and this sort o' thing – and then we were transferred to Chatham Barracks, down in the Thames estuary in Kent. Further training there took us up to Christmas, so that wis three months' basic trainin' we had. From there we went into the Reserve Fleet at Sheerness. After the war there wis a lot o' surplus ships stored – mothballed – and we were sent tae Sheerness tae get some experience o' livin' on a ship, and we worked there. The guns and all the main radar things wis cocooned: they put a net over them and sprayed paint over this, tae keep the damp sea air oot when the ships were in this Reserve Fleet. We worked there till about Easter and then oo wis transferred to HMS *Aisne*, a destroyer in the Home Fleet. We visited the coast o' Europe, right up the north o' the Baltic, the land o' the midnight sun, right down as far as Gibraltar, and jist round the North Sea and South Atlantic.

Ah would be on HMS *Aisne* for about a year. She had tae go in for a major refit, so we were transferred to a monitor lyin' in the dockyard at Chatham – ah never went to sea in it. A monitor had 16-inch guns, great monstrous shells. It wis designed for shellin' the shore. The theory was ye went into shallow water, filled the great big tanks in the side with water and let it down on to the sea bed. Well, we were there about three months until oo wis transferred on to HMS *Zest*, an older type o' destroyer. We spent most o' the time on *Zest* off the coast of South Wales and Land's End. Our bases wis Pembroke Dock and Haverfordwest. Our job wis when the aircraft carriers wis flyin' off their planes or landin' we had tae steam up behind and pick up anybody that fell over the side. Ah think once we had to pick a chap out the sea, but he wis quite a' right. Ah wis on HMS *Zest* till ah wis demobbed, after two years, in 1951. It wis initially for 18 months but the Korean War had increased it to two years, but ah wasn't broken-hearted about the increase.[10]

Well, the navy certainly was a big change from village life, a complete contrast. Oh, it wis a bit o' a culture shock – the language alone wis pretty . . .! Ah'd grown up in a very strong Christian household. But ah'm the sort o' chap can adapt to anything. Ah never had any problems adapting to the life in the navy. It wis something ah wouldn't like to have missed. It broadened your outlook on life greatly. Ah took to it like a duck to water. Ah never really felt homesick. Ah didn't feel out o' place at all, and ah met all kinds from all parts o' Britain. Most o' your pals in the navy wis from the town, so you would adapt to the way your pals lived: you'd just have to sort o' watch how they lived and behaved. What helped me a lot though wis in ma teens ah wis in the Army Cadet Force at Lilliesleaf, and the marchin' and trainin' there helped a lot when ah wis called up. Major Jock Sprot wis the commanding officer o' the Cadet unit in the village. It'd probably be 1947 before ah joined, it would jist be started after the Major come back from the army. The Army Cadet Force wis very strong at that time. Whether it wis to help the people get some idea aboot Service life before they went into the Forces, ah don't know. But ah think it would help a lot o' people. Aboot everybody in the village wis in the Cadet Force at one time or another after Major Jock got it organised. The number o' lads in it would be in the teens certainly, and Ashkirk, Selkirk and Hawick all had Cadet units. At Lilliesleaf we even had an army hut built in part o' Bert Reid's garden at the Cross Keys pub. We used to go out on schemes and crawl aboot hedges, handle a rifle and a Bren gun, all this sort o' stuff. It wis a big help when you wis called up if ye knew how to march and slope arms.[11]

Ah didn't think ah would stay in the Royal Navy: ah thought the discipline wis jist too strict. You were doin' things more or less paintin' by numbers, sort o' thing. But when ah came out the Royal Navy in 1951 ah did think about the merchant navy. Ah thought from the point o' view o' seein' the world ye'd probably be better in the merchant navy. Ah did toy with the idea, ah did make some enquiries, and ah did consider even the Customs and Excise. But it never came tae nothing. So what happened when ah come home from the navy, there wis the sawmill jist beyond the village, down at the far end o' St Dunstan farm. So ah started work more or less right away in the sawmill.

Ah wis there 13 years and ah din all the jobs. Ah quite liked workin' in the woods amongst the trees – the open air, ah think that wis the attraction. There wis lots o' different jobs: cuttin' in the woods, haulin' it in, and jobs actually in the sawmill. Even in the sawmill ah din everything. But ah think ah liked workin' out in the woods best rather as workin' in the sawmill. In the sawmill itself wis more like in a factory, a bit noisy and dusty. And dangerous, too: my pinkie's gone altogether, and part of the next finger. It was a shock at the time. But it's a thing of, well, many years ago now, and unless ee knock it on something ee very seldom notice, or on a cold frosty mornin' it is painful. Oh, a lot o' people in sawmills has cuts and nicks, some worse as others.

The Lilliesleaf sawmill wis opened about 1947 and it wis owned

Sowing seed by hand and harrowing, at Easter farm, Lilliesleaf, c. 1900. Courtesy of the late Ian Mitchell and the Robert D. Clapperton Photographic Trust (RDCPT), Selkirk.

Workers at Hermiston farm, Lilliesleaf, c. 1900. Courtesy of Andrew Elliot, Selkirk.

Lilliesleaf main street, late twentieth century, looking towards the East End. The Plough Inn, the first building on the right, dates back to at least the late eighteenth century. The large building 50 yards further up on the right was long ago the Black Bull Inn. Copyright and courtesy of Artistic Cards, Dumfries.

Lilliesleaf Miniature Rifle Club, c. 1905–9. Back row, left to right: 'Dr' William Blythe, carter; Andrew Birrell, headmaster; Mr Clark; John Park, shoemaker; William Robinson, tailor; Rev. George Minto, United Free Church. Middle row, left to right: J. McLean, Plough Inn; William Riddell, joiner; Tom Steele, stonemason; Jimmy Elliot; Adam Steele, stonemason. Front row, left to right: R. Turnbull; Jimmy Riddell; Bob Mitchell, grocer; Archie Hamilton. Courtesy of Davis Easton.

(*above*) Curling on LIlliesleaf Moss, 1907, with parish Church of Scotland in background. Courtesy of Davis Easton.

(*left*) Tam Borthwick, c. 1930. Courtesy of the late Mrs Agnes Anderson (née Brown).

A scrum at Lilliesleaf annual Hand-ba', c. 1930. Courtesy of the late Mrs Jean Robinson.

The first volunteers at Lilliesleaf for Kitchener's Army, 1914. From left to right: (in kilt)
Piper P. Noble, Galashiels; James Wilson, Friarshaw; John Fairbairn, Pinnacle; James Moffat,
Rawflat; Adam Irvine, Shawburn; George Wood, Firth; George Laing, Easter; James Mitchell,
Bewlie Mains; Thomas Pendreigh, The Manse, Lilliesleaf; Joseph Mitchell, Riddell;
a Chesterknowes worker, name unknown; Charles Gray, West Riddell; Frank Kerr, Hawthorn
Cottage, Lilliesleaf; Drum Major Gregor, Galashiels. Courtesy of Lilliesleaf Parish Church
and the late Rev. James Watson.

A recruiting drive in Lilliesleaf main street, led, it seems, by the two women in the governess cart, 50 yards west of the school, during the 1914–18 War. Courtesy of the late Mrs Jean Robinson.

At work in Lilliesleaf school allotment, undated (1914–18?). Courtesy of Davis Easton.

(*above*) Unveiling and dedication of Lilliesleaf 1914–18 War Memorial, on Sunday 3 July 1921. Courtesy of RDCPT and the late Mrs Jean Robinson.

(*right*) Robert Robinson, c. 1960s. Courtesy of Mrs Esther Davies.

William Robinson's tailor's workshop, the stone building long ago demolished, on the edge of Lilliesleaf main street. Bishop's Close (now Eildon View), the slope down to the left, was where the Robinsons, including Robert and his family, lived. Courtesy of RDCPT and the late Mrs Jean Robinson.

Judges and committee at Lilliesleaf ploughing match, undated, 1920s. Andrew Birrell, village school headmaster and secretary of the Ploughing Committee, is middle of the front row, with soft hat, striped scarf and light-coloured coat. Courtesy of Davis Easton.

Junction at West End, Lilliesleaf, of three roads: from left, from Melrose, Ancrum and Jedburgh; from the right, from Riddell, Ashkirk and Selkirk; in the centre, from Hawick. The house and building on the right were long occupied by Tom Steele, builder, but the building has in recent years been transformed into the Jammy Coo gallery and coffee shop. Copyright of Artistic Cards, Dumfries, and courtesy of Mary Preston.

Agnes Brown is in the middle row, third from right; Nan Elliot, Jean Robertson's sister, is fourth from right; in back row, extreme right, is Rev. Arthur Pollock Sym, in this undated photograph, c. later 1920s, of LIlliesleaf Church choir. Courtesy of the late Mrs Agnes Anderson (née Brown).

Riddell House, undated, early twentieth century. Courtesy of RDCPT and of Davis Easton.

Threshing of the grain crop and stacking of straw, autumn 1952, with the burnt-out ruins of Riddell House in the background. Courtesy of RDCPT and of the late Mrs Sid Anderson.

The Buccleuch Hunt outside the Cross Keys Inn, Lilliesleaf, December 1982. Courtesy of Mary Preston.

Kate Douglas (née Henderson) is in the back row, third to right from Mr Birrell, headmaster, in this photograph of the Junior class, c. 1920–1, at Lilliesleaf school. Will Young is in the second row from back, extreme right. Courtesy of the late Mrs Jean Robinson.

The bridge over the Ale Water at Midlem Mill. The road goes straight ahead for Midlem and Selkirk, to the right for Melrose and St Boswells. Will Young and his family lived in the Mill cottage, hidden by trees, to the right.

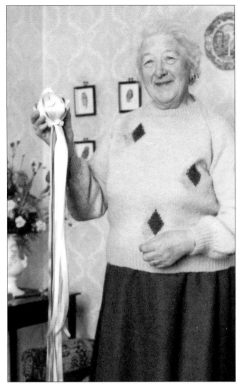

Margaret Borthwick in her ATS (Auxiliary Territorial Service) uniform in the 1939–45 War. Courtesy of Davis Eaton.

Margaret Borthwick (Mrs Tom Wilson) with a dressed hand-ba', undated, c. 1989–90. Courtesy of Davis Easton.

Chesterknowes, undated, early twentieth century. Courtesy of RDCPT and Davis Easton.

The wedding of Jean (née Elliot) and Jim Robinson, 1936, with her sister, Nan Elliot, bridesmaid, and brother-in-law Willie Robinson, Royal Scots, killed in the War, 1940. Courtesy of Mrs Esther Davies.

Nan Elliot with her ice cream barrow and three customers, near the East End of the village, undated, c. 1930s. Courtesy of the late Mrs Jean Robinson.

A hand-ba' descends in the Shortreed's field toward waiting hands on the annual Ba' Day, c. 1930, watched by boys and a few girls. Courtesy of the late Mrs Jean Robinson.

(*above*) Lilliesleaf Home Guard in the 1939–45 War. Back row, fifth from left, Hugh Combe, Riddell South Lodge; middle row, fifth from left, Rob Young; second row from front, fifth from left, Lieut. David Cranston, Netherraw, sixth from left, Sgt Neil Crawford, fourth from right, Jock Craig, St Dunstan farm cottages; front row, extreme left, Tam Borthwick, extreme right, George Pike, St Dunstan farm cottages. The Home Guard was disbanded in November 1944. Courtesy of Davis Easton.

(*left*) Looking south over the Ale Water to Riddell Mill.

Currie Memorial Hall, Lilliesleaf.

(*above*) Silver medal presented by Lieut. General John Sprot of Riddell 'To William Blythe, Lilliesleaf Cycling Club, For Riding 100 miles in 10 hrs & 25 mins, on 10TH SEPT. 1895'. Courtesy of the late Bert and Ella Reid.

(*right*) Jimmy (left) and Andrew Shortreed as boys in the 1930s. Courtesy of Mrs Danzi Shortreed.

Linthill House, Lilliesleaf, undated, c. 1920s–30s. Courtesy of RDCPT.

Lilliesleaf sawmill in the 1990s.

James and Agnes Preston outside Redford Cottage, Lilliesleaf, undated, c. 1940s. Courtesy of Mary Preston.

James Preston in his van outside the Prestons' shop, undated, early 1930s. Courtesy of Mary Preston.

The old house, originally a school, that stood on the village Common at Lilliesleaf West End, and was occupied until after the 1939–45 War. Courtesy of Mary Preston.

Lilliesleaf children's annual Hand-ba', March 1930. The girl in the middle of the front row holds up a beribboned ball she has hailed. Courtesy of the late Mrs Jean Robinson.

The West End, Lilliesleaf, with, at extreme left, the garage built after the 1939–45 War, by Peter Chisholm and his brother Gavin. Copyright and courtesy of Artistic Cards, Dumfries, and courtesy of Mary Preston.

Sprot Homes, Lilliesleaf, undated, c. 1920s–30s. Courtesy of Davis Easton.

Matthew Prentice, c. 1970s–80s. Courtesy of Jim Shanks.

Lilliesleaf band and Land Girls from Riddell Hostel at a joint concert in the village hall, 1942–3. Middle row, extreme left, Fred Wylie, village policeman and conductor of the band; seventh from left, George Pike, melodeon; ninth from left, George Turnbull, drums; fifth from right, May Anderson, piano. Back row, third and seventh from left, Bill Anderson and Jock Bell, fiddles. Courtesy of Davis Easton.

George Tinline, right, in his steading at Bellfield farm, Lilliesleaf West End, with a boy helper, Jack Preston, undated, 1930s. Courtesy of Mary Preston.

Lilliesleaf parish Church of Scotland. Copyright and courtesy of Artistic Cards, Dumfries.

by Jones of Larbert, a firm that had sawmills throughout Scotland. Their headquarters and main sawmill wis at Larbert. Before Lilliesleaf, the sawmill wis over at the Yair, between Selkirk and Clovenfords. Then there was a lot o' wood to be cut on Riddell estate, so they decided rather as take the wood tae Yair they would bring the sawmill tae Lilliesleaf. So the whole thing wis transferred. Jist after it opened at Lilliesleaf there wis shiploads o' wood came into Leith docks: it wis something to do with the war. It wis out o' the Black Forest or somewhere, ah think it wis Germany havin' to pay wi' a' these shiploads o' wood. Ah wis workin' at Riddell then, but ah can remember cycling down the road, and there were lorries lined up frae the sawmill right intae Lilliesleaf, half a mile away, loads o' wood waitin' tae be emptied. And they had trouble when they came tae saw it up: there wis shrapnel in the trees! It wis quite dangerous for the sawmill workers, but ah don't think anybody wis injured. And it wisnae very good on the saws, it'd jist be lumps o' steel embedded in the wood.

Ma training at Riddell estate prepared me quite well for the job in the sawmill. Ah wis familiar wi' cut trees and this sort o' thing. There was a wee sawmill on Riddell as well for trees. There wis no permanent worker there, anybody workin' on the estate could use it any day.

What the wages were in the sawmill ah can't remember. It wasn't a well-paid job, but it wis slightly better paid than farm work. Ah think the hours wis quarter past seven to five, and 12 on Saturdays. Latterly the Saturdays wis done away with, and on tae the five-day week. Ah cycled tae work at the Lilliesleaf sawmill.

Ah wis in the sawmill so long, maybe three or four years, and then ah wis mostly haulin' in the wood and this sort o' thing for maybe another three or four years. It wis the way these things happen. Somebody went off or left and 'Would you do that for a wee while?' And then you're on it for maybe a couple o' years – till something else turns up! There was one horse at the haulin' but it wis really on its way out. The chap who drove the horse didn't come home one night. And when they went up into Riddell they found him sittin' at the bottom o' a tree. He'd had a heart attack and died. He wisnae a local man. He'd come wi' the sawmill from Yair. Anyway they had tractors and crawler tractors and lorries. By this time it wis mobile cranes. Ah wis haulin' the wood in wi' an ex-army Matador, a mobile crane that pulled a trailer. This crane wis able tae load the trailer. A chap drove the thing and ah wis the second man. Ah hanked the wire rope round the trees and lifted them on and hauled them off, and a' this sort o' thing, and hanked the trailer off and on. Although there was tractors, the mobile crane went further afield. Sometimes oo wis bringin' wood from Glentress forest at Peebles, because after aboot five, six years Riddell wis gettin' sort o' cleaned out. Oo cut a lot o' wood over by Cavers, beyond Denholm, Mertoun estate near St Boswells, quite a lot from Bowhill estate near Selkirk, and from Glentress forest. That involved me in quite a bit o' travellin' and it wis then ah learned tae drive heavy vehicles; ah had learned to drive a car before that.

After ah went off the haulin' oo wis back tae the sawmill. Oo started off wi' this wee sawmill down at the ford at the Ale Water at Lilliesleaf. Me and David Reid, two old sailors, worked this wee sawmill. Ah did the sawin' and Davie, o' the Cross Keys Reids, cut the trees intae lengths and stacked up the wood after it wis sawn. Ah think we were down at the ford there for about a year. And frae there oo moved tae Ettrick Bridge-end in Selkirkshire, and oor wee sawmill, jist a single bench, wis there for aboot year. And then from there we went aboot ten miles further on tae East Buccleuch near Tushielaw, and oo wis up there for aboot a year. Davie and me, jist the two o' us, worked together aboot three years wi' this wee sawmill. It wis easier tae saw the wood on the site rather as haul it down. We travelled back and forward together. Jones o' Larbert supplied a van, so we never lived away from home.

At that time there wis quite a lot of hardwood. A lot o' these woods in Riddell, up from the old south lodge, wis all hardwood and that wis all cut down. And there wis quite a lot of hardwood cut on Cavers estate and Wells estate over beyond Denholm. Well, the softwood wis for props down the coal pits. But we also cut chocks, 6x6 and 5x5 blocks, and ah think they were for the pits, too. So mainly the wood, once it wis through the sawmill, went off to the coal pits. When ah started wi' Jones first the wood went by railway. Jones hauled it tae Selkirk railway station, havin' been at it the year before ah started. But the Selkirk branch line closed down quicker than the main Edinburgh–Hawick line did, so then they started takin' the wood on a lorry tae Belses station near Lilliesleaf and put it intae railway wagons there. Latterly, when the main railway line closed down, Jones used mostly their own transport tae take the wood direct to the coal pit. Quite a lot o' the pits wis in the Lothians, and it wis mainly them and the Northumberland and Durham pits Jones dealt wi'. Quite a lot o' the wood went to Ashington pits, jist north o' Newcastle.

When ah started wi' Jones in the Lilliesleaf sawmill in 1951 there'd be about a dozen men in the sawmill itself. There'd probably be six carting in the wood, and six cutting the trees down – so there'd be approximately two dozen. It wis quite a big enterprise for Lilliesleaf, a big help for this area, although quite a lot o' the people who'd worked at Yair wi' Jones came from Selkirk, and they travelled to Lilliesleaf. Ah think about half o' the two dozen were Lilliesleaf folk.

In the years ah worked wi' Jones ah think the biggest difference would be the result of the new technology – chainsaws. When ah first went there there wis two men haulin' a saw back and forrit. Latterly one man with a chainsaw could do the same job. And it wis the same with the loadin' o' the timber: mobile cranes and this sort o' thing came in, and then hydraulic lifts. They have these grabs now, like a big hand, and they can jist pick up the wood. Ah think that would be the biggest difference in the work in the woods, although the closin' o' the coal pits would make a big difference, too. So ah think the number o' workers when ah started in 1951 would fall off gradually from maybe the 1960s.

Then the sawmill itself had new technology. When ah left in 1964 they had no bandsaws there at all. There's nothing else but bandsaws there now. A bandsaw is a continuous steel band aboot six inches wide wi' teeth in one side o' this band, and it runs round rollers. The bandsaw is much narrower than the old traditional circular saw. The old saws were takin' about half an inch wood out o' every cut, whereas the bandsaws they're a very, very thin band. The whole bench is a different set-up altogether. Wi' the old circular saw ye'd a wooden platform that went back and forward. But wi' the bandsaw it's all steel, it doesn't wear away the same, and it's much more accurate for cutting. It's probably safer, too, although much o' the safety depends on the workers of course. But ah think the bandsaws'll be much faster for cuttin' through things. When eer band gets blunt ye jist take it off and put another one on. The bands go away to saw doctors, are done up, come back, and ye jist put them on again. So after ah left the sawmill there wis really a bit o' a revolution in the technology. And then cutting up things into lengths and what-not: they have small saws and they jist pull a handle on the saw and it comes oot, whereas before you wis pushin' the stuff against the saw. And then it used tae be ye'd two saws, the round wid comes in and this big saw takes the slabs off it and makes it square-edged. Then the wood goes across this other saw, where it's cut intae planks. Ye pushed the wood over with your hands. It wis all brute strength in these days. Now it's all hydraulic-operated rams, everything's worked by hydraulic. It's completely different.

In ma day in the sawmill it wis a very heavy job, and a dangerous job. It wis a job ye had tae watch at every stage, from the cuttin', haulin', and then the saw in the mill. Ah mentioned ma own accident to ma fingers. Ah've heard of fatalities in sawmills but there were never any at Lilliesleaf. But there wis accidents – chaps gettin' arms broken and legs broken, and this sort o' thing. There wis a first-aid box, that wis all there was. There wis nobody at all who had any first-aid training – maybe jist somebody that had seen more accidents than anybody else and worked from experience! I mean, nowadays the Health and Safety Executive'll be in there as often, but there wis nothin' like that in ma day in the sawmills.

There wis a union for sawmill workers but it never was very successful. It wis the Transport & General Workers' Union, the Forestry branch, ah think. Ah remember joinin' it for a wee while, maybe about a year, and then ah resigned. There wis a political fund and it sort o' put ma back up. Ah said, 'Ah'm no' goin' to pay for a political fund.' So ah resigned frae the union. Ah don't know whether ah knew at the time that ah could contract out o' the political fund. But ah don't think you wis ever told you could contract out.

Ah wis in the sawmill, as ah say, for 13 years, from 1951 till 1964. Ah left because it wis a very hard winter in 1962–3, and ah wis in the sawmill workin' on the big saw at the time. And aboot every day there wis a fresh fall o' snaw and ee wis workin' in the snaw wi' eer hands, and, oh, ah got fed up wi' this and thought tae masel', 'It's time ah had a change.' Ah wasn't in the open but the wood wis lyin' in the open and ee had tae roll it in tae the sawmill. Then there were a big space aboot the width o' the room where oo rolled the wood in, and the wind jist blew in. Oh, it wis cold. And then the snow wis on the wood, and the wood wis frozen. So ah thought tae masel', 'Och, ah'll see if ah can get something better.' So ah got a job on a farm.

It wis Newhouse farm, a mile and a half from Lilliesleaf. It wis mixed work: ah drove the farm lorry and did farm work as well. At that time Newhouse wis owned and run by Lieutenant Colonel John Scott from Kirklands in Ancrum. He wis a cousin o' the Duke o' Buccleuch. Colonel Scott wis a big landowner and also farmed Kirklands, Dimpleknowe, Synton Parkhead and Prieston. He had a pedigree herd of Herefords, and he bred racehorses. So ma job was work on the farm when needed, and to take the pedigree livestock to the sale, the racehorses away to the stud and bring them back, and all this sort of thing. It was a very interestin' job.

Ah enjoyed it when we used to go away down the road wi' mares and foals. Sometimes oo went to the Royal Show in the English Midlands for a week, and the Great Yorkshire Show for five or six days. I didn't go to the Highland Show so much because it wis nearer home and the herdsman could manage himself, wi' people goin' in daily to help him. Ah enjoyed the travellin'.

Ah can remember when ah left in 1973 after nine years ah wis getting £18 a week. Oh, the hours wis very elastic. Sometimes you wis workin' quite late if you wis goin' away down England. There wis quite a lot o' the horses went down to studs at Thirsk in Yorkshire and that area. If it wis a day trip to Thirsk you left Newhouse aboot six o'clock tae be home again that night. But if ee were goin' further south ee stayed overnight. Sometimes, if ee wis goin' away down as far as Southampton, which occasionally happened, you stayed two nights. It didn't happen too often, and ah didnae mind that. As ah've said, in 1955 I'd got married. Ah met ma wife, who belonged Bonchester Bridge, at a dance in Hawick. That wis the usual point where ee met people: folk meets their wives at dances! Ah've got two daughters and a son.

Colonel Scott by 1973 had given up some o' his farms, and he decided he wis givin' up Newhouse. So ah didn't stay. Before the crunch came at Newhouse ah managed to find another job – with the Council. One o' ma jobs wi' the Council – it became Ettrick and Lauderdale Council wi' the local government reforms in 1974–5 – was drivin' one o' the motors in the cleansin' and ah actually came round Lilliesleaf itsel'. Well, ah wis wi' the Council until ah retired.

* * *

Lookin' back over ma life at Lilliesleaf, well, nowadays the village is completely changed. Ye see, at one time everybody in the village knew everybody else, and they knew what they did and everything about them. Now ye can meet somebody in the village, they've probably been living here for a year but ye still don't really know who they are. Ah think cars have a lot tae do wi' it. Cars are flyin' here and flyin' there. A lot o' them takes the car from the end o' the village tae come to the school and to the shop. They don't seem tae have time tae walk. In the old days, when ee walked or ee cycled, you met and spoke tae folk. And then in the old days, when there wis so many farm workers, at least the villagers knew their names, and knew every time they moved from here tae there. Ah think it is a matter of regret that people in the village now are strangers to each other.

Ah wouldn't blame the incomers completely for it. Ah think the blame probably lies on both sides. The only way they'd get to know each other would be if they attended church or other local functions or this sort o' thing. Some o' the incomers make an effort to integrate into the community. But ah think a lot o' them integrate amongst themselves, a society within a society. Ah think it could be a sort o' social class thing. Some o' the incomers are professional people. Ah mean, they'll have the same interests among themselves, more as interests for the local people. There's bound to be a certain amount o' different class structure, ah would think. Lilliesleaf used tae be a workin'-class village, different entirely from the likes o' Bowden. Bowden wis always a sort o' well-off village. A lot o' wealthy people, what ye'd ca' toffs maybe, lived in Bowden. But since aboot the 1980s Lilliesleaf has changed. A different type o' people have started comin' in. Lilliesleaf seems tae be in favour, fashionable, now.

Houses must have been available, maybe wi' the goin' away o' farm workers. It's almost all family farms now – the farmer and his family. Maybe the houses in Lilliesleaf are cheaper than some in other places. It could be something to do wi' that.

The number o' shops in the village has diminished. When ah wis young there wis quite a lot o' vans, grocers and bakers, used tae come from Hawick, Selkirk, and St Boswells. There wis even Gavin Mason, a ragman, came from Selkirk. He took rags and you got a balloon or something. Now there's really only Haldane the grocer left. But ah think they're toilin' jist tae keep their head above water. It would be a setback if that shop had tae close. Most o' the villagers do their shoppin' now in the supermarkets in Hawick or Gala once a week sort o' thing. Ma wife and I go to the supermarket for quite a lot o' things. But we do shop at Haldane's as well. Ah think we have to. If you want to keep the shop you have to do a certain amount o' shoppin' in it.

And then social and recreational activities in the village, well, there's carpet bowls in the Currie Memorial Hall in the wintertime, and ah think badminton maybe all the year round. The Women's Rural has fallen through. There had been a Rural for a long, long time. But aboot 1990 it sort o' fell through. There is a church guild; ah've a feelin' they meet in each other's houses. Rev. Watson, the parish minister, seems quite a livewire. He has organised children's things, and there's a thing in the Currie Hall in the afternoon for the old people to go and meet each other and chat. And there's something else in the area about one evening a week or a month that Rev. Watson started up.

There is a church choir. There used to be a strong dramatic group at one time, but it has fallen through. Mr Lancaster, the headmaster o' the village school, lived in Lilliesleaf and he was very good with dramatics and had a good group goin'. Ah think the fitba' clubs are more or less in the pub leagues nowadays. Well, the Cross Keys team from Lilliesleaf won the pub league in 1991. But most o' the players don't come from Lilliesleaf! A lot o' them come from Hawick and round about. But there's still a sports club in the village. Mr Fairlie, an incomer to the village, was coachin' the children for football. There's a sports day, and a Christmas party, for the children every year. There's a sports field at Riddell Haugh. There's not a rugby team in the village, well, you'd never get enough people now for a fifteen-a-side rugby team. There was a rugby team, ah think it wis before the war, and the pitch at that time wis down in the hollow at Easter farm. The football pitch wis there as well at that time. And there's Brownies, but ah don't think there's Scouts or Cubs. When my two girls wis small somebody did try Lifeboys or Boys' Brigade but ah don't think it caught on. There's not a village band, though there was one in wartime. Fred Wylie, the policeman, wis the conductor. But there is a qualified music teacher, Mrs Walter, in the village and she teaches and is very successful: when ye read the *Southern Reporter* she has quite a few pupils passin' their exams.

Political activity in Lilliesleaf ah think is very much a dead duck. Although ah can remember after the war, when a' the soldiers came home, at the first election and maybe the next two or three, there wis quite a wee bit stir then – people goin' tae hear the candidate and this sort o' thing. But there's not much enthusiasm in the village at all for politics. It might be something that'll come up wi' these new people that's come into the village. But ah don't think the old population had much stomach for politics at all, though there'd probably be plenty o' criticism! The Unionists used tae have a meeting sometimes in the village hall, but they didn't really have a branch in the village. But ah think their meetins've fallen through years ago as well. The general sort o' political attitude in the village would be Liberal or Conservative. There would be very few Labour people at all in the village. We used to have an SNP candidate who lived in the village, an Edinburgh chap who came to live out here. He was an educated chap, an advocate or something like that. He bought Ruth Turner Scott's house, but he sold it again. There is meetings at a general election, but even then ah think they're very poorly attended. Ah think most people have made up their minds how they're going to vote.

Tourists, well, there's nothing really to draw tourists tae Lilliesleaf. It doesnae have a village green in the middle o' it, or a pond or a castle or anythin' like that. Ye jist see the top o' Riddell Tower sticking out among the trees. It's an 19th-century folly, built by Lieutenant General Sprot, and it's not open tae the public, never has been, ah don't think. Ah don't think there's much prospect of anything developin' at the village that'd attract tourists. Ye see some foreign visitors passin' through Lilliesleaf but they never seem to stop – making for Melrose, ah think, a lot o' them. No, Lilliesleaf doesnae have much goin' for it that way at a'.

Then wi' public services, there is a library van comes to the village every week, ah think. There's only one thing I'd say against the van: it comes during working hours. Somebody that's working durin' the day cannae get tae the library van. If ah need books ah go to the library in Galashiels now. It was better, ah think, when the library was in the school and somebody did it voluntarily once a week. They brought book boxes then and they were there for aboot three months, then they took them away and a fresh batch came.

Ma brother Jimmy is a member o' the Community Council. Ah've never been a member o' it masel' and ah've no ambition to be a member o' it. But they're quite active. Lilliesleaf, Ashkirk and Midlem form the Community Council, and the meetins alternate around those three places. It's quite a big area but wi' not very many people livin' in it. The members are elected from each village. They cover quite a lot o' things and try and help the communities, which of course is what they're for.

Before the First World War there'd be a lot of people – farm workers – would start off from the village and round aboot, to make a new life. On the War Memorial there are three marked as Canadians that must have emigrated tae Canada before 1914. But there's not been much emigration from the village in ma lifetime. Apart from Davie Reid that went tae Australia and ma daughter Kathleen, who married a chap from Jedburgh and he got a job in New Zealand, where they are now, there's not been a great lot o' emigration abroad at all from Lilliesleaf. Ah remember Rev. McKenzie, the parish minister for aboot 30 years till aboot 1960, wrote a bit in that booklet o' his about people in Lilliesleaf that had never even seen the sea. Well, ye could maybe say that up tae the 1960s or so. But wi' the motor car and the aeroplane people jist up and away now and go abroad for holidays. And ah think most o' the chaps that went away from the village tae the wars were only volunteers or conscripts and came back to where they'd left off. Ah don't think there've been many Regular soldiers or seamen from Lilliesleaf.

When I wis at the school most o' the people that left the school would get a job locally. But nowadays it's different. Young people can't find jobs in the village or around it on the farms. Any houses that come up for sale in the village, it's usually outsiders that buy them. The local people can't afford to buy the houses in the village now. It's very difficult to compete wi' these sort o' professional people. All the villages is the same. And most o' the young people who get married get a council house in Selkirk or Hawick or wherever, or buy a but and ben to start off with. But they don't struggle to remain in Lilliesleaf. Ah think the travellin' to work puts quite a lot o' expense on them, and there's the time it takes and the bad roads in the winter and this sort o' thing. To have a mortgage and to travel would be too much for them. So they usually go into the town. Ah think takin' the children away tae the high schools has a lot tae do with it. They take them away nowadays tae Selkirk – well, a few went tae Hawick in ma day. In these days they were local children went to the school. Then after the war it changed. A lot o' retired people came into the village and the school population went down and down. The number o' teachers wis cut. But it's changed again since then. The people that's buyin' houses in the village now are young people with families, professional people. There've been doctors or medical people, architects, an archaeologist, and the editor o' the *Southern Reporter*. Mostly, ah would imagine, they've come from Edinburgh, although some of them have come through the Borders Hospital bein' built at Melrose. And there's aboot four teachers in the school again, which is a good thing. But when these children grow up they'll be away from the village, none o' these children'll take local jobs at all, ah wouldn't think. So although it is a population explosion, ah don't know in the long run what actually will happen.[12]

Mary Preston

My mother's family date back here in Lilliesleaf to 1745, although I don't know much about them. She used to tell me, and now I often wish I had listened more.

I was born in Redford Cottage, West End, Lilliesleaf, in February 1932. My mother herself was born in Edinburgh, but my grandmother, her mother, a Redford, was born in Riddell Mill. When my grandmother married – her husband's name was Hogg – she moved to Hawick then to Edinburgh. I think I had an uncle born in Hawick, the rest of them were all born in Edinburgh. In the past it was the Redford family who were in Lilliesleaf. But I think in the 1890s a lot of young Border men went off to Canada and the United States. That's when my mother's four Redford uncles went: two to Canada, two to the States. And there were no male Redfords left, just the girls. So the name Redford disappeared from Lilliesleaf then.

The greatest influence in my life was my mother. She was a very capable lady, brought up and educated in Edinburgh. She wanted to be a sewing maid and go abroad, and she wanted to go to Atholl Crescent School of Cookery and Domestic Economy. She wanted to do so many things, but in those days girls weren't allowed to. When she was 16 her father died, and I think she got a chance to go to Africa then. But her brother wouldn't have it. So she went to work in Munro's, the textile firm. She went through every department there. I think she could do absolutely everything in that line.[1] She was away ahead of her time. Eventually she was manageress of a hosiery factory at Bellshill. And that's where she met my father.

My father was in the steel industry there as a quality controller. But eventually he was made redundant. My father was Irish, from Ballymena in Northern Ireland. He was a good bit older than my mother. He was about 76 when he died in 1956. I don't know any of his family at all. I'm not certain whether he was born at Ballymena or in this country. But I do know his family were very Orange, as Orange as they could be. I never knew my father's mother but she seemed to be a real firebrand. My father was an Orangeman himself,

I presume active in the Orange Order. I'm sure I saw photographs of him with the sashes and all the rest. Of course, when he came to Lilliesleaf that was all abandoned. There was nothing like that in the village. But I grew up with this attitude that the Orange people have. I was brought up that way. When I started nursing I was very, very junior, and on duty one night with the staff nurse she said to me, 'Of course, you're a Roman Catholic.' I said, 'Oh, no, no!' And she said, 'Oh, well, I'm a Catholic.' That was my lesson: after that I changed my view and have a much broader view of things. My father was a great football man. Oh, he would be a Rangers supporter! But he was both Orange and a very staunch Labour man: he came, I suppose, from a hotbed of politics.[2]

I think my mother had bought Redford Cottage in Lilliesleaf from an aunt, and my grandmother came back to live there. Then when my father was made redundant my parents came to live here and do the shop. That must have been about the late 1920s. I had two older brothers, James and Jack, and it would be just before Jack was born about 1930. The shop was already there. It was mainly groceries, I think, but they did have a few papers, a newsagent's business. My mother and father were both involved in the business.

I was four in 1936 when my two brothers, James and Jack, and myself, and eventually my mother, too, were all up in Hawick fever hospital with diphtheria. Strangely enough, after I started nursing years later I met the doctor involved, and he says, 'Oh, I remember you, wee Mary. Thrice we came to you thinking you were gone.' Jim didn't seem to be so bad, but of course with diphtheria you're there one minute and then if it affects your heart muscle you're just gone. I suppose that's what must have affected Jim, who died. Jack got over it. I was in hospital about three months and hated it, detested it, because the nurses were so awful, terrible. I can't remember them being sympathetic towards me, and of course we weren't allowed any visitors. I cried, cried, at the beginning, and somebody said, 'Oh, be quiet. We'll take you home in the morning.' But I didn't go home for a long time. Then my nasal passages all got affected by the diphtheria. I spoke in a funny kind of nasal accent, and I can remember being told to be quiet. Our house would have to be fumigated or disinfected, and dad was left with all this. There was no counselling or help. It must have been quite traumatic for him. And, when I got home, I can remember my mother washing dishes and tears running down her face. It was absolute misery. My aunt used to tell me that my mother was never the same again. She never forgot about Jim. She would say,

'This is Jim's birthday.' I'm sure she thought about him every day of her life. Oh, at that time diphtheria was bad. Lots of people died of it then. Little Peggy Boyd up at Cotfield died of it about the same time as Jim. I don't know where we caught it. Diphtheria's in the air and it still is in the air. If the kids are not vaccinated they'll get it.[3]

* * *

Well, I would be five in 1937 when I began at the village school. It was no problem at all. We didn't need to have nurseries in those days, because we ran about the village and all played together. I was up at Betty Brown's – the daughter of Jim Brown, the joiner, and granddaughter of Brown, the baker – or she was down here at Redford Cottage. We all went to school together and that was it. At school it was chalk and quite sizeable blackboards we had, we didn't have slates, and then we went on to paper.

There would be just three teachers then, the headmaster, Mr Young, and another two. Miss Stirling was my first teacher. But she left at the end of my first year, to marry. Of course, I thought it was the end of the world: a kid gets attached to the teacher. After her I think it was Miss Gordon we got. Later on, Mr Young, the headmaster, died very suddenly, still as a young man. That was quite devastating as well, because he was popular. He left a widow and a young boy of about three or four. Mr Young's funeral went from the schoolhouse, and all the men – no women went to the funeral – walked behind the hearse. The curtains were all drawn all the way along the village. My father used to get dressed up in tails and a top hat to go to the funerals. Spiers, the joiners, were the undertakers then; Jim Brown, the other joiner, became an undertaker later.[4] Two headmistresses followed Mr Young: Miss Lowden and Mrs Geddes. I think Miss Lowden, who was strict, must have been a Scottish Nationalist. When she retired, still during the war, and the Germans were bombing London, she said. 'They [the English] took everything down there and you must never let them do it again.'

I can remember the first evacuees arriving in Lilliesleaf at the outbreak of the war in September 1939, the buses drawing up at the village hall, and the kids getting out. They all had labels on them, which now I think was horrendous. A lot of them were on their own, some had mothers or parents with them. I felt sorry for these children. I wouldnae have liked to have been in their position. There was some talk then of children going to America, and I think our relatives in

America had written off to take us, but there was no way I was going to America.

We had three boys, the Parks, evacuated with us at Redford Cottage. The eldest one was a great big heavy boy. But they werenae here very long. I can remember there were a family of Lawrences, and there were Buchanans at Shawburn farm and then they came down to Woodbine Cottage, next to the Cross Keys. There was a family of Combes and they had the cottage on the Common. There were two boys Combe, Michael and Tommy, stayed up at the Douglases further up the village, and there was Abigail that we used to play with. Biljum Combe was the wee one. John Combe, the eldest one, was working in Edinburgh and wasn't evacuated here but used to come down at weekends. He and a big cousin I had here, Nancy Naysmith, were quite friendly. Later, Nancy got married and went to Canada. In this supermarket there one day she met John Combe. Their families were very good friends from then on. Then Archie Cannon and Jimmy Laird were up at the Tinlines, and we had a lot to do with them. James Hogg stayed at Ruth Scott's at Beechwood, and his older brother David came down quite a bit to visit him. James Hogg was friendly with my brother Jack. Patsy Allan was at Ruth Scott's, too. Patsy had ginger hair, a great big bow, and she wore glasses and used to sing. There was one wee evacuee from London: Tony Edwards. He was at Ruth Scott's, too. We used to tease Tony – really, children are cruel – because he had a lovely little bike, and because he was a Londoner with his accent: 'Towny'. Then there were Websters, too, with the Shortreeds on the Back Road. And I can remember ten evacuees were all put up in the manse, a private house now. In 1990 there was a fête there and this gentleman came up to the owner and said he had once lived there. He could remember Rev. McKenzie, the minister, making beds for them, so he must have been an evacuee. And then Jimmy Liddell, a wild boy, was evacuated to the Bennetts at Midlem. He was always in trouble at the school.

The village children had a fight with the evacuees over the school jotters. We had to pay 2d for our jotters, and the evacuees didn't. Their jotters must have run out and some of them were given our jotters. There was such an argument in the playground. Mr Young had us in the big room, the evacuees on one side and us on the other, getting this sorted out! It was a quarrel between the pupils, it had nothing to do with anybody else, just ourselves.

The evacuees [except wee Tony] were all from Edinburgh. Some of them just came to Lilliesleaf and went away again. I don't really know what sort of impact the evacuees had on the village, or the village on the evacuees. But we had to get extra teachers in – it was a Miss Caird, I think, came, or was it Miss Somerville? – and we had to open up another room. There must have been about 30 evacuees came to the school – maybe about 50 per cent of the normal number [of pupils]. I can't think of anybody who came to Lilliesleaf as an evacuee, stayed on after the war, and is still here. James Hogg stayed on until shortly after the war then went back to Edinburgh. When it came to work, young people were better not to be here, because it was difficult then to get transport.

At school in Lilliesleaf ah liked history, geography, arithmetic and English. I loved grammar and doing analysis. I was never very good at sums. What we did was what we needed, I suppose, for the Qualifying exam. And of course we did cookery and laundry in the corrugated building at the back of the school. Miss Swanston, I think, used to come and teach us cookery; Mr Chalmers, to do gardening and woodwork with the boys. So I sat and passed the Qualifying and went to Hawick High School in 1944.

I never gave going to the High School much thought at all, but my parents were keen for me to go. Most pupils stayed on then at the village school until they could leave at 14. But it was mainly girls actually, rather than boys, that went to the High School. Maybe the girls were brighter, because when we went there there were no boys at all from Lilliesleaf. Margaret and Elizabeth Craig from St Dunstan's cottages were there, myself, Irene Bell from Riddell, and Frances Telford, who stayed with Mrs Park in the village: Frances was fostered. At that time there wasn't a great deal of encouragement for pupils to go on to the High School. I don't think education was all that important to many of them. Though I can't remember any particular person, I'm sure it did happen that some pupils passed the Qualifying but for one reason or another couldn't go to the High School. An awful lot of the Lilliesleaf girls just went into domestic service.

One of the problems with going to Hawick High School had been the transport or whether to be residential in Hawick. The war was on then – that's why my mother was determined I wasn't going to be staying in Hawick. But by the time I went to the High School we got a lift in Peter Chisholm's car to Belses station, and we got the train from there. Then we got the train back and the car met us and brought us back to Lilliesleaf.[5] The train back from Hawick would be about ten past five. But the Pullman used to come along about then, and if it were late we were shunted, or to let the Pullman through our train didn't come. So we could be very late. I had an uncle worked up in traffic control in the Waverley station in Edinburgh, and one night he travelled beside me to Belses. And I moaned about how we didn't get home till late if this Pullman got in our way. So after that it was arranged that a little train left Hawick about four pm or quarter past four, went to Galashiels, then came back and picked up the Charlesfield munitions workers near St Boswells to take them to Hawick. So my uncle arranged that we caught that train from Hawick. Before that we had a long day: ten to eight in the morning we left Lilliesleaf for Belses, then sometimes it could be six o'clock or half past six before we came back home. And then we had homework to do in the evening. In those days, if the weather was bad the school used to let all the pupils away at lunchtime. It was no good to us because we couldn't get a train, you just had to hang about and wait till about ten past five. The Hawick pupils were all home, but the ones early closure was supposed to help it didnae help, because we were still wandering about the streets. Well, I used to go to somebody in Hawick I knew. Or sometimes we went to the public library – not to read what we should be reading, but all kinds of rubbish. Or we hung about the station and fed ourselves on chips from a chip shop: the chip shop man made a fortune out of us! One night when we got on the train it had a lot of the first prisoners of war of the Japanese to come back. Of course, we got on the train with our chips. It was the first chips the pows had seen for years. They had bars of chocolate. So they gave us the chocolate and we gave them our chips.

I was at the High School for over four years. During and before those years we were never bored. When we were younger we used to play peeverie beds out on the village street, because there were few cars, and play rounders in the Square. In the war years, the local farmers had cars, but none of the farm workers or the ordinary folk in the village had cars. My parents had a car, because dad needed it for his business and then after that he used it on the Sundays for the newspaper deliveries. Then as we got older we went walking at the weekends. We were quite happy, the Craigs, myself, and whoever, Jenny Dalgleish sometimes. We'd birds' nests that we watched building, then the eggs and young birds till they flew. We went round them every Sunday, and away up the hills, over the Crags farm way, maybe four or five miles. And we were chattering away, we never stopped talking – about what I've no idea. And then as we got older we practised ballroom dancing on the road – again there really wasn't much traffic about. Country dancing we did at the school. We sang and we danced. But, as I say, we were never bored. When we were at Hawick High School, every Saturday afternoon we got the bus to Hawick, wandered round the shops, then went to the pictures at night. There were three picture houses. Then in Lilliesleaf we had pantomimes every year. Ruth Scott used to get us all together. We spent the winters practising for the pantomime. It was a great thing the pantomime. The village hall was packed in those days.

Well, by the time I'd been over four years at the High School the ones from Lilliesleaf I'd gone with were all left school. I got sick of it, and before I sat the Highers I just left – much to my mother's disgust. She wanted me to stay on. I had no idea what I was going to do for a living. I think when I was younger, and before I went to the High School, I always fancied being a teacher; that kind of went by the board. Photography I did think of. My father was a keen photographer, and so was my mother. That's where they had met actually, at photography classes, where he used to do all his own developing. But when he came to Lilliesleaf he stopped. There was no electricity in the village then of course, and this was a fine excuse that he couldn't carry on his photography. Anyway, then, I don't know why, but I just decided I would do nursing. Annie Anderson at Bowismiln farm had gone to nursing. But I had no idea how to go about becoming a nurse. I had made up my mind I was going to Edinburgh Royal Infirmary, but didn't know how to get there. It was the Youth Employment office then at Gala, and I remember going across there with my mother. The girl there said, 'There's a waiting list of about three months for Edinburgh Royal Infirmary. In the meantime how would you like to maybe work here in Gala in one of the local hospitals and you'd get an idea of what it was about?' Annie Anderson was doing fevers, so I said, 'Oh, well, I'll go to Gala fever hospital.' Well, I saw the matron, she was quite willing to have me, and I was to start in January. But then she phoned to say I would be wasting my time at the fever hospital and that she would contact the matron at Edinburgh City Hospital and I should go straight there. That's what I did, and I went in on that to the City Hospital, which of course was infectious diseases. So in 1950 I left Lilliesleaf to begin my training as a nurse.[6]

* * *

The war, I think, had changed Lilliesleaf. It had been a kind of static population till the war. They all inter-married, I think. Then after the war it seemed to open out. They had been away in the Forces, taken out of the village, and I suppose some of the lads who'd been away brought brides back with them, or girls who'd been away husbands. Well, my cousin, who I would call a villager, went into the Services and married a Polish chap; the other one got engaged to a Welshman. I suppose the village became more outward-looking. And the car came and they could get shopping elsewhere, then the village shops disappeared. Before the war, as I've said, an awful lot of the Lilliesleaf girls, when they left the village school at 14, just went into domestic service: that was their main source of employment. But after the war that was beginning to change, and they went into offices or worked up in Hawick in the mills or in shops. None of them went into domestic service then. When I was at the village school in the years to 1944 there wasn't really much employment in Lilliesleaf itself for girls. Two of my cousins who then lived here cycled to work in the council roads department and the library at Newtown St Boswells. Another cousin worked in, and cycled to and from, Hawick, and then she too went to work at Newtown St Boswells, in the public health department. Jenny Scott, who was at Lilliesleaf school, lived at Cavers Carre and worked in Newtown. So she used to meet my cousins in the morning and they all cycled together to work, in all kinds of weather. And likewise for their entertainment they had to cycle to dances at Newtown, Midlem [and so on], because there were dances then in the local halls every week nearly. That was just the way of life. There were very few cars then. And my brother Jack cycled every day to do his apprenticeship as a motor mechanic at Bowden.

During the war years my parents' shop in Lilliesleaf was closed, because the petrol was rationed. And I think my mother sold all the sweeties and therefore didn't have any coupons for them. When Charlesfield, the munitions factory near St Boswells, opened she cycled away down there looking for a job and she was in the canteen in Charlesfield during the war until they moved her into the first-aid post and she worked there for a while. She cycled down there and back every day. Then they got the Charlesfield halt built on the railway and put on a train. She cycled then from Lilliesleaf to Belses station and got the train to Charlesfield. But on her first morning the engine driver forgot to stop and let her off at Charlesfield, and she had to walk back up the line to it. Later on she used to get a lift in his car from a man in the village to and from Charlesfield – but there were all kinds of problems getting the car started in the morning.

After the war my mother started the shop up again and built it up. So, except for the war years, the shop ran from about the late 1920s until 1974, when my mother died. By then she had quite a good little business. My father, who died in 1956, never got accustomed to the shop. He didn't like it. My mother had quite a good business head on her. My father wasnae that way inclined. If he'd been the same way they probably would have done quite well. My father was not at all mechanically minded. When he came to Lilliesleaf he had to learn to drive this van. He didn't like it and he could never understand it. If it broke down somebody had to come and fix it. During the war, when he was 60 plus, he worked in Charlesfield as well. I really don't know exactly what he did there. I think he got a lift in somebody's car to Belses and then went to Charlesfield on the train.

My parents' shop, as I've said, was basically groceries and newspapers. To begin with, it was mainly a grocer's and they did have a few daily and Sunday papers. But newspapers were also sold along at the other end of the village in the Post Office, when it was Henderson's. My mother had been a very strong church worker in Edinburgh and, I think, a regular church attender. But when my parents came to Lilliesleaf they had Sunday papers, which in those days was quite a big undertaking because a lot of them were delivered by bike. My mother cycled to Hassendean and to Belses delivering Sunday papers. So she couldn't get to church. But we children were packed off to Sunday School every Sunday without fail. My father, on the other hand, was not a churchgoer, oh, he'd never go to church. He fell out with the Rev. McKenzie about every time he came to our house on a home visit: in those days ministers did a lot of home visits. A lot [of their disagreement] was to do with the old Free Church in the village that became vacant or was for sale. My father, fitba' daft, [and active in organising the village boys' football team] that played in the field opposite Easter farm, was very keen that the Free Church be bought as a youth centre, and the minister and he just fell out about that.

So my parents had daily and Sunday papers, but not at that time evening papers. Eventually, evening papers came and my mother had them until she died. The evening paper – the Edinburgh *Evening News* it was – came off the bus from Hawick at night time, and there'd maybe just be about six or seven copies. But it was amazing what a variety of daily papers my mother would sell, like the Dundee *Courier* and the Aberdeen one, the *Press & Journal*. You would have people in or about the village from these areas. The *Weekly Scotsman* was quite popular. Then people would maybe get *The Scotsman* just once or twice a week: I don't know why they didn't get them every day. Of course, there was always piles of the *Southern Reporter* and the *Sunday Post*. They were the two most popular papers. There used to be piles of Sunday papers – *News of the World, Sunday Express, Sunday Pictorial, The People, The Observer, Sunday Times*. Then my father would likely get the *Daily Herald*. There'd be the odd people around who'd get the *Financial Times* and the *Daily Telegraph*. Then there were the women's magazines, like the *People's Friend, Woman, Women's Own*, and *Women's Weekly*, and children's comics: *Dandy, Beano, The Children's Newspaper*, then the *Girls' Chrystal*.[7]

The daily papers came by train to Belses station and my dad went for them every morning in the car. Or, if he didn't go, I suppose Chisholms went down. When we went to Hawick High School and caught the train about ten to eight they were always at Belses picking up the papers about that time. The Sunday papers came off the train at Newtown St Boswells. And then there was deliveries round all the farms between Newtown and Lilliesleaf. My father did that occasionally, but he would fetch them up to the shop mainly, then my mother would probably take them, as I've said, in all the weathers on the bike up to Hassendean, Belses, or wherever. It's four miles up and down from Lilliesleaf to Hassendean. I remember her walking once about five miles to Bowden. The roads were too bad for the car, and she walked. When she got to Bowden, they said, 'You're late.' I often think how she got herself all harassed about these papers! In later years when I went to work I'd see the papers lying along there when I went, even sometimes between eight and nine o'clock. My mother would have turned in her grave, because she was up and the shop would be open by seven. The papers would be at the shop about seven and they had to be away. How she worried and fretted because she had to catch the post or the school bus with the papers. If they didn't come it caused all kinds of havoc. It was a hard life for my mother.

Some o' the local people called in at the shop to collect their papers. But my brother Jack and I used to have to deliver papers as we walked up the village on our way to Lilliesleaf school. We just took them with us and dropped them off, then went to school. Maybe Jack would go up the Back Road with papers, I went between the shop and the school, up the main street. Probably beyond the school most of the papers would be coming out of the Post Office, because there were then the two newspapers businesses, one at either end of the village.

Oh, my mother had quite a struggle. I often wonder how she coped. At one time they thought they would charge 2d for the delivery of the papers they took with the car. One of the customers must have complained to the *Sunday Post* about this and there was a great row about it. I've never read the *Sunday Post* since! If my mother'd had all the chances that are available now she really could have been a very, very successful lady. She even had a knitting machine, and she did knitting for a while. She had that cottage up on The Common. She started knitting garments and really had quite a good little business. But then she'd to come down to see the commercial travellers that came to the shop. She tried so many things she could have done so well, but she didn't get a chance. My parents' shop never produced so much income that they could employ somebody to look after the papers for them, so that my mother could get on with her knitting machine. And half the problem was my father wouldnae, didnae collect any money when he went round with the van. He said, 'Well, they were hungry.' And he left them with food. My mother used to say to him, 'But you've got a family to be fed.' I mean, there were pounds and pounds of debt to the shop that were never paid. That was half the problem. He gave out but didn't get paid. They'd probably know he was a soft touch, although he didn't look like it. But he was. But that was the problem, too: it was all outlay with the van, nothing ever came in.

My mother ran the shop till two days before she died in 1974. Latterly she had arthritis quite badly in her hands. I used to have to buy clothes for her that she could put on easily. She had to get up about five o'clock in the morning to be able to get dressed for the shop opening. At that time I was working in Edinburgh, and I used to look at some people in hospital being eased up who weren't as bad as she was. I used to come home and say to my mother, 'Give the shop up.' But she would say, 'No. I've got to get up and go. It keeps me active, fixing the papers keeps ma hands active.' Mrs Dalgleish from Woodbine Cottage used to come in the morning, and between them they used to roll up the papers, put string round them, and address them to wherever they went. So my mother kept going to the very end. She'd never had the papers written down: she did it all out of her head. If she did go away for a day or two she had to write it all down. And then she took ill on the Sunday night, called me, and I came down, and there she was, really quite ill. Obviously, she wasnae going to be able to do the papers in the morning, but she had to lie in her ill condition and tell me every newspaper. As I've said, some people got papers only on Mondays or Wednesdays, and so on. She died on the Wednesday morning. Her last words to me were: 'You will remember Mrs Williams's *Scotsman* in the morning?'

* * *

Well, as I've said, I left Lilliesleaf in 1950 to begin training as a nurse and worked in hospitals or in other medical work for 40 years until 1990, when I retired. But during those 40 years I always worked within travelling distance of home in the village. I always looked on Lilliesleaf as home, and I could always get home. Now I wouldn't have a clue how to get to Lilliesleaf without a car. But in those days I sometimes took the train to Belses and walked, or my mother would send somebody there to meet me. Or I've taken the train to Hassendean, Hawick, or Newtown St Boswells and caught a bus there to Lilliesleaf. Or I've gone to Ashkirk and caught something. I've come all ways to Lilliesleaf. Then, except for three years in 1977–9, when I worked at Princess Margaret Rose Hospital in Edinburgh, I actually lived at home in Lilliesleaf from 1968 until 1990 and travelled daily to work successively at Peel Hospital, Galashiels, then Community Nursing at St Boswells, the Cottage Hospital at Galashiels, and finally the Borders General Hospital at Melrose.

The main changes in Lilliesleaf from 1950 were, well, cars. The work situation in the village is different. A lot of professional people have come here to live: schoolteachers, college lecturers, accountants, the local archaeologist, [and for a time the editor of the *Southern Reporter*]. They live in the village because they've got cars and they drive to work elsewhere. For a lot of them it's just like living in suburbia. There are a lot of young couples with children in the village, and it has quite a good school. So on the whole the children of these professional people go to the village school. And the secondary school is Selkirk High School, not Hawick, which became too big. There's a bus now to the secondary school, and the children at the village school don't walk to school but are brought in by car. So I think the car has made the main difference in Lilliesleaf. Practically everybody in the village has got a car.

I get so angry at the speed the traffic goes through the village. I think they're ruining the village because they take bits off to widen the road, and I said, 'The village is going to lose its character if you do that.' I keep watching the corner here at Redford Cottage, [at the junction of the roads to Hawick and Selkirk]. I just feel they shouldn't take any more of the village away. Lilliesleaf is not a conservation area, Midlem is and Bowden, but not Lilliesleaf.

Peter Chisholm

I didn't come to Lilliesleaf till I was 16 or 17 in 1932. I was born in Selkirk in November 1915, but my parents moved to Galashiels the following year, then to Cockburnspath in Berwickshire, and then to Mungo's Walls, a big farm near Duns.

My father, Peter Chisholm, senior, was born in 1890, also in Selkirk. He served his apprenticeship as a blacksmith and horse-shoer before the 1914–18 War, partly at Lilliesleaf about 1910–11 with the village blacksmith, William Falla, and partly with Kennedy, the blacksmith at Ettrick Bridge in Selkirkshire, where he may have first met my mother. They got married on Auld Year's Day, 1914. Ma father had also worked for T. & R. Keddie in Selkirk itself, as well as at Galashiels, always in the blacksmith's trade, making harrows and that sort o' thing, and shoeing horses. He had at least four brothers and one younger sister. Two of his brothers were killed in the 1914–18 War. My father himself was then, as a blacksmith, in a reserved occupation. At Mungo's Walls farm in Berwickshire he looked after all the implements. They also had their own electric light there, so he looked after the plant and everything, and the tractors and the horses. It was a big farm: there wis somewhere about nine farm workers plus the odd laddie, and ma father was full-time blacksmith there. And then other farmers round about there too would send their horses in to my father for shoeing. Ah always think the farms in Berwickshire are far bigger than what they are in Roxburghshire or round about Lilliesleaf.

Ma father wis a friendly, cheerful man, very obligin'. But he wis a hopeless businessman. If you said, 'Will ee make something at the blacksmith's and ah'll pay ye at the weekend, Peter?' He'd say, 'Aye, that's a' right, that's fine.' And if ye didnae come in tae pay it wis jist forgotten about. In fact, after the 1939–45 War, when ah come home from the Services, ah had a look at the books. Ye know, he jist scribbled things down and didnae put '1942' or whatever at the top o' the page. He had a slate, like a school slate. And then he took it upstairs. He must have done 75 per cent of his jobs for nothing, just forgot to charge.

Ah can remember him buyin' an old motor car at the Haining Estate at Selkirk for £2.10.0. [£2.50]. He brought it home, and there wis some o' these Ingan Johnnies, as we called them, from France, ye know. They had their ingans on their bikes. So they decided tae buy this old motor car: 'We'll come back at the weekend and pay you.' 'Aye, that's a' right then.' Oo're still waitin' for payment! The auld motor car's maybe about in France! But in those days there wasn't the pressure on life. They were quite happy wi' what they had.

Well, when we came to Lilliesleaf in 1932 from Mungo's Walls, William Falla, the previous blacksmith, owned the smiddy. And he wanted £25 for the blacksmith's shop and the tools. It wis a lot o' money then. Ma father had to borrow the £25. Ah think ma mother had the initiative to push ma father on. She went along to the village grocer and asked if she could have three months' credit. She went beforehand to ask for it, ye see, tae get us started. Ma father had been quite happy where we were down at Mungo's Walls at Duns. But this smiddy came up at Lilliesleaf and he got the chance. So ma mother and father rented the blacksmith's house in Lilliesleaf from William Falla and he retired then tae Denholm. We paid a rent tae him and then his dependants got the rent, and after the Second War we bought the house.

My grandfather Chisholm wis Selkirk born and bred. They were a pretty well-known family in Selkirk in the olden days, as contractors. They had horses and carts. And ma grandfather used to go from Selkirk to Leith to collect provisions for the Co-operative Society. Ah think it took him two days. Now, accordin' to what ma grandfather told me, ah think ah'm right in sayin' that just before ee go over Soutra Hill there wis Annfield Inn. It's a derelict building on the left-hand side, jist before ee start to climb the Hill. I believe this is how they travelled. They used it as an inn between stops.[1] Ma grandfather lived till he wis 91. Ah didn't have much connection wi' ma grandmother Chisholm. Ah think she lived in Lilliesleaf, but ah'm kind o' vague on that though. Ah think she lived till she wis 92.

And ah can remember ma great-grandfather Chisholm. He wis a farmer at Shawburn at Lilliesleaf. But ah wis jist this height, ee see, it must have been about the end o' the 1914–18 War. And he says, 'Whae are you then?' Ah says, 'Peter Chisholm.' 'Oh, you're young Peter's son. And whae's the lad with you?' Ah says, 'That's ma brother Jardine.' Jardine was two years younger than me. And that wis the only connection wi' ma great-grandfather Chisholm ah can remember.

Ma mother wis born in Selkirk. She worked in the woollen mills there. Ah don't know exactly what work she did there. But her mother remarried and stayed in Ettrick Bridge, in the house, Cherrydene, that David Steel the MP got later on.² She had a few cows and sheep in fields up the hill there. She wis the grandmother that ah thought the world of. Ah used tae cycle up tae Ettrick Bridge when ah was on holiday after ah'd be left the school and give her a hand wi' the hay, muckin' out the byre, and all that sort o' stuff.

So ma father worked in the smiddy at Lilliesleaf from 1932 until his death in 1952. The smiddy wasnae a very profitable business. But ah think he thought, well, as long as we'd enough to live on. Ma mother and him went away holidays – to St Mary's Loch. One time, ma mother, bein' the outgoin' one, decided they were goin' to Blackpool. And they set off in – ah think it would be a 1934 Morris Minor then, a little thing – round that corner up the Hawick road from Lilliesleaf, and ma father said, 'Ah'd rather been goin' tae St Mary's Loch.' Oh, that pleased ma mother! She thought, 'What a holiday this is goin' to be!'

* * *

Ah'd left school when we were at Mungo's Walls. Ah think ah sort o' cut ma first tooth on a piston ring, wi' ma father bein' a blacksmith. He wis always mendin' the local farm workers' motorbikes and ah wis jist always amongst them. Ma father encouraged me. So ah worked at an apprenticeship in Duns as a garage mechanic. So ah broke ma apprenticeship when we moved up to Lilliesleaf in 1932. And ah started then with ma father, assistin' him. Ah drew the line at shoein' the horses, but ah could do a lot o' the other stuff. Ah wis kind o' frightened for the horses, to tell ye the truth! Most o' the horses were quite gentle. But it wis jist a thing ah had. Ah didn't mind liftin' their front feet but I objected to the back ones! And they heaved and tore, ye know. Oh, they'd lean on ye. Anyway, ah did implement repairs, tractors, and that kind o' thing.

Ma father wis thinkin' about agricultural work. But ah tended to divert away on to the motor car side o' the work. But ah did a lot o' the tractors and the various farm implements, and making the iron rings for carts as we did in the olden days, and ah enjoyed that. The metal plate wi' the hole in the middle is still lyin' out there at the smiddy. That's where the hub o' the wheel went in to. When we came to Lilliesleaf in 1932 there wisn't an awful lot o' tractors. But, oh, there wis seven or eight, ah think, in the various farms round about.

And they were all old-fashioned Fordson tractors. When did they introduce them? Aboot 1912 or 1913, ah think it was. They'd no mudguards and jist spuds – metal spikes – on them. So they weren't supposed to go along roads. They made a kind o' mess of the roads. They were supposed to put a steel band on them, although I negotiated two from the Firth farm up the road from Lilliesleaf and laid planks tae get them across the road. And ah came all the way down to the village through fields – this sort of dodge.[3]

In those days when we first came to the village the number of cars in Lilliesleaf wis limited as well. The first new car that I know of being sold in the village was to Jim Brown, the local joiner. Everybody in the village said, 'Jim Brown's bought a brand new motor car!' From memory, I think Tommy Steele, the builder, across the road from the smiddy, had one, and Brown in the Plough Inn had one, we ourselves had one, and Condie the grocer had one. Condie's car wis a very small low car, a Trojan. Trojans had solid tyres and no differential on them, so they used to go this way round a corner. Of course, some of the farmers had cars. Peter Kemp and his brother at Riddell Mill used to have their daily ritual from the Mill to the Cross Keys, home for lunch, and back again to the Cross Keys, and they had two cars, a Crossley and another one wi' a kind o' platform thing – was it a Fiat? So we probably got in at Lilliesleaf just at the right time, when cars and tractors were beginning to increase in number.

So ah worked with ma father at the smiddy until the war came. Ma brother Jardine never worked in the smiddy: it couldnae employ the three of us. Jardine drove Condie the grocer's van. But we did local car hiring as well. We started that about 1936, not long after we came to the village. Ah think we started with a bull-nose Morris and it cost us the earth: it cost us three quid! I did quite a lot of the car hires. Well, as I say, there wis few people had cars then, and the bus service wasn't good. People depended on the car hire for going to Belses station and things like that. I think my first run hire was to Belses with Mrs Robinson and Mary McLean. They were goin' to Edinburgh by train. Ah took them to Belses and ah wis to go back for them at night. And ah thought, 'Oh, the charge – it's got to be three shillins [15p]. That'll be six shillins ah've to ask for.' And ah wis fair embarrassed. Ah felt uncomfortable. I was only about 20 or 21. It was the first time ah'd ever made a charge to a member of the public. Ah got the six shillins, and they gave me 6d [2½p] tip, they were so pleased.

But ah liked the hirin'. Ah used to take ministers' widows and daughters from the Sprot Homes near the village. The locals called it

The Alms House. There wis about eight sort o' little apartments there, and: 'Would you take us for a run round the countryside?' Of course they didn't know the countryside so well, so ah built up a great commentary. Ah used to take them away round by Roberton beyond Hawick. Ah had quite a regular run. But, funny enough, we never met another motor car. You could do all that run and not see a soul, and ye felt ye were away out in the wilds. The roads were deserted in those days in the 1930s. But the Sprot Homes widows and daughters weren't bare for money, and ah liked takin' them out because ah got a good tip![4]

In those days before the war I remember 'Dr' Blythe, as they called him, who lived just along from the smiddy. He was a pretty old man by the time we came to the village. All I ever got about him was that he was the local dustman, and ah think he frequented the pub a bit. And then after the war there wis Jim Baptie. Jim wis never sober and he used tae walk the roads. He would go across to Hislop, the farmer at Raperlaw, and chop wood for them. They would feed him and pay him and then he would wander on his travels. But Jim never moved much out the Border area. He would come along to me sometimes: 'Lend me ten bob, mun.' And ah would say, 'Jim, what aboot the last ten bob ah lent ye?' And he would say, 'Ah'll pay ye back.' He never paid me, but ah didnae mind aboot it at a'. Once ah jist aboot killed Jim Baptie. Ah come down the hill from Hawick and I saw this black thing lyin' on the road. Ah thought, 'What the heck's this? Ah'm goin' to damage the . . .' Ah jist nipped her. Ah didn't stop. Ah thought it was a dead body and ah was scared. So ah came down to the Lilliesleaf policeman – ah think it wis Murdoch – and ah says, 'There's a body lyin' up the road.' So the policemen went up and it wis Jim Baptie. But there wis somethin' likeable about Jim. He ended up in a home in Kelso. Years afterwards ah went down to visit him and ah didn't recognise him: he'd had his hair cut and was quite neat and tidy, not his usual. He wis a sort o' wanderin' worker, ah suppose, a job here and there.

Well, how long the smiddy itself had been in existence in the village ah couldn't honestly tell ye. But there used to be two smiddies. The other one, which was at the other end of Lilliesleaf, had packed up before we came. The blacksmith's name was Burns, and funnily enough we come across a few blacksmith tools wi' 'J. Burns' stamped on them. So our smiddy must have bought them or got them from him.[5]

When the war came ah stayed wi' ma father's business in Lilliesleaf till ah wis called up. Ma brother Jardine volunteered for the RAF,

I didn't. Ah wis called up in 1940. Ah wis treated like everybody else. Ah wis in Bomber Command, 101 Squadron. It wis Blenheims at that particular time. Ah wis round about a few o' the places – down in Norfolk area, Turnhouse at Edinburgh . . . Oo were on oor way to Singapore when it fell.[6] There wis a lot o' soldiers goin' up to the Middle East, round the Cape of Good Hope and up that way. So they dumped us in South Africa. There were no conscription in South Africa, and they depended on volunteers. So we were there for six months to train the volunteers. But up would come orders – another six months: they hadn't enough volunteers. This went on for about three years. So for most of the war ah wis in South Africa, in Queenstown in Cape Province, about 150 miles east of East London, and inland about 150 miles. During the flying period it wis looking in the Indian Ocean for non-existent submarines – at least ah said they were non-existent. Flying wis boredom, jist boredom really. What ah did like wis, after the men had repaired or renovated or serviced the plane, they took them up on an air test. You had a pad strapped to your knee and wrote in the temperature, and had a wee bit go at flyin' the plane. With ma mechanical interests that interested me. Well, what had happened when ah was in Blackpool trainin', they had asked for volunteers to be officers. One or two o' the lads applied, and they said, 'What about you, Chis?' Ah said, 'No way. Ah want to be taught somethin' about these engines.' If ah survived the war this is what ah had in mind, ye see. Because ye couldn't become an officer unless ye were in charge o' the clothin' department or toilet wallah or a menial job. It wis technical work ah wis interested in. But you couldn't be a technical officer until you had the other experience. So whether ah did the right thing or not, ah couldn't keep away from mechanical things. Ah don't know whether ah would have passed as an officer. But ah jist wasn't interested. When ah went to the technical school in Blackpool, oh, ah wis interested in what they were showin' me, what they were tellin' me, ye see. So ah think ah made the right decision. But to become an officer wis temptin', because there would be more money. We were only gettin' half a crown [12½p] a day.

You didn't get home leave from South Africa. Ah think ah had about a couple of legitimate leaves, and then ah got an embarkation one. And when ah came home on leave to Lilliesleaf and walked into the Post Office, ah can remember Jess Park, in the houses opposite Turnbull the grocer, says: 'Are ee back on holiday again?' Ah'd been away 3½ years! Ah wis demobbed after six years, ah think it was

January 1946. We left Capetown, landed at Liverpool, and were to be billeted in Blackpool, and ah can remember the snow wis about this depth. We went into private houses as billets, and the beds were damp. Ah says, 'Och, ah wish ah wis back in South Africa.' And ah had an unsettled feeling.

But ah had a target. During the time we were waiting to be demobbed ah went to University Motors in London for an interview and a guy took me on. The RAF allowed us to. So the job in London wis mine. But ah changed ma mind. Ah said, 'Ah'm goin' back to Lilliesleaf to have a go at home.' So that was how it came about. Whether ah'd been better in London or in South Africa I couldn't tell you. Ah sometimes think ah should have stayed in South Africa, because there were opportunities there. But what ah wis thinkin' about wis ma father and mother, how were they coping? Ma mother wrote letters and sent stuff to us but ah jist thought, 'Will they cope?' Ma father being what he was, he wasn't a very good business man. This wis always at the back o' ma mind. Ah'm not suggestin' that ah'm a good business man! But ah wis tighter wi' the money! Ah like tae keep the books in order, and that's what we fell oot most o' the time aboot. Ah didn't find it easy to settle down in Lilliesleaf again. Ah felt it a bit strange comin' back to the village life.

Ma brother Jardine wis demobbed after me, and he came back to Lilliesleaf too. Ah can remember when we come home ma father and Jardine and I got £1 each in the week. This is what we decided. And ma mother got £5 to feed us, keep the house – perfectly happy. Then oo started this scheme here about 1947 or so. Ma brother and I had a target in mind. Well, at Bowden, four miles from Lilliesleaf, they had a garage. And it wis the thought that ye had to phone up the garage in Bowden, and thinkin', 'Well, there's a chance in Lilliesleaf surely for a garage.' And we repaired quite a few cars. We had a shed but it would only hold one car with ample room but not enough room for two cars, and it leaked water and goodness what. So we decided to build a garage. It was quite a shock when I thought, 'I wonder what I've taken on?' It wis quite a big investment. But we were helped by Scottish Rural Industries, a government thing to assist local country industries. We got a loan from them. They charged us chicken feed as interest, about 5 per cent. And they subsidised equipment – welding plants and stuff like that – and they also had someone who came and gave us welding courses for nothing. They were a godsend to us, to be truthful. When ah saw them bringing Redpath Brown's girders to put up, ah said, 'Oh, dear.'[7] Then Tommy Steele, the local builder, said,

'Mercy, ah dinnae ken what ye're goin' tae dae wi' a place this size.'
The ground sloped from the road all the way back, and ah think
there wis about 300 ton of stuff taken out. Tommy Steele charged us
7s 6d [37½p] for a man and a lorry. Ah said to Tommy, 'That'll
never pay you.' He said, 'Ah've charged that and that's what it'll be.'

Well, the garage wis finished in 1948. It wis built, but the floor wis
still to cement, and we were workin' in it to begin wi' wi' an earthen
floor for a while. Oh, the garage wis the first thing that had been built
in Lilliesleaf for years. There was a great controversy about it bein'
built on common ground. But it wasn't: we went through the proper
channels – planning permission and all the rest. And the building wis
only single brick, with pillars, because the government said single brick
only, wi' standard double brick every ten feet. And it worried me,
although ma father said, 'Go ahead', and ah went ahead. It wis a big
responsibility. But the bit is that we could make more in a day out the
garage than ma father could make in a week. Business was coming in
under adverse conditions before we built the garage: there was a need
for it, you see. The people had more allegiance then towards the locals
than they have nowadays. So we didn't lack work. Oh, ma father wis
the man that brought in the trade, he wis well known, respected and
popular. The kids used to come from the school to watch him at work.

Ma brother Jardine wis like ma father. He wis a harder worker
than I was. But he wasn't very good wi' money. So somebody had to
take the reins. O' the three o' us, ah wis the business man. Ah've seen
when I would go away to sell a motor car, and I'd be away for two
hours and I'd come back and ma brother'd say, 'Well, did ee sell it?'
And if ah said 'No' ah felt uncomfortable about bein' away for two
hours and him up to the eyes in work. Jardine was a grafter. But if ah
said, 'Yes, ah sold it,' ah felt justified! So Jardine worked in the
background sort o' style, very much in the garage, doing repairs and
so on. He was the mechanic and ah wis more the salesman, though
I used to muck in as well in the garage. And Jardine took on the car
hiring after the war, because we had a minibus, a 13-seater we bought
new from Croall Bryson.[8] Our mainstay wis the local Women's Rurals:
'Take us tae Bedrule, take us tae Lindean, tae St Boswells . . .' And we
had a school contract of course that developed after the war. It wis a
terrible job, because there's nothing worse than mothers and their
bairns! And the slightest complaint, ye know, and . . . We did that for
a long time, then we decided to give it up because it got so busy there.
We had employees at the garage and we had to pick somebody up to
drive the school bus. So we decided to give it up.

At the garage, Jardine and I started off jist wi' the two o' us and naturally jist built from there. As time passed we had quite a few employees. I think there wis about five at one time, excluding ma brother and me. That wis the highest number: seven in the garage. Douglas the fencer widnae have more than that. In fact, Billy Douglas, the son of Willie, used to work for us, though later on Billy took over the fencing business. We must have been, if not the biggest, one o' the biggest businesses in Lilliesleaf – that didnae mean very big of course! It wis quite a wide-ranging business really, because we were doing repairs, we had the car and bus hires, outings and trips, we had the Renault franchise from 1969 up until 1984, ah think it was, and we were selling petrol as well. Ah sold ma motorbike to buy our first petrol pump. We built up to three pumps wi' the three different grades o' petrol at one time. We were the only business in the village that sold petrol. Pre-war there used to be two: Turnbull the grocer, and Hume the ironmonger.

Then in 1971 ma brother died. Everybody's got their own idea, but we put it down to paint-spraying. I couldn't stand the smell. Ye couldn't see Jardine for spray. And in these days they said that if ye drunk a pint o' milk at night ye were all right, ye see. But we maintain that's what it was that killed him. Jardine was a relatively young man then. When ye start a business ye never think about that. It's the last thing that's in your mind. And it kind o' knocked it a little bit flat when Jardine died, well, it wis a tremendous blow to lose ma brother.

Ah had a place in Galashiels as well. At that period ah think the overdraft rate was about 19 per cent or something. And we were turnin' over jist very close to £1 million a year: the figure £960,000 always sticks in ma mind. But there wasnae enough stickin' to our fingers, so ah decided to sell the Galashiels place. If we'd held on it would've crippled us. Ah think ah wis to blame. It was very difficult to run two businesses. Oh, if Jardine had been . . . Ah'd started this place in Lilliesleaf, and Galashiels lacked supervision. Ma wife would say, 'Are ye not goin' over to Galashiels?' 'Oh, ah've got so-and-so and so-and-so to do here in Lilliesleaf.' So we had a meeting: there was our clerkess, and ma nephew and ma wife. Ah made them partners. We had a discussion about it. We were gettin' nowhere. We had a good bank manager and then we got a not so good one! So we were left wi' no alternative but to sell the place at Galashiels. And ah suppose even at that time ah wis gettin' on in years. However, we still carried on in Lilliesleaf until 1990. Ah retired then and sold the business.

The horse-shoeing business had come to an end after the war.

Ma father, jist through years of habit, used to come and he jist pottered about eventually. We kept on the car hiring, and if there was a hire job he would do it. He felt that he had to justify his living just to me, you see. I said, 'Oh, no, ah'll do it. It's a' right' – tryin' to give him an easy time, ye see.' Ah don't know how much money he brought in! Well, as ah've said, ma father was a relatively young man when he died in 1952: he was only 62.

The differences in Lilliesleaf as it was when ah first came to live in the village in 1932 and nowadays are the lack of traders, and strangers coming into the village. It's the same as every place else: in the 1930s we were self-supporting, with a baker, a cobbler, a tailor, drapers, two grocers, the sweetie shop and three joiners. And now there's a lot o' people in the village ah don't even know, and ah think you'll find that with everybody.[9]

Matthew Prentice

Ah wis born at West Calder in Midlothian on the 9th o' December 1907. But ah wis jist a young yin, jist a baby, when ma father, an oil refinery man, moved tae Winchbury in West Lothian and it wis in Winchbury ah grew up.

Well, ma father wis a joiner tae trade but, as ah say, he work-ed in the oil refinery at the feenish. Ma father belonged tae Stonehouse in Lanarkshire. He yaised tae be a joiner wi' an uncle o' mine at the Hawick Co-operative store. He wis at the store there when he met ma mother. Ma mother, an Oliver, belonged ower there at Bonchester Bridge, but she work-ed in the mill in Hawick.

Ah wis the second eldest in ma family. One o' ma sisters wis older than me, and two others were younger. Two o' them were nurses in hospital, and the other wis a cook in the Peebles Hydro. And ah had twae brothers younger than me and nae mairrit. Ma oldest brother died wi' eatin' coconuts in the army durin' the war. He'd ta'en that kind o' disease – malaria – in the Far East. Ah think he wis in the KOSB.

But ma mother died when ah wis quite young and ma father remarried, and then ah had two or three step-sisters.

As ah say, ah grew up in Winchbury and ah wis in Winchburgh at school till ah left school when ah wis 14. Ma first job then in 1921–2 was at a wee dairy place, Threemiltetoun, ah think it was – Mrs McCabe wis there – at Winchburgh, doon on the Glasgow railway line. And the miners gaed tae the shale pits at Winchbury, and the ferm hoose wis away doon in the field. Ah never wanted tae work in the shale pits. It wis a terrible job. Ma brother worked in it.

Oh, at Threemiletoun ah milkit there and help-ed wi' the cows. Ah wis jist eight year auld when ah wis milkin' – ah'd learned early. Ah got seeven and tanner [7s 6d – 37½p] a week frae Mrs McCabe. Ah work-ed a bloomin' lot o' hours for that – ower mony! But Mrs McCabe wis a guid neighbour, a guid auld wummin. Ah started at five in the mornin'. Then ah got a break for ma breakfast frae Mrs McCabe in her house, jist efter oo'd finished the milkin' about eight o'clock. It were done wi' thir, ma hands – hand-milkin'. There werenae many machines then the same as there were when years later ah gied back tae Standhill when ah left Catchiehill [Catshawhill] at Lilliesleaf. But at Threemiletoun there werenae a big lot o' cows. As well as Mrs McCabe and her man and me there wis another young man work-ed there. Then efter breakfast ah work-ed on till aboot 12 o'clock. Ah used tae drive Mrs McCabe's powny wi' the milk roond Winchbury. Then ye got a break for your dinner. Ah didnae work in the efternins, ah had the efternin tae masel'. Then ye came back tae work at nicht – half past fower. Ye work-ed on maybe a couple o' hours or so, jist till the cows were din, then away home again. It wis a broken day, sort o' inconvenient hours, and ah got 7s 6d [37½p] for that – that's all.

Ah stayed workin' wi' Mrs McCabe a year or twae year. Then when ah wis aboot 16 ah went tae work wi' Harry Armour in Niddry Mains ferm on the other side o' Edinburgh. Ah wis always inclined tae take the ferm work. Ah didnae want tae be a joiner like ma faither. Ah wanted tae work on the land – the fresh air. So at Niddry Mains ah wis a ploughman and drove a pair o' horse. Ah wis jist a callant. Ma wages wi' Harry Armour were jist the same – 7s 6d [37½p] a week. He wis a guid boss. Niddry Mains wis quite a big farm. There wis five pair o' horse and an odd yin: ah wis the odd yin. The four ploughmen there were a' brothers – they were a' the Duncans – and their faither wis the steward. The hours at Niddry Mains ferm were six tae six, and Saturday till 12 – a half-day.

Ah wis two years jist wi' Harry Armour at Niddry Mains. Ah left there when ah wis 18, in 1926. Ma wages when ah left were jist the same – 7s 6d [37½p] a week. Ah applied for a job as a ploughman at Dryden farm at Ashkirk, between Selkirk and Hawick and fower mile frae Lilliesleaf. But ah didnae ken it wis an aunt o' mine that wis in it, though she knew ah wis comin'. Ah walk-ed frae Winchbury tae Peebles, and frae Peebles tae Dryden. It ta'en me a long time for ah had bad feet when ah got there wi' this walkin' on the hard roads. Ah didnae sleep on the roadside, ah jist carried on. Ah left Winchbury early in the mornin' and it wis three o'clock the next mornin' when ah landed at Dryden.

So ah wis a ploughman at Dryden. But ah wis fower month there and they bought the other ferm at Newhooses o' Alton at Aippletreeha', nearer Hawick. Ah went there and ah wis seeven year there. Ma wages then were 25 bob [25s – £1.25] a week. That was certainly a big improvement on 7s 6d [37½p].

And ye got your meat in the farmer's big house. Ah slept then in a bothy abune the stable, among the rats. Oh, there were a lot o' rats there.

They were aye sittin' lookin' at ee! But they never attacked ee. Ah wis jist masel' in the bothy. There were no other ploughmen there. It wis the farmer's family plus masel': there were a big family o' them. Ah wis the ploughman or anything – jack of all trades. Ah preferred that tae jist bein' a ploughman, ah preferred a variety o' work. The lassies, their dauchters, milkit the cows. Ah look-ed efter the sheep, and then ee'd the hervest and stackin' tae dae an' a', ee ken. But ah did enjoy that.

Ah got married when ah wis 25 at Appletreeha' in 1932. Ma wife wis a dairymaid. Ah wis mairrit jist before ah left Appletreeha'. Ah went frae there tae Standhill, in Minto parish, jist ootside Lilliesleaf parish. Yid Shiel wis in Standhill then. Ah wis hired in the auction mart at Hawick, near the railway station. That wis where the lambs a' gaed doon tae the railway. It wis January when ah got hired, they were the hirin' days. They werenae guid, the fermers. They werenae guid payers some o' them: tight-fisted – they are yet. They're aye greetin'.

Ah wis herd at Standhill, but, oh, ah din everything, sheep and ploughing as well. Ah enjoyed workin' wi' sheep. And then when ah wis at Standhill ah came into Lilliesleaf often. Ah went tae the Cross Keys, ah bike-ed ower. Davie Reid wis in the Cross Keys. Oh, ah yaised tae gaun tae the Plough Inn an' a'. Auld Wullie Jackson wis in the Plough then. There were some folk went tae the Plough and others tae the Cross Keys. The ferm workers went tae baith o' them.

When ah work-ed on the ferms – ah wis at Standhill then wi' Yid Shiel, ah wisnae auld then – ah joined the union, the Scottish Farm Servants' Union. Ah hadnae been in the union before then. Later on it became the Transport & General Union. Ah remember Joe Duncan o' the Farm Servants' Union, many's a time ah met him.[1] Ah wisnae active in the union. Big Wull Young wis the Union man roond aboot Lilliesleaf. There wis a union branch for Lilliesleaf that met every fortnight. Ah forget the secretary's name now, but there were a wummin secretary an' a' whiles, a Mrs Black. Wee Jock Craig o' St Dunstan ferm wis yin o' the active members in the union. Oh, there were a lot o' ferm workers then. Later on, when ah didnae get paid for things ah sent in tae the union – well, ye had tae go tae the pub, the Cross Keys, where the meetings wis held, well, either that or in the wee hall at the Currie Memorial Hall and pay your subscription then. Wull Young ta'en it in then. So ah come oot the union.

Well, ah work-ed at Standhill for aboot ten year, then durin' the war ah came frae Standhill tae Catchiehill [Catshawhill] ferm. That wis wi' Wullie Hislop, the fermer there. That wis where the Land Girls came, ah had some o' them workin' in Catchiehill. Ah had a lot frae Edinbury. By Christ, they came some awfy sights. Then efter the war Jardine Chisholm, Peter Chisholm the blacksmith's son, wis mairrit tae a Land Girl, Pat Brown. She wis wi' me for a while, she drove the Land Girls tae the ferms. Ah kept three o' them efter the fire at Riddell. Anne Dickson, she wis a nice lass, she came frae Musselbury, and Mary McConnell.

When ah wis at Catchiehill ah work-ed as well at Raperlaw ferm along the road. Ah work-ed at them maybe aboot ten year, then ah went back tae work again at Standhill. When ma wife died in 1972 ah retired frae Standhill, six months efter ma wife died. We had one daughter, her man's a fencer: William Douglas. But then ah wis workin' at the Middles ferm wi' Wattie Inglis efter ah retired, gied them a hand an' a'. And ah work-ed on till ah wis 79, daein' gairdens.

Well, ah've known Lilliesleaf since aboot the late 1920s. When ah work-ed at Newhooses o' Alton near Aippletreeha' ah came tae the Free Kirk at Lilliesleaf. It closed aboot 1929 and the minister – he wis a scoutmaister an' a' him – died in Iona. But, oh, there were a lot o' the religious went tae the Free Kirk, and others of course went tae the parish church. Wee Jimmy McKenzie wis the minister there. Ah remember the minister before him, Dr Sym. And when ah came ower from Standhill or Catchiehill tae get the horses shoed ah got a drink in Lilliesleaf wi' auld Peter Chisholm, the blacksmith. Oh, Peter wis a grand auld man.

Then ah remember tramps that yaised tae come aboot the village. Jimmy Baptie wis yin o' them. He come frae Selkirk. Oh, he come tae the village quite often, sort o' regular, once a month sort o' thing. He wis never sober. He used tae bide at Huntlaw. And then before the war there wis another yin, right down and out, ee ken what ah mean. He gied away tae the home at Kelsae. And ah met him one day when ah wis at the tip [tup] fair. Ah didnae ken him, he wis that weel dressed. His faither used tae be in a smallholdin' ower there at Selkirk. And, oh, ah remember Bet the Boar. She lay aside the bloody boars whiles. She never came tae Standhill ferm, it'd be too far oot. But these tramps didnae have jobs and jist wandered aboot.

So ah've known Lilliesleaf for near seventy years. It's changed. They're buildin' hooses a'where. And there's no' the ferm workers there yaised tae be. Oo never had much money. But ah never looked at money – ah spent it![2]

Alex Lawrence

All of a sudden we were goin' tae be evacuated. And on the 1st o' September 1939 – that wis a Friday, two or three days afore the war started – I went to Lilliesleaf.

There wis ma mother, ma elder brother Harry, maself, ma two sisters younger than me, Margaret and Jean, and ma young brother Jimmy, he wis jist four months old. Ah wis ten years old, Harry wis 12, Margaret seven and Jean four. Ah think it wis after we were evacuated that we heard about the discussion that had taken place previously. At some stage ah think there wis talk aboot gettin' us tae Canada wi' the boat. But whether they decided they didnae want us tae go tae Canada . . . Of course, we had relatives in America. But anyway, one o' thae evacuee boats wis a disaster and went down.[1] The first time ah wis aware that we were gettin' evacuated wis maybe a day or two before it. Ah had nae idea what evacuation wis. The first ah remember wis the day before: 'Now get tae bed. Ye've got tae get up early in the mornin'. We've got tae get packed and dressed and get wir breakfast and get away.' Breakfast in these days wis a plate o' porridge and a roll 'n' butter.

If ah remember right we had tae take wi' us a kind o' 48 hours' clothes, whatever we could carry. We had a tin mug – a tinnie – and we had labels: *Lorne Street School*, and our gas mask, and ma mother had one o' these gas masks – a big Mickey Mouse thing, oh, like a Dalek – for ma young brother Jimmy. And we walked from Buchanan Street in Leith, where we stayed, down Leith Walk to Leith Central Station. We didnae know where we were goin': that, ah think, wis restricted war information, ken. There were big queues at the station. There were normal voluntary services, and police and them keepin' everybody happy. There wis others there frae ma school in Lorne Street, but there wis naebody else there in ma class that ah can remember. Ah don't think there wis sae many families. There wis a lot o' kids went withoot their parents.

We got on board the train, and I imagine it wis jist about the same journey and time when the railway tae Lilliesleaf, Hawick, and that closed years later – maybe two hours or something. But tae us kids it wis an eternity. We were all ushered from the train in St Boswells Station and into the cattle market.[2] Ah remember the round rings in the auctioneers' sheds there. There wis a lot o' buses turned up. But in preparation for the beginnin' o' the war, all signposts had been removed, and all trade vans and lorries had their addresses painted out. The drivers, wherever they came from, weren't local, because they didnae have the knowledge how tae get frae St Boswells tae Lilliesleaf, about six miles away. Eventually somebody decided they knew the road and would lead the way, and took us tae Lilliesleaf. Possibly it would be eleven o'clock in the mornin', because this journey ah thought wis a great big deal wis only maybe a couple o' hours from Leith Central Station.

We disembarked from the buses at Lilliesleaf and we were taken into the Currie Memorial Hall, and ah think it wis between there and the school everybody wis sorted out. We were given a 48-hour pack ration: a paper bag with two bars o' Rowntree's plain chocolate, a couple o' packets of biscuits, a tin o' corned beef, a tin o' Spam, oh, ah cannae mind exactly. That wis a paper bag each. So ma mother got six o' these bags, ma mother at that time havin' wi' her possibly the most kids in the whole Lilliesleaf area.

The billetin' officer started gettin' everybody sorted out. We were billeted wi' a Miss Murray. Initially we were put intae an empty house above Douglas's butcher shop, about halfway down the village. This house belonged tae the Humes, old Jimmy Hume, a bachelor, and his sister, a spinster, if ah remember right. The village street goes east and west, and the Humes had a wee farm right in the middle o' the village, on its north side. Old Jimmy wis a retired butcher. This house we were put intae wis, oh, bare wood, everything wis bare, wooden panelled, a kind o' loft-cottage, because there wis a door on tae the garden at the back.

We got two or three blankets each, so that wis like a score o' blankets ma mother got, and folk helped us along to this accommodation. There wis nae services in there whatsoever. Ah think there wis a dry toilet up at the top o' the garden. But we had tae always keep a jug o' water and a pail. We took them wi' us doon the village tae the pump, and ye had tae pour the water doon tae prime the pump, tae get it tae sook. If ye missed, if ye let it run away, ye had tae come back and try and get another jug o' water. So we used tae crank this old cast-iron pump.

Come Sunday mornin' – that'd be 3rd o' September – ma mother said, 'Well, kids, you better get up and walk along the village and jist sniff like the Bisto Kids for your breakfast, because here it's only . . .', you know, whatever we had.[3] We got up and we a' washed and dressed. Then there's a knock at the door and here's Rab Richardson and his wife. Rab wis the butcher in Douglas's the butcher's shop. They had nae family. His wife had got up apparently that Sunday mornin' and fried sausage, bacon, eggs, black puddin'. And, as ah've said, there wis six o' us and one was only four month old, ah mean, jist on saps possibly. And Rab and his wife brought us this big, well, it would be one o' the ashets out o' his shop, and it wis loaded. Ah'm sure ma mother wis in tears. And so we got a good breakfast that Sunday.

Then we went to church and durin' the service there wis a loud bangin' at the door, really, really loud. Somebody went and opened the door o' the kirk. It seemed a bit ridiculous really: a' whaever wis knockin' had tae dae wis tae open the door. Well, in walked the polisman wi' his steel helmet on, his wellie boots and his leggins, and carryin' his gas mask. The polisman's name wis Wylie, he stayed in the polis hoose in the village. He went tae the minister and said, 'War has been declared.' Ah think it wis 11 o'clock in the mornin'. So that wid be jist efter the service had started. And, of course, there wis a lot o' greetin' and different things. It may have been that some o' their husbands got caught in their camps when the Territorials went away tae their summer camps in '39 and didnae come back until after the war – if they survived. They done five months longer than what the war lasted.[4] Anyway, as kids it jist went ower the top o' our head. But we were a' ushered oot the kirk and had tae go home – ah suppose in case the Jerries came runnin' ower the fields or whatever! Ah think it'd be Mr Lockie, that steyed in the big hoose next tae Jimmy Hume, and Mr Currie, that had retired intae the village and wis a special constable, that come intae the church wi' the polisman and emptied us a' oot. So we jist a' dispersed doon the village.[5]

Within a couple o' days it turned out that Jimmy Hume's place above Douglas the butcher's shop wis only temporary accommodation for us until they could get somebody else tae take us, because o' the size o' the family. So then it wis arranged that Miss Murray, who had a two-storey house which adjoined the shop which originally belonged tae their family, take us. It wis a big buildin'. Ah think it wis a tailor's or draper's shop at one time, because the counter wis these huge deep drawers for clothes. The place wis in the middle o' the village and opposite the school.[6] Ye went in at the side and roond the back, and then ye went inside. There wis a livin' room and a tiny wee kitchen or pantry. Tae get up the stair there wis a latch door in the livin' room, ye opened this, and ye went up a windin' stair. Upstairs ah think there could ha' been three bedrooms. Ah think the stair went intae one bedroom, and there wis a bedroom off o' that. Ma mother and sisters slept in one bedroom. Then there wis a big bedroom where ma elder brother Harry and masel' slept in one big bed. At one particular time the whole five o' us a' slept in this one huge bed Miss Murray had. One o' the things ah mind about the bedroom is she had a rug hand-made wi' rags – made oot a huntsman's coat, wi' the red, and the black and white check and black velvet, and a' worked through the rug.

Miss Murray's brother actually and her, sometimes as a youngster, were poachers. And now and again a rabbit or a hare – ah cannae mind if there'd be a fish or no' – used tae come tae the back door o' Miss Murray's. Miss Murray herself wis mostly dressed in black, wi' a shawl, and long black skirts doon tae her ankles. She wis a wumman in her 60s. And she liked her wee brandies. She used tae go up the village tae the Plough Inn. Once, Miss Murray had had her bit dram or two, or three, then she had turned left frae The Plough tae come home, but somehow or other she staggered through a gate intae a ploo'ed field, ended aboot 30 feet frae the road, and must have fell on her bottom. She wis fund there yellin', 'Help me! Help me!' She wis brought hame and there wis yackety-yak aboot Miss Murray bein' inebriated, and there wis a bit scandal aboot it in the village.

Now ma mother got the evacuees' allocation money. That wis then supposed tae go tae your guardian, who in this case, under the rules o' the evacuees' billetin', wis Miss Murray. She would get the 36 shillins or whatever it wis for the family, for lookin' after us. So it may not have been the night she got her 36 shillins she'd had a guid night at The Plough.[7] But we got good food, oh, she made guid pots o' soup. And once ah remember the hare had come in the back door, and Miss Murray made jugged hare soup – oh!

Then bath night for us at Miss Murray's wis a case o' we got stripped naked – we were jist kids. And we were taken ootside tae the back washhoose. It had one o' these big cast-iron boilers wi' a coke fire underneath. That used tae get warmed up, then the fire would be let down and we were a' turfed intae there. Miss Murray had steps up intae a garden, and at the back o' that ah think wis Jim Broon's jiner's shop. But we used tae get quite a good bit freedom. On wet days we used tae play in this big shop – it wis great. And ah used tae sit there in the windae and write letters tae ma dad in Leith. Oh, it wis a different life a'thegither, a good free life for a laddie. Ah've always been a loner. Ah liked the country, ah had no regrets about comin' frae the town tae the country. It might have been jist a huge adventure. And, ah mean, ah've heard people sayin', oh, they were homesick, and they were greetin', and the kids didnae settle down in evacuation, and they had tae take them back. But we'd nae bother like that. Ah don't remember feelin' any homesickness whatsoever. Of course, ma mother wis wi' us, and ma brothers and sisters. And ma father, he wis a grocer wi' St Cuthbert's Co-operative Association in Edinburgh, in a reserved occupation, and when the shop shut on the Saturday night he came doon once to visit us at Miss Murray's.[8]

Well, once war wis declared, evacuees started very quickly filterin' back home tae Edinburgh: you were a long weekend, and that wis it. Ah think it wis a' Edinburgh people at Lilliesleaf. And everybody said, 'Oh, there's Mrs Lawrence wi' thae five bairns.' And they handed a' their pack rations tae ma mother. So ma mother wis gettin' bags and bags and bags o' these emergency rations. This a' come intae Miss Murray's hoose and she had them a' stacked in the cupboards. And ah did hear ma mother sayin' tae somebody that when the rations ran oot Miss Murray started sayin', 'Oh, ah cannae handle this Lawrence family.' And because she'd had a lot o' free food, and then she wis goin' tae have tae start usin' the billetin' money that she got . . . That is what happened.

So we were at Miss Murray's from September right through tae jist before Christmas 1939. Somewhere along the line Miss Murray decided she had enough o' us. The food had ran oot so she wis goin' tae have tae buy us food, ah think, no' live on rations. Then one day Mrs Sprot o' Riddell turned up and it was agreed that Mrs Sprot would be our guardian. Under the rules o' the government evacuee scheme you were supposed tae stay wi' the guardian. But give Mrs Sprot her due – she wis in the Women's Voluntary Service, the chairwumman o' the committee, and a' these things – the Sprots gave us the laundry house at Riddell estate. So ma mother and the five o' us bairns went up tae live there.

When we first went tae Lilliesleaf we'd had nothing. Whereas in our tenement in Buchanan Street, Leith, we had an indoor toilet and runnin' water. We had a big black range, wi' the back boiler. If ye didnae have a fire on there wis nae hot water. We had a sink and a big fixed tub. That wis where the washin' wis done, and that's where we got bathed. Ye sat on the bunker and got your knees washed and so on. The bunker had a cast-iron ring for the wringer.

At Riddell estate laundry house it wis a huge livin' room, one, two – four bedrooms, and a wee scullery. There wis cold water, and that wis it. There wis nae indoor toilet: ye had tae go oot. What we done wis, there wis a servants' bathroom up at the Big Hoose that we used tae go tae up there. In between time, you know, that we didnae go oot the house till morning, we used a bucket. And the likes o' ma brother Harry and I would take this bucket up in the mornin' to the bathroom. And we went up there for baths. That wis a' in the basement o' Riddell House, because right opposite the bathroom wis the gunroom and the fish tackle room.

So we had the whole o' the laundry hoose tae oorsels. That wis great. Ma mother had nae bother, and we settled doon there fine. One o' the things ah remember wis in these days the doors were never shut until they went tae bed. One o' these wind-up bells would go at the laundry hoose at the door at the fit o' the stair. Aidan Sprot would shout, 'Cooee' or whatever, and come down. His mother, as ah said, wis the guardian, had the book for the billet money, and used tae go to the Post Office and draw the money oot. So this wis Aidan bringin' ma mother the 36 shillins or whatever it wis for the week or fortnight's billetin'. Sometimes Aidan'd come doon and jist see everything wis a' right, and his mother wid come doon and Miss Celia, one o' the Sprot's daughters. Another thing ah remember is there wis other evacuees ca'ed the Falconers lived in a farm cottage at Riddell. There wis Mrs Falconer and ah remember one, a laddie, that wis learnin' the bagpipes. His dad used tae cycle doon frae Edinburgh tae visit them.

Ma dad, as ah've said, wis a grocer, and he worked for 52 years wi' St Cuthbert's Co-operative in Edinburgh – in fact he wis manager in East Fountainbridge branch. He did come doon tae see us at Miss Murray's. When we were at Riddell, when his shop shut on the Saturday night he would jump on the train – ah don't know how often, maybe aboot once a month or six weeks – and get doon tae Galashiels. He changed at Galashiels on tae the wee train that came intae Selkirk aboot ten o'clock at night. And he'd walk frae Selkirk tae Riddell, that's aboot 4½ miles by road comin' up Clerklands. But in the summer, and even in the dark, he used tae cut right ower the hill and come right down intae the top of Riddell estate, and maybe cut a couple o' mile off. But it wis the heavy farm tracks. As kids we used tae come that way as well frae Selkirk, but no' sae much at dark o' night: ye didnae want tae meet a bull or somethin'. So ma dad used tae come doon, and that wis the highlight. He would bring us things.

We used tae write him and get hooks for fishin' – a new thing for us as well, livin' on the Ale Water. So he come on the Saturday night and ah think he used tae get up and go to the early train on Monday mornin' that got him intae his work in time for openin' the shop at eight o'clock. Oh, it wis early startin'. He looked after hissel' at home, it wis nae bother. And ma mother wis quite happy. She adapted, and she got friendly wi' a' the other wives. There wis a good social life in Lilliesleaf. There wis whist drives, and ma mother used tae go tae a' the whist drives. Ma brother Harry and me wis in the Scouts and they'd have different functions. And of course once the school took up there wis a' the tension of homework and that.

*　*　*

We went, of course, to Lilliesleaf school. One o' the highlights o' the day wis lunchtime. Mrs Borthwick and her daughter Margaret made the soup, and by jings it wis a guid plate o' soup. Slices o' bread were cut door-step fashion, and ye got half a slice wi' your plate o' soup. We paid 2½d [about 1p] a week, or somethin' like that. Alex Young wis the headmaster and there wis Miss Robertson and Miss Wood. Miss Wood wis ma teacher at Lorne Street School in Leith and at Lilliesleaf. She wis evacuated with us. In Roxburghshire the rates and taxes didnae accommodate education, therefore the kids had tae buy their own books and jotters, every mortal thing they had tae buy. But when we turned up as evacuees frae Edinburgh we a' got issued wi' jotters, notebooks, pencils, the lot. And of course there wis words had passed aboot that. It turned oot it was because the rates and taxes in Edinburgh accommodated education, and it wis Edinburgh Corporation books and jotters that come doon tae us evacuees. Then at Lilliesleaf we had handicrafts, and of all things ah got knittin' and ah knitted masel' a scarf for homework. Ah seemed tae be no' bad at school. And because it wis wartime, they gave us a plot each, an allotment, maybe 15 feet by 10, away tae the back o' the school football pitch. Ah remember in the class above me there wis a chap Archibald and he used tae come tae the school from Satchels farm on a white powny and stable it at George Tinline's barn.

As ah've said, ah've always been a loner. Ah wis quite happy jist tae go off on ma own. At Lilliesleaf ah wid jist disappear ower the hills and wander roond aboot. Ye'd walk intae a farm and see somebody and start speakin' tae them. And ah think everybody got tae ken Alex Lawrence. Och, ah used tae jist run aboot a' over the place, ye ken.

When we moved tae Riddell we used tae run aboot there. There wis limitations of course on the estate, and one o' the limitations wis the game. Ah remember once goin' intae this wood at the west gate, opposite Bruce the gamekeeper's hoose, and wanderin' through this wood. And the next thing ah kent wis Bruce's size ten boot up ma backside. Because it turned oot that this wood wis the breedin' wood for pheasants. They had the cages in natural surrounds, and Bruce had a bit where he scattered the grain for feedin' the pheasants. But he collared me, well, ye didnae realise of course, because any other wood ye could wander aboot in.

Then there was a huge tract o' land runnin' parallel wi' the road at the back o' Bruce's hoose, and there wis eight or ten allotments there for the estate cottages that didnae have a garden. One o' the allotments wis given tae ma mother for the laundry house, and ah used tae go along and cultivate that. And durin' the school holidays ah used tae walk frae Riddell tae the village and tend ma allotment at the school fitba' pitch, and take the tatties, beetroot and that hame tae Riddell.

One o' ma first days at Lilliesleaf ah wis walkin' up the village street and a man drivin' a horse and box-cairt came along. 'Hey, lad,' he says, 'what are ye daein'?' Ah think he recognised ah didnae belong tae Lilliesleaf, and he says, 'Go and jump up beside me.' So ah jist sat on the front o' the box-cairt. He wis Bob Dalgleish, a farm worker at The Middles. It wis his duty tae come along the village and gether and empty a' the hoose buckets intae his box-cairt, and take the stuff away along towards Belses at Bewlie quarry, and he dumped it a' there. He wis a character this Bob Dalgleish. And efter that ah used tae go and meet him and go doon wi' him tae the tip.

Again in ma early days at Lilliesleaf there wis sojers come through the village one day and parked the full length o' the street. They were in lorries. Of course, we a' went up speakin' tae them. They were maybe young laddies o' 21, but they were men tae us. And they'd gie ye cups o' tea and a bit chocolate. They had their break, possibly tried tae get what they could in the shops, because ah suppose everythin' started disappearin' at that time. And then the sojers went on. And then there wis a tank regiment come through once, of course it wis a great noise, rumblin' in the village street.

Sanderson's o' Linthill estate used tae have fêtes, ah think it wis a' tae charity – the Rid Cross and a' these kind o' things, tae buy wool and blankets for the sojers. Ah remember goin' there tae Linthill once, and we got plenty o' home-bakin', penny-sized scones but wi' a big dollop o' butter and raspberry jam, pancakes, and a' these kind o' things. And there'd be races and tombola stalls, och, you name it, jist a' for raisin' charity money for the war effort. Ah remember a good one at Riddell estate, on the front lawn, where they done the same.

In front o' the Big Hoose at Riddell there wis pike in the river, the Ale Water. And Aidan Sprot – Jock Sprot wis away in the army, he had the War Office shoulder flash – and ma dad, ma brother Harry, masel', and Bruce the gamekeeper, we got wir pants on and wir shirt and we waded intae the river. Bruce and, ah think, it wis Aidan waded down frae the river where we were, while the three o' us walked and splashed. And we got a 14lb pike.

Another thing we used tae do – this wis more durin' the school holidays – wis the Sprots had kind o' boats, canoe-shaped, flat-bottomed. When Aidan wis a guid bit younger they used tae go up and doon that stretch o' the river in front o' the Big Hoose. Jist past the Big Hoose there's a bend in the river and, ah think, a wee waterfall. We used tae take a short cut frae the school that way. There wis nae oars for these boats, because the oars were kept in the Big Hoose. Now and again we'd get these boats and go oot and have a wee shot in them. But invariably we got caught and telt no' tae go back there again.

When the Sprots were havin' shootin' parties we went oot as beaters. And of course ye used tae get the officers on leave invited: there wis always military. And they used tae go oot shootin' in their uniform. Ken, ye werenae allowed tae go intae mufti up yonder at Riddell estate. Ma brother Harry – Harry'd become apprentice gamekeeper – and Bruce would have tae tend the guns. And of course some o' them'd bring gamekeepers in frae round about. Everybody got sixpence and cream crackers and biscuits for goin' out on a shoot.

The Sprots were quite kind, ah mean, there wis nae real side wi' them. Major Mark Sprot wis good, but ye gave him his place, ah mean, he wis the landowner. If he come along ye said, 'Good mornin', sir', and ye doffed your school cap. And if ye had your Cub hat on ye had tae salute him, ye know, that wis the kind o' thing. He'd been in the Scots Greys and he used tae get retired Greys' horses as gifts to look after. Mrs Sprot wis a gem. It must have been jist afore Christmas 1939 we moved frae the village up tae Riddell, and ah think it wis Christmas Day Mrs Sprot come doon tae us. It wis her custom tae go roond a' the hooses on the estate on Christmas Day and take presents tae everybody in each house. Ah remember once ah got a pair o' lemon-coloured pyjamas, they had been donated by black people in South Africa as gifts to Britain. And Mrs Sprot gave ma mother, ma brother and ma sisters something – we a' got somethin' – and shortbread or a home-made cake, or somethin' for the kitchen. If ye went intae the village or were walkin' hame frae the village or anywhere, Mrs Sprot used tae stop and gie ye a lift in the car. Aidan Sprot wis a young lad jist at college or university. Ah got very friendly wi' Aidan. There wis one o' the times they were singlin' turnips, and Aidan and I were the only two in the field that were singlin', singlin'.

Frae Riddell now and again we'd go doon tae the village and intae Mrs Preston's shop. She used tae make chips occasionally on a Saturday night and, ah mean, ye used run doon frae Riddell, go in there and get chips frae her. We'd get a bag o' chips then took them hame and stuck them in the oven tae heat them up again. Then for wir Saturday sixpence [2½p] ma brother Harry and I used tae walk frae Riddell intae Selkirk and go tae the pictures. That wis thruppence [1.25p]. The other thruppence wis for a bag o' chips doon at the Back Wynd tae eat on the road home. Ma brother and I used tae do that regular till we got bikes. We used tae go up past Clerklands and ower by Greenhill. It's aboot 4½ miles. There wisnae very much traffic, but now and again you'd put your hand up and stop a car and ye'd get a lift. But we aye walked hame frae Selkirk: ye either walked or ye didnae go at all. We went regularly intae Selkirk tae the pictures, and ah used tae walk intae Selkirk tae get ma hair cut.

We joined the Cubs at Lilliesleaf, and ma brother Harry become a Boy Scout and a troop leader. Later ah joined the Scouts, tae. Jim Broon, the jiner, wis the Scoutmaster. In Edinburgh folk used tae do fire-watchin', and they'd stay in premises overnight. Or they'd go and help oot wi' some first-aid post or do duties wi' Air Raid Precautions. But in Lilliesleaf they didnae have these things.[9] So what as Cubs or Scouts we used tae dae for the war effort, we went roond a' the farms and a' the hooses and collected waste paper like newspapers. And folk would empty oot their books – there must have been some good books emptied oot intae the war effort. So we done the salvage drive in Lilliesleaf. And above ma Scout's pocket ah had a red tab which had 'N', the crown, and an 'S': that wis for National Service.

In the village ah helped George Tinline at his place. He had a big vicious boar o' a pig. And he used tae breed pigs. As kids we used tae go roond tae George's and sit up in the rafters when we kent the boar wis goin' tae service a soo. And we used tae haud the piglets when George wis goin' tae castrate them. On that bit steadin' George had jist at the west end o' the village, he had his meal shed and his stable for the boar, a' on the roadside. There wis a grass bank bounded by the Back Road, and George's hoose, where he lived wi' his mother, Miss Tinline, wis in at the end. And he had turkeys, guinea fowls, ducks – ken, a whole selection o' birds. I used tae go intae the hoose and Miss Tinline wid say, 'Come on now, away and separate the milk,' and ah wid have tae turn the separator. And ye couldnae go too slow or too fast. Ye had tae get it up tae speed. Then a bell tinkled. Until ye get the speed the bell clangers wouldnae come out. Once ye got the speed right then the milk started tae separate and it wis great tae see the first wee drop cream comin'. Then ye kept it goin' until ye had got a' the cream. Other days ah've went intae the Tinlines' and it wis a widden barrel, a butterkirn, that she used tae sit at and birl it, and it'd be goin' slap-bang-slap-bang-slap. And then the butter started formin', and they got the buttermilk off it. She had this big tray and made a' the pats o' butter and marked it wi' like grooves. And then Miss Tinline'd say, 'Take that across tae Mrs Preston.' And, oh, the hams were hangin' frae the Tinlines' ceilin'. And that woman she never had a girn, and yet she wis crippled wi' arthritis. In these days she used tae sit there and when she got up she hobbled aboot.

Ah'd been takin' piano lessons at Lorne Street School in Leith before we got evacuated. After the first bit o' disruption settled doon they thought aboot tryin' tae get me piano lessons, but there wis naebody tae teach the piano in Lilliesleaf at that time. But the minister, Mr McKenzie, who wis a bachelor, and his sister, a spinster, who kept house for him, said ah wis welcome tae go and play and practice on their piano at the manse. One thing ah've no' got is stickability. So instead o' playin' his pianae ah'd sit and talk tae Mr McKenzie, and he'd take me oot tae that beautiful huge walled garden in the front o' the manse. And Miss McKenzie, oh, a marvellous baker and cook, and jams and a' that she made.

Another thing ah remember aboot Lilliesleaf. Every so often there wis a coal lorry used tae come up. And it wis Mrs Harvie wi' the coal. Ah think maybe her man had done it. Ah don't know how long he had been dead. But Mrs Harvie aye had a big heavy coat on, and ye've seen them sacks tucked in tae look like a monk's hood. Well, she had that ower her heid, and a sack tied roond her waist, and she used tae cairry the coal bags. Her son – ah cannae mind his first name – used tae dae it as well. When we went tae Riddell they would come up there and bring coal tae ma mother, because we had a big coalhoose underneath. But ye didnae use an awfu' lot o' coal, because we used tae get a load o' logs frae Riddell estate, half a croon for a big cairtload.

Then ah wis goin' home frae school at Lilliesleaf one day and there wis slaters workin' on the roof o' St Dunstan farm steadin'. The slater had his baton wi' a bar thing wi' two spikes. They jist hit it intae a baton and they pit the slate on it and they yaised the slater's axe and cut them. The slater showed me how tae yaise it, and ah cut slates. There's a wee pickexe neb on it and ye knock the hole for the slates. It's a' these kind o' things ah learned at Lilliesleaf.

There wis an episode where ah got intae a wee bit trouble. Ah don't know if ah really got pally wi' this village laddie but he borrowed ma bike or wanted a shot o' ma bike. After leavin' me he'd gone doon the village where there wis a big hoose – Mr Birrell's, the registrar, a retired headteacher o' the village school. He had a hoosekeeper. A' the hoose doors were open, and apparently inside in the parlour the insurance money or somethin' wis lyin'. Now this village laddie gave me sixpence, which ah spent on sweeties at Broon's, the bakers. But when it wis discovered Mr Birrell's money wis missin' they discovered Alex Lawrence had got some sweets and wondered where he'd got the sixpence. They'd sussed the village laddie oot some way or other. The judge and jury wis Alex Young, headteacher in the village school. The laddie and me were taken doon tae the jiner's shop in the school and lectured. Ah said ah knew nothing aboot it. Ah explained ah'd got the sixpence for lendin' ma bike. But Alex Young decided ah wis tarred wi' the same brush. The baith o' us got pit ower the jiner's bench. There were floppy canes, and we got the cane ower the bare backside. And by jings it stung! And ah wis an innocent party.

* * *

When ah passed ma Qualifyin' exam at Lilliesleaf ah went tae Hawick High School. Ah wis there two years, it must have been from 1941 tae 1943. Ah stayed wi' a family on a farm – Overhall farm – jist outside Hawick, near the roads tae Carlisle and Roberton, and on the banks o' the River Teviot. The farmer ah stayed wi' wis Jimmy Scott. For weekends ah'd cycle frae Hawick tae Riddell, but no' every weekend. Sometimes ah'd put the bike on top o' the bus – the bus in these days had roof racks – and get off at Ashkirk, then cycle. As ah've said, ah wis a bit o' a loner, and ah jist used tae disappear and work roond aboot Overhall farm doin' jobs. Ma brother Harry, when he left Lilliesleaf school at 14, instead o' goin' back tae Leith tae stay wi' ma dad, became apprentice gamekeeper wi' Bruce on Riddell estate. Ah think it wis roond aboot then we moved frae the Laundry hoose intae the cottage opposite Bruce at the west gate o' the estate. Harry worked at Riddell for aboot two years, then started his appenticeship as an engineer in Leith.

At Overhall farm, as ah say, ah jist used tae work roond aboot the farm doin' jobs. Ah wid get the .22 rifle – ah wisnae allowed the shotgun – and go oot and get rabbits for the farmhouse, or shoot craws off the field. At high school holidays and weekends ah wis never dressed. Ah jist had an auld pair o' boots and auld wellintons wi' the sole cut off – the standard leggins; and ah wid go oot and bring the kye intae the byre. Ah used tae single turnips, gather tatties, take the tractor oot, go roond seein' there wis nane o' the sheep lyin' on their back. Ah jist took tae that country life, and ah got on well wi' Jimmy Scott the farmer's family. But they had a young stay-in farmhand or hind, who stayed in the farmhouse rather than in the bothy – they did have a bothy, but they didnae use it – and the pair o' us slept in the one room in the farmhouse. We'd a bed each. He used tae wind me up. And something had happened and ah wrote tae ma mother sayin', 'The main cause is the hind.' So ma mother and father come doon tae Hawick. Jimmy Scott and his wife were annoyed because they hadnae realised ah had wrote this letter hame. It ended up that ah got taken hame. But, as ah've said, ah got on well wi' the Scotts and ah went back for many years tae see them until ah got mairried.

So ah left Hawick High School after two years and ah come back tae Edinburgh and finished the year at Bellevue secondary school there. Then ah took the fodder route into Redpath Brown's as a heater laddie, rivetin'. Ye got a lot o' non-apprenticeship unskilled work heatin' rivets and these kinds o' pre-apprenticeship work. Then at 15½ ah started ma apprenticeship as an engineer in the shop where ma brother Harry wis in Leith.

Ma mother and ma brothers and sisters went back hame tae Leith a bit before me, ah think, in 1943. Ah think oor family wis aboot the longest at Lilliesleaf o' a' the evacuee families there, aboot 4 or 4½ years. So that wis a big change in ma life brought by the war and evacuation. And this wis at an impressionable age between ten and 14 ah stayed in the Borders, and it's left a mark on me, because ah got a good groundin' there, and sometimes the Borders dialect comes oot. Ah've never had any regrets aboot goin' tae Lilliesleaf. And if ah'd stayed at Overhall farm tae ah finished at Hawick High School, Mr Scott, the farmer, might have said, 'Come and work on the farm.' And ah think ah would have then, ken.

Pat Brown

In 1942 I was getting near the time for being called up. I didn't want to go to munitions, and I tried to get into the WAAFs or the WRNS. But I wasn't taken.[1] I was still under-age for call-up, so I joined the Women's Land Army. I had a letter saying I was to go to Riddell Hostel in Lilliesleaf. We had to look up the map to find out where this Lilliesleaf was. When I got out the train at Belses station and saw nothing but bare fields and hardly any houses, oh, my heart sank.

I lived in Edinburgh, but my mother's side of the family were from the Borders. My maternal grandfather was a headteacher at Slitrig in Hawick, and he and his family all married from the Borders. My mother's sister lived in Selkirk. But my father, a chemical engineer with Courtaulds, was Edinburgh. We lived in various places according to where he was working at the time. I started school in Coventry. Then my father came up to Jedburgh, to work at North British Rayon.[2] We were there for a year then, well, he left us and went out to China. I was only nine when I last saw him. It wasn't easy for my mother. I had two older sisters and a brother two years younger than me. We sort of went from pillar to post for a while, then we ended up in Edinburgh, where my mother got a job as a housekeeper. I went to Abbeyhill primary school, a drab-looking place. From there I did my Qualifying exam and bursary and went on to Broughton Senior Secondary School.

I loved Broughton School, every minute of it. Our headmaster was Dr Pearson, and if the boys met him in the corridor they had to salute him. And when you went home on the tram you tried to be first to give up your seat to an adult, because you had your school colours on and there was pride in the school. I was quite good at my work at school and wanted to go further. I loved my English, French and Art. I was desperate to stay on, though I hadn't really thought what I was going to do. I just pictured a few more years at school and I didn't get it. However, as a Land Girl I came to another good school – out in the fields!

When the war came the schools were only opening for a morning occasionally. So I had to go and get a job. I finished my third year at

Broughton and was 15 in 1939 when I left. I got a job in Sir Will Y. Darling's ladies' outfitters shop in Princes Street, Edinburgh, and I hated it.[3] I was there three years and I loathed it. I was in the counting house for most of the time. I occasionally relieved in the cash desk, but I really didn't come into contact with the customers at all. I wasn't very well and I think I was heading for a nervous breakdown. All that trouble started when I was about 17. And in those days nobody listened to you if you had any nervous troubles. It was quite taboo. I didn't know what was wrong with me. It was just working in Darling's, it was all women and they got to me a bit. I was terrified of the people I worked beside. There were a few older men, heads of departments, and they always seemed to speak to you kindly. But it was a sort of bitchy place, these Edinburgh women, with thin disapproving looks on their faces: I just quaked, shuddered and shook. It did come to a time when at lunchtime I would go out and wouldn't go back again in the afternoon. I was hauled over the coals about it. I thought, 'Well, I'll just have to get away from here.'

So, as I say, I was getting near the time for being called up. I knew that if I waited till I was called up it could be anything – and it could be munitions. I didn't want to go to munitions. I didn't even think about the ATS.[4] Forestry wasn't in the limelight, we didn't know anything about it, and I don't think there were many girls in forestry. So I tried to get into the WAAFs or the WRNS, but for one reason or another I wasn't taken. So I went along to St Andrews House and joined the Land Army. The lady there advised me strongly to think hard about it. 'Your back will be broken,' she said. 'You'll be out in all weathers. Do you know what you're getting into?' I said, 'I don't care. I just want away from Edinburgh.'

So they sent me a letter with my train ticket, and said that if I would go to the Waverley Station in Edinburgh on Saturday, 10th October 1942, at a time in early afternoon, I think it was, I should get on such and such a train. When I got on to the platform there I saw some other girls about my age, we were all new, all looking around, and we would say, 'Are you going down to Riddell Hostel?' And so we got chatting. We got out of the train at Belses station for Riddell, Lilliesleaf, and when I looked around me and saw nothing but bare fields, oh, I did want my mum! Anyway, there was a car there at Belses to meet us. There were round about a dozen of us. If there were too many of us for one car, they would do two journeys – though there were two people in Lilliesleaf, Peter Chisholm and Walter Hume, who ran cars to the station. My first impressions on arriving at Riddell were that it was quite a big and very attractive house, a nice house. But I remember our first meal, there was the dish I loathed more than anything else in the world – toad-in-the-hole! There was no alternative: you ate it or you did without. But then we, the Land Girls, started to speak to each other, we started chatting. That first evening we took a walk down to Lilliesleaf and back.

We were issued with our uniforms: thick jerseys and britches, which were pretty uncomfortable on a hot day. Some of the girls were luckier than others and had sort of lighter weight gaberdine britches. I wasn't one of the lucky ones, I always had the corduroy! I don't think all the girls wore a hat. I probably didn't wear a hat. We'd put the hats at the bottom of our kipper boxes and forget about them. We had wooden – kind of rough wood, too – kipper boxes, with rope handles at either end, and that's where you kept your belongings. When we went to work in the fields we wore overalls – dungarees and bib overalls. You had to wear them: that was protective clothing. They were just plain bib overalls, and I think you had about three pairs. And you had a dust jacket and your thick socks, Land Army shirts, aertex kind of things which I think were fawn, and bottle green pullovers. And we had gumboots and big heavy shoes.

We weren't sent anywhere for preliminary training before we began work on the farms, oh, no, nothing like that: in at the deep end! And I just didn't know anything about farms and fields and cows and things. I'd never even had a holiday in the country. Well, the morning after we'd arrived at Riddell Hostel we made our way to the farms that we were allocated. I went to Whinfield, a small farm between Lilliesleaf and Charlesfield near St Boswells. So there was I, got out of the truck and I walked up that road in my new overalls, feeling rather apprehensive. The first thing I saw was a threshing mill. I didn't know what it was, just that it was big. Well, I went up there and such nice people they were. I was made to feel very welcome. But they took the mickey, as farm folk did quite often with us Land Girls. It was their last day of leading in the harvest sheaves, and it was by horse and cart. They told me how to build the cart with sheaves. They put me up on the cart and told me to start at the bottom and build it all round about. It wasn't terribly high up. They said, 'Well, that'll do. Just sit down on the top of the sheaves and we'll lead them into the steading with the horse.' The field was on a slight slope. So off we went very slowly – and down went Pat, with all the sheaves that I'd built! There was I sitting on the ground, and of course the men all roaring and laughing. So that was my initiation. But, oh, it was good fun, and I felt so much better after a while, better in myself: I felt healthier and happier. It was like a burden falling from the shoulders when I left Darling's shop and came down to work and live in the Borders. I'd seen joining the Land Army as a means of just getting out into the outside, away from working with women I was terrified of.

Most Land Girls came from the city. At Riddell Hostel the ones I knew at the beginning were, I think, all from Edinburgh and Leith. There were other Land Army Hostels near us: Cavers Carre, Lowood at Melrose, Hawick, and one we all had to go to in the end, Ancrum House. The country people used to say that the country girls wouldn't join the Land Army, but went away to the Forces instead. Well, the work we Land Girls at Riddell did was good. It was very varied. I think a lot depended on what kind of farm you were working on. The big farms were good fun, because there was a big team of you. You'd go out to single turnips in a huge field, and it would take you maybe an hour to get down one row, an hour to get back up, and then it would be time for your break. It was good fun that. It wasn't so good in the winter when you were shawing turnips – a very, very cold job. The lady at St Andrews House who'd interviewed me when I'd joined the Land Army was quite correct when she told me of all the hard work it would be that I wasn't accustomed to. I wasn't long at Whinfield farm when they started howking tatties. Now that is a sore job. So I did find out quite soon what an aching back was! The hardest work was in the summer really, especially haymaking. That was particularly tiring. And in those days you had to tramp the hay into a barn. Oh, you just lash with sweat all the time, and your legs are leaden and so hot, and the sweet smell of hay . . . I didn't suffer from hay fever, but I did suffer from rash with the sun, but I think I sort of got used to it in the Land Army days.

We went to various farms. A farmer would need us for so many weeks, and then we'd be sent somewhere different. I went to lots of different farms. What struck me in coming to the country after Edinburgh was how kind people were and awfully honest. And there was no side about them, unlike the women I had worked with in Darling's. There was no snobbery, no class consciousness, nothing like that at all. You were all treated the same. It was a good life.

We divided our farms, our workplaces, into good and bad according to how much food they gave you during the day! We were always hungry. At that age, when you're working in the fields you'll eat anything. Sometimes we would eat raw turnips, even raw potatoes. It was in the winter when you were shawing turnips that you ate them.

You used to cut off the skin with your shawing hook and eat the turnips So it was a good farm if you were taken in somewhere, to the scullery or somewhere, and given a plate of soup or a baked potato, or something like that which augmented your five Land Army sandwiches, the regulation ration you took to work with you each day. The majority of places were our good farms, where they gave you a bit of extra, maybe a boiled egg that would be boiled for you. One place we were at there was a baked potato every day, with a lump of butter and maybe a wee bit cheese in it. At other places you always had your plate of soup. I think they made the soup specially for us really. And plenty vegetables, you know.

The regulation Land Army ration for each working day was, as I say, five slices of bread made into sandwiches. Two were cheese, one was Spam or something, one was mashed dates, and the other one was just margarine. So we used to keep half our breakfast – a bit of egg or bacon – and put it on that margarine sandwich and clap it together. These sandwiches, or pieces, were in a tin box and were made for us by the Hostel staff. And off we would go with our flask. The food at Riddell Hostel was all right. We'd nothing to complain about. We got plenty to eat there. I think as land workers we probably got some extra rations, but not on the same scale as Servicemen did. I'm sure it was a balanced diet. But, I mean, we never thought about a balanced diet, weren't interested in that – just as long as there was plenty of it!

Riddell was a super hostel. And we had a very nice matron, well, warden really they were called, Miss Seth. She had nothing to do with the Land Army, she was an administrator, and she just looked after us in a motherly fashion. She was more like a matron, and she was the one that told you off if you were a couple of minutes late coming in at night: you had to be in at ten o'clock. Oh, it was a very strict regime. But they looked after us in the absence of our parents. The domestic staff were super, too. They were all very nice. There'd probably be about half a dozen domestic staff, about three in the kitchen and perhaps about three others. We didn't really come in contact with them, so what duties they did I don't know. We were away at work all day, and they, or some of them, may have been off duty by the time we came back in the evening. The only time I came in contact with them was when I was pretty ill one time. I was out in the field with a horse and was scraping in between rows. It was June, and one of these awful thunderstorms came on when I was halfway up this field. I had to turn and come all the way down. I got drenched to the skin. They were two women that ran the farm I worked at then, and they wouldn't let me go home to Riddell. They made me work on in my wet clothes, which dried on me. Well, I got a tremendous dose of tonsillitis a couple of days after that. I was quite ill and quite delirious through the night. I believe the Girls had lifted me from my top bunk down to the bottom bunk, and they had to send for the doctor. When I was getting better and went down to the kitchen I remember the domestic staff were all so pleased to see me: 'Oh, here's our wee lassie that wasn't well', you know. So that's really all I can remember about them.

I think there were about 30 Land Girls at Riddell. There was maybe only one batch there before I went there in October 1942.[5] Then one or two Girls worked privately on farms. They didn't live in the Hostel. They had started off as Land Girls from the Hostel but they were offered a home on a farm and became part of the farm's family. Oh, there was no objection whatsoever to that by the authorities. Land Army rules still applied, and those Girls'd get their wages from the Agricultural Executive Committee.

At Riddell we shared rooms. There were no single rooms at all. We had double bunks, one above the other. It depended on the size of the room how many double bunks they could get in. The room I was in had six bunks. We didn't do our own cleaning, not really. We didn't have to sweep floors or clean sinks. I mean, you had to make your own bed and keep your room tidy, and I think we sort of took a pride in that. There were bathrooms, but no washing facilities in the bedrooms. So Riddell Hostel was very nice and we were very happy there. We had good fun, too, in the Hostel. You know, you got to know the Girls. I always got on ever so well with the Girls in my room. We had two married Girls in our room, the rest of us were single. They were a super bunch, and we had great laughs. The Girls were drawn, of course, from different backgrounds. There were some characters among them. Helga, for instance, was quite a character and she had a tongue to go with it. She was a rough diamond but she had a heart of gold and would have helped anybody at any time. Later on, she married a local man and they had two daughters. Helga died several years ago.

It was, as I've said, a very strict regime at Riddell Hostel. It was probably 6.30am we had to get up. They used to come round with a handbell. And I could sleep through it! They had an awful job waking me up. We left the Hostel at half past sevenish, to start work at eight o'clock. And we had our breakfast before that. So we worked from 8am to 12 noon maybe it was, then you had an hour for your midday break. Then work again from one o'clock to I think it was 5pm. I think the farm workers themselves had an earlier start in the mornings, about 7am, I think. Then at 5pm we were picked up again and taken back to the Hostel, and we had our cooked evening meal at I think half past six. In the evenings the time was our own, there were no duties we had to do. And we had every weekend off, from Saturday lunchtime till Sunday night. On a Saturday the farmers usually let us away early, because sometimes in order to get the train you had to do some quick changes. I've seen us even changing clothes in the field in order to get that train for Edinburgh! Our fare home on the train was 10s 6d [52½p] return. I would go home about four weekends out of ten, 'cause I quite enjoyed spending the weekend in the Hostel, and of course there were other Girls there then, too. And it was half your pay to go home, and then you needed money to spend when you got home. It was OK for Girls whose parents could afford to subsidise them, but my mother couldn't. And, oh, we did get some holidays, too, though I can't remember how many: maybe a few days a year. Sometimes, maybe during harvest time, we did work overtime on Saturday afternoons, or in the evenings, or on Sundays.

We were paid 18 shillings [90p] a week. And I think after three years or so it went up to 21 shillings [£1.05]. Food and board were provided. The return train fare home to Edinburgh at weekends was, as I've said, about half your pay. So you didn't have a lot left over. I didn't send money home to my mother: I don't think there was anything to send home really, and my mother did have a job as a housekeeper. I don't think she needed money to that extent. And I don't think as Land Girls we were able to save any money, oh, no, we didn't save, no, never saved a bean! As a Land Girl I think I spent a shilling or two a week on a dance in the village – there were quite a number of dances because that was all people had in those days – and on cigarettes. You could buy five cigarettes, or you could buy ten for about 6d [2½p] or so in those days. And that's when a lot of us started to smoke. I hadn't smoked before then. I started then, I think, because the other Girls smoked. It was a social thing really. It wasn't to keep the midges off or anything practical like that. We didn't smoke at work to begin with; we did eventually, once we'd got the habit.

Well, at Riddell Hostel, discipline was strict. I was about ten minutes late after ten o'clock going in one night. I had to knock at the door to be let in. I'd only been at a friend's house in the village. But I was severely reprimanded by Miss Seth, the warden. Things were put out of bounds to me. I wasn't allowed to take part in the concert that was coming along. So many Girls were going to suffer from what I had done by coming in ten minutes late. Mrs Sprot, the Riddell landowner's wife, was our Land Army representative. Well, any complaints or anything going wrong, Mrs Sprot represented us – usually against the Agricultural Executive Committee or one of those lots! So she was on our side always. If you felt an injustice had been done she was there and she always stuck up for us. She was a super person. So I went to Mrs Sprot and said I didn't see why all the rest of the girls should suffer just because I happened to be late in at night. And so that got ironed out. But I was told off by, I think it was Miss Seth, for going to Mrs Sprot above somebody else's head. However, I don't think any of the Girls at Riddell ever got into any serious difficulty, and none that I know of were expelled from the Land Army.

When you came back from the farms in the evening to Riddell Hostel you were usually very dirty, and you would have a quick wash before eating. You were also pretty tired. So we weren't late away to bed; it was an early start in the morning. But in our free time we went lots of walks. We used to walk down to Lilliesleaf a lot and we walked elsewhere, too. There'd be quite a few of the Girls did make friends with individual families in Lilliesleaf. I didn't myself become friendly with a village family in my early days at Riddell. And then I just didn't drink, so I was never really in the village pubs, and I don't remember my lot among the Girls going into the pub either. Of course, all the young lads round about used to come up to the Hostel. They were all younger than us, because our contemporaries were away in the Services, and these were the younger brothers, the small fry! There were some nice lads amongst them, some were in reserved occupations. So there were plenty of young admirers around Riddell Hostel. And we would go out in gangs, even if it was just for walks. There'd be a piano in the Hostel and we'd all have a strum and sing-songs. I don't think there was any concert organised at Riddell by the Land Girls themselves. But there was more than one concert got up in Lilliesleaf in which we all took part. That was done by Fred Wylie, the village policeman. Oh, Fred Wylie was such a nice man, I mean, he was our father to us, ever so nice and very kindly. Then I don't think we were into the village whist drives. We just went to the dances. At home in Edinburgh my sisters and I were never the kind that went out dancing, maybe just because of family circumstances: there wasn't a lot of money to spare, and my mother was on her own, so we didn't go out and about at all. But at Riddell probably about once a month or so we used to go up to Hawick on the bus. We would walk down from Riddell to Lilliesleaf and get the bus from there. We liked the pictures. Then at the Hostel we'd probably play indoor games – dominoes, cards, something like that. I think there was a library there. But I had taken an awful lot of books with me because I liked to read. I was at that age where I loved poetry. I also loved art. But at the Hostel I didn't write any poetry or paint any landscapes: one regrets not doing a lot about a lot of things. Some weekends I went to stay with my aunt, my mother's sister, in Selkirk. I very often got a lift from Riddell with the postman on the Saturday early afternoon. He let me off at Greenhill. Then it was about three miles to walk to Selkirk. My uncle occasionally brought me back – though hardly ever, because of petrol rationing. He never had petrol to spare. So I very often got the Selkirk to Hawick bus, got off a mile from Greenhill and then had the walk back to Riddell, which I did several times by myself, usually in the dark. But you weren't frightened in those days. You couldn't do it now. You'd be taking a risk certainly. Oh, it was a dead quiet road. It didn't bother me. But after I'd been doing that a few times the gang – some of the Land Girls and some of the lads from Lilliesleaf – would come along for a stroll and meet me halfway or so.

The Girls were taken from Riddell to their work on the farms in trucks. Some of the trucks were converted cars. After I'd been at Riddell for quite a while I started learning to drive. So eventually I drove one of the trucks, took the Girls to their farms, dropped them off, and ended up at the farm where I was working myself.

I was at Riddell Hostel from 10 October 1942 until the horrific fire that burned the House down in December 1943. It was a Sunday evening and the Girls who had gone off home to Edinburgh for the weekend were due back, the cars had gone to the railway station to pick them up. The firemen came up, thought they'd put the fire out, and they went off. But it had gone on smouldering and later started up again. There was a strong wind blowing, and of course the house just went up like matchwood. Some of us Girls had remained at the Hostel that weekend. As I've said, all the Girls kept their belongings in wooden kipper boxes. So I and one or two others who were there when the fire started again were able to rush upstairs, got our kipper boxes, and flung them through the windows out on to the garden. Then we were stopped from going on with that because it was too dangerous. Mercifully, though the fire was blazing and quite gutted the House, there was no loss of life. I lost all my books in the fire. But the people in Lilliesleaf and round about were really wonderful. They sent cars up for us – the cars went shuttling back and forwards – and took us all into their homes. And we'd really nothing except what we stood up in. Most of our belongings were lost in the fire. At that time I was going about with this boy Tom. That night he said he'd take me back to his mother's in Bowden. I don't think there was a father, and his mother was motherly and fat, but she was so kind. She found a great big pure white goonie for me to put on. And that night I slept beside her in this huge feather bed, and I was mothered and coddled.

The authorities decided to give us Riddell Girls digs at Cavers Carre, about a mile from Lilliesleaf and just off the road to St Boswells. While they got Cavers Carre ready for us they got us grouped nearer each other. Mrs Ellen Douglas, the fencer's wife in Lilliesleaf, took me in. Their son Billy was still a schoolboy and was such a nice kid. The Douglases were awful kind to me. So they were Lilliesleaf people I really knew well then. They were nice folks. But something happened to me, I can't remember what it was, and I wasn't well while I was staying there. Then word came round that we were to assemble to be taken to Ancrum House Hostel. Ellen Douglas didn't want me to go, and said, 'She shouldn't be leaving her bed. She's not well enough.' I think I had a temperature. We got to Ancrum House anyway, and I was feeling terrible by then. The warden, a big stout woman, was at the door to meet us. We used to call her The Battle Axe. I said, 'I'm sorry, but I don't feel well. Could I come and lie down somewhere?' The Battle Axe said, 'There is no illness in Ancrum House. If you are ill you'll be sent home.' I said, 'Could I just get a bed somewhere?' So eventually she did put me into the sick bay. But would she give me a cup of tea? Not her, no. It had to be water. And for days she wouldn't let me eat anything but milk puddings. But the staff used to smuggle me in a bit titbit now and again: 'Hurry up and eat that! There's a cup o' tea. Drink it. Don't be long!'

Ancrum House Hostel was much bigger than Cavers Carre. When we went to Ancrum House there were about 30 or so Riddell Girls, all from Edinburgh, and we joined up there with a far bigger contingent of Girls from Glasgow. So there were about 70 of us altogether. Ancrum House, which exists no more, was a huge house. It was certainly a fine house – but it wasn't a friendly house, not like Riddell was. There was an awful lot of wood panelling in it, and it had a great big staircase and a big entrance hall. It was gloomy in a way. And we had a different staff at Ancrum House Hostel, and, as I've indicated, I didn't like the warden who was there to begin with.

There were one or two toughish Girls – Glasgow ones – at Ancrum House. Some of them were a rather rougher lot than the

Edinburgh Girls. There was a little clique of the Glasgow Girls and you really didn't want to get on the wrong side of them or it was, 'See ye ootside', and, 'Ah'll gie ye this' [a fist] – and they would have done. But there weren't many of these toughish ones, and the majority of the Glasgow Girls were all fine, some nice Girls amongst them, too. There was one little Glasgow Girl – I can't remember her name – who was small and had ginger hair and was as nippy as can be, and she spoke right Glasgow. She was like a wee tough, bustling, and reminded you of Jimmy Cagney, the film actor.[6] But she was great fun, a super Girl, and I really liked her. Another Girl I remember at Ancrum House Hostel was Mary Glasgow from Edinburgh. She was a funny little thing, too. She used to go in to the Hostel and say, 'Huh, mince again? Mince again? Ah don't want mince.' She just wouldn't eat mince and she used to put it in her pocket!

So I was at Ancrum House Hostel until sometime after the war ended in May 1945. You were free to leave the Women's Land Army as soon as the war ended really. You didn't have to wait like the Forces people until demob numbers came up. So some of the Girls went, but there were some of us stayed on a bit. I didn't want to go back to the city. For a while I just didn't know what to do. But I said I would never go and live in Edinburgh again! And you weren't just thrown out of the Land Army, it kept going, I think, for a while. But the hostels came to an end, and when Ancrum House closed down you could find your own digs if you wanted to stay on in the area. I had once worked at a farm at Hassendean for quite a long time and I was friendly with people there. So after the hostel closed I was staying with friends at Hassendean. I worked at Netherraw farm, not far from Hassendean, and I used to get a lift there and back with the Jerry prisoners of war truck – much to the horror of quite a few people! But the prisoners were all right. One especially I had become quite friendly with, and he spoke English very well. I was still working at Netherraw when Mrs Cranston, the farmer's wife, told me Colonel Houldsworth and his wife wanted somebody at Firth farm nearby, to help with this, that, and the next thing. The alternative was for me to go home to Edinburgh, and I didn't want that. So I worked with the Houldsworths, mainly in their house eventually, until Col. Houldsworth's father died and he became Sir Reginald and went to live in Ayrshire. And then in 1948 I got married to Jardine Chisholm, younger son of Peter Chisholm, the blacksmith and hire car driver at Lilliesleaf. We lived in Lilliesleaf until 1968 and had five children, including twin boys, and then we moved to live at Dimpleknowe, a couple of miles west of Lilliesleaf. But Jardine died in 1971. Three of our children were still at school. So in the following year I moved from Dimpleknowe to St Boswells. Five years went by then my cousin Bill Gray and I got married, and later we moved to Melrose.

So between 1942 and 1972, 30 years of my life passed in or about Lilliesleaf. Jardine and I were in Muselie Drive there while all our children were growing up. Ellen Mills, another former Land Girl from Edinburgh at Cavers Carre and Ancrum House, and her husband did live, too, in Lilliesleaf for a long time in Muselie Drive, and were very involved with my family, especially with the twins when they were little. They were a source of great help and support to me, because having twin boys was quite a handful. As well as Ellen Mills and Helga, one or two others of the Riddell Land Girls married local fellows and stayed on in the area.[7]

As for the effect of the Land Girls on Lilliesleaf, I don't think the people of the village approved of us terribly much at the beginning. I think we had heard that over the grapevine. So when we used to leave Riddell in the truck in the morning we used to sing, of course, on our way, I suppose just like soldiers do, and when we got to the village we sang our loudest! We sang at the pitch of our voices all the way through Lilliesleaf. But that didn't last long. That was just a bit of rottenness on our part. We were showing the flag. We were trying to prove that although we were from the city there wasn't an awful lot wrong with us. Though the Land Girls were at Riddell Hostel only about 18 months in 1942–3, I think they livened the village up a bit and probably contributed something special to village life. As I say, I think at the beginning the villagers thought we were a breed apart and not to be encouraged! They saw us as girls of doubtful backgrounds and behaviour. Well, we were city girls, and that was against us at the beginning. And we were noisy and whooped it up at dances and all this sort of thing. But as we got to know them and they got to know us a lot of friends were made, and we got on fine with them. And after the fire at Riddell Hostel they were so kind to us. We were equals then and then we were all right. We loved the work, we loved the folk.

Lilliesleaf looks so very, very different now. But it's like any other small village. If you go back to that time when the Land Girls were there at Riddell the village had little houses where sort of ordinary people lived, and they were all nice, good country folk. Now when you go to these villages like Lilliesleaf you see what money can do. They're beautiful villages now. But I think they're half-full of strangers now compared to what they used to be. They were good days to look back to.[8]

Ellen Mills

Ah wis born in Strichen's Close, 66 the High Street, Edinburgh, on 28th o' January 1923. Ma father wis a tram conductor wi' the Corporation. Ma mother wis in Ferguson's Rock sweetie factory before she married.[1] Ah had eight brothers and ma sister. Ah wis fourth oldest in the family – three boys then me. When the war came we carried ma youngest brother to the air raid shelter: he wis only a year old.

In 1944 ah wis called up to join the Women's Land Army. For four year before then ah wis in a reserved occupation: ah packed biscuits and rations for the soldiers, in Crawford's biscuit factory in Elbe Street, Leith. Ah didnae even think ah would be called up, ye see. 'Cause when ah got tae 21, ah thought, 'This is great.' But as soon as Crawford's lost this contract then immediately they called iz up.

Ah wis given no option but tae join the Land Army. Ah wis too small for any of the Forces: ah wis four feet nine. If ah'd had a free choice ah'd have gone intae the Women's Royal Naval Service, but ah didnae have the height tae get in. Then ah wisnae gettin' intae the Land Army: ah wis havin' tae go tae munitions. But ah defied them. So they stretched iz tae get intae the Land Army. They put iz against the wall in the room when ah went for the medical, and ah wis supposed tae have stretched an inch.

But, oh, ah wisnae goin' tae go tae the Land Army. When ma call-up papers came in ah wis goin' tae refuse. And then ma dad spoke iz in. He says, 'Ye're goin' tae Roxburghshire.' He says, 'Ah've enquired and it's up north.' Now that's how stupid we were.

Of course, ma parents and us werenae in the habit of travellin' about. Ma mother did win a holiday with Hay's Cash Store – tae Lourdes. But she couldnae go. She refused, because there wis ten of us. But Mr Hay, that owned the Store, took her and she had a fabulous holiday. And ma dad took his holidays tae keep us. Ah mean, ah can't remember ever goin' a holiday as a child. The only holiday ah ever got wis at ma uncle's caravan at Port Seton and occasionally we got a week there. But then again we were sent down to the beach every

Wednesday tae stay on the beach till the camp doctor got round, 'cause it cost 6d [2½p] per patient, and ma mother couldn't give it, she hadn't it. So we were sent out o' sight when that doctor came. See, these were the things that happened tae us. When ah wis seven year old we moved from Strichen's Close in the High Street to 7 Lochend Avenue. And I can always remember goin' down on a Friday tae catch a No. 25 tram at the bottom of Lochend Road, tae get ma father's pay. He handed it out from the tram, tae get wir Friday tea.

So really ah wis accustomed tae poverty as a child. But oo were always fed and clothed. We were never really hungry. But we never got tae anything. Occasionally when Gran – ma mother's mother – came she would leave maybe £4, £5. She lived in Blackfriars Street in Edinburgh and she used tae come out tae us and dress us for the school. We didnae have much in the way o' clothes, changes o' clothes. Things wis washed and dried on the oven door for us tae go back tae school next mornin'.

In Strichen's Close and in Lochend Avenue our house had two bedrooms. So Lochend wis no bigger, it wis jist a slum clearance, ye see. So it wis a case o' the girls in one room, the boys in the other, and ma parents in the kitchen, wi' the baby in a cot at the side o' their bed. At Lochend we were in a tenement of six houses, and there must have been a hundred children in that tenement.

We were very churchy brought up, oh, ye had tae go tae church. There wis no refusin'. We came home on a Sunday mornin' from church, ten o' us. We were all brought up in the Catholic religion. Ma mother wis very religious, but ma father wis the other religion – Protestant. He never interfered. And when we came home from church on a Sunday our breakfast wis there for us. Ye changed, got your old clothes on again, and got your breakfast. Ma father wis a really great man. Ma mother she would shout at ye and bawl, but he didnae need tae shout. He wis very quiet. He wis active in the union and, oh, staunch Labour. He used tae say, 'If you've tae work for a livin' you're a Labour.' Ah mean, he pressed that intae ye. Ma mother wis very churchy, wisnae interested in politics. But he wis a Labour man.

Ah started school in St Anne's at the Cowgate, at the bottom of Blackfriars Street. Then at Lochend ah went tae St Ninian's in Restalrig Road. Ah liked the school, never had any problems. Ah got through what ah wis supposed tae get through. Ah only scraped through the Qualifyin' exam. But ah wisnae really a scholar, ah wis harum-scarum. Ah wanted tae be a dancer. I played on the balconies of our house till I was 18 year old – tap-dancin'. Ah taught masel'.

And ah loved tae sing. Ah'd sung from whenever ah could remember – again jist self-taught. Ah jist sung from seven o'clock in the mornin'. Later on, any elderly person at Lilliesleaf would tell ye that. Ah went down the village on the bike at seven o'clock in the mornin', right up The Loan. Mrs Preston used tae stand at her door till ah got tae the top. It wis fear: ah didnae like goin' away up the country roads masel'. And though ah drove two pair o' horse there ah sung the whole day long, because ah didnae like tae go away tae a field masel'. Ah jist sung and thought, 'Well, they'll know ah'm still alive. They can hear me.'

* * *

So in July 1944 ah wis called up tae the Women's Land Army. The letter came a month after the medical, saying that ah had been passed and was reportin' tae Riddell at Lilliesleaf. Riddell House wis burned down at Christmas o' 1943 but it wis reopenin'. Then ah got word tae temporary go tae Ancrum House near Jedburgh, and then ah wid go tae Riddell House. But Riddell House never reopened, and we went instead tae Cavers Carre, between Lilliesleaf and Bowden. Then when they closed Cavers Carre we had tae go back tae Ancrum.

Well, ah boarded the ten past four train from the Waverley station in Edinburgh. Ah met a girl there called Nessie Thomson from Newtongrange and we both came down together. We were told there wis two goin', and ah think, bein' stupid and standin' there waitin' on this ten past four train, [we recognised each other as recruits tae the Land Army]. We became very good friends until after the war ah lost touch wi' her.

When we got off the train at Belses station – six o'clock it was, and nobody there, jist the porter, Matthew Ramage. And we stood and he says, 'Aye, lassies, ye'll be goin' tae get it the morn. That sun's blisterin' doon, and ye'll be daein' that.' Ah says, 'What's that?' 'Singlin' turnips.' Anyway this van arrived and ah never seen anybody as huge and as tanned as Ella Gavin. And she says, 'Ye'll no' last long.' And ah jist looked at her. We got tae Ancrum House and got an ordinary fourpenny pie about half past six. That wis all we got: tea wis past, ye see. Then suppertime come round and ye got a sandwich and a biscuit and a cup o' tea. We got shown round and got wir beds. Mrs Mekie – oh, she wis really a super matron – came and spoke tae us and told us we'd have tae get up when the first bell rung at quarter tae six. Ye were away for tae start work at seven, ye see.

Well, in the morning we got up and got wir porridge, got wir tin can – sandwiches in this tin box – and we went out to the van. Pat Brown wis the truck driver. Well, she dropped us at our farms. Ah wis tae go tae Huntlaw farm for ma six weeks' trainin' and then ye got recommended tae another farm. So we came through Ancrum to St Boswells, Thornielaw, Elliston – Eileen and Flora Hare got off there – then up to Midlem Mill and, at Lilliesleaf, Chapel, Easter, St Dunstan, then up by Cotfield – they didn't have any Land Girls at Cotfield – tae Raperlaw, Netherraw, Greenhouse, round the back o' Minto and up tae Huntlaw and Hassendean. At each o' the farms one or two – two at the most – girls were dropped off. Pat Brown wis the last really, because she dropped me at Huntlaw and then she worked at Hassendean and she kept the truck at Hassendean. Then at night she came back the reverse way, and ah wis first at Huntlaw she picked up. It wis quite a long journey tae get tae your work, ye had tae leave the hostel early tae get there.[2]

The first time ever ah saw Lilliesleaf was that first day ah went tae Huntlaw in the truck or open lorry – we looked out the back o' it. Somebody in the truck whispered, 'Does anybody live here?' There wis not a soul tae be seen! Somebody else shouted, 'Bring out your dead! Bring out your dead!' And we stopped at Nan Elliot's shop for wir cigarettes and wir sweeties, things like that.

Well, at Huntlaw there was an old farmer and his wife and their two sons. Ah didn't get a trainin' there, ah didn't get a trainin', because the old man was so stupid and the two sons werenae married, were mollycoddled, they never got out tae dances or outins, and they wouldnae speak tae a woman. Ye know, 'Do that, do that.' Ye didnae know what to do.

One day ah went out tae the field tae work wi' the father. It wis brilliant sunshine. We were going tae pit up stooks. And ah wis doin' fine. He wis shown iz north tae south, Hawick tae Melrose: 'Keep for Hawick and Melrose and ye'll do right. If ye don't know what north and south and east and west is, Hawick and Melrose. Point your toe at it.' Ah says, 'Fair enough', and ah wis workin' away. He says, 'That's it, lassie. It's aboot quarter tae five. Get yersel' ready for that truck.' Ah sat on the roadside, waitin' for Pat Brown and the truck, and ah sat and sat and sat. Ah said tae masel', 'There's somethin' wrong.' It wis a quarter past two and the farmer thought it wis aboot quarter tae five. He didnae have a watch. He looked at the sun. The son told me the next mornin', he says, 'Ma father came home at quarter past two.' Ah said, 'Well, ah don't carry a watch, ah havenae got such a thing as a watch.' Now that wis ma trainin'!

Oh, the parents were illiterate. The mother wis terrible. Ah mean, ah'll be quite honest: ah wouldnae ha' ate a thing out o' the pantry. Filthy? Oh! The sons, the same age as me, lived in the farmhouse and they were as bad. They cleaned the ashes out the fireside wi' the stable barrow, wheeled it in and it wis filthy dirty. Two feet from the door they tipped the ashes out. Everything wis round their door! Oh! It wis horrible, it wis horrible. But they were good tae work tae at Huntlaw, because they never knew the time! Ye never got a row when ye were late, 'cause they didnae have a clock in their house: he went wi' the sun, the old man.

Now we had a thrashin' at Huntlaw and, well, ye got fed, ye always got fed at the thrashin'. Ah didnae go tae the feedin'. But they gave the men kippers and custard. They didnae know any better. The men couldn't eat it, nobody could eat it. And the wife wis so mean! As the hens laid eggs she gathered them and walked 4½ miles tae get them intae Hawick first.

Ah don't know if Huntlaw wis a place the Land Army kept for trainin', but Pat Brown and Helga trained there, tae. Ah made a complaint to Mrs Mekie, the matron at Ancrum House, about Huntlaw. 'Now look,' ah says, 'ah don't like goin' behind trees tae the toilet.' There wis nae toilet, no sanitation. The farmer's wife never let ye intae the farmhouse tae their toilet. Ye had tae find your own way at lunchtime, jist find a tree or a hedge or somethin'. But nobody took ma complaint any further. If you had anything wrong in the hostel, Mrs Mekie wis on top o' you. But maybe she didnae have control wi' wir workin' conditions.

The Land Army office wis in the main street in Hawick and, ah don't know what he was, but there wis a man there in charge o' us. We reported tae him. If ye'd a complaint tae make ye went up there. Ah don't know if they would ever know what Huntlaw farm wis like: nobody came from the Hawick office tae visit me when as wis there. Ah wis sent there tae work and as long as no complaints came in about you . . .

Ah felt a wee bit homesick when ah wis at Huntlaw. That wis the time when ah wis goin' tae go home. No Churchill wis goin' tae keep me there. When ah came away from home tae join the Land Army really ah came away broken-hearted because ah didn't know what ah wis comin' tae. Ah mean, ah didnae come out a rich home, but ah broke ma heart bein' taken out o' it. Ah never knew what a sheep wis like. Well, ah'd seen a sheep goin' through the golf course at Portobello, but ah'd run away.

But there wis a couple on Huntlaw farm in the cottage – Bill and Dolly Tait – and they had an infant daughter, Margaret. When ah first came tae Huntlaw they immediately says tae me, 'Ye'll come intae our house for lunch.' So ah got ma lunch there. They were really good, it wis all free. Ah took ma Land Army pieces for their dog. Bill wis ages with me and he wis born at Huntlaw. Bill wis the same as the two sons belongin' the farmer that never left home – except on a Saturday night Bill used tae walk 4½ miles tae Hawick, never boarded a bus. And he always wore boot-clogs and big silver toes on them, even tae walk tae Hawick! Bill walked intae Hawick to the pub to drink, oh, he liked to drink – and he was able to find his way back to Huntlaw again: he never got tae that stage. He wid jist take a pint.

Bill had the mother, Granny Tait, in her 90s, but typical active, very sharp, that lived wi' them. She always wore clogs, tae, and the hat wi' the bow under here – an old mutch – and black, and she wore spats. Oh, she never went anywhere. She only picked up bits o' sticks at the roadside for the fire, and always had this mutchy thing on. She never went anywhere, she never left home. She'd never even been tae Hawick. Ah think she'd worked on farms when she wis young. Ah think she'd been a bondager, she wore those clothes. As far as ah know she'd always lived at Huntlaw. Ah had many chats wi' Granny Tait. She used tae walk me down tae meet the truck on the dark nights. Ah remember sayin' tae the Taits when ma six weeks' trainin' at Huntlaw wis up, 'Would ye like tae go in tae Edinburgh and meet ma parents? Because ye've been good tae me.' So we boarded the train at Hassendean station for Edinburgh – and Bill's mother had never left Huntlaw since the day she went there. She'd never even been on a train before, though she lived close tae Hassendean station. When she got out the train at Waverley station she thought the whole of Edinburgh was closed in wi' glass!

Well, ma six weeks' trainin' at Huntlaw got up and ah wis transferred tae Raperlaw farm, to Mr and Mrs Hislop. When ah arrived there on the Monday they said their employee had been called up and they were takin' on a Land Girl and they were pleased tae meet iz. So ah met this jolly man, the farm manager, Matthew Prentice. And he says, 'Now, lass, it's jist unfortunate ye're goin' away over tae work on another farm wi' me. We've been hired oot tae thresh at The Firth.' So that wis the biggest experience o' ma life, because climbin' up on the thrashin' mill jist gliffed me – and then tae hand me a knife tae cut the string on the sheaves! That wis ma first day really workin' on a farm. Ah mean, when ah done ma trainin' at Huntlaw ah wis jist gettin' shown, but nothin' like that. And ah done very well. Ah had two cuts. So as soon as ah went tae Raperlaw ah loved every minute of it.

Ah got back tae Raperlaw wi' Matthew Prentice about five o'clock, and he says, 'Come in and have a cuppa.' So ah went in and had a cuppa. And his wife says tae me, 'Now ye better get away up there for your truck. But if ye want tae leave your gumboots here and change into your shoes, or do any changin' you're welcome.' Well, ah had got so friendly wi' the Taits at Huntlaw ah missed them when ah left there. But then ah landed lucky wi' goin' tae Raperlaw because Matthew and his wife did exactly what Mrs Tait done. Mrs Prentice (she'd been Margaret Kerr before she married Matthew Prentice) says tae me, 'Ah'll give ye a wee plate o' soup at dinnertime and that.' Ah wis one o' the family. So ah done all right there. They fed iz and cled iz, but ah still lived in the Land Army hostel. Ah got friendly wi' them and they said their son, Wat Kerr, wis away tae the army. And ah got a letter from this son statin' ah wis tae look after the horses. And when he came home after the war we got married!

Workin' conditions at Raperlaw wis much better than at Huntlaw. Matthew wis the manager, we ca'ed him the grieve, ferm steward. Mr Hislop, the farmer, wis a dressed farmer, a gentleman farmer. Matthew did the ploughin' and everythin'. There wis no other ploughmen there, jist him and I. And there wis Catchiehill [Catshawhill] and Raperlaw: it wisnae really a small farm.

* * *

As ah've said, when ah joined the Land Army in 1944 ah wis taken first tae Ancrum House hostel near Jedburgh. Then maybe November '44 some o' us were sent to Cavers Carre hostel. There wis 26 o' us Land Girls at Cavers Carre, all Edinburgh or Leith girls. We celebrated Christmas '44 at Cavers Carre. Mrs Miller wis the matron. She wis good, oh, strict, very strict. She came round every night and inspected your room. Every night at ten o'clock she used tae say, 'Nightie, nightie, girls. Good night girls.' She put the lights out then. There wis four o' us in ma room, and ten in the big room. There was two in the first room as you went up the stair: Isobel Anderson and – oh, she lived in Ryehill, Leith – Elsie somebody. And then in the next room there wis the provost's daughter from Bonnyrigg, maself, Nessie Thomson that ah'd come down in the train wi', and Mary Glasgow. Nessie went home tae Newtongrange every weekend because she had a boyfriend there: he paid her fare home, ten shillins. Ah teamed up wi' Mary and it wis great fun. Mary Glasgow came from Halmyre Street, Leith; her parents were elderly.

Cavers Carre wis great fun, ah really enjoyed it, every minute o' it. That wis the best years o' ma life. In the evenins we walked tae Lilliesleaf. The villagers were good tae us. Well, sometimes we got in for a coffee at Ellen Dooglas's, the fencer's wife. Mrs Preston wis really brilliant, a motherly sort o' person. And ah went tae the pub, but ah never took drink. Ah still don't drink. Ah always went over to the Plough Inn – Bill Jackson – and ah used tae go behind the bar wi' his wife. Ah never got tae serve, but ah wis so friendly wi' them. Ah never went tae the Cross Keys, ah never went as far down as that end o' Lilliesleaf. Bill Jackson had the best trade, the rough pub wis the Cross Keys. Ye could have a nice drink in Bill Jackson's and no' be knocked over wi' somebody wi' a pint o' beer, ye ken. It wis the older farm workers that went tae Bill's, oh, he wis a gentleman, Bill.

Then ah used tae go tae auld Mrs Turnbull's o' the shop and have coffee with her. Ah made quite a lot o' friends. Ah met an awful lot. Then we had an awful lot o' concerts and that in George Tinline's farmhouse, wi' the hams hangin' frae the ceilin'! What a character George wis! We rehearsed there but done the concerts in the village hall. We formed a concert party among the Land Girls when ah wis at Cavers Carre, and we practised wi' George Tinline, Rob Young and Ian Renton. And they brought some woman from the Education Department. She gave us wir ees and os and everything, and she picked me out fur tae be in the front o' us to sing. And we had a Western concert for the Air Force –Wings for Victory, or something. We went out a lot wi' the concert party, singin'. George Tinline took us, wi' our Land Army uniforms and our gumboots polished and everything. We sang *Don't Fence Me In* and all these kind o' songs. And we went tae Bowden and Ashkirk, all over. George Tinline wis the heid man wi' the drama and the concert party. Later on, when Cavers Carre closed and we went back tae Ancrum House Hostel, we kept a' that up, we came back tae Lilliesleaf, we never left the village.

At Cavers Carre we were made tae go on a Sunday tae Lilliesleaf church, everybody had tae go every Sunday. Whatever our religion we went in the truck with the matron, Mrs Miller. Ah had a Catholic upbringin', but ah still had tae go. Ah could come out o' the service at a certain time if ah wanted, but ye had tae go tae church. The matron made ye go. Sometimes ye had uniform on. Ye could go in civvies if ye wanted, it wis optional. But she made ye go tae church.

Well, as ah've said, the first day ah wis ever in Lilliesleaf wis the day ah started at Huntlaw as a trainee, and somebody in the truck shouted, 'Bring out your dead! Bring out your dead!' There wis not a soul tae be seen. Of course, it wis quite early in the mornin'. But ma impression o' Lilliesleaf as a village in thae early days wis – terrible. It wis so sad. Nobody wis happy. Ah don't know what it wis. But they were always so glum, never a cheerful word. I suppose if you stepped out o' place you'd ha' been named as a bad person. Well, the sayin' went that the mothers run and got their daughters and sons married, because we'd arrived. Oh, definite, the villagers wis feared that us as girls from the city would run off wi' their sons! We were goin' tae corrupt their sons, we were goin' tae do everything tae their sons. Oh, definitely, we thought they thought we were hard drinkers and heavy smokers, painted Jezebels! Ah had a red suit once and ah went tae the village dance wi' it on and ah could hear them criticisin' me: 'Look at her.' Boom, boom. Ye heard it as ye went roond. We had style compared tae them. And, well, ah think we had a bit tae blame wirsel', because when we were walkin' through the village we were laughin' at things: 'Look at her', this kind o' thing. We were from the city and we knew it. We saw them as old-fashioned, awfy old-fashioned. And, oh, that wis the village o' empty cradles – there wis no cradles. It must ha' been thame that called Lilliesleaf that, because we learned it there – the village of empty cradles: there were no children. Ah don't think there wis many young village fellows away at the war: farm workers, ye see, they didnae take them unless, like ma husband, they volunteered. He volunteered, ye see, at 16. Anyway, we made friends among the village girls, and never found they passed jealous glances at us Land Girls. And then, well, John Spiers, the son o' Bob Spiers the joiner, he became head o' the trucks bringin' the Land Girls back and forth and he learned Pat Brown and Mary McConnell tae drive. But John still came up and drove the big truck every mornin', and he used tae jist say, 'Oh, there's a tea at so-and-so's hoose the night, if any o' yeez want tae come.' We used tae go. But ah think the change had begun when Riddell hostel went on fire and the villagers opened their doors to the Land Girls immediately at one o'clock in the mornin'.

Well, we werenae long in Cavers Carre Hostel, maybe four or five months, no' very long before the war ended, till they shut it down. Then we were back tae Ancrum House hostel. When Mrs Mekie, the matron there, retired we got a Miss MacDonald, away from up the Highlands somewhere. And she was so strict, this Miss MacDonald! Well, we called her Miss, she could ha' been Mrs. Well, she had a daughter, because she came tae stay. Anyway Miss or Mrs MacDonald called a wooden spoon a wooden spoon. Ye know, if ye left your meal: 'You'll eat your meal. You're all daughters of Eve.' And if anythin' went wrong – pilfering, or anything like that: 'You'll sit there. You're all daughters of Eve.' Ah never got intae trouble in any way like that, ah never wis in trouble in the Land Army house.

Well, the war finished in May 1945 when we were in Ancrum House, because we a' run away tae St Boswells station and boarded the train for home, and we were all taken up for desertin' wir post. As soon as the news came through – it wis five tae six at night – somebody says, 'The war's finished.' And we all run down tae the big room. Everybody says, 'Well, we're away home.' Then we made wir way tae St Boswells – Pat Brown took iz in the truck. There were wis several Girls stayed on at the hostel. But Miss MacDonald, the matron, advised us, 'Go. It's finished, it's finished.' She couldn't have cared two hoots. We boarded the 11 o'clock train at St Boswells. And there were airmen on it. They didnae know the war wis finished, they were comin' up from the south, ye see. And we said, 'The war's finished.' We had strawberries and everything wi' us. There wis dancin' and singin' on every platform the train stopped at. Ah wis home. But then we all got letters tae report back. We had tae go before the Labour Exchange, every one o' us. They told us we had done wrong, that ye couldnae do that. They docked wir pay, but otherwise they didnae do anything' wi' us. We were sent back tae Ancrum House Hostel again.

Even before the end o' the war I got released. Ma parents were havin' financial difficulty, and ma mother applied for my release from the Land Army. They came and told me ah wis released owin' tae hardship grounds. And ah got a grant of £40. Ah got home on the Saturday. Ah didnae want tae come back home. But it wasn't grounds of hardship, it was grounds ma mother wasn't well. But on the Sunday ma mother says, 'If ye want tae go back, go.' Ah says, 'Ah think ye should have let me know what ye were doin'.' So ah phoned up Mr Hislop, the farmer ah worked to at Raperlaw, and ah says, 'Look, ah'd like tae come back.' He says, 'Helen, your job's open.' So ah started at Raperlaw on the Monday mornin'. When ah wis leavin' on the Friday tae go home he gave me £3. Ah walked up tae him and ah says, 'There's your £3.' He says, 'Helen, it's yours.' Oh, £3 wis a lot! We only got £1 a week. And then ma mother got well again.

At Ancrum House it wis heavin' wi' Glasgow Land Girls. There wis three times the amount of Ancrum Girls tae us 26 from Cavers Carre that were all Edinburgh girls. We had a big – what did we call it? – it wasn't a rift, it ended up a row between the Ancrum and Cavers Carre Girls. Anyway we – Cavers Carre Girls – kept in our bedrooms. It wis like a separation right enough. It all started up over privileges that the Ancrum ones were gettin' wi' the truck tae the dances. Monteviot House, near Ancrum House, wis a military hospital for the soldiers, sailors and Air Force that were hurt in the war. Now they opened up for dances and pictures. But they only invited a certain amount o' Land Girls from Ancrum House. At Ancrum when ye went tae get the truck it wis always an Ancrum, no' a Cavers Carre, Girl that had the truck, and she took her Ancrum Girls. And we never got anywhere, never got asked to dances or anything. It wisnae the matron's fault. There wis an Entertainments Committee, and ah think there wis only one Cavers Carre and five or ten o' thame that wis on it. So we were jist overlooked or deliberately kept oot. And there wis this name that we ca'ed wirsels. Anyway, when we went down the stair we used tae creep down because we were feared o' the Glasgow Girls. We used tae creep down the stair for wir lunch or for anythin' we wanted, until it came tae a head. Ah happened tae go down tae the laundry room – we could never get in the laundry room – and this Glasgow one, that wis on the Entertainments Committee, wis havin' a go at one o' the Cavers Carre Girls – jist, 'Ye'll get your turn o' the iron when ah'm ready tae gie ye your turn.' This kind o' thing. Ah says, 'Oh, come off it. We've no' come over here tae get this. We'll have tae have a meetin' o' some kind.'

Then Miss or Mrs MacDonald, the matron, had us all in the big recreation room, and she says it had tae come tae a head, it couldn't go on like this. Notices would go up on the wall when ye could use the laundry and the hair dryer and this and that. That lasted a month or two. But latterly we started to get together again, the Glasgow and the Edinburgh Girls.

But Miss MacDonald, the matron, wis no good. The only thing she kept you goin' was: 'Ye have tae eat your food!' You were all daughters of Eve. That wis all she shouted at you all day long. And if you were oot at a dance and ye come home wi' a lad she come out and pulled ye in. The best laugh was Rob Young, George Tinline and Ian Renton used tae bring us home from the dances! They stayed for an hour until the matron had all the lights out, and then they went away.

In ma time there wis only two o' the girls expelled from the Land Army. Helga was expelled. She stayed in a house up the Back Road in Lilliesleaf. It did get a name the house. And of course stories from the village must have got tae the matron, and John Spiers wis sent tae enquire. Helga didn't get back intae the hostel. Her cases wis packed. But none o' us were told what it wis. And an Ancrum Girl wis expelled. We don't know the episode o' that. And one o' the Girls had tae get married, and she and her husband had their 50th wedding anniversary.

*　*　*

Ah think it would be the beginnin' o' November '46 Ancrum House Hostel closed. Ah wis there at the closin'. Ah wis in private digs when ah got engaged tae Wat Kerr the 10th o' November. I went tae stay with Mrs Graham, an old lady, awfy kind, at the back o' Minto Kaims. She wis goin' tae take me in for a fortnight. It wis a house standin' itsel', and a track road tae Hassendean station. And when I got there this room had never been used, and ah slept wi' ma clothes on. The windows were frozen, ah couldn't see out. Mrs Graham stayed in the sittin' room with her bed, and the fire was roarin', blazin' up the lum. It wis marvellous tae sit in the sittin' room. But she had never done anythin' tae the bedroom and I was frozen. Ah slept wi' ma clothes on and ah went tae work with ma clothes on. And Mrs Prentice at Raperlaw says, 'Well, look, take a hot water bottle.' But ah slept at the back o' Mrs Graham after that in the same bed. Oh, she wis awful kind! And then Mary Glasgow – another Land Girl, she worked at Eastfield up by Midlem – and I went to Lilliesleaf, to Mrs Park. We could have went to her without goin' to other digs, but she had somebody stayin' with her then. As soon as they left we got a room. Then Mary left and went home. She couldn't take it, she went home, and ah stayed on myself in that room from the November to January 1947. Wat Kerr by then had come home from the army. We got married in Edinburgh in January and he joined me then at Mrs Park's.

But, oh, my, that winter! The snow wis up, oh, my! The Loan Brae wis closed, so ma husband couldn't get tae his work at Standhill farm. So his mother, Mrs Prentice, decided that we come and stay with her at Raperlaw. So we went there because ah wis still workin' there and ma husband could get tae his work from there. But we still paid wir rent tae Mrs Park. We got three weeks' work from the Council to open up the Loan Brae – everybody, every man and woman that could work. Oh, Lilliesleaf wis cut off there for three weeks wi' the snow. And then we came back to Lilliesleaf when the snow cleared up.

Well, we stayed at Mrs Park's about three to four months, then ma husband got a farm cottage at Standhill and we stayed a year there. Then he left Standhill and went tae work at the sawmill at Lilliesleaf. We had no house, but Cotfield farm rented us one and we lived there five year. Ma daughter Marilyn wis born in 1948. Ma husband's mother jist says, 'Bring her with ye tae work and ah'll cope.' So ah jist wheeled the pram up the road. Then when ma daughter wis older we got her a bike and she biked there until, oh, she wis at the High School. In 1953 we'd left Cotfield when we got a house in Lilliesleaf at Muselie Drive. Ah worked at Raperlaw till 1963, then ah got a wee job at the Firth farm wi' the Shetland ponies for Colonel Houldsworth. Then the Colonel's father died in Ayrshire and he inherited his estate and was made Sir Thomas or a baron or something. Ah decided tae take a job in Hawick in the Victoria laundry. But it wis a terrible winter again in 1963 and the roads were all closed off, so we were stranded again. Mr Mactaggart, managin' director o' Pringle's knitwear in Hawick – he lived at Bewlie – happened tae be pickin' up passengers in his car.[3] We were gettin' through by car, but no bus could get through. Maybe seven month tae a year later Mr Mactaggart told me there wis an openin' in Pringle's and ah went there until ah took early retirement in 1981. In 1967, after 14 years in Lilliesleaf, ma husband and I had flitted tae Hawick.

Well, lookin' back, it wis a big turning point, it wis a better turnin' point, in ma life when ah came tae work in Lilliesleaf area, because it learned me to go through the world on ma own. Ah never went back tae live in Edinburgh again. And ah loved the village, ah loved it. Ah made plenty o' friends there. Ah served in Mrs Preston's shop at night when ah finished ma work. It wis great. Mrs Scott o' Rosetta Cottage at the west end o' the village, ah got friendly wi' her and she took me in at weekends if ah wanted tae come tae the village and go tae a dance. Ah jist met her through goin' tae a whist drive. When they were at St Dunstan's farm in the village or at Netherraw ah can mind o' goin' tae the Rural wi' Mrs Pike, and George Pike wis a canny, canny man.

The Land Girls learnt a lot, bein' away frae home. Ah mean, ah never knew half the things until ah came away from home, because there were eight boys in ma family and nothin' wis spoken aboot. Ah had tae learn on ma own. Among the Land Girls naebody went intae details aboot what wis tae happen in Britain after the war. If ye said anything, it wis: 'Ah'm no goin' back tae that job', or 'Ah'm stayin' on if they'll keep me,' this kind o' thing, or 'Ah'm goin' tae go abroad.' Everybody had big ideas o' what they were goin' tae do. Oh, no way wid ah have gone back tae Crawford's biscuit factory. After the war Pat Brown, Helga, myself, Mary McConnell and Betty Stevenson got married and settled down in Lilliesleaf or round about.

In Lilliesleaf, between 1944 when ah first wis there and 1967, when ma husband, ma daughter and I moved tae Hawick, everybody in the village got more modern: the way they dressed and the way they acted wi' ye. There wis no' this, 'Good morning', and walkin' on. It wis, 'How are ye the day? Are ye goin' tae the dance the night?' It jist came back tae normal livin', more friendly. But before, oh, it wis absolutely terrible: they didn't want us Land Girls, no way did they want us. They saw us as rivals for the boys. But after that there wis no problem. When Mary Glasgow went home in 1946 and ah wis left on ma own at Mrs Park's, ah went down that village singin' in the mornin'. They were doin' their doorsteps: 'Mornin', Ellen, mornin'.' Ah says, 'Mornin'. Ah got to know them all. And ah went in for cups o' tea and that. As ah say, ah made good friends in Lilliesleaf.

The changes were they started tae build. They formed a sports club: ma husband wis a founder member. And we formed the whist club, things like that. They brought in entertainment for everybody, and the entertainment was out in the open, it wasn't in their homes; everything wis in their *home* before. If ye got asked tae anything it wis in their *home*. Durin' the war they'd had concerts, whist drives, not so many dances. So they became more sort o' socially active. Ah mean, ah remember goin' tae the first whist drive. It wis who wis tae have the best silver and best hand-embroidered table cloth – work put intae it tae make it brilliant. Huge big sponge cakes: you were actually feared tae take a slice in case ye made a mess of it. That wis the first impression ah got. Ah thought, 'This is no' for workin' people. We're no' supposed tae be at it.' Then a' that faded away and it wis hot pies ye got. Then the table cloths faded away and ye got bare tables. They came down to earth. There wis no farmer's wife carryin' in the basket wi' the silver and the tablecloth and the napkin for the whist table. Latterly ye jist got a pie and a cup o' tea. And ye'd a laugh, and things like that.

The villagers werenae interested in trade unions or politics, as ma father wis. They never had anything like that. They never lived in politic life. If they did they kept it quiet, like that farmer's wife that said tae me in the late 1940s, when ah wis thinkin' about gettin' married, and before the 1950 general election: 'If ye vote for Lord William Scott ah'll give ye a calor gas cooker for your house.' Ah didn't know any better, that Lord William wasn't a Labour man. Oh, that wis like gettin' a million pound, gettin' a cooker. Ah mean, it wis a wee paraffin stove ye had. So ah went up tae Hawick and picked the cooker maself. It cost £8, the gas cylinder £4. Ah picked the best, ah wis thrilled wi' it. But ah didn't know that ah wis puttin' a man in position tae run the Borders! Ah called it the Lord William Scott cooker. Ah didnae tell ma father what ah'd done, ah didnae tell anybody.[4]

Well, the minimum height for the Land Girls wis five feet and ah wis four feet nine. Now ah'm four feet eleven. All ma family in Edinburgh were small. Ah wis always 'Wee Ellen'.

Christina Barnie

When I came to Lilliesleaf in 1947 I thought the women here had a very easy life besides what I or the people up there in Caithness had. I mean, Caithness is always reckoned to be a very, very poor county – no money. It's a very big county and, well, they dinnae get much prizes. It would be so far away from anywhere really that it wis difficult.

I was born on the 15th of September 1921, about two mile north of Lybster, on the North Sea coast of Caithness and about 12 miles south of Wick. I have an older brother and a younger sister. My father was a herring fisherman. Up there it was all herring. It was just agriculture and herring fishing. That's all that was in it. They had nothing else.

I went to a wee country school, Newlands. I had to get exemptions to get off the school till help my mother, because my grandfather was alive but was ill, and my mother wasn't in the very best of health either. So I finished the school about 13½ really, in the middle 1930s. I had to stay at home for a wee while – about three months – and work. Then in them days there were no money. So you just had to go out to domestic service to work. Or, well, they spoke about the herring gutters, and there were fleets o' boats then and they went away till Peterhead and till Stornoway, and a lot of the girls went with them as herring gutters. They just followed the fleet from place to place. Some of them, in fact a lot of them, worked first, got a little money gathered, and then went away to the nursing. I really wanted to be a nurse. But my doctor put me against it, because I developed varicose veins when I was 12 year old, and in them days, well, there were nothing done for them. You just had to live with it. And the doctor said if I became a nurse, 'You're on your legs all day', and my legs wouldn't stand it. Oh, I was disappointed, but what could ee do?

Ah didna fancy being a herring gutter. It was a hard, hard life, a rough, rough life. But, well, mind, if ye lived in the town it was handy. If ye lived in the country ye couldna do it the same: getting suitable transport, ye see, when the boats was comin' in. And if they hadn't a big catch, well, they didn't need so many gutters.

So after three months working at home I got a job as a general domestic servant in a very big farmhouse 14 miles away from my home. So, just about aged 14, I lived in at the farmhouse and was the only servant there. You knew you had to go, and you had to stick it, and that was it. The farmer and his sister, Mr and Miss MacPherson, were a very, very nice couple though. I was really very well treated, just like one of the family. My starting wage was £1 a month, all found: you had your meals and you had your bed, and we were really well fed.

I got up at six o'clock in the morning and you jist went on all day till the work was finished and ye just sat down. Ye never got finished much before half past eight or nine o'clock at night by the time you got all tidied up. When I got up in the morning I had a cup o' tea, started work about half past six, when I'd do the firesides and things and get all the dirty work done. We used to have our breakfast about half past seven or quarter to eight, oh, a right good cooked breakfast: porridge, bacon and egg, sausages and egg, or whatever was going. If you wanted a cup o' tea any time you could always have it: that was one thing Miss MacPherson never restricted. Maybe it was a case of Caithness kindness: they always said folk in Caithness would knock ye down with kindness. Then we had a midday meal between 11 and 12 o'clock. It was very irregular. Ye never knew when the men on the farm was coming in for a meal. Well, ye couldnae say ye got a recognised hour for that. I mean ye couldnae say how long ye had. It was like at home: whenever you finished your meal ye just got up and started doing the dishes and things. Ye couldnae sit back doing nothing when the MacPhersons were so kind and so good to me. And then we always had a right meal at six o'clock at the dinner at night. Ye got peace and time to sit down and enjoy it. And then ye had always tea and sandwiches about nine or ten o'clock at night. It was a long day for a young lassie like me then, and it was seven days a week! There was no recognised half-day off there. In them days you're fee'ed for six months and, ye see, I'd been there for between four and five months and then I was going to have three or four days at home. But grandad took a stroke and was completely powerless, lost his speech and everything. In them days ye kept them at home. They werena putten intil homes. So I had to go home again. I may tell you I was in tears having to go home, because I really liked that place.

I was home for a wee while and then I went to help out in Mr Miller's tea rooms in Lybster, just odd days for a few weeks, just to keep myself in pocket money. There were always country people coming in, well, there were no cars or buses then. Folk walked for miles to Lybster for their messages and they were always glad o' a cup o' tea. Mr Miller had a groceries shop forbye, ye see.

So I didn't have any full-time job between returning home from the MacPhersons' farmhouse about the end of 1935 and November 1939. Well, ye got a day's work now and again, like when the thrashing mill came round you got a week at that. It was quite a difficult time because in them days ye got no help. That's why I was glad to go out and get a day's work. Ye couldna mind going out to work on farms, because that was the only way you were going to work.

I had a cousin that worked on Lybster Mains farm, and Mrs Gunn, the farmer's wife, asked him one day if he knew anybody they could get to work in the house. The girl they had kind of took a midnight flit. So I started full-time work, just in the house and the dairy, in November 1939 at Lybster Mains. They had nearly 50 cows – quite a big dairy. The three o' us – the boss, the mistress and myself – used to milk, and first when ah went there the cattleman's wife helped. But then she got such a fright when the steading was nearly all burned down, it just fair went for her. She took galloping consumption and died, poor soul. So that was anything from 10 or 11 as high as 15 cows in the morning and at night each of us milked. But we was just brought up wi' animals. I could milk when I was eight year old.

In the war years men were away, and the farmers couldnae get workers. Some seasons were worse than others. One day in the spring the boss says, 'I could do wi' two or three pairs o' hands extra the day because I'm goin' to be planting the potatoes.' 'Oh,' ah says, 'I'll plant the tatties. I'll easy come oot and help in the efternoon when we're feenished in the house.' So it got from that. I went out to the harvest field, too, and took my horse and cart and drove the harvest in. So I did every mortal thing.

I was at Lybster Mains for the rest o' the war, almost six year. I lived on the farm – it was about three miles from my home. And the farm was home from home. I was doing the farm domestic work in the mornings and farm work in the afternoons, and some nights I was scrubbin' the floor at ten o'clock! But I didna grudge it, because Mr and Mrs Gunn were so good, and their daughter and me still keeps up. Well, ah got up at quarter to five in the morning, and started work at five o'clock because it was a dairy. That was every day; well, I had the Friday off one week and the Saturday the next week. But sometimes, well, if it was a busy season ye couldnae see them stuck. If they were wantin' corn in, or there was a horse and cart lyin' doin' nothing, ye felt it was awfy mean goin' away. There were many a week I never got my day off, but I never lost by it, because Mr and Mrs Gunn were jolly, jolly good to me.

And I got a wee bit more there: wages was £1 a week! And I always went to a dance on a Friday night, and if the dances was out of Lybster, Mrs Gunn used to say, 'There's something below the vase for ye now' – a wee bit of pocket money for the dance and the hire of the car. They were very, very generous. And I had my week's holiday every year. And on Christmas Day I used to do the milking in the morning, and whenever that was finished I got away. The same on Boxing Day and New Year.

In the mornings the mistress and me finished and got the milk. Mr Gunn delivered milk in the village, so after we got him away, we sat down and had a cup o' tea. When he came back we had a bite o' breakfast, maybe aboot half past nine or ten. When the two men, a horseman and cattleman, came in, usually aboot 12 o'clock, we had a cooked meal then. Then the mistress and me and Mr Gunn always had a cup o' tea in the afternoon, wi' a biscuit, cake, or whatever was goin'. The men worked from seven in the morning, and when they finished at six o'clock we used to have our meal then. Mr and Mrs Gunn's daughter had TB in the hip bone, and she was sent down to Millport on the island of Bute. Sometimes either Mr or Mrs Gunn would be away there, sometimes both had to be away together. I was on my own then, and it was flat out, daylight to dark. We used to have to deliver the milk to the hospital in Lybster in the morning and at night. I used to have to see till all that when the boss was away. It wis a lot o' work milkin' the cows, a big yield o' milk, and when I went there first it was hand-milking.

I was 18 in September 1939 and I wanted to get into the Services – the WRNS I wanted. I pestered and pestered them. But they wouldna take iz: workin' on a farm, ye see. Then I always wanted to go out on a fishing boat. But ah couldn't get because ye had tae be back very early in the morning. The fishermen didn't go out on a Friday night because they couldna get rid o' their catches on a Saturday. And Saturday night they didn't go out because it meant they were comin' back in on Sunday morning. Some o' them would go out after sunset on Sunday night, but then, ye see, ah couldna go. I would like to have gone out for a night.

* * *

Bob Barnie, my husband, was Caithness too, and belonged Latheronwheel, six miles down the coast from Lybster. I didna know Bob until he came back from the war in 1946, but I knew the boys that was along with him. He'd joined the Territorial Army, Seaforth Highlanders, about a year before the war. After war was declared on the 3rd of September 1939 he got his call-up papers that night, and he was away right away. He was on his road to the Far East in December. He was right through the whole of the Burma campaign. He was a despatch rider.[1] He was in this country a wee while when he was demobbed in 1946 and couldnae get work, like a lot more o' the boys. Then he joined up for the Church of Scotland canteens in Germany and did a year as a driver there.

When Bob came home again he could get no work in Caithness. By that time I was working for a couple in Camster Lodge, six or seven miles from Lybster and off the road between there and Watten. The husband was in kind o' bad health. They had two girls there and they were a long, long way away from school. So they were striking for anywhere to get their girls educated, and they were lucky enough to get a house in the middle of Lilliesleaf. Well, I was coming down to Lilliesleaf with them, and Bob was coming out the army but could get no work. So the couple wondered if Bob would come down to Lilliesleaf and help them to wire the house. They had no electricity then, but the husband had his own wee dynamo machine. We were down in Lilliesleaf in 1947 about a week or a fortnight when Bob met Jimmy Douglas o' the fencing family. 'What kind of work do you do?' Jimmy had said. 'Well,' says Bob, 'I'm like the beggars. I'll take anything.' So the next night Bob came back and says, 'Efter ah feenish here ah'm startin' wi' the Douglases.' And he was with them for 31 year.

So Bob and I were married in Lilliesleaf Church. It was a while before we got a house. To begin with we steyed wi' Auld Parkie, Mrs Park, in the village, right opposite the Plough Inn. Then we got a lodge wi' the Boyds at Cotfield and were there for a while. It was about the end of 1949 or 1950, I think, when we came back to the village. They built the Orlit houses in Muselie Drive. Jim Brown, the joiner, got an Orlit, and we got Jim Brown's house in the middle of the village. I canna mind how long we'd be there, but Douglas had a house that there were a worker in, the worker left, and we got that house. Oo wis next to Dan and Kate Douglas for 14½ year. Then we couldna get a house and oo wis a year down at the Sprot Homes. Then we got this council house at Mossbank in the Back Road in 1967.

This type o' house was built in the 1930s, the same type everywhere: Midlem had them and we had them at home in Caithness.

* * *

A Lilliesleaf man I often sit and think aboot was George Tinline. Oh, michty, George would hear the good and the bad and a'thing! George's mother was alive when we came down here after the war. George was a landowner, wi' that wee farm at the end o' the village – he owned it but he did nothing with it! Oh, George's farm yard – dead hens, dead pigs! When ye went along the Back Road turkey heads was stickin' out through the . . . I remember one time – this was efter he married in 1954, I think it would be – he was away his holidays. And I used tae milk for him sometimes. Ian Renton o' The Chapel – he used tae do the hens – and Billy Inglis came intae the byre, and Billy says, 'Chris,' he says, 'I don't know how ye're sittin' milkin' that cow. There's two rats sittin' in the corner.' I says, 'Oh, well, if George wis here he'd say, "Oh, brit, ah'll get ee!" '! Oh, the place was heavin' wi' rats. But George had a tremendous knowledge aboot the village. Of course, he never worked. He never wrote anything down about his . . . He read the papers but I wouldna say he was much of a reader. No. George was more inquisitive: he liked tae ken what other folk were doin'! That's what he did every day. So he was bound tae have the knowledge aboot the village! George wasna half a character.

When my daughter Edna was at Lilliesleaf school, Ruth Turner, Mrs Scott, was the cook doing the canteen work there. Her husband, Wullie Scott, oh, a nice man, worked on the roads. Ruth was kind o' like Margaret Borthwick, Mrs Wilson: she did everything, she was in everything that was organised. She did the village pantomimes. She really had tremendous energy. After Ruth died the village Women's Rural just petered out.

At Lilliesleaf I don't think there were really very much difference with life at home in Caithness. The entertainment was just much the same – you had to make your own whist drives and things. I was on the Currie Memorial Hall committee for about 25 or 26 year.

Then politically in the village the Tories are still very strong. I think they would be strongest in Lilliesleaf. They have meetings and things. They're the only ones that have. The Liberals used to – aboot 20 year ago there were an awful lot o' Liberals in the village. And there were Liberals that ye never thought was Liberals: they made out that they were Tories. But the ones that was at the head of it are away. They've left the village, but there'll be quite a few Liberals here still. I am quite prepared to admit I am a Liberal! In Caithness politics was hardly ever spoken about: ye didn't tell who ye voted for, the vote was secret. Otherwise the lairds wid put them out their jobs and their houses. The Tories were the worst for it, they always had the power. But it was at the 1945 election. They were all speakin' about this election that wis comin'. So the boss, a great boy for tormentin' folk, says to me, 'So what are ye goin' to do?' I says, 'Ye're all Tories or Labours. So I'll be different. I'll be Liberal.' So I've never voted anything else. I'm not ashamed to say I like my Davie Steel.

Then, well, in Lilliesleaf there's ten SNP anyway. At least, that's what I know of. I think that's quite a percentage o' the size of the place. About Labour I wouldna like to say. You'll get the hard Labour ones. But I dinna think there's anybody in Lilliesleaf that's quite left-wing. What made Labour strong for a while was what they wanted to do for the boys when they come home from the war. And that's how they got in in 1945, because they promised so much. Well, what was done? Nothing. There were nothing for them when they came back. Of course, the country was in such a state they couldna have done it.

And I wouldna think there'll be many active trade unionists in the village. But the thing wi' the mills is ye've got to be members of the unions. And the Store was always very strong Labour. I worked in there. They kept off so much for the union, and I kicked up about it. I says, 'No other Pairty keeps off money. So I dinna see why the Labour folk should do it.' I canna mind now what union it was, but David Paiterson, the manager, he wasna pleased about it either.[2] But I dinna think most people in the village are interested in politics.

Well, the changes in Lilliesleaf since we came here in 1947 are that there'll be a lot more older people. There's been a few retired people come in, not very many. But there is two or three couples retired in the village and they seem settled down and very happy and they contribute to village life. But still there's an awful lot of children in the village. When we came here first there wis about seven or eight wee ones. Whereas now [1991] there's 71 on the school roll. Of course, there'll be lots of them from Midlem. But that'll be the highest roll for a long time. When my daughter Edna was at the village school in the 1960s there was 63 or 64 in the school photo then. Five year ago [c. 1986] the school was goin' to be closed, but the number's gone up again, wi' young families comin' into the village. Then a lot of people has come to the village but havena stayed very long, their house is up for sale and they're away. They're younger people: it could be change of jobs. There've been people coming into the village who are more middle-class professional people: teachers who don't work here, an archaeologist, nurses, a woman that runs some wee business – knitting? Well, they like to live in a quiet village and commute back and forth.

And then work for women in the village, well, ye see, the women always makes to Hawick for the mills. Farm jobs for men is definitely disappearing. Look at St Dunstan, look at Riddell estates. How many men would there be workin' at Riddell when we came here in 1947? There'd be six or seven; and if there's three now and the herd, that'll be it. Ye see, tractors: man has been so clever he's finished himself. Then Midlem Mill – there's nobody at all there now. It's worked from Shawburn. So some farms have been taken over by other farms.

The schoolhouse for the headmaster was sold off. I think it's a shame they've sold a lot o' these schoolhouses. Now they've got a headmaster, a married man, lives in Selkirk and comes every day from Selkirk. When my daughter Edna, born in 1955, was at Lilliesleaf school it was a good school. Mr Fotheringhame was the headmaster then, and after him it was Mr Lancaster.[3] When the bairns were 12 they went on – ye see, it wis a' changed – to Denholm Junior Secondary School or to Hawick High School. Edna'd do her three year at Denholm, then left in 1970 when she was 15.

And we lost our manse because they sold it. It would be when Rev. Harry Jamieson retired, about 1976. I think the church is an essential thing in the village. But if we get 20 at the church on a Sunday, that's it. Oh, it's very much an elderly congregation, it's all elderly folk. It's kind of half and half, women and men. We've two women elders, which is very good. But ye'll no' get the young folk, ye see. There's the Women's Guild, Guild o' Friendship, and the Sunday School. And the minister has another thing – Two-three-one or Three-two-one, he calls it – every Sunday night, which them from 11 can go till maybe 13 or 14. But that man was coming up there all last winter from his manse at Bowden for three children. He said, well, if he didn't come for that three they would be lost, which I think said an awful lot for him. He has the two parishes, Lilliesleaf and Bowden. So since I came here in 1947, church attendance and church activity by the villagers has gone down. When we came here first, the church was pretty well filled on Sundays. Bob, my husband, became an elder, and he used to say, 'Oh, there's an awfy difference. Attendance is going down.' But it's the same everywhere. But we have a super minister, Rev. Watson. He's a very, very friendly fellow, very helpful, an awfy nice man.

Of course, the Women's Rural is finished. It petered out really after Ruth [Turner Scott] died. Then Margaret Borthwick tried – and Margaret was young in her ways, she would encourage young people. The Rural did for a wee while, then it just seemed to peter out. Ye can't get young folk to go till a thing like that. They'll just no' go. They'll go to the pub, but they'll no' go to a thing like that. Of course, it happens in every place, I suppose.

It's like the bowling. There's a bowling club in Lilliesleaf, but they tell me it's no' near so good now either. It's going down the hill again. Then there hasna been a whist drive in Lilliesleaf for years and years. There's not many dances. The harvest dance is all finished. The Young Farmers, I think, they'll have a disco maybe once a year. That'll be about all.

When Bob and I came till Lilliesleaf after the war, the grocers were the Hawick Co-op and Turnbull's. When Turnbull's gave up, the Store took it over. Since my husband died last year my daughter Edna does my shopping at Willie Low's in Dalkeith with her own, and brings it down to me. And sometimes she takes iz till Hawick or Gala.

And now it's nearly all cars in the village. I go up to Hawick on the bus on a Wednesday and sometimes I'll be the only person on it. And then they'll say, 'Oh, they're going to take the bus off.' But they canna run a bus for one person – and that's only once in a while. The bus comes on a Wednesday, Friday and Saturday from Hawick to Melrose, then comes back to Hawick. It takes aboot 20 minutes from Lilliesleaf till Hawick. The bus comes from Hawick about twenty past nine in the morning, and goes back from here to Hawick at quarter past ten. Then ye can leave Hawick at ten past one and you're here at half past; then there are buses from here till Hawick at the back o' two o'clock and four o'clock. And then there's the workers' bus – but ye can use it – every morning from here at ten past eight, and it comes back at the back o' five. Every day of the week at quarter past eleven you can get the postbus to Gala. Then on Tuesdays and Thursdays there's what they call a courier bus from Hawick, down by Denholm, and it goes on from Lilliesleaf to Selkirk and comes back in the afternoon. So the public transport service at Lilliesleaf is not too bad, considering the times and the few people that do travel on the buses. There's many days that Selkirk one has nobody on it. Well, it's hard times running an empty bus.

I can't say there's any clique of people in Lilliesleaf that keep to themselves. I mean, I can walk along the village from one end till the other and everybody's very friendly. When Bob died a year ago everybody was really . . . If I want to go to Hawick they're all offering. In the spring this year ah wisnae well at all, and, mercy, they're all comin' knockin' on the door or ringin' till see how I was. I cannae speak highly enough o' them. They're very good.

Well, down here at Lilliesleaf in the Borders, it's entirely different, not a bit like my earlier years up in the North in Caithness. There we had the sea. I used to lie in my bed and look out on the sea. Here, ye canna see the sea. I think they reckon the sea's about 50 miles from Lilliesleaf in any direction. When we came here in 1947 I missed the sea terrible, and, oh, I still miss the sea. There's something about the sea, and ye see the boats passin'. It's an awful want.

But I never had any homesickness for the North. Bob had, but I never had. I never thought seriously o' returning to the North. But Bob did. Well, I wouldna go! My idea is: don't retrace your steps, because you don't find it as you left it. Everything changes. Bob did see latterly what I was gettin' at. He says, 'When we go up now to Caithness we don't hardly know anybody.'[4]

Tom Wilson

When ah wis six or seeven year auld, aboot 1930, ma faither shifted frae Synton Mains, near Ashkirk, tae Greenhoose ferm, near Netherraw, Lilliesleaf, and a' the flittin' went on this wee short lorry. Ah wis in the front o' the cab, and oo came through Lilliesleaf – the first time ah saw the village. Oh, it looked a big place, an awfy length, it never seemed tae end, like. Of course, the lorry wisnae gaun very fast ither, ee ken.

Ah wis born 1923, 18th o' December, at a wee farm aboot a couple o' mile ootside Jedburgh, on the Carter Bar road, past Ferniehirst Castle, then a turnin' off on the right. Ah cannae mind the name o' the ferm the now. But maist o' ma early life wis spent ower in Mintae [Minto].

Ah had a younger brother. Ma faither belonged doon by Roxburgh, doon by Kelso. He wis originally a farm worker, but no' a' the time. At yae time he worked as a horseman like, a cairter, in the wids wi' Gray o' Airdrie. Then ma faither volunteered for the First World War, in the KOSB. He was in the Middle East, Palestine, and he had the Military Medal.[1]

Oo wis at Greenhoose aboot six year. Then oo shifted tae Mintae village. And ma faither workit there off the railway for Watson's: he had a coal business at Hassendean. Ah lived at Mintae until ah joined the Royal Navy in 1939. The war broke oot a month or two later.

Ah'm a Borderer through and through. Ma mother's side were ca'ed Steel. Her faither and grandfaither were shepherds in the Borders. Ma grandfaither Wilson, a ferm worker, tae, come from Roxburgh, like ma faither. Ma grandfaither Wilson volunteered in the Crimean War and wis in ither the KOSB or the Royal Scots. I remember him, he lived wi' ma faither's sister ower at the Peel afore it wis a hospital; it wis made intae a hospital when they lived there. And ah have heard something said aboot ma grandfaither's faither, but now ah cannae mind. Ah think he wid be in fermin' work an' a'.

Ma father's mother, a Laidlaw, brought this boy up. He wis a Laidlaw, he'd maybe be illegitimate. They brought him up ower at Bonchester and North Synton, and bought a lot o' books for him.

He wis a good scholar. He sterted as a tailor in Hawick. Well, he went tae India and he had tea gairdens there and rubber plantations in Malaya. We used tae get a big box o' tea every year. And then they had the Currie-Laidlaw shippin' lines frae Leith. He wis knighted: Sir Robert Laidlaw. Ma faither's sister got a lawyer on the job and hunted up where did a' the money gaun and what happened a' the tea and rubber plantations. But they never fathomed what . . .[2]

When oo wis at Synton Mains ah started school at Ashkirk. It wis aboot a mile tae walk tae. And then when oo come tae Greenhoose when ah wis aboot six or seeven year auld ah went tae Mintae school. Oo walkit there. That wis a three mile walk each way. Ah went there wi' boys, kind o' friends, like, frae Netherraw, Standhill and Mintae Kaims. Ee went tae Mintae Schule till ee wis twal' year old, then ee went tae Denholm. Now oo walked tae Denholm. That wis another mile further on like. Then ah'd be 13 year auld roughly when we shifted frae Greenhoose tae live at Mintae, and ah walkit a year tae Denholm. Then they sterted a bus, the SMT buses, and they come roond and lifted the scholars. Ah left school when ah wis 14. That wid be aboot Christmas 1937.

When oo shifted frae Greenhoose ferm tae Mintae village tae live, it wis an improvement. The estate hooses had been renovated, and there oo had a toilet and bathroom, and electric light. It seemed like a palace. At Greenhoose oo'd had jist an ordinary fermhoose cottage. The tap water wis ootside. Ee'd tae dae the washin' ootside, and oo had a bath jist in a zinc bath in front o' the fire. No electricity, jist a paraffin lamp. It wis a dry toilet there: dig a trench and empty the bucket. Ah did that. Everything wis outside practically then. It'd been jist the same at Synton Mains. It wis a hard life for ma mother. Then at Mintae there wis a Post Office and a blacksmith's. That wis it. The Earl o' Mintae owned the village, ee see. They were a' estate workers. It had a hall built on the estate and they had a private library at the hall, open tae a' the village folk. The Earl o' Mintae din a' that.[3]

Ah borrowed tons o' books from the library, a kind o' room off the hall. Ah liked books aboot folk that were explorin', adventures and that. And when oo wis boys oo used tae hunt the dumps roond the place for bottles or jeely jars, ee ken. Oo used tae get a ha'penny apiece for the jars. And oo used tae kill rabbits, and sell them tae a man that come roond. He wis a fisherman but he collected rabbits and took them intae Hawick and sold them there. Oh, it wasnae much he gied us for the rabbits: maybe yin and six [1s 6d – 7½p] a pair. But it wis a lot o' money tae us. Oo snared the rabbits – oo used tae dae the railway banks – and oo'd ferret them. But ye werenae supposed tae be on the railway bank. Oo used tae ferret them on the Sunday, but oo wis never caught. Then as a laddie ah often used tae play up in the crags at Mintae. Ee could ramble aboot the estate as long as ee didnae dae ony damage. And the kids used tae play wi' the present laird, Lord Melgund, and Dominic Elliot, the twae boys. They had an electric motor and went tourin' roond the paths at the big hoose in it. They went tae private schools but ee wis kind o' brought up wi' them. Melgund lives in the bit o' Mintae that's left now.[4]

As a laddie when oo lived at Greenhoose ah've seen iz come ower tae Lilliesleaf tae get messages. The vans come roond yince a week. But ma mother or me used tae walk ower there if she needed somethin' frae the ironmonger or what. For a wee laddie like me it wis quite a distance, but ee never thought anythin' aboot it: ee wis yaised tae walkin'. Then when ah wis aboot nine or ten year auld ah got ma first bike. It wis built oot o' the Mintae Kaims dump: ah fund the frame there, and it had yae wheel. Ah got another wheel at a dump doon at Belses, and made the bike up, like. It had nae brakes on it. Ee'd brake it jist wi' eer heels on the tyre. Ee'd the tyre worn through brakin' it wi' eer heel. So then ah started comin' intae Lilliesleaf on the bike. Ah had friends in the village there that ah played wi', the Dicks. There were a big faimly o' them. Yin o' them, Billy Dick, workit ower on Mintae estate. He wis killed in the war – he went missin' anyway. He wis in the KOSBs, but ah think he wis a DEMS [Defensively Equipped Merchant Ships] gunner. Ah think he was on a merchant ship that wis sunk. Billy wis a year or two aulder as me. So as a laddie at the school, ah wis familiar wi' Lilliesleaf.

* * *

Well, ah left Denholm School when as wis 14 at the end o' 1937 and jist sterted work on the Mintae estate. As an estate forestry worker ah workit frae seeven in the mornin' tae five, and ye workit on Seturday mornin', seeven tae twelve. Ah think the wage wis ten bob [50p]. Well, ah steyed on Mintae estate for a year, then ah sterted piece work wi' Broonlie o' Earlston, timber merchants. They'd a sawmill on Mintae estate and they cut wid. Ah sterted there wi' a man ca'ed McGinn, cuttin' wid, and ah wis makin' £3 a week. Normally at age 15 it maybe went up frae 50p tae £1 a week. Ma fither wis only gettin' aboot 28, 29 shillin' a week then, for drivin' a pair o' horse. Ma brother wis still at the schule then, so ma mother and fither were glad o' ma wages.

Ah gave them a' that ah had earned and they gien me somethin' back off it – a shillin' or half a croon [5p or 12½p] – if ah wanted tae gaun tae Hawick tae the pictures. So ah wis wi' Broonlie till ah volunteered intae the Royal Navy in 1939, a month or two afore the war broke oot.

The only time ah'd ever seen the sea wis at Spittal when oo got a trip frae the schule. But the likes o' ships fascinated me for a start, sailin' ships especially. So ah didnae join the navy because o' the international situation, Hitler, or onythin' like that. It wis becis o' ma interest in the sea. If the war hadnae come ah'd still been there.[5]

Ah wis in the navy seven year, frae 1939 tae 1946. But when ah wis on leave – it wis no' very often durin' the war – ah used tae come across frae Mintae tae Lilliesleaf tae dances. That wis how ah met Margaret Borthwick, ma wife, a Lilliesleaf girl. And ah kent a lot o' blokes, tae, in Lilliesleaf, wi' comin' ower here. Ah used tae drink wi' them in the pub doon in the village.

Well, when oo did get demobbed in 1946 for civvy street, they gien me a trilby hat, a shirt and two ties. They hadnae a suit – they'd nane left. That wis a' we had, the hat, the shirt and two ties. So they gien ee a line that ee could wear eer naval uniform till they sent a civvy suit tae ee. Ah had tae wait aboot six weeks, ah think, for the suit. So ah wis still gaun aboot wearin' naval uniform. That's a' ah had. Ah had nae claes at hame, for ma brother had worn them, ee ken, since ah'd been away in the war.

Oh, at the end o' the war ah should have cairried on in the navy. Ah like-ed the sea. And, well, yince ee did 21 'ear ee got the pension didn't ee? Ah wish ah'd steyed in it. But when ee wis demobbed ee got a long demob leave, becis, well, ee hadnae had leave for two or three year. Ee got a long spell off and paid leave. And ee fell intae the auld civvy street routine again. And ah aye like-ed workin' in the wids. So ee wis among wid-cutters and back tae the auld routine. So ah went back wi' Broonlie o' Earlston, travelling' aboot various wids but always in the Borders.

But ah missed the sea. Well, ee get itchy feet, like. So ah went back tae sea the next year, wi' a whaler – Salvesen, right in the Antarctic. And ee're staked £1,400. It wis like the Gold Rush, ee ken – big money.[6] Ah din twae runs wi' a Norwegian firm, tae. So ah wis away at the whalin' a couple o' years maybe, till maybe the end o' 1949, beginnin' o' 1950. Then ah wis gaun tae gaun in the merchant navy, for ee got a job easy enough wi' havin' sea experience. But, aw, ee got mairried, and, well, ee ken, ee kind o' bide at hame, like. The sea's a' right when ee're single, but it's no' a life for a mairried man.[7]

So ah came back again tae the wids at Mintae. Then ah got married aboot that time – 1951 – and Margaret and I lived in a wee hoose, Lilac Cottage, opposite the Plough Inn in Lilliesleaf. An auld wummin, Mrs Park, lived there and oo got two rooms off o' her, jist a room and a wee bedroom. So ah've been livin' in Lilliesleaf since then.

When Margaret and me got married and got the two rooms at Lilac Cottage, oo sat doon in that place wi' a paraffin lamp. Lilliesleaf wid be aboot the last place tae get electricity in off the mains. Oo wis shifted oot o' Lilac Cottage intae a cooncil hoose up in Mossbank in the Back Road. That wis oor first electricity as a mairried couple.[8]

Efter ma fither died ma mother come ower here tae Lilliesleaf tae live. She bought a hoose at the bottom o' the village, next tae the smiddy. Then aboot 1975 ma brother wis in an accident. He workit wi' Taylor Hill Forestry. He wis travellin' in a transit van tae work doon near Berwick somewhere. They were struck wi' a car on the road. There were twae or three o' them in the van and they had jist an ordinary seat they were sittin' on. There wis an iron thing in the van. It catched ma brother across the back and burst his spinal chord. He was paralysed frae there doon. Ma wife and me used tae gaun and visit him every week in Edenhall, that hospital at Musselburgh. Wi' ma brother havin' the accident ma mother bought this hoose, Torwood, in the Back Road. Ma brother wisnae mobile at all; he had his wheelchair. So Torwood was easier for him: it wis a' flat ootside. Well, ah lived jist along the Back Road in thae council hooses at Mossbank. And instead o' ma mother gettin' up and doon oot o' bed, ah used tae come along at three o'clock in the mornin' and turn him in his bed, ee ken. Ee had tae turn him for that bed sairs and a' that. Well, ma mother died aboot 1978, and ah wis left her hoose. So Margaret and me shifted along frae the council hoose at Mossbank tae live at Torwood. Ma brother didnae lest that awfu' long. The doctor or surgeon told us that everything inside jist kind o' deteriorates wi' bein' paralysed. Ma brother wis 40 year auld.

So efter ah wis mairried and come tae live in Lilliesleaf, ah still bike-ed back and forrit tae Mintae, me and another fellae. Then oo sterted wi' Jones o' Larbert – he had the sawmill here at Lilliesleaf. It wis a hard life there. Ee sterted at seeven o'clock, but ee wis aye daein' a lot o't on piecework, and ee pleased eersel' how ee'd work it. Ee wis hard work-ed, but ee were makin' a wee bit mair money. Ah like-ed that work. Of course, ee wis used wi' workin' in the wids.

Then oo shifted. Ee aye get shifted. Oo sterted wi' a firm Bain, they belonged Glesgae, and they come roond this area durin' the war.

Ah workit wi' thame up at Thirlestane, up Ettrick. Oo cut wid up there in Borthwick. And then oo wis wi' Whelans o' Hawick. They had a sma' sawmill at Synton, and oo cut a lot o' wid for them. And oo workit a lot wi' Morgan o' Crieff – they were at Denholm Dean – and Turnbull o' Kelsae. So oo were workin' wi' different firms, maybe a year, twae year, at a time. But Broonlie o' Earlston, ah think, wid be the longest ah workit wi' – oh, maybe twal', fourteen 'ears.

Then ah workit wi a fellae Jimmy Broon and Bobby Minloss[?]. They had the auld estate sawmill at The Wells, near Denholm. Ah yaised tae cut a' the fencin' material for them, and fell the trees on the estate. And ah yaised tae dae the fencin' wi' them. But then they feenished – went kind o' bust, like. And Andrew Grant, the owner o' Riddell, Major Jock Sprot's nephew, come doon here yin night and asked me if ah wid come and work at Riddell repairin' fences. So ah went up there sortin' fences, and ah cut the gress roond the place, and ah planted a lot o' wids up there for them, where wids had been cleared. Well, ah wis supposed tae work at Riddell maybe for six month. But ah've been on it for eight or nine year now. They said jist bide on. It saved thame gettin' in contractors and a' the rest o' it. Well, ah didnae retire at 65, ah jist workit on at Riddell. Ah jist work frae ight and stop at half four. Ah like the work, ah like workin' in the wids.

* * *

Well, ah've been livin' in the village for forty 'ear now, and afore that, at Greenhoose and Mintae, ah wis livin' jist ower the border frae the parish o' Lilliesleaf. Ah think there's been a lot o' changes in Lilliesleaf since before the war. There wis a lot mair shops in the village then. Ee'd a Post Office, an ironmonger, Condie the grocer, Turnbull the grocer, ee had a butcher – Hume, ee'd the tylor Robinson in the wee buildin' on the side o' the street doon the village, ee'd a shoe repairer shop – Turner, ee'd Nan Elliot's wee sweetie shop across frae the polis station, and ee'd Mrs Preston's shop at the bottom o' the village. Now there's jist Haldane the grocer, and the Post Office.

Ah think the biggest changes has been maybe in the last thirty year, ah mean, hooses built an' a' that. Well, things is changed a gey lot everywhere. The ferms roond aboot is a' changed. They've ither been split up – some sma'er, or some are bigger. Easter ferm – well, thame at Hermiston bought it. At Newhouses, Hepburn-Scott's in there, but a' the fields is let. Ee dinnae ken the fermers roond aboot hardly now – except Wattie Inglis at St Dunstan: he's the auld-fashioned type o' fermer. A' the rest's away different, ee ken. And, oh, there arenae sae many ferm workers now. Well, there yaised tae be the Steels, twae brothers, up at Hermiston, and Bobby Dalgleish at the Middles, a fellae Glancy doon there at Cavers Carre, and a fellae Henry works on Clarilaw. And ee've got the three or fower at Riddell. But there's no mony ferm workers now. It's a disappearin' breed, like. It's the fermer and his son now on a lot o' ferms. At St Dunstan Wattie Inglis jist daes it a' hissel'. So that's a big change.

Then in Lilliesleaf itsel', the folk are a' strangers now. Well, ee see, the aulder folk in Lilliesleaf is deid off. And there's new folk come in, and ee dinnae ken them. Ah'm workin' up at Riddell a' day, so ee're no' in contact wi' them. Haldane's the grocer is the only bit ah'm really in contact wi', and the pub. The pubs is a' changed an' a'. Ee gaun in the pub and folks comes in but ee dinnae ken them, they're strangers. There's jist some o' the locals frae the last twenty years like. But further back, well, the aulder folk has deid off. Tam Borthwick is aboot the auldest inhabitant o' the village and born in the village. Tam keeps well: he's aye Saturday night tae the pub, and Wednesday night at Hawick.

The village is no' the same as it yaised tae be. If somebody wanted a hand ye'd gaun and dae it and ee wadnae haud oot eer hand. They'd gie ee somethin', ken, a drink or whatever. But nowadays, if ee wis wantin' a hand wi' somethin' they wid haud oot their hand. Thae younger generation folk anyway want paid for it. Ee see, years ago the village folk were mair close-knit, everybody buckled in. Illness or onythin' like that, everybody rallied roond. Ee've individuals still like that, they're few though in the village now. Ah think every village is the same now. In Mintae they're a' strangers tae me. The only one there ah ken is the blacksmith's wife. But the rest o' Mintae village they're a' frae doon sooth or whatever. There nae o' the originals there now.

Of course, television, ah think, has changed a lot. Then, for their enjoyment, young folk gaun tae the toons. Now when they haud a dance here in the village it's hardly supported. Then the Community Cooncil try tae get this and that. But it's a hard struggle tae. There's no' even a bus shelter or a public toilet. There's nothin' in the village, ee ken, that they should have had. The Cooncil'll no' have the money, ah suppose. Ah mean, there's a lot o' tourists now aboot; if they want the toilet where can they gaun? The pub might be shut, ee ken. Where there is conservation villages there's a wee bit mair din for them, ah think.

Then if ee come here but ee didnae drive ee're kind o' stuck. There's no' many buses comes. If Tam Borthwick, ma brother-in-law – Tam'll be 86 on Christmas Day – has tae gaun for a doctor, well, Tam disnae drive, so ah hae tae take him. Ee couldnae get a bus. If ee did get a bus ee have tae practically wait a' day tae get yin back.

Well, ma war experience had a big impact on me, oh, it wis a big experience. It wis kind o' like discoverin' America. It wis kind o' mind-bogglin', ee ken. Efter the war ah found it difficult tae settle doon. Ee felt ee aye had this itchy feet – away again. Ah like the sea, but ah like the country too.[9]

William (Len) Haldane

Ah wis born in Selkirk, 27th o' June 1931. Ma dad, a baker, belonged Earlston, ma mother Selkirk. Well, ah went tae school in Selkirk. Then oo moved for a year tae Reston in Berwickshire and ah went tae school there. Ma dad worked wi' Robertson, the bakers, Border Bakeries. Robertsons bought a shop in Ayton [2½ miles from Reston], closed down the Reston bakery but kept the shop open, and did a' the bakin' down at Ayton. Oo lived at Ayton for ten years, 1940 to 1950. Ah went tae the school at Ayton, but then ah went to the High School at Eyemouth and finished ma schoolin' there. Ah never had any connection wi' Lilliesleaf till oo came up here in May 1950, when ah wis nearly 19.

Ma dad wis manager wi' Robertsons. But then in 1950 he bought Brown the bakers' business in Lilliesleaf. Tom Brown and his sister sold out to ma dad. Ah wis an apprentice baker and worked wi' ma father in the bakery. Ah cannae say ah ever really wanted tae be a baker. Ah wanted tae be a housepainter actually. Down at Ayton ah wis goin' tae be a painter. There wisnae a place in the bakery at the time. Then one o' the bakery apprentices left and ah wis jist more or less put intae the bakin'. Ah suppose ah didnae put up a struggle against it, but in these days, well, ee jist did what ee wis telt. Well, ah never wanted a business either, and ah never wanted tae drive a van roond the countryside! That wis the last thing ah wanted.

Ma older brother – two years older as me – wis an apprentice baker, tae, and worked in the shop wi' ma dad and me. We came up tae Lilliesleaf, as ah've said, in May 1950 and ma brother went intae the army in June – National Service – and he did two years. Ma birthday's in June as well. So when he came out the army in June 1952 ah went in. By then ah had completed ma apprenticeship as a baker and ah wis 21.

In the early 1950s the bakin' business in Lilliesleaf wis quite healthy. Brown had had quite a business. Well, ah mean, there wis nae supermarkets then and there were no sliced bread. A' bread wis jist plain and pan and small white and brown. They wis jist a' sold unsliced.

And, oh, oo sold pies and cakes and a' that sort o' thing. So it wis really quite a good business ma dad took over from Browns. And in thae days oo'd the van that went round the countryside. Ah didnae dae that: we had a vanman – Rob Young o' Lilliesleaf. Oo had quite an extensive van trade then, right roond the farms, doon tae Ancrum, Bowden, Midlem, Newtown St Boswells, Ashkirk, over tae the edge o' Denholm, but never intae Denholm. There wis a baker, Davie Lindsay, at Denholm. In these days we didnae gaun intae other people's place unless somebody actually asked ee tae go in. But ee never went intae the other baker's area. They had their ain areas and that wis it. So ee never poached intae somebody's property. It would lead tae bad feelin'. And they likewise didnae come intae Lilliesleaf and its parish here. It wis maistly the farms oo went tae. And there yaised tae be a lot o' people on the farms in these days. There's the likes o' Clarilaw farm doon the road there: on a Saturday mornin' it used tae take about an hour and a half tae do the cottages there. There'd be aboot ten cottages there, plus the steward's house, plus a gardener's cottage across at the Big House. They all came out to the van. And, well, ee went in there maybe twice a week.

The van had specific runs. Well, they've always been more or less kind o' doubled: Monday, Tuesday and Wednesday wis always the same as Thursday, Friday and Saturday, but done in the opposite direction. Monday'd be Ashkirk and a' these bits. Tuesday wis down the Ancrum way. Wednesday wis Midlem and Bowden and doon by Newtown St Boswells and Charlesfield and a' these bits. It wis a six-day week for the van. We worked tae Saturday dinnertime even in those days. We used tae finish aboot one o'clock. Saturday wis always half-day in Lilliesleaf.

Ah quite enjoyed bakin'. It wis quite a good job in the winter like, fine in the winter. But in the summer it wis murder, because ee wasnae air-conditioned or onythin' the likes o' that. Ma dad used tae start, ah think, aboot between two and three in the mornin', and ah'd be up the back o' four o'clock and ah used tae go in aboot five o'clock. Ah used tae work tae dinnertime, and then ah did the shop in the afternoon. Ma mother did the shop in the mornin'. That wis how it went on for a long time, and that's a long day.

By five o'clock in the mornin' ma dad wid have a' the dough and things made. Well, it had a' tae lie for a while. So he wis makin' the rolls and a' that sort o' thing, ee ken, when ah went in, tae have them ready for the mornin'. Oo made the bread and the scones and the rolls and the pies and a'thing first, and then ee made the cakes through the day. Oo did a' the cakes from aboot nine or ten o'clock in the mornin'. The vanman used tae gaun away aboot nine o'clock.

* * *

When, as ah've said, ma brother came oot the army in June 1952 ah began ma two years' National Service. Ah wis in the Royal Army Service Corps – no' by choice. It wis jist if you had any trade experience they put ye intae whatever ye'd done. They were always lookin' for bakers. So ah wis a baker in the army, as ma brother had been tae. Ah did ma initial trainin' doon at Aldershot: Blenheim Barracks, Willems Barracks, Clayton Barracks. Ah wis actually posted tae Egypt tae be a baker. But ah came back home first for a weekend, went over wi' ma dad tae Selkirk tae watch the football, and here they were a man short and asked me tae play. Ah went up tae head a ball and this chap hit iz on the side o' the head, knocked iz unconscious, and ah wis in hospital in Selkirk for a while. So ah missed the draft for Egypt. Ah went tae the RASC depot battalion at Bordon in Hampshire, and ah wis put on a draft for Korea. So ah did most o' ma National Service in Korea, where war had begun in June 1950. Oo went tae the battle school in Japan before we went across tae Korea. Ah arrived oot there in Korea in January 1953. We wis back from the front line a wee bit. Our bakery wis in Yung Dung Po, near Seoul. We were able tae go in tae Seoul. We used tae to go tae the big American PX store, a kind o' NAAFI. Of course, a lot o' the area wis in an awfy state because they'd fought through it, back and forrit. But by that time it had settled doon. Ma brother had served as a baker in Korea as well, in exactly the same place at Yung Dung Po. We were actually bakin' for the British troops. It wis the only British bakery out there. There'd be aboot 50 o' us bakers a'thegither. Ah think oo quite enjoyed it. Ah'm very sentimental but ah didnae suffer from homesickness in Korea. Some o' them wis terrible homesick. But ah think when ee've made up your mind and it comes, ee jist have tae . . . Oo had a good company, and oo wis very well off. It wis excellent food. There wis a big American camp jist across the road frae us. They got a' the pictures out there, before they were even released here. And ye could jist walk in tae these pictures. And then efter ee'd din so long ee got a leave in Tokyo. Ah saw a bit o' the world. Ah'd never seen anything before then. In Korea the fightin' actually stopped aboot June or July 1953. Ah finished ma National Service in June 1954. Ah didnae have any difficulty settlin' doon again at Lilliesleaf. Ah went back intae the bakery. And actually on the first Saturday ah wis back ah met the Selkirk girl who became ma wife.

When ah came back tae the bakery Rob Young, the vanman, left. So ma brother took over the van, and ma dad and I wis in the bakery. Ma mother used tae do the shop. But it eventually came in 1955 that we bought the other buildin' – it had been a tailor's business years ago – opposite the village school, and we moved the shop along there. But we still baked at the old bakery for a few years and took the stuff along tae the new shop in the van. Later on, after ma mother died in 1988, we sold Plumtreehall, the Brown's old house and the bakery there, to a chap that knocked down the old oven and found an even older oven round the back. So that wis the old bakery – jist a room in a hoose that wis turned intae a bakery, which they did in these days in these small places, and the oven wis built on the outside.

We kind o' broke intae different things aboot the 1960s. Turnbull, the grocer along the road, had begun tae die down and down. He had begun tae sell Selkirk bannies [bannocks] and pies. So it wis jist natural oo begun tae dive intae the groceries. If they touched your stuff ee jist moved intae thame. The old specialisation began tae disappear. Ah think everybody got greedy. But, ah mean, Turnbull's started tae buy in bread and a' the different things he'd never done before. He didnae buy them frae us, of course, he bought it in. So, ah mean, we jist moved intae the groceries, expanded frae a baker into a grocer. We kept the baking business going till ma dad took a bad turn aboot 1965 and he couldnae bake any more. He died in 1967. So the bakin' business came to an end then. We bought everything in then from Douglas o' Selkirk – well, Border Bakers, it wis Douglas's in these days. Ma dad, a Selkirk man, had worked [in his early days] wi' Douglas. So we bought everything from them.

Giving up the bakin' suited me fine, because ah didnae need tae get up sae early in the mornin' as ah used tae. By then ah'd be in aboot 35 and ah felt ah'd had enough o' bakin'. But it wis quite a change for Lilliesleaf, because for, oh, [as long as folk could remember] there'd been a bakery in the village. But by that time everythin' wis against ee, ee ken. And then, aboot 1970, ma brother decided tae go oot on his own. He took a grocer's business in Dunbar. So ah wis left wi' this place here. Oo'd tae buy him oot. By that time the business wis beginnin' tae go back. It went back and back and back, and there's nothin' ee can do about it.

In the early 1950s, as ah've said, when ma dad bought the bakery from the Browns, the business wis quite healthy. But by the time ah came back from National Service in 1954 there wis ma dad, ma brother, and I tryin' tae work it, but really it wis comin' then tae the stage where there wis hardly a livin' for the three o' us – especially when ee got married and that sort o' thing, ee ken. Even away back then things in the countryside changed the whole system in the villages. People began tae get cars. They were havin' a day out goin' for their groceries and bakeries tae Selkirk, Galashiels, Hawick. When oo first came tae Lilliesleaf in 1950 people were jist beginnin' tae get maybe an old second-hand car. They hadnae had a car before. It wid be jist the farmers and onybody that had a business had a car like, ee ken.

And, well, some shops elsewhere started tae cut the price and that sort o' thing. And, ah mean, we were runnin' a van roond the countryside, so ee couldnae afford tae cut the price doon. Really, we should ha' put the price up tae cover the runnin' o' the van. Oh, it wis quite an extensive van trade then, oh, right roond. We still gaun mair or less . . . well, no' quite sae far as oo used tae go. It wis maistly the farms oo went tae. And there yaised tae be a lot o' people on the farms in these days in the early 1950s. At Clarilaw farm, as ah've said, on the Saturday mornin' it used tae take about an hour and a half alone tae do it. But now we dinnae even go in there. The people that are in there now in the cottages a' work away from Clarilaw and ye jist never see them. After the war there wis a lot more mechanisation on the farms. The farm workers, ploughmen, tractormen began tae disappear. There's jist the farmer and his son and jist a casual labourer or somebody in lots o' places now, ee ken. The farm cottages have a' been modernised. A lot o' them's been sold off tae private people, as the farmers has maybe needed money. So now the folk in the cottages may have nothing tae dae wi' the farm at all. So a' that definitely affected our van business.

Then it'd be in the early 1950s that sliced bread began tae come in. People wanted sliced bread. Before that it wis jist plain or pan, they'd jist take it and they had tae slice it theirsel'. And that's when the big bakers, the like o' Sunblest and thame, started tae come in. The likes o' the wee bakers couldnae buy a slicin' machine: it wis too expensive. It wid jist depend, but it cost somethin' like £100 or £200. But that wid be an awfy lot o' money at that time like. And then ee'd have tae have a' the things for baggin' it and everythin' like that. The first sliced loaves were a' done in a kind o' waxed paper, and then it graduated intae the plastic bag. Ye had tae either buy in a slicin' thing and slice it, or else jist buy sliced bread. And then in these days a' sliced bread wis a day old when it wis cut. They couldnae cut it fresh. But now they have these super slicers and the loaf jist comes out through the slicer and intae a bag. That definitely affected ma dad's business quite a lot.

Then as the older persons in the countryside kind o' died out there widnae be the scones made, because the young housewife jist disnae bother aboot these things. There's jist no' the scones made. And ee used tae could sell rolls, even goin' roond at night wi' the van ee could sell rolls. Now if ee've no' sold a' your rolls by dinnertime, ee're left wi' them. Ye'll no' sell them.

When we did the bakin' tae aboot 1967, there were new laws comin' in and the hygiene boys wis wantin' iz tae do this and that. They could have ee spendin' – even today – they could have ee spendin' thousands. Ee cannae afford tae spend, ee jist cannae afford tae spend. They were a' right in the old days as long as ee did a wee bit now and again. But now they want it din now. They couldn't care less whether you're goin' tae have tae shut. They jist want it done, and that's that. Ah mean, we've got four sinks down in our shop. Ee have tae have a sink in the toilet, ye have tae have a sink for washin' utensils, a sink doon the stair for washin' the utensils, and a sink for your hands. It's crazy.

There's still a butcher comes round the village. Well, oo tried sellin' frozen meat oorsels but, ah mean, it's no' everybody's cup o' tea. And a lot o' people'll buy frozen meat frae the butcher and freeze it theirsel'. But we did sell a wee bit frozen meat for a while. Then oo tried sellin' kind o' knitwear and that. That didnae take either. But it sold quite well for a while and then it jist kind o' died. Oo tried wool. And oo sold a lot o' the ordinary knittin' wool for a while, and then it jist kind o' died oot tae. No' many young housewives knit now, ee see. It wis always difficult wi' wool, because ee had tae buy the wool in pounds. And sometimes oor customers'd only want 11 ounces. So ee wis left wi' this other five ounces. Ee could find eersel' pilin' up and pilin' up wi' odd balls o' wool. If people didnae want it ee had the awfiest job tae sell it, ee ken. Naebody had any use for a couple o' balls o' wool.

Lilliesleaf school, jist across the road from our shop, used tae help iz a bit. There used tae be aboot 100 pupils when Mr Lancaster wis the headmaster there. And oo used tae get bags at Christmas time, ye know, wi' a cake and a cream cookie and somethin', and we used tae do aboot 100 bags when Mr Lancaster wis there. There wis a big lot o' children then. A lot o' the boys that used tae come in tae the shop bought a pie and a bottle o' lemonade and a packet o' crisps and a chocolate biscuit or somethin', which jist disnae happen now: it's disappeared. Well, havin' school dinners affected me in the shop. Then they have their own tuck shop now, ee ken, their own crisps and nuts and a' that. They've had it for a few years. It affected our crisp sales quite a bit. And in case there's accidents crossin' the road, they're no' allowed tae come out. They used tae all come across and a' spend their money in the shop. But some o' the schoolchildren come in, and ee get some o' the mothers comin' in that's fetched their bairns along tae the school. They come in for rolls or somethin'. Maybe they need a packet o' cigarettes or somethin' like that, odds and ends. It's no' busy but ee get a wee bit trade. The school itsel' has flourished. It went right back though a few years ago, right back. They'd only two teachers there for a while. They'd be right away doon tae maybe 28, 29 children there for a while. But the school's went away up again because there's a lot o' young ones come from Midlem, and wi' the Ashkirk school bein' closed the Ashkirk ones they come down now. At the moment there's 80-odd pupils, ah think. And there's some people fetch their children in frae outside the area: they can get them in if they're prepared tae run them in tae Lilliesleaf. Some come up frae Jedburgh and different bits, a long way tae come. So the school must have a good reputation. But that cycle'll finish and the numbers'll come right down again.

Even if they were tae build a load o' houses here the best trade we would get wid be off o' the builders that wis workin' on the houses. We wouldnae get it off the people that moved intae them. You're resigned tae that. Ah find there's a lot o' very, very nice people in the village. They speak away tae ee. But they jist don't deal wi' ee. Well, there's Edinburgh people retire intae the village and they're very nice. But they go away tae the supermarket and buy their stuff. They're usin' me for a wee brown loaf or a bottle o' milk or somethin'. They dinnae try and help the wee shop. And as soon as one o' them turns no' well they jist sell up and go away.

And when this big new Safeway super-duper market opens up in Hawick that'll jist aboot finish us off, ee ken. It'll be a great big place wi' everythin' – sellin' petrol, and restaurant and coffees, and a car wash, everythin'. Ah mean, they sell bread at 39 pence. We sell it at the recommended price, 69 pence. Somebody says, 'Oh, if ee halve your profit ye'd sell double the bread.' But ee need tae sell more than double your bread – and ee wouldnae do it. When the supermarkets get a' the wee men squeezed oot they'll jist charge what they like.

They've built a new Co-operative supermarket in Jedburgh. Ah know a chap frae Jedburgh, and somebody that had a shop there said his drawins wis doon by 50 per cent. But they were lucky it wis a Co-op yin, because a Co-op yin disnae affect them as much as a Safeway. But ee still cannae gaun on very long if ee're sales are doon 50 per cent. So ee're goin' tae be worse off, worse off. Oh, there's been a long story o' decline. Well, Lilliesleaf used tae be a terrible busy place on the Saturday mornin'. It used tae take the three o' us, ma wife, ma daughter and me, servin' in the shop. Now the wife diz it a' hersel'. Ee could fire a gun down there repeatedly on the Saturday mornin' and no' hit anybody, 'cause there's jist nobody goin' aboot. They're a' away tae Hawick or Selkirk. Either that or they shop the late night on the Thursday and they're away pleasure huntin' on the Saturday. It's jist a sign o' the times.

We're the only foodshop left in Lilliesleaf. The Post Office sells sweeties but no' food. Ah mean, the Co-op bought over Jocky Turnbull's grocery business, and they had two vans. Turnbull's would be a big business, bigger than the Co-op. But the Co-op paid one van off then put the other van off. They tried tae keep the shop goin' for a while. Ah mean, it wis goin' tae be thame or us sort o' thing. Then they closed it doon, it wid be in the middle 1970s. They shut because they were lossin' money. And the main Co-op in Hawick's gone altaegether, nothing left: a tremendous big buildin', sellin' clothes, shoes, fresh butcher meat, everything under the sun. That jist shows ee. That's the young housewife again. As ah say, things is goin' back and they'll never come again in the village. If ee loss an old customer, ye're strugglin'. And if it's a young one that comes intae the house, that's you out. You usually find a young couple comes in and she might be a nurse doon at the Borders General Hospital at Melrose, and he might work in Hawick. They're never in durin' the day, so she shops wherever she is at night. The same wi' the workers' bus: ee can see the women comin' intae the village wi' their baskets, because they get it where it's handy for them. Ee might get a few people in the village come to the shop out o' a sense o' loyalty, but not very many. The most o' them jist use ee for odds and ends they've run out o' or they've forgot to get – jist the occasional half loaf. The big shoppin's done elsewhere. Ah mean, no' that many years ago, maybe 12 year ago, on a Saturday mornin' ah used tae sell aboot a hundred pan loaves alone. And now ah'm lucky if ah sell 20.

Then, well, it's a bonny village but there's nothing tae see as ee drive through Lilliesleaf. It's no' a tourist village really, there's nothin' tae draw people here. The Plough Inn has two or three bedrooms, but ah've never thought on Lilliesleaf bein' a place tae draw people, although a lot have come for a quiet country holiday. There's a lot o' cottages aboot here that Miss Bristow – she wis an air hostess – used tae have, and people used tae come and be quite happy. Miss Bristow started the business. The business is still goin', though ah think Miss Bristow's practically nothing tae do wi' it now. She hasnae the houses round about here that she used tae have. Ah think she had an awfy job gettin' cleaners tae clean the cottages: some o' them were oot miles from naewhere.[1]

* * *

Ah still gaun oot all day in the van every day. Ma wife is in the shop jist on her own. Ah'm doon aboot quarter tae seven in the mornin'. The baker and the sausage man comes quick, so ah see thame, and the milk usually comes quick. So ah gaun doon and ah full the van and get it a' ready for goin' out when they come, and ah get the bread sorted out. Usually ah get washed and shaved and get ma breakfast about eight o'clock. Then ah'm doon again jist the back o' half past eight and sort things out. Ah'm usually in the shop till the school goes in at nine o'clock. So if the milk and a'thing's been, ah shut the shop and gaun away in the van aboot nine o'clock. And the wife comes doon at half past nine to open the shop.

Ee jist have a wee bit o' jist aboot everything in the van. But ah always come back tae the shop at dinnertime, so ah'm no' loadin' for the day, ah load for the half-day. Whatever ah've sold by dinnertime ah jist replace then. Usually ah put in the van the kind o' cooked hams and the bacon and the bread and a' that sort o' thing in the mornin'. When tatties are goin' well ee maybe put in twae or three extra tatties. Ah have a frozen food container, so ah carry frozen foods. Ah sell quite a bit o' milk, for instance. But there's very little profit off the milk. It's jist hardly worth the handlin' o't. In the mornin' there'll be aboot 40 pints, and maybe 30-odd in the afternoon, certain days. Some days it could be less. Wednesday ah carry very little milk, only about 10 pints. But Mondays, Tuesdays, Thursdays, Fridays ah carry quite a bit o' milk, maybe aboot 70 pints each day. It depends if ah'm goin' tae farm places where they've got their own cows. Then the milkman delivers in the village tae, ee see. But some people disnae want the milkman tae come, and they'll order the milk frae us – twae or three farmers, like, order four pints frae us. But if they decide they dinnae want it they dinnae come for it. So you're left wi't. But if you said, 'Oh, they're no' like comin', ah'll sell their milk', then they get angry at ee. So it's one-sided, ee cannae win, ee cannae win.

Though, as ah've said, ah never wanted tae be a vanman, and ah never wanted a business either, I enjoy meetin' the people I see once or twice a week wi' the van. Some o' them are people livin' on their own. If ah didnae come, if the van broke doon or oo wis snowed up, the old people'd be strugglin'. Ah'm a kind o' unpaid social worker. Oh, it's better as bein' on a computer or an assembly line or somethin' like that. Ah take letters tae post for them, ah've seen iz take them social security forms – no' very often, but ah'll dae that for them. And ah take newspapers roond tae people that has them ordered. Ah get papers frae the Post Office in the village. Ah jist pay at the Post Office for the papers they get and jist charge the people as they get them. It's jist a personal obligement. Ah dinnae carry newspapers in the van unless they've got them ordered. So oo're providin' more than jist a grocery service, but it's jist part o' the thing. Ee're aye obligin' somebody, it might entice them tae buy a wee bit mair, ee ken. But if it disnae work that way ee take the papers, or the letters tae the post, jist the same.

Well, it's jist a matter o' time till oo close the shop, ee ken. Because ee jist can not push eersels up, ee jist can't do it. If ee loss an old customer ye're strugglin'. It's the same all over: in a' these villages ah've went through the shops are a' goin'. Ah've lived in Lilliesleaf since 1950. Now ah wid say the village has died. A' the other shops have went. The village has definitely died.[2]

Stewart Todd

Ah came wi' ma brother Bill aboot the late 1960s tae live at the Crags ferm at Lilliesleaf, and oo moved intae the village when oo retired in 1991. But ah wis born on 3rd April 1925 at the Palace ferm, doon the main road between Jedbury and Crailin'.

Ma father wis a kind o' ferm herd and steward whiles. Well, he ploughed, tae. Ah've seen him drivin' horses. He could turn his hand tae anything, ee know. He wis adaptable, but ah think he liked the stock best. It wis more sheep then. There wis cattle, but no' the same numbers as oo hev the day. Ma father wis a Borderer, but ah dinnae know where he wis born. He moved aboot a lot. He wis up at Ashkirk, then they were at Clifton, Bowmont, at Yetholm. Ah never remember ma father stayin' any more than two years at any one place. Och, it seemed tae be a way o' life jist. Oh, it wis very common for farm workers. They'd shift for an extra 6d, or it maybes wasnae money at a', or somethin' the farmer maybe said till him he wasnae pleased wi' and jist put his back up. Ma father hadnae a bad character, but ee could leave one farm and go tae the next farm and get a job. Oh, there wis jobs then. Ah don't remember ma father ever bein' unemployed. But ah don't remember ma father ever sayin' much aboot his wages. He seemed tae be quite happy wi' what he got. Ah suppose he wis nae worse as onybody else. There wis a standard wage, ee see, and that's what he would get. Ah can remember ma father bein' aboot maybes two or three years a member o' the Scottish Farm Servants' Union. But that wis the only time. Ah dinnae think he wis very much in favour o't. He wis born in 1876, and died in 1944. He only lived 19 month efter he, ma brother Bill and ah sterted for oorsels.

Bill's two years younger as me. Ma sister Janet's the auldest. She's been away frae hame a long, long time. She lives in Hawick, she's a family, her boy wis born 1940, 1944, ah think. She comes here tae Bill and me a Friday night. Bill and me oo never got mairried.

Ma mother wis a Borderer, tae – jist a' roond aboot Jedburgh there. Ma mother wis a land worker tae – a bondager. Oh, she often spoke aboot that. She worked at Nisbet, no' far off where ah wis born, and doon aboot Chesters, doon aboot Ancrum there, roond aboot Crailin', and jist a' roond aboot. Ah never remember her speakin' aboot the wages she got, but she could remember when the men's wages went up tae 18 shillins [90p] a week.[1] Ah can mind o' the bondagers' hats fine: oh, they didnae like tae get sunburned. She met ma father when they were workin' on the same ferm. She wis aboot fourteen years younger as ma father. She had a sister work-ed oot, tae, and another sister kept the hoose: ah don't know whether ma mother's parents had died by then or no'. Ma mother lived tae a big age: she wis a week off bein' 92.

Ma mother's parents, well, they'd work on the farm and in hotels. The hotels had tae have brakes, horses and traps for hirin' oot, and they maybes did groomin' and a' this kind o' thing. Then ma father's parents, they'd jist be a' farm workers. Ah never remember ma father speakin' much aboot his father, but ah can mind ma father's mother: she bade wi' oo for a while.

Well, as ah say, ah never remember ma father stayin' any more than two years at any one place. What used tae happen wis that the farmer used tae come maybes the end o' February and speak tae ee and wonder what ee wis goin' tae dae for the next year. Well, ee had a certain time. But if ee wis gaun tae move ee moved the 28th o' May. Ah remember the farmers comin' tae the house tae ask ma father, because that wis the custom up until Bill and me started tae work, jist intae the war. They yaised tae come and, 'What are ee daein' this year?' And made a bargain wi' eer wage if ee wis steyin' on. Well, if ma father, or other farm workers, said they wis leavin' they widnae leave there and then. They waited till the end o' May.

But before that they came tae the hirin' fairs. There wis yin at Hawick, never a very popular yin, never wi' us anyway, becis oo never went abune Hawick. Earlston wis the main hirin' yin, Kelsae and Jedbury; and there used tae be yin at Berwick-upon-Tweed, but ma father didnae gaun doon there. Efter ah'd sterted tae work masel' ah wis hired in 1941 for ma second place at Earlston hirin' fair. It wis a gey snawy day, ah think it wid be intae March. Well, ee stood aboot in the street, in the square thonder in Earlston. There wis hunders o' folk there, and ee moved a lot aboot. Ee kent siclike a yin and siclike fermers needed sae mony folk, and 'Dinnae gaun tae him!', ee ken. Well, latterly ah think ee put eer name up in the Corn Exchange. But more often as no' it wis through word o' mouth. Oo didnae wear ony flooer or anythin' in oor hat or on oor lapel. Then, 'What are ee lookin' for?' 'Well, there are twae boys here,' ee ken. So the hirins, ah think, cairried on a year or two efter that. There were women there for hirin' as well as the men. The bondagers'd be gettin' fewer, but there were still bondagers. There were a bondager ah kent at Pinnacle ferm, near Belses, jist up till no' awfy long since she retired there. She'd been there, och, a' her life more or less. Ee often got single women: they jist knew nothing different, and some o' them din cattle in the wintertime.

Wi' ma father movin' from ferm tae ferm, oo flitted from yin ferm tied cottage tae another. Ah wis born, as ah've said, at Palace farm near Crailin'. But by the time ah wis three or four year auld the next pliss oo went tae wis Sweethope at Nenthorn, aboot ight miles from Kelsae. Ah cannae mind much aboot Sweethope. The next place oo went tae wis Primside Mill at Yetholm. That's the first real flittin' ah can remember. Oo flitted wi' a lorry. It must ha' been durin' the night, becis ah remember one o' the lorries went intae a cattle court wi' the furnitur on't. There were people that wis in the hoose and oo couldn't get intae the hoose becis they hadnae moved oot. But oo got intae the hoose anyway, and oo jist pit doon the tikes – the mattresses. Oo jist slept on the mattresses on the floor. Oor next flittin' wis tae a ferm at Heiton. Then in 1937–8 oo wis at Netherraw, Lilliesleaf, for a year.

When oo flitted it wis by horse and cart, oh, there wis usually more as one: ee had a lot o' stuff. The farmer ee wis goin' tae provided the carts and the drivers. Usually, ma faither walked the cow. Oh, well, ee never usually moved far. It wis nearly always within walkin' distance, jist moved aboot, jist moved aboot. The last thing in the cart were a settee or a sofa ee could lie on. But ma sister Janet remembers that the geraniums wis the last thing: as soon as oo got them on the back o' the cart oo wis off! Sometimes when oo flitted, things – like the chair legs – wis a' rowed up wi' paper so they didnae get scratched. But if ee didnae like the new place, 'Ach, oo'll no' be lang here. Oo'll never take the paper off thae chair legs.' Ee didnae tell anybody, mind. But things were never ta'en oot the boxes, and ready for the next flittin'.

The houses oo lived in were bloody bad. Ah dinnae mind much aboot the Primside yin at Yetholm – ah wis jist a wee laddie. But, och, ah can mind o' flittin' yince tae this hoose. The farm wis not far frae Lilliesleaf, the folk's still in farmin' the day, so ah better no' say onythin' aboot them. And, oh, it wasnae good, ee know. The wa' paper wasnae stickin' tae the wa': it wis jist stickin' tae another sheet o' paper, and the wind yaised tae flap it back and forrit. And when oo wis gaun up the stairs – it wis jist a kind o' loft – and ee could stand on a board and look doon intae the back kitchen. Oh, there wis no proper ceilin', there were jist joists and floorboards. There were no runnin' water, no facilities in that hoose, oh, none. This wis us movin' in, and ah can mind ma mother givin' ma father gyp for comin' tae a hoose like this. She had tae live and cook and work in it, ee see. And ma father said, 'Houts, woman, never heed. Oo'll no' be long here!' Oo wis only in that yin for an 'ear. All oor life until oo started farmin' oorsels intae the war, ah can only mind once bein' in yin o' thae hooses that had a bath and a toilet and hot water. That wis at Whitehillfoot, near Heiton, jist doon by Kelsae. Ah must have been aboot seeven 'ear auld, Bill wis aboot five – 1932. The farmer there had another farm and oo lived in his farmhoose at Whitehillfoot. Ma father wis herd and steward there. And another place oo lived in had a toilet. A' the other yins oo never had a flush toilet, jist a dry toilet. That wis the norm. Oh, well, ee'd jist either dig it in the gairden or oo had tae go tae a burn, where there were a burn.

Ah cannae mind Primside Mill at Yetholm, but oo had the water in the hoose at Crailin'. But then there were often no water in the ferm hooses, ee know. The water wis tae carry, ee had tae carry it in tae the hoose in pails. Of course, ee had rain barrels an' a' – soft water for washin'. In lots o' cases there wasnae even a tap. There were usually a well. Maybe ee had tae go and pump it wi' the auld hand pump. But ah can remember one o' the places oo wis – it wis at Dearlyburn, three miles frae Lilliesleaf and near Hassendean – the well wis right away doon at the burnside, and jist a well maybes aboot three feet deep. Ee jist put the pail in and then it wis jist tae carry up tae the hoose. At Sweethope, near Nenthorn, oo had a gird – a frame – and ee stood in the middle o't, and this kept the pails off eer legs, though ma sister Janet remembers she got her leg a' wet and chafed.

Then for a bath oo had the big zinc bath. Well, Janet wis aulder and bade a lot wi' an aunt. So Bill wid get the bath first, and then ah got the same waiter jist, wi' a pickle het, mair het pit in frae the kettle. Ee thought nothin' o't, oo kent nothing different.

For cooking, ma mother had jist the fire. But ah mind o' her gettin' a paraffin stove at Whitehillfoot. It wis oor own.

Flittin' tae another place wis part o' life. As ah say, ee jist moved aboot, and it wis nearly always within walkin' distance. Sometimes oo went back tae the same schule as ee'd been before. Ah sterted school at Yetholm, when oo were at Primside Mill. Ah always remember that school for it wis on a slope, jist like a pictur hoose. When ee got tae the back ee could look oot the windae. Ah dinnae mind how long ah wis at Yetholm School. Oo moved on again and ah came tae Heiton School. And ah couldnae tell ee how long ah wis there, but it hadnae been long. So ah went tae school at Yetholm and Heiton and twice at Denholm – yin o' the times wis in 1937–8, when oo wis at Netherraw and the bus used tae come tae Greenhoose, jist up the road, and oo got that tae the school. Bill, ma brother, went tae mair schools as me: he went tae Clarilaw and Gordon. Ah didnae like school, och, it wis jist a nuisance. Ah cannae say there wis anythin' at the school that interested me. Ah think ah rather like-ed joinery a wee bit when oo got that at Denholm. But ah wis never a keen scholar. Ah think as ee got aulder, a good long time efter, when oo started in business, ah could ha' went back tae the schule for accounts, book-keepin' and things. But ah left school when ah wis 14.

When oo wis at the school oo help-ed on the ferms. Oo help-ed wi' the haymakin': if there were a little fork ee'd be forkin' the hey. Ah've seen ee on the stack. Ee know, if they were buildin' the stacks and it wis a sair fork for somebody, ee'd gaun up and gie them a hand. Oo used tae talk aboot stridlin': passin' the hey frae the cart up tae the stack-builder. When oo wis at Netherraw Bill and me oo yaised tae help the boss – he grew strawberries on the ferm. And come the spring o' the year ah've seen oo often helpin' oot, shiftin' boxes intae glass hooses. Ee didnae get paid at a'. Ee learned, that wis part o't. It wis the experience, that wis what ee wis daein'. Nowadays everybody looks for money. But oo didnae look for money.

When ah left the schule ma first job – that wis in 1939 – wis drivin' a horse, one horse, at Huntlywood, near Gordon. Oo moved there – ma father and mother, and Bill and me. Ma wage there wis ten shillins [50p] a week. Ee worked frae six in the mornin' tae five at night. Ee'd have maybes two hoors off in the middle o' the day. But ee had tae get up at five in the mornin' tae feed the horse. As a boy ah had jist one horse. Then when ee come back at five at night ee had tae stable the horse and then ee wid maybes jist feed him, and then ee'd go hame and have eer tea. Then ee'd got tae go back tae the stables tae groom the horse and clean the harness. Oh, ee didnae finish till half past six maybes. Oh, it wis a long day.

On that farm ah didnae do ploughin' – that wis for the men: ee needed two horses for the plough. Ah'd sow the turnips, and took oot feedin' for the sheep – laid doon turnips for the sheep and cattle. In the hervest, well, ee cairted the corn in, jist things like that. Ah yaised tae cart the water tae the threshin'. And then if ee wis threshin' inside ee lowsed the sheaves – cut the strings on the sheaves. Well, oo wis twae year at Huntlywood, then oo moved on again – tae Timpendean, jist on the Denholm side o' Jedburgh, the first farm up that road tae Hawick frae Cleikhimin. It wis 1941, ah wis 16 then, and the war had begun when oo wis at Huntlywood. As ah've said, ah wis hired tae go tae Timpendean at the Earlston hirin'.

Ah didnae like horses, ah didnae care for daein' them. So ah wis hired tae do the cattle at Timpendean. Ah had no experience wi' handlin' cattle, no' really. It wis only roughly done, and ee were more or less told what they were tae get. It wis jist the bullocks, becis there wis a dairy and they had a dairyman. That wis a separate job. So there was a dairyman and his daughter, she yaised tae work in the dairy. Then there were three o' us – ma father, ma brother Bill and me, and there were yin next door, and McLeod, the steward, and Tam Clerk and the herd. And then of course they got Irishmen. The Irishmen – there were twae o' them – singled and shawed turnips, and helped wi' liftin' the tatties. They joined in the spring tae single the turnips, and worked there till June. They didnae have a set wage, they were done by the yaird – piece work. And then they wid come back for the hervest. And the farmer wid keep the Irishmen on maybes. We used tae have mangolds and tatties, and sometimes the Irishmen, as ah've said, would shaw the turnips. There never was a big acreage o' tatties in this area; ee had tae go tae East Lothian for the big tattie squads. Then maybes the Irishmen'd be away a wee break, maybes jist workin' on another farm, then come back again tae Timpendean. They lived in a bothy. There were never, never any Irish women that came tae work. Ah remember Irish men comin' tae work at Clarilaw at Lilliesleaf, but ah never remember women.

Oo only bade a year at Timpendean, becis the farmer gave the farm up and oo left then. Oo moved tae Greenend farm, three and a half miles frae Lilliesleaf, and it'd be in Ancrum parish. The three o' oo wis thegither at Greenend one year. We knew by the harvest time oo wis goin' away, becis ma father had gotten the tenancy o' Belses Mill, a sma' farm a mile from Greenend, and a bit nearer Lilliesleaf. That wis ma father's first tenancy. It wisnae uncommon for a farm worker tae become a tenant farmer, it wasnae uncommon. Ah'll no' say there were plenty, but there'd be some others did the same. Well, ah suppose it wis difficult. Ah mean, it wis oor life savins. Ah think ma father saved up £700 tae start it. It had been his ambition for, oh, most o' his life. Ah think it wis a case ee wanted tae try and dae jist a wee bit better in life, jist tae be your own boss. He tried for lots and lots o' farms.[2]

At Belses Mill oo'd only 86 acres, oh, it wis a sma' ferm. Father and Bill, they would live in there. But ah kept on workin' at Greenend, becis there wis only work, only a livin', for two at Belses Mill. In fact, there really wasnae hardly a livin' for two, becis ma father died in 1944 after only 19 months at Belses Mill. And when ah come home the spring efter he died oo saw – oo wis young – oo'd anys amount o' work, but there werenae any amount o' money. Oh, they used tae say poor as a church mouse – but we were poorer, ah can tell ee.

Ma father had had tae pay £110 for the tenancy – that wis the rent per annum for the 86 acres. That wis a lot o' money in these days. The Lothian Estates wis the landlord, and they put ten ton o' lime free on the land at Belses Mill every year. Then, ee see, oo didnae pay a rent for the first six month; in fact, oo wis in fully a year before oo paid a rent, becis the farmer that went out had still six months' rent tae pay and he paid that aboot harvest time. That made all the difference tae us.

Then ma mother used tae work oot, tae, ee see. She fed the cattle and yaised tae gaun and dae the turnip cutter for the sheep, and singled and shawed turnips. And, oh, there'd be a hunder hens tae look efter, rear calves – she did all sorts o' jobs like that. So Bill and masel', wi' the help o' ma mother, ran Belses Mill farm. Then a lot o' years efter the war – in the mid-1960s – oo wis able to buy't frae Lothian Estates. And, oh, well, we jist stoppit last year [1991].

It wis in the lease o' Belses Mill frae Lothian Estates that oo had tae bide in the hoose at the ferm there. Ah suppose the Estates'd want the house kept in a habitable state. But it wisnae a good house, it wisnae. There were no water or anything. Washing pot in the back kitchen jist, and we'd the water tae cairry frae a well doon the back road, up ower steps. If the men folk wanted tae go tae the toilet they had tae go to the mill wheel. Oo'd a plank laid frae a windae on tae one o' the paddles on the mill wheel, and ee sat on that plank. The mill, wi' the stream tae drive it, would be a grindin' mill originally. It wis never a grindin' mill in oor time, but it wis a thrashin' mill. So to do the toilet ee jist sat on that plank.

And we had nae electricity or onything, jist paraffin lamps. Efter the war they din a scheme and oo got the chance o' electricity for £160-something for pittin' it in. And oo had tae give them a guarantee o' £30-something for five years. Of course, at that time the place wasnae oors. So, 'Oh, no, we're no' daein' that. Oo're only gaun tae add value on tae the place for the landlord, Lothian Estates.' But when oo bought Belses Mill in the mid-1960s it cost oo £5,000 tae pit the electric light in when oo din the hoose up. Before then, the Estates had put a toilet in and a bath, and a little rotary pump for the water. But this pump was never that satisfactory: the hot water didnae run up the stairs, and jist things like that. Then we put the electric pump in oorsels for tae pump the water – by this time oo had gotten a Startamatic generator. Oo wis quite handy wi' oor hands. Oh, when ee're livin' on a farm ee develop lots o' skills.

Then oo bought the Crags farm at Lilliesleaf in 1961. As ah telt ee, when oo come tae Belses Mill durin' the war oo had enough work but oo hadnae enough money. So oo started contractin'. Oo had a plough but it wasnae very good. So oo went tae St Boswells and bought another yin that cost us aboot £3. It wis a tractor plough, twae furrie. It had a broken mould, oo put a new mould on tae it and gien it a raw coat o' paint, and oo started contractin' then. Oo found farmers willin' tae take us on for that. Oh, oo carried on and oo built up quite a good business until oo retired jist last 'ear. Oo'd three men constant on contract and oo'd Bob Barnie. Oo'd five combines and oo'd six tractors and things, ee ken. Oo made enough money, so oo wis able tae buy the Crags in 1961 and then Belses Mill three or fower 'ears efter that. Oo wis able tae buy another field at the Crags, so oo had jist ower 200 acres there – much mair than at Belses Mill. But at Belses Mill oo got up tae the railway bankin' and oo bought some woodland, tae, so it came up there frae 86 to jist aboot 100 acres. So when oo finished oo'd a'thegither aboot 300 acres.

The Crags fermhoose wisnae awfy guid ither when oo bowght it. Well, neither wis the steadin'. In the hoose there were jist stone flags in the kitchen, and the roof wis bad. Oo couldnae keep the slates on: there wis nail sickness. The Crags is up on a ridge abune Lilliesleaf so, well, oo got all the winds there. The hoose wis habitable like, but it wasnae good. Then the back kitchen wis jist kind o' non-existent. There wis a sink and running water in it, but there wis no room in it. Oo knocked a' that doon, and then pit on two extra bedrooms and a modern kitchen and a' this, central heating tae get hot water. So Bill and I stayed at the Crags until oo retired and came down tae Lilliesleaf in 1991.

But even when oo wis at Belses Mill oo always came tae Lilliesleaf. When it wis a dance or anything like that ee always came tae Lilliesleaf. Well, the only leisure ever ee had wis a Friday night. If there were a dance in the village ee wid come tae Lilliesleaf. And, ah'll tell ee, there wis a lot o' dances in thae 'ears, oh, every week, every week, and, oh, good dances, big crowds. Then there used tae be dances at

Sandystanes and at Langnewton. Oo went jist tae local dances – ee had the bike, jist the push bike. The Land Army Girls used tae be up in the war at Riddell Hoose. And of course they held dances up at Riddell. It'd be a big room there, and the lassies used tae invite ee up. Ah mean, when oo wis at Greenend in 1942–3 there wis Land Girls there. Two lassies worked there constant – ah can mind them comin' – and then ah've seen as many as six lassies there. The lassies wis gey green when they yaised tae come. They hadn't a clue. They'd no basic trainin'. They wore bits, ee ken, and they had blisters on their feet. Oo never had any Land Girls at Belses Mill: it'd be too small – oo couldnae afford tae have them. But oo had Italian prisoners, jist maybe give us a day when oo thrashed. They were in camp at Hopton, jist this side o' Ancrum. There wid be guards there but they wid never actually be locked in. Ma sister Janet remembers ma mother used tae send the Italians oot a cup o' tea and she'd be sayin', 'They're somebody's laddies. Take them a cup o' tea.' But oo never had German prisoners o' war.

Then ee used tae fish – it wis poachin' – on the Ale at Belses Mill for the salmon wi' a gun, never fished wi' a rod. The salmon came up the Ale. Oh, there were a lot o' fish in thae days. There no' five per cent o' the fish the day there was in thae days: disease, pollution, ah think that's the maist o' the reason. But the fish they've jist disappeared.

And then oo'd a gun and a rifle and we used tae shoot rabbits and put them on the train. Oo selt the rabbits tae Charles Wilson, Game Dealers, 19 Castle Street, Edinbury. But later on that firm went bankrupt. Oo yaised tae pit the rabbits on the train on the Monday mornin', well, put them intae a seck jist. Oo could make a bit o' pocket money oot o' them. Oh, oo got quite a bit for them, becis ah can mind o' yince gettin' pigeons. Wis't no' aboot half a croon [12½p] oo got frae Charles Wilson for a pigeon? Oo thowght that wis a big price – it was! But oo wis gettin' mair for the rabbits. And havin' the railway beside us at Belses Mill wis very convenient. Oh, everything revolved roond the Edinbury–Hawick railway. Ee ken, oo'd nae telephone or onything, and everything went on tae the train. If ee wanted tae telephone for onything ee went tae the station.

But in thae 'ears oo didnae gaun intae Lilliesleaf for onything very much except the dances. Ee see, the vans came tae Belses Mill. Oo never went shoppin'. Ah mean, oo had nae means o' gettin' shoppin', other than that ma mother used tae go tae Hawick maybes in the train. So Brown the baker's van frae Lilliesleaf yaised tae come and the baker Middlemiss at St Bos'ells. Oo never dealt wi' Turnbull the grocer at Lilliesleaf. Hunter, the grocer, o' Bos'ells came, and it wis Tally Veitch and Wright, the butchers in Ancrum. And then the draper, Bunyan o' Melrose, yaised tae come, and Bryce o' Gordon – he din the fire insurance. Well, ee see, wi' oo bein' at Greenend a lot o' the vans follaed us when oo moved tae Belses Mill. Ee see, lang syne the vans used tae follae ee up when ee flitted: 'Oh, ah'll jist ca' on ee.' If you wis a bad payer they widnae follae ee, but if ee wis a guid payer they follaed ee on. And ma mother look-ed efter that side o' oor life: Bill and me wid be oot workin' in the fields or on oor contractin' jobs.

There's an auld hoose on the Crags still standin' – Childknowe. When oo wis at Netherraw in 1937–8 there wis never a worker that lived in it. But it wis let, and ah remember the last person that wis in't. He's doon in Newtoon St Bos'ells now. Then Hungry Hill is on the Hillheid ferm, next tae the Crags. It still gets ca'ed Hungry Hill by, ah suppose, folk jist like oorsels, aulder folk that's been here a long time. Some o' the young yins widnae know. Then ah remember the ruin o' the auld hoose that yaised tae stand on the Middles. Ah dinnae remember the tramps bidin' there. But the ruin's swept away now.

Well, though ma brother Bill and me didnae actually live in Lilliesleaf village or parish – except when oo wis at Netherraw in 1937–8 – oo've lived in the parish at the Crags since aboot 1964 and in the village since oo retired in 1991. But, as ah've said, oo came often tae the village tae dances when oo were younger. So in a' thae years there's been lots o' changes. In farmin' the whole thing's different. Chemicals is one big difference, fertilisers another. We didnae put manure on oor crops and things when oo started. Oo started sowin' fertiliser wi' oor grain. Then at the finish there everything wis gettin't: ee wis boostin' everything. Even yields o' grain wis different. When oo went tae Belses Mill in 1942–3, if oo got 16 hundredweight o' grain per acre oo wis daein' well. Latterly oo wis lookin' for two tons – that's good for this pairt o' the country. Oo stopp-ed singlin' turnips: oo use chemicals for the weeds. Even liftin' turnips nowadays – it's a' machines. Oo'd machines at the finish there that lifted two rows at a time. And ee need mair money now for machines. Well, the first tractor ever ah bought wis aboot £170. The last new tractor oo bought wis £28,000 – and since then it's up tae £35,000. The first new combine hervester oo bought, in the late 1950s, was, ah think, £1,800. The last new combine oo bought wis aboot £45,000.

Then there wis a case in the papers this week o' a farm o' aboot 200 acres which would have been a grand place for somebody to make a start in. But they've jist put it along wi' another farm. Ee see, the economics doesnae make oot, becis the rent ee're payin' tae a landlord for a farm the day, well, if eer hoose needs a new roof, the landlord's gettin' no rent. Then folk's a' lookin' now for central heatin'. But tae dae a hoose up the day, oo're speakin' £40,000–£50,000, so the landlord's no' gettin' any return on his money.

Then farm workers, well, the last farm we were employed on [Greenend] there wis twelve regular people. There's none today. The farmer there and his sister does that the day. They hire in machines, ee see. They dae what ma brother Bill and I were doin', they contract. When we were at Greenend they used tae have a hall half a mile away at Langnewton. Ah seen a dance in there. There were a bowling club in there. It's a' done away wi' now. Langnewton wis a village in itsel'. There's only two people works on the farm there now.

And there are people in the countryside they're no' country people. They've let the cottages and they're no' country people. They're holidaymakers and they want tae change things. And we're no' for this. Well, oo're country, ee know. Oo speak a different language.

As ah've said, lang syne there used tae be a lot o' vans. Haldane's o' Lilliesleaf's the only body that comes now. Well, he always comes till oo here. Oo dinnae go away tae the supermarkets, so most o' oor shoppin' comes frae Haldane. Ma sister Janet she comes frae Hawick, and she says, 'Oh, ah can buy this tin o' syrup for 5p cheaper in Hawick.' Ah, but ee have tae gaun for't. Oo get oors tae the door frae Haldane. So oo're happy tae be livin' in Lilliesleaf.

Ma brother Bill and me've never been churchgoers. We're no' members o' the church. But oo subscribe. Oo always think that oo'll need a minister some day. So oo give quite a lot tae the church. The elder comes, and oo jist give him something when he comes. Ah think it's an awfy shame that folk doesnae subscribe tae the church, becis if somebody has a daughter and they want a white weddin' and they think the minister should be there . . . No' if folk dinnae subscribe. Ah've nothing against the church. Ah think we should a' subscribe, becis the church is there for oo a'.[3]

Rev. James Watson

It was April of 1988 when I first came to Lilliesleaf. I was born in Kilmarnock in December 1928, worked for Ayr County Council until 1958 as a sanitary inspector, and after a decade of study had graduated from Glasgow University by 1968 in Arts and Divinity. I was ordained that year, and for the following twenty years worked first as an assistant minister at Kilmarnock, then as minister at Greenside in Edinburgh, and afterward in other parishes in south-east Scotland, then as a relief minister in several in Argyll.

Lilliesleaf the parish is linked with Bowden parish. The two are quite seriously different in so many ways. Bowden is very much a village for retired people. Bowden itself is a sort of conservative area in the sense of conservation. It's a very lovely village but with only one shop – the Post Office. Lilliesleaf is a rural parish, which over the years though has changed. Even in the short time I've been here there is a flow into the village of outsiders who are no longer involved in the rural work or situation. So there is a changing pattern. The village itself is growing in numbers. Small bungalows are appearing, and it has a growth potential. The Council have agreed there should be further housing development. The school has increased in numbers, not necessarily due to the growth of the village alone: there is another development there of pupils coming from other sources. So there is a growth potential in Lilliesleaf, which is not in any way similar to the situation in Bowden, the other half of the kirk.

Lilliesleaf has its two pubs, its two shops, its school centre, and has a community life. A very wide community life has been developed in the village: the bowls, Keep Fit, a whole range of activities. I play bowls myself there on a Monday evening, and find it a very happy relationship. The church itself uses the Currie Memorial Hall in the village regularly. We have no church hall, so as part of the community we ensure the church's place with a Guild of Friendship, a badminton group and a young folks' club. The Women's Guild don't meet in the hall, because there aren't enough members, but in their own homes. In the hall on a Tuesday the church has the Guild of Friendship, which is meant to fill the gap in the one-day-a-week church. The church service is at 11.30 on Sunday mornings. But it doesn't fulfil anything in terms of Lilliesleaf. The total congregation is 160 members. But 30 or 40 on a Sunday morning is a good attendance.

So when I arrived in Lilliesleaf my feeling was that, as in Bowden, we were doing a one-off thing: 11.30 on a Sunday morning – end of story. So in the four years I've been here we've developed, through the number of children in the village, a strong Rainbow Club, which is actually our Sunday School. And in the village hall we have this afternoon meeting – an afternoon kirk really – on a Thursday. It's attended by about 15 to 20, mainly senior citizens. And they enjoy the afternoon – the cup of tea, the fellowship. And we've developed that. On a Sunday evening we have a youth group. It's mainly for secondary school pupils. And again it's varied: five, six, three, eight attenders, and on one occasion a big nine. Trying to develop it is very difficult because of Sunday evening competition from television and other features. But at this stage we're still hanging on to it, because once you've opened the door it's better at least to try out the time. But the village hall is utilised by us because it's important that we also support the community. And the great advantage is that the hall is in the middle of the village. The parish church is a couple of hundred yards beyond the east end of the village.

It's a 12th-century church, with no halls, no nothing. When I arrived in 1988 there wasn't even water or sanitation at the church. It was embarrassing in terms of burials, children at the church, and all the rest of it. As I've said, I was a sanitary inspector by earlier profession. So I brought water supply from the village to the kirk, and divided up the vestry into sanitary accommodation. So we've sorted that side out.

There used, of course, to be two churches in Lilliesleaf. As well as the parish church, there was a Free or United Free Church until its union in 1929 with the Church of Scotland. The recent owner of the old Free Church building was a scholar and librarian, Dr J.C. Corson. He had a massive library. But the building's now been bought by a local person.

For the parish church the original date we have is the year 1110. But it's not the church you see as you pass along the road at the east end of the village. If you enter the churchyard behind the church you are then into what was the original site of the church. There are two aisles on the hilltop there. The aisles are in a sense really the foundations of the old kirk. In the late 18th century, after the old kirk had been repaired and renewed three times – the thatched roof had sagged and broken, and the rain was coming in – they decided to put it over on the site it's on now. So the 18th, 19th and 20th centuries saw the development of the church as you see it now. The bell tower was added in 1853. The church was really brought to its present condition in 1910, when the then minister, Dr Sym, in a tremendous effort got the apse built. Dr Sym really re-designed the church. The stained glass windows in the apse are a more recent gift from William Mactaggart of Bewlie House. Lilliesleaf is a very well-designed church. It's simple, but it has an atmosphere.

Bowden church, dating from 1128, is on the other hand a sort of miniature cathedral. It has all the features: a barrel roof, the laird's loft, and two important vaults: the Cavers Carre vault, the burial place of the lairds of the area; and the Duke of Roxburghe's ancestors are all buried at Bowden church. It is a very long church compared with its breadth, and the chancel is extremely high, in order to get above the vault of the Roxburghe family. We have a lot of visitors at Bowden church.

Lilliesleaf is a different style of community from Bowden. I mean, in the evenings you would hardly get this Bowden congregation, because those are the bridge nights and the various other functions. At Lilliesleaf the community take part in community events like weddings, baptisms, burials. That's still the old feature of it all. There is no registrar in the village. This year alone I think we've got five or six weddings. And two couples in fact are coming back to celebrate their silver weddings in the kirk. The church is a better performing one than Bowden church, because that is a day out for them, I suppose, in a different way! They don't have the same counter-attractions. You have to accept that where two or three are gathered together that's the kirk. That's normal for most churches. But what is more particularly noticeable is that Lilliesleaf people do support their kirk. One of our farmer members, who never darkens the kirk's doorstep, does demand three features in his village life: the Post Office, the public house and the kirk. They put their hand in their pocket to support the functions we have, like our annual fête to raise funds, held normally in August–September. But so many things are happening in the village that you have to watch you don't compete with the Sports Club, the Athletics Club, the Country Dancing, the Keep Fit, the bowling, and the Rural of course. The church and the village have no conflict as such. They are part of that community. And whilst we don't have amazing church attendances they demand their kirk be kept open, even though year by year they are struggling to maintain it.

A most regular attender at the church is Major John Sprot of Riddell. He's the senior elder, although he's no longer an active elder. There's a Riddell pew even yet in Lilliesleaf church. All the way through we have the influence of those who have come to Lilliesleaf and said they wanted to worship where they were, irrespective of their background. In Lilliesleaf, as in Bowden, many of them have an Anglican or Episcopalian background. But for community's sake they don't go to other churches, they come to the local church. In the last few years, those coming into the village don't have that background now, and don't get involved at all. So it's a different atmosphere. But the Episcopalians have been loyal to the local church. One of the strange things that happened was that last year the churches were full on Christmas Eve and Christmas Day. We had a tremendous attendance of all the community. At Lilliesleaf on Christmas Eve the church was packed; and at Bowden on Christmas Day the church was full to capacity. This is unique in my experience of the two churches. When I came at first there wasn't much of this. But recently there has been very much a coming together. And so we have tremendous attendances on special occasions.

We've developed what we call family worship in Lilliesleaf, too, where once a month we try to bring together an all-age church – an interesting little experiment which has worked quite strangely in Lilliesleaf. When I came to the village there was, as I've said, no Sunday School. It had died out. The children were no longer there, and there were no parties prepared to take the responsibility. But I instantly recognised there were children around. Then with the help of three or four teachers and an artist in the village we decided to have what we call a Rainbow Club. I don't like the names Sunday School or Bible Class: they tend to put folk off. So now we start the Rainbow Club at a quarter to 11am, with worship at 11.30. And the Rainbow Club superintendent, Mrs Low, a former teacher, now retired, and the staff take the service for the Rainbow Club till I arrive. I join them. They leave at a quarter to 12. We finish our service at a quarter or twenty past 12. So we have managed to develop what is quite a strange thing, because the kids are singing away, the congregation comes in, they join in with their choruses, and the noise is like Bedlam at times. This has given a problem to one or two who come in and like the quiet and the solace. But they have accepted it is life and a lively situation. So once a month we have the whole families together, and we have family worship. One problem is of course that that's the Sunday everybody – mothers and fathers – turns up, and that's them done it for a month.

The people in Lilliesleaf are loyal to the church, though there are one or two in the village who probably would like to see us far enough. But that's life, that's the challenge of it all. I should think there are one or two people in the village who become their own gods. In other words, there is nothing ever done by either charity or church which would be acceptable to them. Their view is that they should be able to dictate to us the way we should live. And it's this lack of openness which irritates me most. They're not prepared to sit down and talk about how we should as a community conduct ourselves. There are one or two who have taken upon themselves the mantle of being sort of Elijahs and Elishas. But in the main there's a good working group.[1]

There are, as I've said, a number of Lilliesleaf people who are Episcopalian in their background but who support the local church. But Episcopalians, Anglicans and Roman Catholics are very few here. After I came to the village, one family came and talked very seriously with me about returning to where their roots were. I encouraged this, and I've never felt it should be otherwise. One has to feel comfortable in a kirk or a kirk community. There's a bigger Anglican church in Melrose. There's a Roman Catholic church in Galashiels, Hawick and Selkirk, but the natural draw seems to be Selkirk. But there are very few Roman Catholics in Lilliesleaf area compared with Presbyterians or Anglicans. So the Church of Scotland still is the largest church grouping. The denominational breakdown is very limited. Between the east and west coast of Scotland, in the latter of which I spent my earlier life, there is a very subtle difference. There was a serious definition in the west coast – a definition in which you were a Roman Catholic or a Presbyterian or a nothing. If your church was in, say, Catrine-Mauchline-Sorn area, which I knew well, you went to the Roman Catholic church at all costs. Now this definition is, I hope, becoming less obvious in the west coast. But here at Lilliesleaf and in the Borders I don't find this definition at all. The Common Riding at Hawick or Selkirk is the big issue, or Ba' Day, or whatever their heritage is. There's no sectarian feeling, no barriers: I have never found that.

And the influential ones don't live here. There are Episcopalian, Anglican and Roman Catholic landlords. But their influence isn't here, it's in other areas. The landlords and the money in the main have definitely not got a great love for the Church of Scotland. Although one has to qualify that: at St Boswells, nearest neighbour to Bowden, there are, I understand, some four earls of the kingdom. Whether their background is Episcopal or not I'm not sure. But they certainly are members of the kirk in St Boswells and are participating as elders and supporters. Fortunately, there's a very happy relationship between the churches, and I think this also relates to the personalities of the ministry as well. If you can work with your neighbours then the congregations tend to support you in your views. They may not hold your views, but at least they don't become a barrier to any helpful move.

One of the aspects I've been looking at recently is the age range of the church members. In Bowden the age range is definitely 65 to 85. Lilliesleaf still has its young folk. So on a good day we can range through from the mid-30s with the youngsters, the mothers and fathers, right through to the 80s. But the spread is limited in proportion to the whole village, and the proportions are small.

Since the Second World War there's been a very serious falling away from all the churches. So there has to be an openness for denominations to work together. It's a case of either we swim together or sink together. Some feel that the churches are getting themselves slimmed down and fitter. I don't think that's necessarily true. In many areas we're dying off. I think we've got to be more frank about that. We don't appear to be able to supply the needs of the people the way we should. The pub has a bigger clientele than I have, and the village hall probably has a bigger clientele over a week than I have! But there is also this rooted faith among the community, whereby their kirk is part of their experience.

* * *

Well, now in Lilliesleaf because of the lack of local work there's a wider spread of people going out from the village and returning at night. There are at least four teachers living in the village who are out every morning to their employment in Galashiels. Cars, of course, have made a tremendous difference. We don't have any local policeman any longer: the police come through in their cars in the whole area. Fortunately, I don't know of any great need for a policeman in the community, although the presence of a policeman always, I think, makes folk feel comfortable. Poaching still goes on – but we can't comment! The pub and the Post Office and the church are still there. Now there's a Community Council that includes Midlem and Ashkirk with Lilliesleaf.

Then on politics, well, there's a general election coming up. We've had local elections. But I must say I've heard nothing political in this area. The presumption, I take it, is that all of us in Bowden are

Conservatives or whatever and over there in Lilliesleaf they're Liberal. But there are no notices for the various parties. I know quite a large number of the people have political views. I'm looking forward to this election to see if they have the decency to have an election meeting in Bowden or Lilliesleaf where folk can hear what Sir David Steel has to say. He doesnae come to Bowden, apparently, to hold his election meetings. There doesn't seem to be this political acumen in this area. I find it very strange, particularly in terms of the sort of west coast socialist views of life. Here we never hear about socialism. These views don't apply in this area. There's an area in which when certain parties have spoken the rest of us should not – and that should have changed a long time ago. A favourite phrase of local people is that they've 'aye been' as they are, and they are aye goin' tae be that way.

Then there's great pride in the local regiment, the KOSB. This is KOSB territory. You see this great pride of family tradition, and you find that much of the army connection in the Borders is connected with the regiment.

Something which I understand from my own trade union background is that for farm workers the old Scottish Farm Workers' Union was available. But if you were happy with your boss and your conditions, then the union dues was money you couldn't afford. So there wasn't a great development here at Lilliesleaf of farm workers' trade unionism. At one stage, I understand, they even had difficulty having a branch secretary, because he got moved on – which may have been deliberate or an accident! If you take on some of this responsibility and next week or next year you're finding you've got to get out from your tied house . . . Always the problem the farm workers faced was that the landlords, the owners, were the power group. You find they are very reluctant to admit they were in the farm servants' union. I don't think there was a great lot of need in that sense either, because I think they had also quite good bosses.

Farming around Lilliesleaf, as in most parts of rural Scotland, is not nearly such a big employer as it used to be. Many farm cottages are now summer lets. As I go round I find more and more empty houses which are holiday accommodation. In Lilliesleaf we've got one of the biggest holiday agencies for the area. Miss Bristow's is a very considerable business. She's now retiring, but I understand there's a woman who has taken over the business.

Years ago a lot of the children at Lilliesleaf School were sons and daughters of farm workers. And the schoolmaster stayed in the village in those days. Now he stays in Selkirk, and the schoolhouse is occupied by two teachers who work in Galashiels schools, and their children go to schools in Gala.

Neither, of course, does the minister stay in Lilliesleaf. With the linkage of these two churches, Bowden and Lilliesleaf, they had to take a look at both manses. The one in Lilliesleaf was in a very bad state of disrepair. The one at Bowden was the more suitable, in terms of least to be spent on it. So there is this feeling in Lilliesleaf – and I get a lot of this – that the minister is no longer there. He doesn't have the presence or the influence he used to have. I think that important. As they close churches and schools and remove the identity of the people concerned, I think they're diminishing the quality of life of the community. I can walk along Bowden and be seen and be recognised. I go by car to Lilliesleaf. I drive in in a car, I leave in a car. I do walk up and down the thoroughfare. But I don't have that proximity to the villagers. The old manse, up at the east end of the village, is now privately owned. But many times I hear, 'Our minister should stay in our village.' But one of the things that they've never quite recognised is that Midlem has always been without a minister staying in its village. So what does it do? The changes are quite considerable. We've become in a sense divorced in many areas. The people who saw it as it was up till 10 or 12 years ago have the feeling that they've lost. The minister no longer wants to stay with them. Formerly, he wandered up the village and he was sharing the same shops. He was part of the communal life. He was the identity. And the manse was always there. But they didn't go any more to the kirk then than they do now.

Nor any longer do we have a builder or a joiner in Lilliesleaf. Virtually all the shops have gone. Quite a number of local places supplied these shops – local gardens the lettuces, tomatoes, fruit. The shopkeepers didn't go to the markets in Edinburgh or Glasgow. Now it's all brought down from Hawick or Gala.

Changed days. We're still there though.[2]

Appendix: Lilliesleaf War Memorial

The Lilliesleaf 1914–18 war memorial was 'solemnly and reverently dedicated' on Sunday, 3 July 1921. It stands, in the form of a 13-feet-high Celtic cross, on a plinth of two levels, eight steps up from the main street, near the east end of the village and in front of the former United Free Church of Scotland. The memorial was designed by James P. Alison, Hawick, 'Mr Donaldson, Edinburgh' carved the engraving on its face, and the work was carried out 'under the direction' of Tom Steele, the Lilliesleaf stonemason and builder. Arrangements to erect a memorial to 'those more or less connected with the Parish' who were killed in the War, had begun on 10 June 1919 at a meeting called by the parish council. The meeting, at which the names of the 26 reported to have been killed were submitted, formed a committee to consider costs, etc. Its secretary was Andrew Birrell, the village headmaster. In January 1920 the committee recommended the memorial be a Celtic cross, estimated cost £300, and reported that collectors (including Major Mark Sprot of Riddell, the parish's two ministers, Miss Otto of Linthill estate, and three other collectors) had been appointed, and also that Mr George Riddell, Ashlea, had granted a site for the memorial at the west end of the village. Two months later £240.8.0 [£240.40] had been raised; and it was agreed the memorial be sited on the village Common at the west end, at the junction of the roads from Selkirk and Hawick. By November 1920 the 'roll of the unreturning brave' was ready and the cost of the memorial subscribed. But delay had resulted from a difference of opinion about the best site for the memorial. After several sites were suggested but rejected, subscribers by a majority vote finally decided the memorial should not be erected in the Church of Scotland kirkyard, 300 yards or so beyond the east end of the village, but in front of the United Free Church and opposite the Post Office. On the north side of the memorial cross, facing the main street, are given campaigns in which the men commemorated had died: 'France, Belgium, Balkans, Palestine, Mesopotamia, Egypt & at Sea'. On the west and east sides of the cross are listed, each list almost entirely in descending order of their rank, the 26 who had 'laid down their lives in defence of home and country in the Great War, 1914–19'. On the south side of the base of the cross an inscription reads: 'Erected by the parishioners and friends.'

Johnny Elliot, not quite eight years old when the War began in August 1914, had a good memory, so he did remember (as did two or three of the other oldest villagers among the 24 who present their recollections in the pages above) almost 80 years later several of the men listed on the village memorial. The Lilliesleaf memorial, unlike many others of the Great War, does not include the words 'Their name liveth for evermore'. But the memory of who those 26 commemorated were has, inevitably in some or many cases, faded with the passage of time. Through information provided by the Commonwealth War Graves Commission (CWGC), the National Army Museum and National Museums Scotland, as well as reports in contemporary issues of the Lilliesleaf Parish Magazine (LPM) and the *Southern Reporter* (SR), and by family gravestones in the village cemetery, it has proved possible to establish, for all but one of the 26, some facts about their lives and their deaths, even if sources occasionally appear contradictory over some details.

The names of the 13 on the west side of the memorial are:

2nd Lt Andrew S. Birrell, King's Own Scottish Borderers (KOSB), whose life and death are outlined in Note 17 of Johnny Elliot's chapter.

Lance Corporal Frank Kerr, KOSB, No. 6850, 'C' Company, 1st/4th Battalion, only son of Andrew and Agnes Kerr, Hawthorn Cottage, Lilliesleaf. Frank Kerr died, aged 31, at sea on 21 October 1915. News of his death reached Lilliesleaf nine days later. Before joining the army a year earlier, he had worked as a draper's traveller. Well-known throughout the Borders, 'He was a steady, trustworthy, intelligent young man and much respected for his upright character and integrity.' He had originally joined the 2nd/4th, KOSB, but 'like some others from the village he soon volunteered for foreign service and was transferred to the 1st/4th Battalion. He had safely passed through the recent severe engagements at the Dardanelles. But latterly he had contracted dysentery there. He died on the hospital ship SS *Aquitania* in the Mediterranean, and was buried at sea 50 miles off the Italian coast.' Frank Kerr's name is also engraved on the Helles Memorial, Turkey. Sources: LPM, December 1915; CWGC; *SR*, 4 November 1915, 13 July 1916; gravestones of his parents in Lilliesleaf Kirkyard.

David Moody, Corporal, KOSB, is shown by CWGC records to have been at the time of his death No. 12673 Company Sgt Major, 1st Garrison Battalion, Gordon Highlanders. He died on 6 June 1918, and is buried in Rawalpindi War Cemetery, Pakistan. Like many other soldiers during the 1914–18 War, David Moody appears to have been transferred from one regiment to another.

Robert McV. Armstrong, Private, KOSB. CWGC records say he was S/15007 Lance Corporal Robert McVittie Armstrong, 10th Battalion, Argyll & Sutherland Highlanders, son of Mrs Agnes Armstrong, Jedburgh, and the late John Armstrong. He died on 7 November 1917, aged 29, of wounds suffered on 3 November, and is buried at Zuydcoote Military Cemetery, Nord Département, France. LPM, December 1917, gives his mother's address as Templehall, Midlem.

William W. Bell, Private, KOSB. No. 7014, 1st/4th Battalion, died on 3 March 1915, aged 19, at Stirling Combination Hospital: 'not in battle, but from illness'; the only child of John and Ellen Bell, Lilliesleaf, a member of the United Free Church, and before enlisting employed by James Alexander, Harelaw farm. He was given a military funeral, and buried at Ballengeich cemetery, Stirling. Sources: CWGC; *SR*, 25 November 1915; LPM, April 1915, which adds that William Bell 'was the first of the young Lilliesleaf soldiers who left the village last autumn to die'. *SR*, 11 March 1915, reported that he had been recovering from measles when cerebro-spinal meningitis developed. Among the cord-bearers at his funeral were Rev. Peter Alison, United Free Church minister at Lilliesleaf, and four 4th Battalion comrades from there: James Deans, Frank Kerr, Arthur W. Sword, and James Riddell, all of them on the United Free Church Roll of Volunteers, and the first three of whom were themselves fated to lose their lives later that year.

Sydney Cairns, Private, KOSB. Information about him has so far proved elusive, but it appears he was transferred from the

KOSB to the Seaforth Highlanders, then to a Labour Battalion, and finally back to the Seaforth Highlanders. When and where he was killed, or died from other causes, and what precisely his connection was with Lilliesleaf has still to be established.

James Deans, Private, KOSB. No. 7030, 1st/4th Battalion, son of David Deans, Greenknowe, Gordon, Berwickshire; missing in action at Dardanelles, 12 July 1915, aged 19, and in 1916 presumed dead. He was formerly at Chapel farm, Lilliesleaf, and a member of the parish church. He is commemorated on the Helles Memorial, Turkey. Sources: LPM, September 1915, January and July 1916; CWGC.

James Hope, Private, KOSB, 6th Battalion, then No. 16744, 28th Company, Machine Gun Corps, killed in action in France, 16 July 1916, aged 25; son of Robert Hope, Craig Burn, Penton, Carlisle, formerly at Shawburn and Hermiston, Lilliesleaf. Reported in SR, 22 September 1914, to have been 'sent to the recruiting office, Galashiels, by Mr J.C. Scott of Synton', Private Hope is commemorated on the Thiepval Memorial, Somme, France. Sources: CWGC; LPM, January and October 1916.

Thomas Hope, Private, KOSB, No. 7344, 1st/4th Battalion, killed in action at Dardanelles, 12 July 1915, aged 26; son of Robert Hope, Park Barn, Brampton, Cumberland. Private Hope is commemorated on Helles Memorial, Turkey. Source: CWGC.

John Irvine, Private, KOSB, No. 23867, 2nd Battalion, died 6 October 1918, aged 22, at a Canadian hospital in France from mustard gas poisoning; eldest son of James and Helen Irvine, Clerklands, Lilliesleaf. Private Irvine was buried at Mont Huon Military Cemetery, Le Tréport, Seine-Maritime, France. Source: CWGC. SR, 17 October 1918, says Private Irvine was 23.

Andrew Lindores, Private, KOSB, No. 7106, 4th Battalion, died of wounds, 22 June 1915, aged 26. Son of Alexander and Janet Lindores, Corsbie, Earlston, Berwickshire. Pte Lindores was buried at Lancashire Landing Cemetery, Turkey. Source: CWGC.

Andrew McKinnon, Private, KOSB, No. 29571, 6th Battalion, killed in action, aged 23, in France, 3 May 1917 (until April 1918 he had been reported missing). Son of Thomas and Nelly McKinnon, Lilliesleaf. Private McKinnon is commemorated on Arras Memorial, Pas de Calais, France. Sources: CWGC; *SR*, 14 April 1918 (death notice).

Arthur W. Sword, Private, KOSB, No. 7357, 1st/4th Battalion, missing in action on Gallipoli Peninsula, 12 July 1915, later (June 1916) officially presumed dead, aged 20; youngest son of the late William Sword, farmer, Midlem, and of Mrs Agnes Sword, Viewfield, Lilliesleaf. Private Sword is commemorated on the Helles Memorial, Turkey Source: CWGC. *SR*, 15 June 1916, says he was one of 190 men of his Battalion hitherto presumed missing in action on 12 July 1915, in which the Battalion suffered heavy casualties. *SR*, 15 January 1920, commented that 'a majority of KOSB 1st/4th Bn were Border hinds' (i.e., ploughmen). In March 1918, Mrs Sword lost another son, Alexander, aged 34, in Argentina. Every year in July, from 1916 to 1920, she placed in the *SR* a notice in memoriam of Arthur. She herself died (another casualty of the 1914–18 War?) early in 1921. Source: *SR*, 24 February 1921.

The other 13 names, on the east side of the Lilliesleaf memorial, are:

A.P.S. Borthwick, 2nd Lt, Canadians. Arthur Pollok Sym Borthwick (named after Rev. Arthur Pollok Sym, whose first child baptism he had been at Lilliesleaf in 1888) was serving with 58th Company, Machine Gun Corps, Canadian Contingent, when he died in a military hospital at Rouen, 15 April 1918, aged 30, of wounds suffered in action on 23 March. Second son of William and Agnes Borthwick, Ale View, Lilliesleaf, and husband of Caroline Borthwick, Bootle, he had joined the police at Jedburgh in 1909, later moved to Coldstream and then to Liverpool, from which by 1914 he had emigrated to Canada. In France with the Canadian contingent he became a sergeant, then a commissioned officer, and was wounded three weeks later. '. . . a strong man in every way, steady, upright, athletic, intelligent, who won his way first in the police force and later in the army'. He was buried at St Sever Cemetery, Rouen, Seine-Maritime, France. At the time of his death his parents had three other sons in the army: William, attached to the Canadians' motor transport section; Walter, Highland Light Infantry, twice wounded; and Robert, Northumberland Fusiliers, then 'lying wounded in hospital at Eastbourne'. 2nd Lt A.P.S. Borthwick was a second cousin of Tam Borthwick (see above, p. 19). Sources: LPM, May 1918; CWGC.

Joseph S. Cochrane, Sergeant, Argyll & Sutherland Highlanders. No. 10025, his middle name Swinton, Sgt Cochrane, Military Medal, 10th Battalion, Argyll & Sutherland Highlanders had joined the army in 1905, was serving in India when the War began, and went to France in November 1914. Third son of David Cochrane, gardener, Linthill, Lilliesleaf, and his wife Catherine, he died aged 28 at a casualty clearing station in France on 14 October 1916 from wounds received in action two days earlier. Sergeant Cochrane was buried at Dernancourt Communal Cemetery Extension, Somme, France. Four of his brothers were also then serving in the Forces. Sources: CWGC; *SR*, 23 November 1916 (which says he was his parents' fourth son).

George Millar, Sergeant, Canadians. No. 30664, 13th Battalion, Canadian Infantry, killed in action near Ypres, 13 June 1916, aged 29. Son of John Millar, watchmaker, formerly of Lilliesleaf, and husband of Jenny Smart, Galashiels, he was by marriage an uncle to Agnes Brown (see above, p. 60), and had emigrated to Canada before 1914. He is commemorated on the Menin Gate Memorial at Ypres, Belgium. To celebrate their marriage, he and his wife had donated a ball to the Lilliesleaf Hand-ba' in February 1916. Sources: CWGC; gravestones of his parents, Lilliesleaf Kirkyard; *SR*, 10 February, 13 and 20 July 1916.

James Ballantyne, Private, S. Rifles. No. 37716 Lance Corproal Ballantyne, 10th Battalion, Cameronians (Scottish Rifles), son of Edward and Beatrice Ballantyne, Clerklands, Lilliesleaf, died of wounds, 17 August 1917, aged 22, and was buried at Brandhoek New Military Cemetery No. 3, West-Vlaanderen, Belgium. Source: CWGC.

George Grant, Private, Royal Marines, is understood to have been Gunner George D. Grant, RMA 14651, son of the late Lewis and Isabella Grant, Galashiels, killed in action on HMS

Defence at the battle of Jutland, 31 May 1916, aged 17. Sources: CWGC; Portsmouth Naval Memorial.

Robert Hume, Private, Scottish Horse. As No. S/24072, 1st Battalion, Black Watch, he appears another case of transfer to a different regiment. Fourth son of William Hume, Lilliesleaf, he was killed by a shell in France, 28 May 1918, in his 39th year, and was buried at Noeux-Les Mines Communal Cemetery Extension, Pas de Calais. Sources: CWGC; LPM, July 1918; gravestones of his parents, Lilliesleaf Kirkyard.

Pringle Leithead, Private, Lovat Scouts. Evidently known also as Walter Leithead, he was No. 201260, 1st/4th Battalion, KOSB, son of Adam and Christina Leithead, Hawick, and was formerly at Clerklands, Lilliesleaf. He was added to the parish Roll of Honour in June 1915. Killed in action with the Palestine Force on 13 November 1917, aged 27, he was buried at Ramleh War Cemetery, Israel and Palestine. Sources: CWGC; LPM, February 1918; *SR*, 24 June 1915.

William Ogilvie, Private, Gordon Highlanders. No. S/3192, 9th Battalion, son of William Ogilvie, St Boswells, was killed on 25 September 1915, aged 20, and is commemorated at Loos Memorial, Pas de Calais, France. Source: CWGC.

Thomas Oliver, Private, Scots Guards. No. 12171, 2nd Battalion, middle name Richardson, son of Jane Oliver, Stobs, Hawick, and the late William Oliver, died 5 October 1915, aged 19. Commemorated on Loos Memorial, Pas de Calais, France. Source: CWGC.

James Robinson, Private, Royal Scots. No. 40265, [Dandy] 9th Battalion, son of James and the late Catherine Robinson, Eildon View, Lilliesleaf, and husband of Mary Robinson (née Drummond) (see above, his son Robert Robinson, p. 36). He was killed on 22 March 1918, aged 39, and buried at Marteville Communal Cemetery, Attilly, Aisne, France. Sources: CWGC; LPM, July 1919 (which says he was in C Company, 1st/4th Battalion, Royal Scots, was previously reported missing near St Quentin and is now officially presumed killed); *SR*, 26 June 1919.

George Smith, Private, Canadians. No. A/24215, 5th Battalion, Canadian infantry, fifth son of John and Mary Smith, Easter Cottages, Lilliesleaf. Earlier reported missing, on 28 April 1917 he was officially presumed killed, aged 29. He is commemorated on the Vimy Memorial, Pas de Calais, France. Sources: CWGC; LPM, December 1917; *SR*, November 1917 (which says he was Lance Corporal).

Frank Turnbull, Private, Lothians & Border Horse. No. 32828, 2nd Battalion, King's Shropshire Light Infantry, formerly L&B Horse, son of James and Betsy Turnbull, Satchells, Lilliesleaf, died on 30 September 1918, aged 26. Buried at Doiran Military Cemetery, Greece. Source: CWGC. Of Frank Turnbull, LPM, November 1918, says he was the 'only surviving son of James Turnbull'. The gravestone of his parents in Lilliesleaf Kirkyard says Frank was in the King's Shropshire Light Infantry, was born on 21 November. 1891 at Burnmouth, near Berwick-upon-Tweed, and died, 'For King and Country', on 30 September 1918 at Salonika. His younger brother William, born April 1904, had died at Satchells, January 1913; his older brother Andrew, born Burnmouth, September 1890, had died in Hawick Cottage Hospital, February 1914. *SR*, 24 October 1918, says Frank joined L&B Horse in October 1914, was transferred first to the Royal Scots, went to Salonika in 1916 and was there transferred to the King's Shropshire Light Infantry. He died from pneumonia. He was a grandson of the late Frank Turnbull, shepherd at Saughtree, 'where the Turnbulls had been shepherds from time immemorial' (*SR*, 24 October 1918).

Adam Wilson, Private, Royal Army Service Corps. No. B/201763, Rifleman A. Wilson, Rifle Brigade, posted to London Regiment (Artists' Rifles), died on 5 April 1918 [presumably as a prisoner of war], aged 21, son of Alexander and Margaret Wilson, Newhouse, Lilliesleaf. He was buried at Niederzwehren Cemetery, Hessen, Germany. CWGC. He was at Clerklands farm, Lilliesleaf, when, aged 18, he had joined the Army Service Corps at Galashiels recruiting office in May 1915, and was entered then on the parish Church of Scotland Roll of Honour. Source: *SR*, 6 May and 24 June 1915.

As a prime symbol of the impact of the 1914–18 War on the village, its surrounding district, and their inhabitants, the Lilliesleaf War Memorial, no doubt like many elsewhere, prompts several questions, adequate answers to which demand further study. A few additional comments here, however, may prove helpful meantime to the reader. First, the total number of men from the locality who served during the War, either voluntarily or as conscripts, is uncertain. Each of the two parish churches – Church of Scotland and United Free – maintained its own Roll of Honour of those of its members who volunteered to enlist or who, in one or two cases (such as Sgt Joseph S. Cochrane), were already in the pre-war Regular forces. The total number on the surviving 'Church of Scotland Parish of Lilliesleaf, European War 1914, Roll of Honour', is 50. That Roll is otherwise undated, so it is possible some additional enlistments occurred that were, like the conscripts of 1916–18, not included on the Roll. The United Free Church Roll of Honour is not known to survive, but the names of nine enlistments upon it by then were published in *SR*, 10 December 1914; and it seems not improbable that a few more may have been added before the government introduced, in January 1916, conscription, or deemed enlistment, for all unmarried men and childless widowers aged 18 to 41, a further Act in May 1916 extended conscription to married men, and a third Act in April 1918 raised the maximum age to 50. Obviously, the nine names from the United Free Church's Roll published in *SR*, 10 December 1914, did not include any conscripts. Neither, it seems, did the Church of Scotland's Roll. For example, the two Lilliesleaf brothers James and William Robinson, both married men, conscripted under the Acts of 1916, are not named on the Church of Scotland Roll (nor, of course, on the published United Free list; although Tam Borthwick, above, p. 18, says William Robinson was in the Territorial Army, which had been mobilised on 30 July 1914). To compound the difficulty in establishing the total number of Lilliesleaf men who served in the Forces during the War (actually, all but one – Private or Gunner George Grant – in the army, for none seemed to have served in the Royal Navy, Royal Flying Corps/ RAF or (civilian) merchant navy, two men have been found who were in the army but are not included in the Church of Scotland Roll or on the United Free Church list of nine enlistments. One of those two was Edward M'Namara, said to be from Lilliesleaf, who enlisted in May 1915 at Galashiels in the Army Veterinary Corps (*SR*, 13 May 1915). The other, according to the CWGC, was 2nd Lt George Beattie, MC, 11th Battalion, Argyll & Sutherland Highlanders, son of George and Jessie Beattie, Elwyn Cottage, Lilliesleaf, who was killed on 23 April 1917, aged 32, and is named on Arras Memorial, Pas de Calais, France. This is speculation, but if Edward M'Namara were Irish and Roman Catholic, his religious affiliation would presumably have excluded him from the two Lilliesleaf church Rolls. But why was 2nd Lt George Beattie not included on the village war memorial? He was killed in the battle of Arras, a fortnight after the death there of 2nd Lt Andrew S. Birrell, son of the Lilliesleaf headmaster who was secretary of the War Memorial Committee. Was 2nd Lt Beattie's omission from the Memorial because, though his parents were living in the village in 1917, he himself had perhaps never done so? The total known number of Lilliesleaf men serving, either as volunteers (including the one or two who were Regulars from pre-war, eight who had emigrated to Canada before the War and were serving with its contingent; and also Edward M'Namara, but excluding 2nd Lt Beattie) or as conscripts, seems therefore to have been at least 50 + 9 + 1 + 2 = 62. In either category, however, particularly if they had affiliations with the United Free Church, whose complete Roll seems not to have survived, or they were conscripts associated with either of those two Churches, or with other denominations, or indeed had no church affiliation at all, there may well have been several more than 62 who served. If a generous maximum of 72 serving were assumed to be a reasonably accurate total, the 26 names on the Memorial would mean 36 per cent of the 72 did not return. But if 62 was indeed the correct total, then almost 42 per cent of them did not return. The truth is likely to stand somewhere between those two percentages. Even then, neither percentage takes into account those two or three other Lilliesleaf casualties of the War, such as George Wood and Johnny Elliot's uncle Robert Mitchell, who died after, but as a direct result of, the War (see Note 4 of Johnny Elliot's chapter). Yet the *Southern Reporter* asserted on 19 July 1917 that, compared with many other places, Lilliesleaf's casualties in the War 'have not been excessive'. If that was true, it is surely yet another testimony to the horrendous slaughter wrought in 1914–18 by the War to end Wars.

Finally, the Conscription Acts of 1916 provided for exemption on several grounds, including 'a conscientious objection to the undertaking of combatant service', and set up a local tribunal in each registration district, and also established Appeal Tribunals and a Central Tribunal. In press reports of the proceedings of these tribunals in the Borders, no evidence has been found of any conscientious objectors from Lilliesleaf.

Glossary

a'	all
ablow	below
aboot	about
abune	above
afore	before
agin	against
ah	I
ahint	behind
ain	own
Aippletreeha'	Appletreehall
airm	arm
aixe	axe
altaegether, althegither	altogether
an'	and
anys	any
arenae	aren't
as	than
a'thegither	altogether
a'thing	everything
atween	between
auld	old
awa'	away
awfa', awfu', awfy	awful
a'where	everywhere
aye	always, still; yes
ba'	ball
back end	late autumn
bade	stayed
bairns	children
baith	both
bane	bone
becis	because

ben	through
bide	stay
bield	shelter
biffed	batted
biltie	club
birl	whirl round
bits	places; boots
bittie	a short distance or time; somewhat
bitties	places
body, a	a person
bools	marbles
bothy	hut or other (usually very basic) accommodation for farm or other workers not living at home
Bowdenmair	Bowdenmoor
bowght	bought
brae	hill
breid	bread
brek	break
brig	bridge
brit	brute
Broonlie	Brownlie
browght	brought
bunnet	cap
burns	small streams
buroo	labour exchange
but and ben	a two–roomed house
bylies	bailies
ca'ed	called; drove; turned handle of
ca'in'	driving; turning
cadge	barb or cleek
cairry	carry
cairt	cart
callant	a youth
canna, cannae	can't
catched	caught
cauld	a weir or dam; cold
ceilidh	an organised or informal gathering with music, story-telling, etc.
Chaipel	Chapel

claes	clothes
cled	clothed
cleek	a long hook for landing fish
cley	clay
clype	inform on
coom	sloping or arched
coont	count
couldnae	couldn't
cowp	overturn, deposit
crack	talk, conversation
craws	crows
cried up	called up
cuppa	cup of tea
dae	do
daist	just
dauchters	daughters
deid	died, dead
didnae	didn't
din	done, did
dinna, dinnae	don't
dist	just
diz	does
doesnae	doesn't
doon	down
droppit	dropped
'ear	year
Edinbury	Edinburgh
ee	you
eer	your
eersel'	yourself
efter	after
efternin	afternoon
eicht	eight
Erchie	Archie (Archibald)
fa'	fall
faither	father
fee-ed	employed, engaged
feeneesh	finish

feenishing, finishing	in cutting a grain field, the last section, where rabbits and other wildlife retreat to
fellae	fellow
fer	far
ferm	farm
ferther	further
fit	foot
fither	father
flair	floor
flooers	flowers
follae	follow
forbye	besides, in addition to
forenin	forenoon
forrit	forward
fower	four
frae	from
froon	frown
fu'	full
fund	found
fur	for
furrie	furrow
fykie	fussy, fastidious
gaed	went
gaun	go, going
gey	quite, very
gie	give
gied	gave; went
gien	gave, given
gies	give, gives
gin	go, going; if
girn	complain, complaint
gled	glad
Glesgae	Glasgow
gliffed	frightened
goonie	nightgown
gress	grass
grieve	a farm overseer, steward, manager
grund	ground
guddling	catching fish by hand
guid	good

ha'	have; hall
ha'penny	halfpenny
hae	have
haenae, hasna, hasnae,	
havena, havenae	hasn't, haven't
hail (at hand ball)	win the goal
hame	home
haud	hold
haugh	level ground on a river bank
hei	he
heid	head
hert	heart
het	hot
hev	have
hey	hay
Hielander	Highlander
himsel', hissel'	himself
hind	a skilled farm worker; a ploughman, usually married
hing	hang
hollae	hollow
hoor	hour
hoose	house
houts	expression of dissent
how, Dutch	hoe
howking	digging up or out
hunder	hundred
ight	eight
ilka	every
ingans	onions
in't	in it
intae	into
intil	into
ither	either; other
iz	me, us
Jeddart	Jedburgh
jeely jars	jam or jelly jars
jiner	joiner
jist	just

jukery-pokery	trickery, roguery; sly
ken	know
kenned, kent	knew
kick-the-can	a game in which one player, while guarding the can, hunts for the hidden other players
knuckle	a method of playing marbles
kye	cows
laddie	boy or youth
laird	landowner
lairs	burial places
lang	long
leave-o	a game in which one side tries to capture members of the other side and place them in a den from which their teammates try to free them
lest	last
lookit	looked
lossin'	losing
lowse	loosen, unbind, unharness, stop work
ma	my
mair	more
mairried, mairrit	married
maist	most
maitter	matter
mangold	mangel-wurzel (cattle feed)
merk	mark
michty	mighty
milkit	milked
min	man
mony	many
morn, the	tomorrow
muckle	big
muggers	hawkers of earthenware mugs or crockery
mun	man
Musselbury	Musselburgh
mutch	a close-fitting linen cap worn by women

354

nae	no
naethin'	nothing
nane	none
neb	a point
neebour	neighbour
nicht	night
nick-ed	nicked
no'	not
o'	of
odd laddie	a farm boy or youth with a single horse who does a range of jobs, but not ploughing
ony	any
onythin'	anything
oo	we, us
oor	our
oot	out
ootby	outlying
or	until
o't	of it
ower	over
packald	pack load
pairt	part
panfae	panful
peels	bakers' long-handled wooden shovels
peeny	pinafore
peerie	spinning top
peevers	hopscotch
perk	park
peteetion	partition
pey	pay
pickle	little, few
pictur	picture
piece	snack, sandwich, packed lunch
piercer	a long heavy metal spike
pit	put
pliss	place
plooman	ploughman
policies	enclosed ground or park of an estate

polis	police, policeman
poor-oot	pour out (of coins at a wedding)
powny	pony
prood	proud
pund	pound
putten	put
rammy	noisy disturbance
rit	root
rither	rather
roond	round
roonders	rounders
roosty	rusty
rowed	rolled
ruck	a hay or corn stack
sae	so
sair	sore
saps	pieces of bread soaked or boiled in milk
scarts	scatters, scratches, scrapes
schule	school
seck	sack
seeven	seven
selled, selt	sold
shair	sure
shawin'	cutting shaws from turnips
shooder	shoulder
sic, sich	such
side openin'	colostomy
singlin'	thinning out turnips
skilfae	skilful
sma'	small
smiddy	blacksmith's
snaw	snow
sojers	soldiers
soo	sow
sook	suck
sooth	south
spails	splinters
speelin'	climbing
stane	stone

stapped	stopped
steedin'	steading
stert	start
steward	farm overseer, grieve, manager
steyed	stayed
stob	post
stooks	in a grain field, several sheaves set up head-to-head to dry
stoppit	stopped
strap	leather belt, tawse
stright	straight
sweetie	a sweet
syne	ago, since
syver	street drain
't	it
tae	to, too
ta'en	taken, took
tattie	potato
tawse	leather strap
telt	told
thae	those
thame	them, those
thegither	together
theirsel'	themselves
thingaby	name temporarily forgotten of someone or something
thir	this, those
thocht	thought
thon	that, those
thonder	yonder
thowght	thought
thrashin'	threshing
thraw	throw
thrip	thruppence (1¼p)
till	to
toon	town
toosy	boisterous, unruly
troot	trout
tum'led	tumbled
twae	two

twal'	twelve
tylor	tailor
ver', verra	very
wa'	wall
wad	would
wadna, wadnae	wouldn't
waiter	water
walkit	walked
wames	stomachs
wasna, wasnae	wasn't
wee	small
weel	well
weemen	women
weer	wear
werenae	weren't
wha, whae	who
wheelbarrie	wheelbarrow
whiles	sometimes
wi'	with
wid	would; wood, wooden
widnae	wouldn't
Winchbury	Winchburgh
windae	window
wir	our
wis	was
wisnae	wasn't
workit	worked
wouldna, wouldnae	wouldn't
wumman	woman
yae	one
yairds	yards
yaised	used
Yarrae	Yarrow
ye	you
yeez	you
yersel'	yourself
yin	one
yince	once

yist	used
yoked	harnessed (on); attacked verbally or physically
yon	that, those
yowes	ewes

Notes

Abbreviations and contractions used in these notes are: b. – born; Bn – Battalion; c. – circa; CWGC – Commonwealth War Graves Commission; Coy – Company; Cpl – Corporal; d. – died; DEMS – Defensively Equipped Merchant Ship; educ. – educated; est. – established; GLK – Gravestone in Lilliesleaf Kirkyard; Gnr – Gunner; Infmn – Information; KOSB – King's Own Scottish Borderers; L/Cpl – Lance Corporal; Lieut. Lt – Lieutenant; LPM – Lilliesleaf Parish Magazine; Pte – Private; regt – regiment; RASC – Royal Army Service Corps; SFSU – Scottish Farm Servants' Union; *SR – Southern Reporter*.

Johnny Elliot, pp. 1–17

1 John Park, shoemaker, 'a strong upholder of temperance', lived for many years until 1919–20 on the main street, Lilliesleaf, in the house named Ashgrove, which was also his shop and workshop. When he moved away then to York, Jean Robinson, née Elliot (see above, pp. 126–44), her parents, sister Nan and brother John, moved into Ashgrove. Lilliesleaf Parish Magazine (henceforward LPM), Mar. 1919. Johnny Elliot is mistaken about the year of death of his grandfather, also named John Elliot, who died at West Middles, 17 Jul. 1915, in his 85th year. His wife had died about 11 years earlier. *Southern Reporter* (henceforward *SR*), 22 Jul. 1915.

2 John ('Jocky') W. Turnbull's grocery business existed in Lilliesleaf for about 50 years from at least Oct. 1915 when Turnbull was fined £2 or 20 days' for keeping 30 gallons of petrol in a stable near his house without a licence from the local authority. *SR*, 4 Nov. 1915.

3 The old police station was the house named Hazel Cottage West, on the north side of the main street.

4 Robert Mitchell, only surviving son of James Mitchell, grocer, died at Lilliesleaf aged 48 in Jan. 1929. He had had the grocery shop since 1908. In Jan. 1914 he had been master of ceremonies in the village's Currie Memorial Hall at a concert and dance by Roxburghshire Unionist Association. A Lilliesleaf parish councillor, he had been by Dec. 1916 in France 'for a considerable time in the Army Motor Transport Corps'. In Jan. 1920 he was secretary, Lilliesleaf branch, Scottish Federation of Discharged and Demobilised Sailors and Soldiers; and Robert Robinson (above, p. 41) recalls that Robert Mitchell ran a charabanc service in the 1920s between the village and Hawick. The absence from Lilliesleaf 1914–18 war memorial

of Robert Mitchell's name, although he appears to have been, as Johnny Elliot says, a casualty of that War, was not unique to him either in Lilliesleaf or, still less, in Britain. Another local casualty whose name is not included on the memorial but who died at Riddell in Oct. 1921 in his mid-20s from disease contracted during the War was George Wood, eldest son of the estate carter at Riddell and formerly of 4th Bn, King's Own Scottish Borderers (henceforward KOSB). George Wood's name is on the Church of Scotland Lilliesleaf Parish Roll of Honour, European War, 1914. The Parish Magazine later described him as 'one of the 12 who volunteered for active service at the very beginning of the war; and if his name is not among the six and twenty engraved on our war memorial, he nonetheless gave up his life for his country'. George Wood, said to be 'of a bright and cheery disposition, and much esteemed by all', was buried in Lilliesleaf kirkyard in a 'semi-military funeral', attended by 30 ex-servicemen, and with his coffin covered by a Union Jack and many wreaths. *SR*, 4 Jun. 1908, 15 Jan. 1914, 14 Dec. 1916, 29 Jan. 1920, 13 Oct. 1921, 31 Jan.1929; LPM, Nov. 1921.

5 James Elliot, Johnny's brother, died at the Middles on 20 Oct. 1918. Lilliesleaf school was closed for a fortnight after his death. *SR*, 24 and 31 Oct. 1918; LPM, Nov. 1918. The influenza epidemic, the worst till then recorded, killed millions of people throughout the world and made even more millions ill.

6 William Young, d. 1926. His widow, Mrs Margaret Young, remained at St Dunstan until her death there, aged 70, in Sep. 1941. *SR*, 9 Sep 1926, 11 Sep. 1941. Will Falla, until then the village blacksmith for many years, was succeeded in 1932 by Peter Chisholm. John Falla, who died in 1890 aged 53, had also been blacksmith in the village. Gravestone in Lilliesleaf Kirkyard (henceforward GLK). Tom Steele, builder, d. Aug 1970, aged 90. GLK. John McLean, d. Springbank, Lilliesleaf, Dec. 1932, aged 72. GLK. His eldest daughter Agnes married in Jul. 1923 William 'Tailor' Robinson, by then a widower. She died Dec. 1974. *SR*, 26 Jul. 1923; GLK. Her sister was Mary McLean, d. Dec. 1958 aged 68. GLK. Miss Ella Tinline (1876–1955) and her son George Tinline (1911–1984) owned and lived at Bellfield farm in the village. Infmn: Mrs Barbara Johnston, Borders Family History Society. George Riddell, member of a family that had been for generations joiners at Lilliesleaf, was active in village life, a parish councillor and an elder in the United Free Church. The 'big hoose' where he lived was named Ashlea. He died in Feb. 1940, in his 87th year. *SR*, 29 Feb. 1940. Jim Wilson lived for a decade or more at Ashlea and died Mar. 1952. GLK. Camieston farm is 1½ miles west of St Boswells. It was actually Bob Spiers (d. 1954 aged 65: GLK), John Spiers's father, who took over the joiner's business at Roseville soon after the 1914–18 War. John Spiers (d. 1989: GLK) worked with his father and succeeded him in the business. Andrew Turner, Beechwood, d. Jan. 1920, aged 68. GLK. Ruth E. Turner (Mrs Willie Scott) d. Feb. 1977. GLK.

7 James Robinson, mole catcher, died May 1922 in his 88th year. Wife Catherine had died in 1908, aged 69. Their younger son James, rabbit catcher,

had been reported missing, presumed killed, at St Quentin, France, on 22 Mar. 1918, aged 39. His older brother William, tailor, died Dec. 1961, aged 85. GLK. Andrew Riddell, draper, occupied the building named Wellfield, opposite the school, and part of which later became Haldane's baker, then grocer's shop. Andrew Riddell d. Jun. 1920, aged 68. GLK; *SR*, 24 Jun 1920. Andrew Birrell (1859–1950), Fellow of the Educational Institute of Scotland, headteacher, 1887–1924, Lilliesleaf Public School. LPM, Aug. 1924; GLK. The Currie Memorial Hall was built in 1891 for £771, as a memorial to William Currie (d. 1889), owner of Linthill estate. The Hall seats 270 people. Rev. A.P. Sym, *The Parish of Lilliesleaf* (Selkirk, 1913), 144, 145. George Brown, father of Agnes Brown (see above, pp. 60–9), succeeded, c. 1907–08, Andrew Henderson as baker at Plumtreehall, Lilliesleaf, and retired shortly before he died in 1947, aged 69. *SR*, 2 Oct. 1947. Jimmy Hume had succeeded his father William Hume, 'the old laird', as Lilliesleaf butcher by 1920. William Hume died Dec. 1920, in his 80th year. His son Robert had been killed in action in France in May 1918 aged 38; and William's daughter Agnes died Apr. 1934, aged 57. Jimmy Hume, second son of William, d. Aug. 1947. GLK; LPM, Sep. 1920, Feb. 1923; *SR*, 4 Jan. 1923, 14 Aug. 1947.

8 Surviving title deeds indicate the Plough Inn has existed at Lilliesleaf since at least the late 18th century. George Scott Brown was publican there, 1920–35, and, as Johnny Elliot says, was also contractor for the mail services between Lilliesleaf and Belses station, 3½ miles away. LPM, Sep. 1920; *SR*, 17 Feb. 1921, 20 Feb. 1936. Jimmy 'The Post' Turnbull had become in Feb. 1890, after an injury to his hands, the mail contractor between Belses and Lilliesleaf, and 'Twice a day for nearly 28 years he drove the post car through fair weather and foul, never missing the train, and being civil and kindly to all his passengers.' He died in Sep. 1918 aged 74. LPM, Oct. 1918; *SR*, 3 Oct 1918. Walter Hume, son of John Hume, master tailor, and brother of James Hume, Roxburghshire County Clerk, later also had a car-hire and newsagent business. He died in Nov. 1946, aged 59. GLK; *SR*, 28 Nov. 1946. William 'Biltie' Law, bachelor, a leading figure in Lilliesleaf as a member of the school management board, a parish councillor, secretary of the Curling Club, and 'a staunch Unionist', died May 1926. GLK; *SR*, 6 and 20 May 1926. Second son of Andrew Henderson, baker in Lilliesleaf for at least the last two decades of the 19th century and until 1907–08, Jim Henderson was the village postmaster for 38 years. He died aged 70 in Jul. 1955. LPM, Nov. 1918; GLK. Rev. Dr Arthur Pollok Sym (1862–1946), BD, DD, was Church of Scotland minister, Lilliesleaf parish, 1888–1928.

9 Miss Elizabeth Morrison, after 40 years as a teacher, first at Bowden then Greenlaw, then for 34 years as infant teacher at Lilliesleaf and librarian of the village library, retired in 1920. She died at Jedburgh, Aug. 1922, and was buried at St Boswells. LPM, Mar. 1920, Sep. 1922; *SR*, 26 Feb. 1920, 3 Aug. 1922. In 1911–18, when Johnny Elliot attended it, Lilliesleaf Public School, appears, as he indicates, usually to have had three teachers, of

whom the third one taught the juniors. That teacher seems, however, to have changed more or less every year. In 1911 she was Miss McKinlay, succeeded in Aug. 1912 by Miss Maggie Gray from Keith, Banffshire, who by 1913–14 had been replaced by Miss Ballantine. A report of the village Ba' Day in Feb. 1915 suggests there were then only two teachers – the headmaster and the infant mistress. But in Sep. 1915 Miss Isabella Mackie was the third teacher. No further information has been found until Feb. 1920, when the third teacher was Miss Burnett. Were these frequent changes of teachers of the junior pupils due to dissatisfaction by the successive incumbents with their working, living or lodging conditions in the village, or with its relatively isolated situation and the lack of public transport? Or were war conditions in 1914–18 a main factor? By Nov. 1922, the teachers other than Mr Birrell, headmaster, were Misses Boyd, Falconer, and White. *SR*, 9 Mar. 1911, 8 Aug. 1912, 13 Feb. 1913, 12 Mar 1914, 18 Feb. and 16 Sep. 1915, 10 Feb. 1916, 26 Feb. 1920, 23 Nov. 1922.

10 Soup, made in the school by a villager, had become available at lunchtime in the winter of 1907–08 to the Lilliesleaf scholars for ½d (0.25p) a bowl. Local farmers, and others, donated potatoes, turnips, carrots and other vegetables for the soup. Of the school roll of some 120 scholars, about 60, most of them from outside the village itself, took the soup. The provision was made on the initiative of the Rev. Sym, Church of Scotland parish minister and chairman of the school board. Such provision for 'necessitous schoolchildren' had been begun in the 1870s at Forfar, as a philanthropic measure by a doctor there. The Liberal government had supported a Labour proposal, passed as the Education (Provision of Meals) Act, 1906, which authorised (but did not compel) local authorities to provide school meals; and the Act may have contributed to the introduction of the midday soup at Lilliesleaf. By 1911–12 the average daily number of bowlfuls provided remained about 60. In the winter of 1913–14 the total number consumed was 5,878, and reached a peak of 6,173 between Nov. 1916 and Apr. 1917. After that, no further reference to the provision has been found, at least for several years. *SR*, 23 Jan. 1908, 14 Nov. 1912, 9 Apr. 1914, 1 Nov. 1917; F.B. Smith, *The People's Health 1830–1910* (London, 1990), 179, 180.

11 Eildon Hall, near Newtown St Boswells and 6½ miles north-east of Lilliesleaf, was a residence of the Earl of Dalkeith, eldest son of the Duke of Buccleuch.

12 Agnes Brown (see above, pp. 60–9) was a daughter of George Brown, the baker, and served in his shop. About Dick Campbell the Lilliesleaf Parish Poor Roll provides some further information from 1903 until his death aged 68 in Mar. 1915. The Roll, in the harsh official language of the period, describes him as a 'Congenital Imbecile', unfit to work, destitute and boarded as 'a Pauper Lunatic' at Riddell East Lodge, tenanted by his brother Robert, a farm labourer. Apart from parish relief, Dick had no earnings, means or resources. Born at Roberton, a few miles south of Hawick, he was said to be single, a Protestant, and received parish relief of 4s [20p] a week, as well as yearly a suit of clothes, under-clothing and a pair of boots. Between 1903

and 1910 he was described in the Roll as being in good health, except that in Sep. 1907 he suffered a severe attack of epilepsy. Then from May 1910 he was said to be in failing health. Dick Campbell's father John, born in 1819 at either Ettrick or Yarrow and with whom, until his death in 1902, Dick had lived, had from 1898 received 6s [30p] parish relief weekly. John Campbell was described as a wholly disabled farm labourer, suffering from old age and a broken leg. Besides his sons Dick and Robert, John Campbell had four daughters, all married, and several grandchildren. For the poor, the old, the disabled those days could hardly be described at Lilliesleaf, any more than elsewhere, as 'the good old days'. LPM, Apr. 1915; *SR*, 18 Mar. 1915.

13   'Dr' William Blythe (1867–1947), was for many years active in Lilliesleaf recreational, sporting, and social events and organisations, including the Curling, Miniature Rifle, Quoiting, and Cycling Clubs, the Horticultural Society and its annual show, Burns Nights, and dominoes tournaments. One of his several part-time or occasional or seasonal employments was as contracted village scavenger until his retirement from that task in 1936, when the contract passed to Archie Elliot, farmer, Middles, and whose employee Bob Dalgleish then did the actual work. William Blythe and his wife lived in St Dunstan farm cottage east, normally a tied house, but he seems not to have been an employee of the farm. His wife died in Jun 1944. The last reference found to 'Dr' Blythe himself was as a prize-winner in a village dominoes competition in Feb. 1937. Infmn: Mrs Barbara Johnston, Lilliesleaf; *SR*, 8 Oct. 1903, 30 Jan. and 4 Jun. 1908, 15 Jul. 1909, 5 Jan. 1911, 7 May 1936, 25 Feb. 1937. Bewlie farm, two miles north-east of Lilliesleaf, is on the road from there to Belses, Ancrum and Jedburgh.

14   Sym, *The Parish of Lilliesleaf*, op. cit., 177, gives two versions for the date of Ba' Day. One is Johnny Elliot's almost completed recollection: 'First comes Candlemas, then the new moon. Ba' Day is the first Tuesday after.' The second is what Rev. Sym describes as the Roxburghshire version: 'First comes Candlemas, syne the new moon. The next Tuesday after is Fastern's E'en' – in which case, Rev. Sym says, Ba' Day coincided with Shrove Tuesday. The Ordnance Survey map gives Greenbank, not Greenbanks, as the name of Johnny Elliot's farm at Roberton. 'Auld Bobby Dal', Bob Dalgleish, senior, died in Jan 1961 at West Middles, where he had worked almost all his life. GLK.

15   Surviving Lilliesleaf school log books show the roll of pupils was: 122 in Jun. 1902, 104 in Jan. 1914, and again 122 in Nov. 1918. It fell after the 1914–18 War to 93 in Jan. 1924 and to 68 (excluding an almost equal number of war evacuees that month from Edinburgh and Leith) in Sep. 1939. It was 64 in Jun. 1945, 60 in Aug. 1969, then fell sharply to 29 by 1985, but thereafter recovered strongly by Jun. 2009 to 78, and stood in Apr. 2014 at 59. These fluctuations reflected demographic changes in the village, its surrounding district, and in agriculture, as well as the spread of private car ownership, and the introduction after the 1939–45 War of general secondary schooling, so that almost all pupils at Lilliesleaf no longer remained there to the age of 14, but all passed at age 11 or 12 to Denholm, or to

Hawick, and later Selkirk, High School. From Lilliesleaf, Synton Mill, in Ashkirk parish, was 3 ½ miles south-west; Standhill farm, in Minto parish, 2 ½ miles south-east; Bewliehill farm, and Clarilaw farm in Bowden parish, 2 ½ miles north-east.

16 Riddell estate was easily the largest at Lilliesleaf. Riddell itself was a mile slightly south-west of Lilliesleaf.

17 Andrew Smith Birrell, aged 31, an only son, was killed in action with 6th Bn, KOSB, at Arras, 9 Apr. 1917. He had trained in business at Gibson & Lumgair Ltd, Selkirk; and before enlisting in the army was based in Edinburgh as Scottish and Irish representative of J. & J. Wilson Ltd, woollen manufacturers, Kendal. Joined Edinburgh University Officers' Training Corps, Mar. 1916, later commissioned in 3rd Bn, KOSB, but transferred to the 6th Bn when he was sent to the Western Front in Jan. 1917. '. . . a boy of undoubted gifts, which were developed in the school by his father . . .' he had 'won both respect and affection from his companions in Lilliesleaf and Selkirk . . . He had an unblemished reputation and maintained a high character.' Until his death he had been married for several years to Katharine Wright of Philiphaugh, Selkirk. LPM, May 1917; GLK of his parents. 'He had, even as a lad, many gifts, particularly in music.' He was from an early age organist in Bowden parish church, and later, for 10 years, in Selkirk West United Free Church, before being elected organist at the Methodist Central Halls, Edinburgh, until he was killed. A Forces chaplain wrote 2nd Lieut. Birrell's widow that he had been killed about 6.30am on 9 Apr. while leading his men in the battle of Arras. 'His death was instantaneous. It was caused by a shell and he suffered no pain.' At a memorial service to him at the Central Halls, Edinburgh, the organ was draped in black, and the Dead March played, with the congregation upstanding. *SR*, 26 Apr. 1917. Every Apr., from 1918 to 1931, on the anniversary of his death, an in memoriam notice for him was published in the *Southern Reporter*, from his widow, parents, and, at least initially, his sister, Mrs W.F. French.

18 Willie Douglas, d. aged 63, 20 Jan. 1970, eldest son of William Douglas (d. 1970, in his 87th year) founder, c. 1914–18, of the Douglas fencing firm in Lilliesleaf. Jim Robinson (1907–1986), eldest son of James Robinson, rabbit catcher, killed in the 1914–18 War, was brother of Robert Robinson and became husband of Jean Robinson (née Elliot) (see above, pp. 36–59 and 126–44). Andrew Henderson, son of Jim Henderson, Lilliesleaf postmaster, died aged 42 at Harrogate, 14 May 1950, as the result of a car accident. GLK.

19 Hungry Hill, about half a mile east of Lilliesleaf, on the B6400 road to Belses, Ancrum and Jedburgh, is said to have been so named because of its association with either (presumably Hungarian) Gypsies, or with refugees from the catastrophic Irish Famine, 1845–9.

20 Longnewton Mill farm lies immediately north-east of Lilliesleaf parish, 600 yards beyond Bewlie.

21 Crags (or Craggs) farm is, as the crow flies, half a mile south-east of Lilliesleaf.

22 Major Mark Sprot of Riddell (1881–1946).

23 Preceded in the 19th century by several short-lived combinations or trade unions (such as the Scottish Farm Servants', Carters', and General Labourers' Union, 1885–95, when it amalgamated with the Scottish Ploughmen and General Labourers' Union), the Scottish Farm Servants' Union (SFSU) was formed in 1912, then affiliated in 1933 to the Transport & General Workers' Union, becoming its Scottish Farm Servants' or Agricultural Section, and then merged into the T&GWU in 1942.

24 Johnny Elliot is mistaken about the date of the Earlston hiring fair. 'Earlston hirin' wis always the last Monday in February. Kelsae (Kelso) wis the first Friday in March.' (Jean Leid, a Borders woman farm worker from 1928 to 1966, in Ian MacDougall, *Bondagers. Personal recollections by eight Scots women farm workers* (East Linton, 2000), 133. See also, e.g., *SR*, 10 Mar. 1910, 25 Feb. 1915, 4 Mar. 1920. The Hawick annual hiring fair was in early Jan. (See, e.g., *SR*, 11 Jan. 1911). In 1921, the Farmers' Union and the SFSU agreed to delay the dates of the hiring fairs, thus: Earlston, 14 Mar., Kelso (provisionally), 18 Mar., Duns, 22 Mar., Berwick, 26 Mar. Until the Agricultural Wages (Regulations) (Scotland) Act, 1937, farm workers were hired for a year at a time. The Act also led (at most after a few years) to the disappearance of the hiring fairs, which, until at least the mid-1920s, when the SFSU began to succeed in urging they be held indoors, had been held outdoors in a street or square. Joseph F. Duncan (1879–1965), general secretary of the SFSU, in his Union journal in 1913 had described hiring fairs as 'simply a relic of barbarism'.

25 Cotfield farm was 1½ miles due south from Lilliesleaf, on the B6359 road to Hawick. Billy Inglis (1912–1982), farmed St Dunstan, at the west end of Lilliesleaf, from c. 1940. Infmn: Walter Inglis; GLK.

26 Johnny Elliot d. 17 Jun. 1996, in his 90th year. GLK.

Tam Borthwick, pp. 18–35

1 Midlem Mill, by the B6359 and B6453 roads, is a mile north-east of Lilliesleaf, and just over the boundary, marked by the Ale Water, into Bowden parish. By the footbridge or ford over the Ale, the distance is ¾ mile. Tam Borthwick appears mistaken about the date of his grandfather Borthwick's death, which, according to GLK, was 24 Mar. 1933, when he was aged 80.

2 See also Appendix: Lilliesleaf War Memorial. Regulars, reservists and Territorial Army men were mobilised on 30 Jul.; Field Marshal Kitchener's call for the first 100,000 volunteers for the army was made on 8 Aug., four days after Britain's entry into the war. See, e.g., Trevor Royle, *The Flowers of the Forest. Scotland and the First World War* (Edinburgh, 2006), 22, 29. The Roll of Honour, listing the names and regts of the men of Lilliesleaf Church of Scotland parish who had joined the army, was first displayed on the main street, on the railings outside the village school, and by Feb. 1916 hung in the entrance lobby at the church. Geordie Borthwick, Tam Moody

and Wullie Robinson are not mentioned on either the Church of Scotland Roll of Honour or on the United Free Church list published in *SR*, 10 Dec. 1914. Tam Borthwick's recollection of the reaction of Andrew Birrell on learning of the death of his son at Arras, contrasts with the recollection by Johnny Elliot, above, p. 9.

3 Clerklands farm, 2 miles, partly by road and footpath, from Lilliesleaf, was on the western edge of the parish on the B6400 road to Selkirk. Prieston, in the parish of Bowden, was about 3 miles north of Lilliesleaf by the B6453. Firth farm, on the southern edge of Lilliesleaf parish, and a mile from the village as the crow flies, was about 2 miles by road.

4 Riddell Tower, built by Lieut. General John Sprot of Riddell in 1885 on the site of Riddell motte, a medieval fortification. The Tower, said to be exactly 81ft and 9in high, commemorated the General's father, Mark Sprot of Riddell, who was aged 81 and 9 months when he died in 1883. Sym, *The Parish of Lilliesleaf*, op. cit., 161.

5 Brundean Laws, a twin-peaked hill rising to over 1,300 ft, on the northern edge of the Cheviot Hills, three miles north-east of the A68 road at Carter Bar, on the Border between Scotland and England.

6 The contrast between Tam Borthwick's recollection of James Alexander, farmer, Harelaw, and the latter's obituary in *SR*, 17 Apr. 1947, is striking, and is another example of the value of oral history as at least a supplement or alternative to, and sometimes a corrective of, documentary sources. The *SR* obituary says Mr Alexander was 'of a cheery and sociable disposition and had hosts of friends outside the farming community. He had a sunny, philosophic outlook, and one seldom heard him complain.'

7 James Guthrie (1895–1937), born in Hawick, where there is a statue to him in Wilton Park, was killed while racing in the 1937 German Grand Prix.

8 Brigadier-General James Bruce Jardine, CMG, DSO, DL (1870–1955), educ. at Charterhouse School and Royal Military College, Sandhurst; commissioned in 5th Lancers, 1890; in the Boer War, 1899–1902, he took part in the defence of Ladysmith, was twice mentioned in despatches, and was awarded the Distinguished Service Order with five clasps, and the King's Medal with two clasps. In the Russo-Japanese War, 1904–05, he was a military attaché with the Japanese army; in the 1914–18 War he was four times mentioned in despatches. He retired from the army in 1919. He bought Chesterknowes from Major Mark Sprot in 1918, took part in public activities in Lilliesleaf, and from 1923 was chairman of Bowden branch, Roxburgh & Selkirk Unionist Association, and in 1925–6 of the Roxburghshire & Selkirkshire OMS (Organisation for Maintenance of Supplies) before and during the 1926 General Strike. He died in Mar. 1955. *SR*, 29 Jan. 1920, 15 Mar 1923, 22 Apr. 1926, 24 Mar. 1955.

9 Whitmuir estate, 2 miles east of Selkirk, 1¼ miles due west of Midlem, and half a mile south of the A699 road from Selkirk to St Boswells.

10 Andrew (Danny) Douglas (1912–1985), second son of William Douglas, snr (founder of the Lilliesleaf fencing firm), and husband of Kate Douglas (née Henderson) (see above, pp. 86–98).

11 Andrew Shortreed, also a forestry and sawmill worker, recalls that the Transport & General Workers' Union had a Forestry Branch (see above, p. 220).

12 For odd laddie, see Glossary, p. 355.

13 Bondagers, women and girl farm workers in south-east Scotland, bonded for a year at a time to a ploughman (who, among younger bondagers, was often their father, brother or uncle), wore a distinctive straw bonnet, lined with cotton and with a coloured ribbon as an embellishment. The bonnet was to protect their faces from the sun. The term bondager fell out of use after the passage of the Agricultural (Regulations) (Scotland) Act, 1937, which led to the ending of the long (yearly) engagements of farm workers and the hiring fairs. For lives and working conditions of bondagers, see, e.g., MacDougall, *Bondagers*, op. cit.

14 The Forestry Commission, a government dept est. to carry out government policy for, and manage, publicly owned forests, was formed in 1919, with its base in Edinburgh. The Commission was available also to advise private owners of forests. A huge and successful programme of afforestation was launched to ensure adequate future supplies of timber.

15 The Rule Water flows by Bonchester Bridge and Bedrule into the River Teviot, 2 miles north-east of Denholm. Gala Hill is half a mile south of Galashiels.

16 Formed in England in Apr. 1942, the Women's Timber Corps, in effect an extension of the Women's Land Army, emerged the following year in Scotland also. The 'forestry girls' wore green jerseys, not fawn, as Land Girls did, and a green beret with their own WTC badge, not the round brimmed hat of the Land Girls. The weekly wage of the Timber Corps girls was 35s (£1.75) at age 17, £2.1.6. (approximately £2.08) at 18, and £2.6.0. (£2.30) at age 19 and over. They had one week's paid holiday a year and, if off sick, one week's pay plus board and lodging paid so long as they remained ill. Affleck Gray (ed. Uiga and John Robertson), *Timber!* (East Linton, 1998), 10, 11.

17 For Tam Wilson, see above, pp. 302–9.

18 A rare published reference to Jones's sawmill at Lilliesleaf occurs in *SR*, 25 Feb. 1909, when two balls were donated by it to the village Ba' Day. For Andrew Shortreed, see above, pp. 196–225.

19 The National Union of Hosiery and Knitwear Workers was formed in 1945 from the amalgamation of several earlier smaller unions, including the Scottish Hosiery Union. Richard Gurnham, *The Hosiery Workers' Unions 1776–1976* (Leicester, 1976), 141–9; Scottish Trades Union Congress *Annual Report, 1946*, 45.

20 Curleyknowe, not identified, was possibly another name for Chapel farm or, perhaps more likely, it was Curlingknowe, possibly another name for Curling farm, half a mile south-east of Friarshawmuir farm.

21 Tam Borthwick d. 16 Jul. 1999, aged 91. GLK.

Robert Robinson, pp. 36–59

1   The King's Own Scottish Borderers, formed in 1689, later became the 25th
    of Foot. It merged with the Royal Scots, First of Foot, in 2006, to form 1st
    Bn, Royal Regt of Scotland. The Dandy Ninth Bn, Royal Scots, was so
    called because it was the only Lowland Territorial Army Bn to wear kilts.
    James Robinson, Robert Robinson's father, was buried in Marteville
    Communal Cemetery, Attily, Aisne, France. CWGC. His identity discs, round
    his neck, would give his rank, army number and his name.

2   During or soon after the 1914–18 War, Condie's seems to have succeeded
    Mitchell's in the grocer's business at the east end of the village, almost
    opposite Turnbull, the grocer.

3   Schoolchildren and adults gathering strawberries at Netherraw 20 or so
    years later, immediately after the 1939–45 War, were paid 1½d (0.6p) per lb.
    A strike by some of the adult workers seeking 2d (0.8p) per lb resulted in
    their dismissal. But immediately thereafter the payment was raised to 2d per
    lb. Private infmn.

4   Andrew Birrell, JP, Fellow of the Educational Institute of Scotland, b. 1859,
    at Cupar, Fife, headmaster, 1887–1924, Lilliesleaf Public School, was indeed
    a man of ability and exceptional energy, and a leading figure in Lilliesleaf
    until his death in 1950. As Robert Robinson says, not all the plurality of
    offices that included those mentioned were held by Andrew Birrell to his
    own financial gain. But some of them were, and that was probably how,
    shortly before he retired as headmaster in 1924, he was able to buy in the
    village the two substantial adjoining houses referred to. Beginning as a
    pupil-teacher at Kingskettle, Fife, he later attended the Edinburgh Training
    College, then taught in Lanarkshire for five years before becoming headmaster
    at Lilliesleaf. Other rural headmasters were no doubt also virtually *ex officio*
    registrars, Poor Law inspectors, or church session clerks (as was the case at,
    for example, two other Borders villages, Ancrum and Yetholm: *SR*, 1 Jun.
    1922). But it seems unlikely that many held – and held in many cases
    simultaneously and for such lengthy periods (Mr Birrell was registrar, for
    instance, for 50 years) – the secretaryship/clerkship and/or treasurership of
    so many village and parish societies, clubs, committees, or other bodies and
    activities as did Andrew Birrell at Lilliesleaf. In addition to the five Robert
    Robinson mentions, Mr Birrell was secretary/clerk and/or treasurer of: the
    Miniature Rifle Club from its formation in 1905 until 1920; secretary,
    1891–1946, and treasurer, 1928–46, of the Currie Memorial Hall board of
    management; inspector and clerk of the Parish Council, 1898–1930;
    secretary, School Management Committee until 1948; Recreation Club,
    1901–03; Coronation Committee, 1902; Lilliesleaf Parish Heritors; Lilliesleaf
    Boy Scots at their formation in 1912; presiding officer at Roxburgh County
    Council elections; appointed Parish Council collector of rates from 1918;
    secretary, Scottish Agricultural Organisation Society, Lilliesleaf branch (titled
    Country Life Society), from its formation in 1919; and of Lilliesleaf annual
    ploughing match, from 1923; as well as of Lilliesleaf branch, Roxburgh &

Selkirk Unionist Association. During the 1914–18 War, in which his only son, 2nd Lt Andrew S. Birrell, was killed in 1917, Mr Birrell was a leading recruiter in the village of volunteers for the army, and was cheered at a recruiting meeting in the Currie Memorial Hall in Sep. 1914 when he declared that 'if he had been 30 years younger he would have been with the British Expeditionary Force'. He was treasurer for the Lowlands Regiments Badge Day in Jun. 1915, helped organise in Aug. 1916 the collection in the village of 15 cwt of waste paper in aid of a War fund, was honorary secretary and treasurer from Oct. 1916 of a Parish Committee that raised support for Belgian refugees, and of the village War Savings Committee and, 1919–21, of the Lilliesleaf War Memorial Committee. Even before that War, he was an 'honorary helper' for Lilliesleaf branch, National Service League. Appointed a Justice of the Peace in 1921, he was already, as Robert Robinson indicates, session clerk, 1901–29, of Lilliesleaf United Free Church, and then became an elder of the parish Church of Scotland. On innumerable occasions, Mr Birrell was asked to propose toasts or votes of thanks or take the chair at a wide range of public meetings, lectures, concerts, including the coming of age in 1903 of Major Mark Sprot of Riddell, the village branch meetings of the Good Templars and British Women's Temperance League; and he organised the annual collection in aid of the Sick Children's Hospital in Edinburgh. In addition to all his manifold school duties, Mr Birrell also organised, administered and taught adult students at evening Continuation classes. Even in 1938, when he was almost 80, he was described as 'a sort o' factor and he paid the wages at Riddell estate' (see above, Rob Young, p. 153). Although no newspaper archives appear to survive to confirm or contradict this view, it seems very likely that during much, if not all, of the sixty years he was at Lilliesleaf until his death in 1950, Andrew Birrell was also a, or even *the*, local correspondent for the *Southern Reporter* – another paid job. *SR*, 1900–50 *passim*; his obituary is in *SR*, 16 Feb. 1950.

5   The first Lilliesleaf annual school trip, funded by whist drives and donations, appears to have taken place on 30 Jun. 1923, to Berwick-upon-Tweed and its adjoining seaside resort at Spittal. On that 1923 trip there were about 100 schoolchildren, their teachers and 'several responsible persons', plus 100 parents and friends, all transported in eight charabancs, hired variously from a firm in Hawick, another or two others in Denholm, and from Messrs Robert Mitchell and Lyall of Lilliesleaf, plus two cars belonging to two villagers, Duncan Condie, grocer, and Mr Turner (not further identified but presumably the bootmaker). In 'delightful' weather, which seems to have blessed most of these Lilliesleaf annual trips, the convoy, setting out at 9am, went by St Boswells, Maxton, Kelso, where there was a brief halt in the Square, then on to Birgham for a picnic 'in a delightful spot'; after which, via Coldstream, there was lunch for all on the trip at an hotel in Berwick. The afternoon was spent on Spittal beach. Tea was provided in the same hotel at Berwick, followed by the return journey, from 6.30pm, to Lilliesleaf via Cornhill, Wark and Sprouston, where there was a short stop for

refreshments 'that were handed round'. When Lilliesleaf was regained at 9pm, the villagers turned out 'to give the party a hearty welcome'. The trip 'was pronounced a great success, and the best of harmony prevailed throughout'. For those children, and perhaps even some of the adults, who had not before been beyond Lilliesleaf and district, and never before seen the sea, it must indeed have been an exciting, informative, stimulating experience. The five following annual trips were, like that of 1923, always on the last Wednesday in Jun. The number of trippers was usually, as in 1923, about 200, but in 1926 it was 250. A report of the 1924 trip says the first four of the eight charabancs were occupied by the scholars; the other four by parents and friends. On the 1926 trip, lunch was purveyed at Akeld, Northumberland, by Brown, the Lilliesleaf baker; and the provost of Kelso welcomed on the town Square the returning trippers. But, contrary to Robert Robinson's recollection, the annual trips in those years did not always go to Spittal. The 1926 and 1928 trips went to Bamburgh Castle on the coast of Northumberland; that in 1927 went to North Berwick, on the East Lothian coast. Andrew Birrell, though retired since 1924 as headmaster of the village school, remained at least until 1928 chairman of the organising committee for the trips, and in 1927 Rev. John Ogilvie, of the parish United Free Church, was hon. secretary and treasurer. For the years 1929–38 no record of a trip has been found, whether as a result perhaps of the Depression or, less likely, simply because the trip went unreported in the press, is not known. A letter from 'Borderer' in *SR*, 9 Jun. 1932, said the annual school trip should never have been allowed to lapse. On 13 Jul. 1939, the Picnic Fund Committee organised 'their annual motor drive to Spittal'. Again there were 200 on the trip, conveyed no longer by charabancs but by buses; and the weather was 'most propitious'. World War II then prevented any village trips until, in Jul. 1946, and in Jul. for some years afterward, the annual trip to Spittal again took place, still attracting some 200 children and adults, and described as 'more popular than ever'. *SR*, 5 Jul. 1923, 3 Jul. 1924, 28 May 1925, 3 Jul. 1926, 30 Jun. 1927, 28 Jun. 1928, 20 Jul. 1939, 11 Jul. 1946, 5 and 10 Jul. 1947, 3 Jun. and 22 Jul. 1948, 9 Jun. and 14 Jul. 1949, 1 Jun. 1950.

6 William Burn, died 1902, aged 83, 'a staunch Liberal', was a blacksmith at Lilliesleaf more or less contemporarily with John Falla, blacksmith, who died in 1890 aged 53. William Burn's father and grandfather had also been blacksmiths at Lilliesleaf. *SR*, 28 Aug. 1902. Tommy Steele's father, Alexander Steele, also a stonemason, a Liberal, and a member of the United Free Church, died May 1924, aged 74. GLK; *SR*, 15 May 1924. Rocksand, owned by Sir James Miller of Manderston House, won the Derby in 1903.

7 Willie Henderson d. Lilliesleaf, Apr. 1936. *SR*, 16 Apr. 1936. Robert Riddell Spiers succeeded George Riddell, Ashlea, as a joiner, around the end of the 1914–18 War, with house and workshop at Roseville on the north side of the village main street, and died there in Jul. 1954 aged 65. GLK.

8 Sitting cross-legged on a bench or table top was a very old traditional working position for craftsmen tailors. (See, for example, Margaret Stewart

and Leslie Hunter, *The Needle is Threaded. The History of an Industry* (London, 1964), 19). Johnny Hume, master tailor, was father of Walter Hume, tailor, ironmonger, newsagent and car-hirer, and of James Hume, County Clerk of Roxburghshire.

9 Robert Robinson's recollection of the lack of church activities in Rev. Dr Sym's last years as minister (he retired in 1928 after 40 years there), seems borne out by those by Agnes Brown, Kate Douglas, Margaret Borthwick, and Jean Robinson, who also grew up in Lilliesleaf in the 1920s. They recall only Sunday School and the church choir. Dr Sym by the 1920s was into his sixties, and may have been beginning to feel his age. Nonetheless, he did even then remain active in village activities. For example, he had moved in Feb. 1919 that the Lilliesleaf Country Life Society be est., as a branch of the Scottish Agricultural Organisation Society, and became a committee member; he was also a member of the village 1914–18 War Memorial Committee, and played a leading part in its unveiling in 1921. He organised and presided at occasional parish church social evenings (see, for example, *SR*, 17 Nov. 1927), and spoke at a range of village meetings and activities, including the Women's Temperance Society, Band of Hope, and Total Abstinence Society, the village Subscription Library, Scottish Mothers' Union branch meetings, etc. In 1924 he was awarded by Edinburgh University an honorary Doctorate of Divinity. *SR*, 24 Mar. 1924. The 'Free Church' was the United Free Church of Scotland, formed in 1900 from a union of the great majority of congregations and ministers of the Free Church of Scotland (formed in 1843 in a major breakaway – The Disruption – from the established Church of Scotland) with the United Presbyterian Church (formed in 1847 by earlier Secession churches from the Church of Scotland). The remnant of the Free Church of Scotland that remained outside the union of 1900 became known thereafter as 'The Wee Frees'. The Rev. Peter Alison, MA, was minister, 1909–25, of Lilliesleaf and Ashkirk United Free Churches, then moved to Tranent United Free Church. Before Lilliesleaf, he had been minister at Bavington, Northumberland. *SR*, 1 Jul. and 16 Sep. 1909; LPM, Jul. 1925. Rev. John H. Ogilvie, b. in South Africa, ordained minister of Lilliesleaf and Ashkirk United Free Churches in Jun. 1926, was in autumn 1928 appointed Presbyterian chaplain to the Royal Air Force, with the rank of squadron leader, and went then to serve near Baghdad. *SR*, 10 Jun. 1926, 4 Oct. 1928. Dr James C. Corson (1905–1988), born in Edinburgh, was a member of Edinburgh University Library staff from 1930, from which he retired in 1965 as Deputy Librarian. An outstanding authority on Sir Walter Scott, Dr Corson's huge collection of Scott materials was housed in the former United Free Church at Lilliesleaf, in whose former manse next door he lived and died. He was, for many years, honorary librarian at Scott's mansion at Abbotsford, near Melrose. Dr Corson's Scott collection is preserved in Edinburgh University Library. Infmn: Heritage Hub, Hawick. When Robert Robinson recorded these recollections, Tam Borthwick was living with his sister Margaret and her husband Tom Wilson (for whom, see above, pp. 112–25 and 302–9) on the Back Road in the house known as

Torwood. The remains in the garden there were evidently those of a church built in 1809, 'a plain square building with a gallery all round', that was taken down in 1891, when what became the United Free Church, and which still stands, was built. LPM, Nov. 1918.

10 Few records appear to survive of the successive resident Lilliesleaf policemen in the 20th century. Constable William Robertson (b. 1882 in Banffshire) was appointed to Lilliesleaf in May 1913. He had been preceded by Constable Thomas Wood, b. 1879 at Stichill, Roxburghshire. In Oct. 1906, he had succeeded Constable William Smith, b. in Aberdeenshire, and who was transferred from Lilliesleaf to Denholm before becoming in 1920 a sergeant at Kelso. In the 1920s and 1930s Constables Bell and Sked were residents, but precise dates, and even the order in which they came, are uncertain. Constable Fred Wylie was at Lilliesleaf from probably shortly before the 1939–45 War until shortly after it. He may have been succeeded by a constable known locally (after the hero of a BBC Radio programme then of that title) as Dick Barton; and there was another constable named Murdoch, his dates not yet found, as is the year when Lilliesleaf ceased to have a resident policeman. Heritage Hub, Hawick: *Berwickshire, Roxburghshire & Selkirkshire Constabulary, Register and Defaulter's Book*, 71, 82, 101; *SR*, 30 Apr. 1903, 27 Jan. 1910, 4 Sep. 1913, 18 Feb. 1937, 21 Jul. 1938, 9 Mar. 1944.

11 From 1 May 1926, the miners throughout Britain were locked out by the private coal owners. The Trades Union Congress and virtually all its affiliated unions then sought to support the miners by sympathetic strike action, beginning by calling out some of the leading unions, such as railway and road transport workers and printers. But after nine days the TUC leaders called off the strike, and the miners were left to struggle on on their own for six months, until driven back to work at reduced wages and longer hours.

12 'Tramping artisans' was more usually the term used to describe the system of unemployment relief organised from the early 19th century onward by numbers of trades societies of skilled workers, such as printers, tailors, stonemasons. An unemployed member could then tramp from one town, or branch or house of call of the society, to another in search of employment, with a clearance card showing he was in good standing with the society, and would receive there a night or two's lodging and some money, and then tramp on to another branch if his search for work remained unsuccessful. The round trip might thus cover hundreds of miles. See, e.g., Eric Hobsbawm, *Labouring Men* (London, 1964), 34–62.

13 James Robinson played rugby in the later 1920s and in the 1930s for Hawick RFC. Of three Cranston brothers (of Netherraw farm, Lilliesleaf) who played for Hawick RFC, David played 247 times, 1960–75; Ian played in 1966–80; and Alastair 415 times, 1968–84. In addition, Alastair played for Scotland, 1976–81; David's son Paul played for Hawick, 1992–7, and Alastair's son Stephen played, 1998–2002. Infmn: Mrs Esther Davies, daughter of James Robinson; Elliot Broatch and Ian Landles, Hawick.

14 William Whitelaw (1918–1999), MP, 1st Viscount Whitelaw, Deputy Prime Minister to Mrs Margaret Thatcher, and Leader of the House of Lords. He and his wife Celia lived for some time in Lilliesleaf, in the house named Westwood, which had long before been an inn with an outside stair into the main street, and which has now reverted to its original name of Cockspurs. Andrew Grant is now the owner of Riddell estate.

15 Billy Reid, d. 1980 aged 63, was the eldest son of Mr and Mrs David Reid, and brother of Bertie Reid (above, pp. 162–78), of the Cross Keys Inn. GLK.

16 Bewlie House, 1¼ miles east of Lilliesleaf, was built in 1937–8. Kitty Cruft, John Dunbar and Richard Fawcett, *The Buildings of Scotland: Borders* (New Haven and London, 2008), 121. Mrs Otto, Linthill, had moved to Greycrook, St Boswells, in May 1924. *SR*, 22 May 1924. John Martin Sanderson, Penicuik House, Penicuik, bought Linthill mansion house and Chapel and Midlem Mill farms in Sep. 1924, and was then 'carrying out extensive alterations and repairs' on the house. *SR*, 2 Oct. 1924. Chairman of VAT 69 whisky, he died in Apr. 1957 aged 83. He left a personal estate valued at £127,133. *Leith Gazette*, 20 Jul. 1957.

17 The origins of the Royal Engineers lie in the Norman Conquest of England in the 11th century. In 1787 army engineers became the Royal Corps of Engineers; in 1965 its transportation and movement control services were merged with the Royal Army Service Corps to become the Royal Corps of Transport. The origins of the Royal Army Ordnance Corps lie in the 15th century. The duties of the Ordnance section were to acquire, store, and issue armaments, ammunitions, and other related material. In 1965, the supply functions of the former Royal Army Service Corps were transferred to the Ordnance Corps, since 1918 titled the Royal Army Ordnance Corps. Infmn: National Museums of Scotland (War Museum), from A. Swinson (ed.), *A register of the regiments and corps of the British army* (London, 1972), 266–7, 268–9, 288–90.

18 The Royal Corps of Transport did not yet exist in the 1939–45 War. Jim Robinson was then in fact in the Royal Army Service Corps, whose origins lay long before the Army Service Corps was formed in 1869 and had Royal added to its title in 1918. For its development from 1965, see the preceding Note 17, above. The withdrawal to Dunkirk of the British Expeditionary Force in May–Jun. 1940 was a result of the overwhelming German invasion from 10 May of France, Belgium and the Netherlands. The rescue of 338,226 troops (120,000 of them French) from Dunkirk by the Royal Navy and some French warships, as well as by the 'little boats' manned by civilians, was a miracle. But it was also a disastrous defeat for Britain and its allies, with the collapse of France, the severe loss of guns, tanks, and other equipment by the British army, and the likelihood, as it then seemed, of an imminent invasion of Britain, which now stood alone against Nazi Germany and (from 10 Jun.) Fascist Italy. The Royal Scots, oldest infantry regiment in the British army, were formed in 1633. They were merged with the King's Own Scottish Borderers in 2006 to form 1st Bn, Royal Regt of Scotland.

19 Hawick Co-operative Society, est. in 1839 as a Chartist food store, was partly a result of the national agitation for the Six Points of the People's Charter: Manhood Suffrage; Annual Parliaments; Secret Ballot; Equal Electoral Districts; Payment of MPs; and No Property Qualifications for MPs. The Lilliesleaf branch shop of the Society opened on 4 Jun. 1941, and 40 new members were enrolled. The Society minutes, Heritage Hub, Hawick.

20 Robert Robinson d. 4 Apr. 1996, aged 86.

Agnes Brown, pp. 60–9

1 Andrew Henderson, the previous baker, elder brother of James Henderson of the Post Office, had left Lilliesleaf in 1907. So it is probable that it was then or early in 1908 the Browns arrived in the village. *SR*, 10 Oct. 1907. Stow, a village then in south Midlothian, and 13 miles north-west of Lilliesleaf, is on the A7 road from Galashiels to Edinburgh.

2 Councillor Tom Curr (1887–1958), JP, MBE, a regular Edinburgh *Evening News* cartoonist, was born in Edinburgh, educ. Daniel Stewart's College there, and completed an apprenticeship as an illustrator with a Leith printer, where he remained for the rest of his working life. After army service, 1914–18, he developed a reputation as a painter, became an Edinburgh town councillor and baillie, and a BBC radio and TV broadcaster on religious questions. He was an officer, and later captain, 1923–58, of the 46th Edinburgh Coy, Boys' Brigade, based at Dublin St Baptist Church. Apart from the 1939–45 War years, the Coy held, 1928–88, its annual camp at Riddell estate where, on a tree, there is a memorial plaque to it and to Tom Curr. The Coy ceased to exist in the early 1990s. Infmn: Eoin Watters, Vice-President, Edinburgh, Leith & District Bn, Boys' Brigade; *SR*, 22 Jun. 1950.

3 Fairnington estate is, by road via Ancrum, nine miles north-east of Lilliesleaf.

4 If Rob Richardson bought pies from the Browns, Agnes Brown appears to contradict what she says two paragraphs above here, in the first line. Robert J. Richardson, d. Feb. 1976 aged 72, and his wife Margaret Oliver, d. Jun. 1990 aged 85, are both buried in Denholm cemetery. He served his apprenticeship successively with Beattie then Douglas, butchers, Denholm. About 1937 he was sent by Douglas to open a new branch at Lilliesleaf, and he remained there until it closed c. 1947–8, when he returned to work at Douglas's in Denholm. Infmn: Mr and Mrs James Oliver, Denholm.

5 Mrs Sprot (1884–1979) (née Meliora Hay of Haystoun, Peeblesshire), had married Major Mark Sprot of Riddell in 1909. Infmn: Mr Andrew Grant of Riddell; *SR*, 28 Jan. 1909; LPM, May 1917. The Land Girls were members of the Women's Land Army, which had existed in the 1914–18 War and was re-established in Jun. 1939. By 1941 it consisted of about 20,000 volunteers. Numbers increased from the end of that year, with the introduction of conscription for women aged from 19 to 30. By mid–1943 there were 87,000 Land Girls in Britain, of whom about a quarter lived in mansions

requisitioned as hostels, as at Riddell, Lilliesleaf, and nearby at Cavers Carre and Ancrum House. The other Land Girls lived on the farms where they worked. Angus Calder, *The People's War. Britain 1939–45* (London, 1969), 267–8, 428; Juliet Gardiner, *Wartime Britain 1939–1945* (London, 2004), 448–51. The Women's Institute movement had begun in 1897 in Canada and spread to other countries. The first Scottish Women's Rural Institute was formed at Longniddry, East Lothian, in Jun. 1917. Many others were afterwards est. throughout the country. The Lilliesleaf Rural existed from Feb. 1926 until 1989–90. The chief aims of the SWRI included these: 'To improve the conditions of Rural Life by providing centres for Social and Educational Intercourse. To study domestic science and economics, to lighten the labour of the home, and to beautify it. To consider child welfare and all other questions of the day, which affect home and community life, with special reference to education, temperance, and housing reform. To help in preserving the beauties of Rural Scotland and to work for Peace and Recovery.' Catherine Blair, *Rural Journey. A History of the Scottish Women's Rural Institute from Cradle to Majority* (Edinburgh, 1940), 11, 23, 35–6. Infmn: SWRI Central Council, Edinburgh.

6 In the 1921 Lilliesleaf Hand-ba', 'Many of the females joined in the tussle.' *SR*, 17 Feb 1921.

7 The Cross Keys Inn was 'considerably damaged' by a serious fire on its ground floor on the night of 29–30 Oct. 1942. David Reid, the licensee, was awakened about midnight 'by a crackling sound', went downstairs, found the bar full of smoke, and gave the alarm. The local corps of fire fighters, helped by people from a dance at the village hall, soon arrived with stirrup pumps and kept the fire under control until the arrival of the National Fire Service from Hawick. Part of the Inn continued to be used, and rebuilding was completed in 1943. *SR*, 5 Nov. 1942, 29 Apr. 1943. The disastrous fire at Riddell House, then being used as a Women's Land Army Hostel, broke out about 10pm on Sunday, 19 Dec. 1943. For an account of the fire, see above, Major John Sprot of Riddell, p. 72. Rev. James McKenzie, MA (1890–1965), ordained 1915, had been a Church of Scotland minister for 13 years (the last 10 of them at St Paul's parish church, Perth, where the congregation numbered 1,500) when, as sole nominee, he was elected in 1929 to Lilliesleaf parish church in succession to the Rev. Dr Arthur Pollok Sym who, after 40 years, had retired the previous year. Rev. McKenzie was elected by the congregations of both the parish Church of Scotland and the United Free Church, as the national union of the two Churches was due to take place later in 1929. Born in Dumfries and educ. at Dumfries Academy, Rev. McKenzie had graduated MA from Edinburgh University in 1911. A bachelor, he lived in the manse with his sister, Miss Mabel McKenzie, who acted as his hostess on social occasions. He remained parish minister of Lilliesleaf until his retirement in 1961. A brass plate beside the pulpit in the parish church commemorates his ministry. *SR*, 30 May and 27 Jun. 1929.

8 Even as early as Jan. 1940, the village Roll of Honour listed 19 Lilliesleaf men serving in the armed forces: three in the RAF, the other 16 in the army

(10 of them in the KOSB, of whom two were in the 1st Bn, three in the 4th, and five in the 6th). *SR*, 4 Jan. 1940. Of all the men and women who went, by then or later, to the war from Lilliesleaf, five did not return – a striking, and typical, contrast with the fivefold more names inscribed on the village's 1914–18 war memorial. Those five were: Cpl William A. Robinson, 1st Bn, Royal Scots, who, previously presumed missing, was officially reported in Jul. 1942 to have been killed in action on 24 May 1940 aged 25. Youngest son of James Robinson (killed in 1918 on the Western Front) and his wife Mary, Willie Robinson is buried at Hazebrouck Communal Cemetery, Nord, France. *SR*, 9 and 16 Jul. 1942; CWGC. Gunner William L. Dick, 5 Maritime Regt, Royal Artillery, was lost at sea as a DEMS gunner on a merchant ship on 30 Oct. 1943 aged 23. He was a son of the late Robert (a prisoner of war in 1914–18) and Marion Dick, Lilliesleaf, and husband of Janet Moffat, Gordon, Berwickshire. Billy Dick's name is on the Chatham Naval Memorial, Kent. CWGC. Pte James 'Nin' Turner, 6th Bn, KOSB, was killed on 23 Sep. 1944 aged 28, and is buried at Mierlo War Cemetery, Noord-Brabant, Netherlands. Pte Thomas Henderson, 6th Bn, KOSB, had been an estate worker at Chesterknowes when called up with the Territorial Army in Sep. 1939. Son of Robert and Agnes Henderson, Lilliesleaf (Agnes Brown was mistaken in referring to him as a member of the Post Office family Henderson: he was in fact a brother of Kate Douglas (née Henderson), above, pp. 86–98), Tommy Henderson was killed in action in Western Europe on 29 Oct. 1944 aged 25, and he, too, is buried at Mierlo War Cemetery, Noord-Brabant, Netherlands. *SR*, 23 Nov. 1944; CWGC. Trooper John Richardson McNaughton, 1st Lothians and Border Horse, Royal Armoured Corps, was killed on 24 Jan. 1945 aged 24. Eldest son of Mrs Helen McNaughton, Ashkirkmill, and the late George McNaughton, and grandson of Mrs Cranston, Clerklands, he is buried at Sittard War Cemetery, Limburg, Netherlands. CWGC. In Lilliesleaf parish church hangs a simple oaken plaque commemorating those five men 'Who went to war in the name of peace and fought without hatred that love might live.'

9 The Earl of Dalkeith, Walter Francis John Montagu-Douglas-Scott (1923–2007), Conservative MP for North Edinburgh, 1960–71, then became 9th Duke of Buccleuch. Lord William Scott (1896–1958), brother of the 8th Duke of Buccleuch, and Conservative MP for Roxburghshire and Selkirkshire, 1945–50. The Lilliesleaf Brownies seem to have been first formed at the end of 1917, more or less simultaneously with the formation of the first Lilliesleaf Girl Guides. *SR*, 13 Dec. 1917. Colonel Alexander W. R. Sprot (1883–1953), DSO, Argyll and Sutherland Highlanders.

10 Agnes Brown d. 1995, aged 85.

Major John Sprot of Riddell, pp. 70–85

1 The 8th Hussars and Col. Frederick Shewell, their commanding officer, were in the third line of three in the charge of the Light Brigade at the battle

of Balaclava on 25 Oct. 1854, in the Crimean War. See, for example, Cecil Woodham-Smith, *The Reason Why* (Harmondsworth, 1958), 232–51. Lieut. General John Sprot of Riddell himself refers to Col. Shewell as his uncle. See Note 2 below.

2   Major Sprot appears mistaken in describing the Dublin Fusiliers as the 83rd of Foot. The 83rd were formed in 1793. In 1859–81 they were retitled the 83rd (County of Dublin) Regt of Foot. In 1881 they were linked to the 86th (Royal County Down) Regt of Foot, to form the Royal Irish Rifles, whose title was changed in 1921 to the Royal Ulster Rifles. In 1887, the 103rd of Foot, as an outcome of amalgamation with two former East India Coy regts, Madras Fusiliers and Bombay Fusiliers, became titled the Dublin Fusiliers. The regt was disbanded in 1922 on the formation of the Irish Free State. In his autobiography, *Incidents and Anecdotes in the Life of Lieutenant General J. Sprot* (Edinburgh, Vol. I, 1906, Vol. II, 1907), Lieut. General Sprot himself says, in Vol. I, 3, 4, 10, 11, that in 1848, on the advice of his uncle, Col. Frederick Shewell, 8th Hussars, he joined the 83rd Regt after a fee of £500 was paid the army as the price of a commission for him as an ensign; and that the 83rd later was retitled the Royal Irish Rifles. Infmn also from National Army Museum. The Irish rebellion of 1848, led by the weakly supported Young Ireland nationalist group, which had earlier broken away from the 'Old' Ireland movement led by Daniel O'Connell, was an outcome of the appalling Irish Famine of 1845–9, and to some extent of the revolutions in Europe earlier in 1848, the 'Year of Revolution'. The rebellion, ill-organised and poorly supported, ended quickly and almost farcically in what became known as 'the battle of the Widow MacCormack's cabbage garden', from the farmhouse in county Tipperary where a very limited struggle took place between the rebels and armed police. William Smith O'Brien, leader of Young Ireland and who was an MP, was sentenced to transportation to the penal colonies in Australia; another leader, John Blake Dillon, escaped to America. The rebellion, and the ideas of Young Ireland, nonetheless influenced some later developments in Irish nationalism. See, for example, F.S.L. Lyons, *Ireland since the Famine* (London, rev. edn. 1973); Robert Kee, *Ireland. A History* (London, 1981); S.J. Connelly (ed.), *The Oxford Companion to Irish History* (Oxford, 1999); Ciaran Brady (ed.), *The Hutchinson Encyclopedia of Ireland* (Oxford, 2000); Cecil Woodham-Smith, *The Great Hunger. Ireland 1845–9* (London, 1962). The catastrophic famine of 1845–9 in Ireland was the result of a range of factors. But the main ones were the almost doubling of the population between 1800 and the census of 1841 to eight million, the mass of whom, except in the north, were heavily dependent for their food on the potato crop. The utter failure, due to blight, of that crop in 1845 and 1846 brought starvation and disease to masses of Irish men, women and children. A third cause of the catastrophe was the failure, indeed the deliberate refusal, of successive British governments in London, headed by the Conservative Sir Robert Peel then by the Whig Lord John Russell, to act either decisively or dynamically enough, worshippers as they were of the gods of supply and demand, to

cope in any way adequately with the disaster. As a result of the famine, by 1851 – when the population of Ireland could have been expected to be about nine million – the census that year showed it was only 6.5 million. Almost one million had died from starvation or from typhus or dysentery; a further 1.5 million had emigrated to Britain, Canada or the United States.

3 The Duke of Wellington (1769–1852) was commander-in-chief of the British army, 1842–52.

4 The 'signal catastrophe' suffered by British troops in the First Afghan War, 1839–42, and the loss of prestige by its army in the Crimean War, 1854–6, along with several grievances keenly felt by native troops (sepoys) in the army in India (e.g., poor pay, the threat of their being sent to fight outside India, and the horror felt by Hindus and Muslims at the apparent prospect that, in firing their muskets, they would have to bite new cartridges said to contain pig or cow grease), led to the outbreak of mutinies by sepoys from May 1857. The mutinies were supported by some native rulers aggrieved in the preceding years by British annexationist policies in India. The mutinies, accompanied by appalling massacres and reprisals by both sides at Cawnpore, Delhi and elsewhere, were confined mainly to the area between Delhi and Patna in the north of India. The British in India were left with a profound sense of insecurity lest there might be a repetition of these events of 1857–8. 'It was the only time in the century when a native army trained by Europeans rose up against its masters.' (V.G. Kiernan, *From Conquest to Collapse. European Empires from 1815 to 1960* (New York, 1982), 47). An example of executions of mutineers by cannon is given in Hesketh Pearson, *The Hero of Delhi. A Life of John Nicholson, Saviour of India* (West Drayton, 1948), 193–4: 'Eight men [sepoys] . . . were . . . condemned to death by drum-head court-martial. A hollow square was formed, one side taken up by eight guns . . . the other sides being lined with the remaining troops . . . The eight guns were loaded with powder only . . . the eight [condemned sepoys] entered the square . . . each man stopped opposite the muzzle of a gun. "Right face!". . . Their hands went behind them, and at the same instant their heads flew upwards, their legs fell forward, and their intestines were blown into the faces of their former comrades . . . but [Brigadier] Nicholson thought it a waste of good powder and soon abandoned the practice in favour of hanging.'

5 Tsarist Russia's defeat in the Crimean War, 1854–6, exposed its social, economic, industrial and political backwardness. Immediately after the War, the new Tsar, Alexander II, saw, unlike his father Nicholas I, a deeply-dyed reactionary and oppressor of his people, that change was necessary. 'It is better,' declared Alexander, 'to abolish serfdom from above than to wait for the time when it will begin to abolish itself from below.' From 1861, in a series of steps, tens of millions of serfs were declared free. But masses of these peasants considered their emancipation a fraud, because they were not given enough land and had to pay heavily for the land they did receive. Hundreds of protest riots by the peasants resulted across Russia. The huge increase in the rural population by 1900, from 50 million to almost 80

million, exacerbated the problems, which continued at least until the 1917 Revolution. Alexander II also realised the need to develop basic education, at least in the towns, as well as local government and legal institutions; and these reforms contributed to a considerable growth in the number of middle-class and professional people in Russia – doctors, teachers, engineers, surveyors. Reforms of the army were also carried out, e.g., the length of service, previously 25 years, was reduced to 15: six with the colours, and nine with the reserve. After 40 or so long dark years of Tsarist oppression, these and other changes contributed to a revival of political debate, organisations and activities from the 1860s onwards.

Formed in 1794, the Argyll & Sutherland Highlanders in 2006 became 5th Bn, Royal Regt of Scotland. The late Bert Reid (see above, pp. 162–78), and Ella, his wife, possessed a silver medal inscribed: 'To William Blythe, Lilliesleaf Cycling Club, for Riding 100 miles in 10 hours 25 minutes, on 10th September 1895.' The other side of the medal said: 'Given by Lieut. General J. Sprot.' A photograph of the medal is now preserved in the Scottish Ethnological Archive, National Museums of Scotland, Edinburgh.

6 Near the town of Sandhurst, Berkshire, the Royal Military Academy was founded in 1799 as a training college for British army officers. The Royal Scots Greys, so called because of the grey horses they rode, were formed as a dragoon regt in 1681, their colonel then being General Tam Dalyell of The Binns, West Lothian. In 1971 the Scots Greys merged with the 3rd Carabiniers to become the Royal Scots Dragoon Guards. The Second South African, or Boer, War was from 1899 to 1902. The Lothians & Border Horse, formed in 1797 as the East Lothian Yeomanry Cavalry, became in 1888 the Lothians & Berwickshire Yeomanry Cavalry, then in 1902 the Lothians & Berwickshire Imperial Yeomanry. In 1908 the regt was retitled Lothians & Border Horse, then again retitled in 1921 the 19th Armoured Car Coy (Lothians & Border Yeomanry). After incorporation in 1924 into the Royal Tank Corps, it was divided in 1938 into two regts: the 1st Lothians & Border Yeomanry, and the 2nd Lothians & Border Horse. After some further post-war changes in the Territorial Army, the Lothians & Border Horse was disbanded in 1956. Infmn: National Museums of Scotland.

7 The Scottish Agricultural Organisation Society, est. 1905 and still in existence, is owned by its members, all the farmers' co-operatives in Scotland. The Scottish Milk Board, est. 1934, was dissolved in 2003. The Scottish Wool Growers Ltd, est. 1926 by the National Farmers' Union of Scotland, later became the present Scottish, English and Welsh Wool Growers. The Scottish Landowners' Forestry Society, est. 1854 as the Scottish Arboreal Society, became, 1930, the Royal Scottish Forestry Society. The Scottish Landowners' Federation, est. 1906, was retitled, 2011, Scottish Land and Estates. An Agricultural Executive Committee was a government-supported body est. in every county in Britain, first in 1915 during the 1914–18 War, then again in the 1939–45 War, with the task of increasing agricultural production. Infmn: Scottish Agricultural Organisation Society; Scottish, English and Welsh Wool Growers; Royal

Scottish Forestry Society; Scottish Land and Estates. What Major John Sprot recalls of his father's activity, despite recurrent ill-health, after the 1914–18 War, not least in his presidency of the Lilliesleaf Country Life Society, as the local branch of the Scottish Agricultural Organisation Society was titled, is borne out by contemporary reports in the *Southern Reporter*. Even before that War, Major Mark began to take an active part in several village institutions and activities, such as the Miniature Rifle Club, of which he was president from 1907, two years after its formation; he was for many years, from 1908, chairman of the parish Heritors; he presided at many social and fund-raising meetings in the village, was a member of the school board (chairman from 1920) and the parish council (chairman from 1924); he donated vegetables for the school dinners; gifted coal to several 'deserving old people' in the village, and occasionally, during hard times, reduced land rentals payable by his estate's tenant farmers; from 1919 he was president of Lilliesleaf branch, Scottish Federation of Discharged and Demobilised Sailors and Soldiers. In 1924 he was appointed a Deputy Lord Lieutenant of Roxburghshire. Although several of the 24 testimonies above include criticism, explicit or implicit, of what were felt to be his brusqueness and some *de haut en bas* attitudes, Major Mark Sprot clearly had imagination, drive and powers of leadership. As the largest local landowner and holder of all those, and some other, offices or positions, his was clearly a leading influence in and around Lilliesleaf. See *SR*, e.g., 9 Mar. 1907, 5 Mar. and 21 May 1908, 21 Jan. 1915, 27 Feb. 1919, 29 Jan. and 22 Jul. 1920, 8 May 1924, 7 Jan. 1926.

8   What Major John Sprot recalls of his father's political views and activities likewise appears confirmed by such reports as there were in the *SR* of Conservative and Unionist Party meetings at Lilliesleaf, especially at times of parliamentary general elections. The earliest reported political activity by Major Mark Sprot seems to have been in 1907, the year he inherited Riddell estate (and when his army rank was still lieutenant). In Oct. he chaired a Conservative Party meeting at Lilliesleaf, and in the following month, and again in 1912, he spoke at gatherings there of the Primrose League, a Conservative group founded in 1883 by Lord Randolph Churchill, father of Winston, to advance the ideals of Tory democracy. In 1910 Major Mark chaired a meeting in the village of the National Service League, formed in 1901 to press for the introduction of at least a measure of conscription in order to strengthen the British army after its mixed fortunes in the Boer War. Incidentally, in the two general elections in 1910, Sir John Jardine, Liberal MP for Roxburghshire and Selkirkshire, 1906–18, was of course Liberal candidate, and in the Jan. 1910 election the *SR*, 13 Jan., published these lines from 'A Lilliesleaf Liberal', no doubt to be sung to the tune of *Scots Wha Hae*:

Wha will be a Tory prood?
Wha will tax the people's food?
Wha wad vote against their good?
Nane, wi' sense, I'm sure, man.

But oppression's woes and pains,
Served to us in Tory chains,
And the thocht o' empty wames,
Will keep the Tories oot, man!

Then let us lay the Tory low,
Who to the poor man proves a foe,
And help Sir John's cause all we know,
And shout, 'Hurrah for Liberty!

Major Mark also presided at a National Service League meeting at Lilliesleaf in Jul. 1910, and at a Conservative election meeting there in the Dec. 1910 parliamentary election. He was elected to Roxburgh County Council in 1913, and in 1923 became chairman, Lilliesleaf branch, of Roxburgh and Selkirk Unionist Association. He was not reported in *SR* as chairing or speaking at any other Conservative Party general election meetings until Nov. 1935, when he chaired one in the village. Courageously, Major Mark appears to have asserted on at least one occasion his independence of his fellow Independents on the County Council (many or most of whom were Conservatives like himself), when, at its meeting in Apr. 1934, he moved that a ban, placed by the Council three years earlier on its receiving goods or supplies from Co-operative Societies, should be rescinded. The Earl of Dalkeith, eldest son of the Duke of Buccleuch and Conservative MP, 1923–35, for Roxburgh and Selkirk, and also a fellow Roxburgh County Councillor, declared the Council 'had enough ordinary business without raising issues of that kind'. Major Mark Sprot's motion was then defeated by 24 votes to 16. *SR*, 1 Nov., 19 and 26 Dec. 1907, 13 Jan., 28 Jul. and 15 Dec. 1910, 8 Aug. 1912, 4 Dec. 1913, 15 Mar. 1923, 12 Apr. 1934, 14 Nov. 1935.

9 Mrs Sprot was the first vice-president, Lilliesleaf branch, Scottish Women's Rural Institutes, from its formation in Feb. 1926, then became president, 1929, and remained so for many years afterward. *SR*, 25 Feb. 1926 and 31 Jan. 1929. A press report confirms that Mrs Sprot, who became Coy captain, called the founding meeting at Lilliesleaf for the Girl Guides, the first in Roxburghshire, on 3 Nov. 1917. The Guides were re-est., Mar. 1961, and, apart from the 10 months from Feb. 1965, they continued until Jan. 1992, again in those years the only Guides Coy in Roxburghshire. Infmn: Girl Guides Association, Scotland; *SR*, 8 Nov. and 13 Dec. 1917. The original Lilliesleaf Boy Scouts had existed from 1912 to 1919. *SR*, 24 Feb. 1927. The 12th Roxburghshire Scouts were officially registered in May 1927, with Rev. John Ogilvie, United Free Church minister, Lilliesleaf, as scoutmaster. When Rev. Ogilvie left Lilliesleaf in 1928 to become an RAF chaplain in

Voices from Lilliesleaf

Iraq, the village Scouts probably then or soon afterward ceased to exist: the United Free Church merged the following year with the Church of Scotland, and Rev. Sym, the latter's parish minister, having retired in 1928, was not succeeded by Rev. James McKenzie until 1929. But the 13th Roxburghshire Scouts were registered at Lilliesleaf on 9 Aug. 1939, with James Brown, one of the village joiners, as scoutmaster. Infmn: Scottish Council, Scout Association; see also above, Alex Lawrence, p. 261. The Boys' Brigade was founded, 1883, in Glasgow by a businessman, William Smith (1854–1914), for 'the advancement of Christ's Kingdom among boys'. Based on Christian principles, the BBs, a uniformed organisation, inculcated discipline and provided camps and other recreational activities for their members, and by the end of the 19th century had spread throughout the world. Dates have not so far been found for any Lilliesleaf Boys' Brigade.

10   The ministers of Lilliesleaf parish, Church of Scotland, from the earliest mentioned in these recollections have been: Rev. Dr Arthur Pollok Sym, 1888–1928; Rev. James McKenzie, 1929–61; Rev. Ewan Traill, MC, 1961–9; Rev. Henry Jamieson, 1969–76; Rev. Thomas Donald, 1977–88; Rev. James Watson, 1988–94; Rev. Frank Campbell, 1994 to date. The parish now consists of Lilliesleaf, Ancrum, Eckford and Crailing, and is titled Ale & Teviot United Church of Scotland.

11   Of the seven grocers listed in *The Southern Counties' Register and Directory* (J. and J. H. Rutherford, Kelso, 1866), 209, none shared the same surname. Two were girls or women. It seems most unlikely there were seven separate grocers' shops. The other shopkeepers, traders, and craftsmen listed in the Rutherfords' *Directory* were: tailors 2, blacksmiths 2, shoemakers 3, innkeepers [The Plough and Cross Keys] 2, millwrights 2, joiners 2, draper 1, flesher [butcher] 1, baker 1, clothier 1, carter 1, mole catcher 1, cattle dealers 2, masons 2, saddler and ironmonger 1, and there was also listed an estate factor. In a similar listing 30 years earlier in *The National Commercial Directory of the whole of Scotland* (J. Pigot & Co., London, 1837), 757, there were then also seven grocers at Lilliesleaf, of whom only one was in the 1866 list; 6 tailors (none of them in 1866); 2 blacksmiths (one as in 1866; the second had the same surname as the other in 1866 and was probably his son); 3 boot and shoemakers (one still there in 1866); 3 innkeepers and vintners (at The Plough, the husband or son of the innkeeper of 1866; a second was at The Black Bull, then near the east end of the village; the third was presumably the vintner: no mention of The Cross Keys was on the 1837 list); 3 drapers (one as in 1866); 2 masons (neither as in 1866); 1 miller (not listed in 1866); 4 wrights (one with the same surname as one in 1866); 1 flesher (not the one of 1866); 1 cooper and turner (none in 1866); 1 saddler and ironmonger (same man was saddler in 1866); 2 bakers (neither was the one in 1866). These two sources illustrate, if any further illustration is needed, that, unlike the law of the Medes and the Persians, 'which altereth not', all things, as the Prophet Daniel said, are subject to change: that certainly applied to Lilliesleaf in the 20th century.

12   Walter Steele, a rural post messenger, unmarried, aged 36, was found drowned

in the Ale Water near Riddell Mill in spring 1907. Off work for several weeks with severe flu, he had left his aged father's house to take a walk, and was not again seen alive. He died on the first anniversary of the death of his mother, to whom 'he had been very much attached'. *SR*, 4 Apr. 1907.

13 But see, for example, above, Robert Robinson, p. 52.

14 During five hunts by the Duke of Buccleuch's foxhounds in Feb. to Mar. 1921, and a further three in Jan. to Feb. 1923 that were reported in the *Southern Reporter*, a total of 13 foxes were found or raised and hunted. Five of the 13 were killed, and eight escaped. The time spent on the hunt was reported only for the three pursuits in 1923, respectively 2 hrs, 1½ hrs, and 15 mins. In the hunt on 10 Feb. 1921, when two foxes were found and hunted and one was killed, at least 30 mounted hunters took part, including the Earl of Dalkeith (son of the Duke of Buccleuch), Lord Henry Scott, Brigadier-General J.B. Jardine of Chesterknowes, Major Mark Sprot of Riddell, five colonels, one other major, two captains, eight other gentlemen, and 10 ladies, several of whom were wives or daughters of the gentlemen mentioned. *SR*, 10, 17 and 24 Feb. and 24 Mar. 1921, 25 Jan., 1 and 8 Feb. 1923.

15 Major John Sprot of Riddell, MBE, TD, d. 27 May 2010, in his 100th year.

Kate Douglas, pp. 86–98

1 At the Heritors' meeting, 17 May 1919, Major Mark Sprot of Riddell presiding, the church officer's wage was increased to £11 per annum. *SR*, 22 May 1919.

2 Efforts to glean more information about the Midlem lodging house have not so far succeeded.

3 Tom Henderson appears to have been in the 6th Bn, KOSB, when he was killed. Infmn: CWGC.

4 According to *SR*, 3 Aug. 1944, Gunner Jim Douglas, Royal Artillery, b. 1920, had joined the army in 1940, and was taken prisoner at Tobruk, Libya, in Jun. 1942. More than a year later, he escaped from a prisoner of war camp in Italy and spent months on the run or in hiding until he reached Allied lines in summer 1944. As Kate Douglas indicates, his health seriously deteriorated in his later years.

5 Billy Douglas d. Aug. 2009. GLK.

6 Kate Douglas d. 19 Nov. 2002. GLK.

Will Young, pp. 99–111

1 James Young, Will's father, in fact died Oct. 1956, aged 73. GLK.

2 The origins of the Royal Artillery lie in the early 15th century, but the Royal Regt of Artillery dates from 1716. Its Field Artillery regts were those that had easily, or relatively easily, moveable wheeled guns (as distinct from heavy fortress, fixed coastal emplacement, or Garrison Artillery guns).

3 Will Young's youngest brother Rob says above, pp. 145 and 146, there were
   10 children in their family – seven boys and three girls, but one boy had
   died in infancy. Will appears not to include that infant in his account, nor a
   sister (unnamed) younger than himself but older than Rob.

4 Newhall, between Bewliehill and Clarilaw, is about three miles from
   Lilliesleaf. That he says he liked school seems not to have prevented Will
   Young from absenting himself from it: see above, p. 150.

5 Walter Inglis (1866–1949), JP, from age 13 learned tweed manufacturing in
   Selkirk, then worked as a traveller for the firm. In 1896, along with his
   father, he became tenant of Clerklands farm, and later of West Riddell,
   adjoining it. In 1936 he moved to Grahamslaw farm, near Eckford, and
   retired, 1941, to Midlem. He was not the grandfather, but the father, of
   Billy Inglis, farmer, St Dunstan, Lilliesleaf. Walter Inglis, a leading figure in
   the area, was a founder of Selkirkshire branch, National Farmers' Union,
   for 10 years a Selkirk County councillor, a member of Lilliesleaf parish
   council till its abolition in 1929, for many years a member of Lilliesleaf
   school management committee and of Roxburghshire Education Committee,
   and also chairman from 1912 of Lilliesleaf branch, Scottish Rural Workers'
   Approved Society. He is buried in Ashkirk kirkyard. SR, 24 Feb. 1949;
   infmn from Walter Inglis, his grandson, St Dunstan farm. The odd laddie on
   a farm was a youth who, as Will Young indicates, worked with only one
   horse and did the less skilled and less physically demanding jobs.

6 In fact, Capt. F.B. McConnell, formerly Gordon Highlanders, and his wife,
   had a let of Riddell House 'for several years', and occupied it from Dec. 1923
   until, it seems, c. Jan. 1929. During 1926–9, Capt. McConnell was chairman,
   Lilliesleaf branch, Roxburgh & Selkirk Unionist Association; his wife was
   simultaneously president, Lilliesleaf branch, Scottish Women's Rural Institutes.
   SR, 15 Nov. 1923, 18 Mar. and 19 Aug. 1926, 15 Nov. 1928, 31 Jan. 1929.

7 By the later 1930s the term orra man had fallen out of general use. A farm
   worker giving evidence at Forfar Sheriff Court in Mar. 1937 was asked,
   'What does an orra man do?' 'He just does onything he's telt,' was the reply.
   SR, 1 Apr. 1937. Little now seems to be known about Peter Kemp, other
   than that he may previously have worked abroad as an engineer, and that
   he continued to farm at Riddell Mill until after the 1939–45 War.

8 Jenny, who worked in the shop, and Georgina Brown were the two other
   daughters of the baker.

9 James Bentley, gamekeeper at Riddell 'for some time past' until Mar. 1929,
   left then for a new job in Ayrshire. SR, 21 Mar. 1929.

10 The Road Traffic Act, 1930, obliged disabled drivers to take a driving test;
   the Act of 1937 extended the obligation to all drivers.

11 Jock Craig was cattleman at St Dunstan's farm for several years from about
   1940. He eventually retired in the village. Crawford was Borders official,
   Scottish Farm Servants' Section, Transport & General Workers' Union. The
   earliest reference found to meetings in Roxburghshire of farm workers in
   the SFSU was of Kelso branch, addressed on 28 Feb. 1914 by the Union
   general secretary, James Rothney. (SR, 5 Mar. 1914). The SFSU said later

that year it had 500 branches and 12,000 members in Scotland. (*SR*, 6 Aug. 1914). No records of the Lilliesleaf branch are known to survive. The earliest reference so far found to the branch was an advertisement (*SR*, 6 Nov. 1919) for a Union meeting two evenings later at the Plough Inn in the village. Alex Wilson, a ploughman at Newhouse farm and father of Adam Wilson, RASC, who had died in the 1914–18 War, was then branch secretary. Two further advertisements followed: one for a Union Ball on 12 Dec. in the village hall; the other for a general meeting in the Plough Inn on 15 Dec. For some time afterward, there were advertisements for branch monthly meetings at the Plough, and in Feb. 1921 for a Union dance in the village hall and in Nov. for a branch dance on 2 Dec. (*SR*, 27 Nov. and 11 Dec. 1919, 8 Jan. 1920, 17 Feb. and 10 Mar. 1921, and monthly from 7 Apr. to 6 Oct. 1921, 24 Nov. 1921). Whether the branch merely ceased then to advertise its meetings in the *SR*, or possibly fell away in the post-war agricultural recession, and with the award to Alex Wilson in May 1922 of the Highland Agricultural Society medal for long service and skill in ploughing, which perhaps marked his retirement from employment and the branch secretaryship, is unknown (*SR*, 4 May 1922). An advertisement in *SR*, 4 Jan. 1923, for a dance in the village hall later that month, was the next sign of life found for the branch, with Thomas Renton by then as its secretary. This is yet another aspect of Lilliesleaf's history in the 20th century that needs much more research. But trade unionism among the farm workers was never strong. Even two decades later, in 1943, Andrew Dodds of Pathhead, Midlothian, a pioneering figure in the SFSU, wrote in the *SR*: 'The majority of Border farm workers are not in the Union, and it is they chiefly who, ready to take all the Union can win while they do nothing to help, are most clamant. The Borders has always been backward . . . and . . . have never made a fight for anything! Those who keep the branches going have a disheartening job.' *SR*, 22 Jul. 1943.

12　Jean Young d. York, Nov. 1998, aged 73. GLK.

13　Will Young d. 14 Jul. 1996, aged 83. GLK.

Margaret Borthwick, pp. 112–25

1　Tom McKinnon was appointed the village lamplighter in autumn 1931 by Roxburgh County Council. If Margaret Borthwick saw the lamplighter before she began at Lilliesleaf school, it must then have been Tom McKinnon's predecessor (John Kerr?) she saw. *SR*, 15 Oct. and 26 Nov. 1931. (Kerr's name is difficult to read in the *SR*.)

2　Robina Fox, wife of William Falla, d. Denholm, Sep. 1934 aged 69. *SR*, 20 Sep. 1934.

3　James Hogg (1770–1835), the Ettrick Shepherd, poet, novelist, song-writer, tenant farmer, was b. at Ettrickhall farm. His outstanding work was *The Private Memoirs and Confessions of a Justified Sinner* (1824). As well as the monument to him at Ettrick, there is another to Hogg at St Mary's Loch.

4 Major-General Sir Walter Maxwell-Scott of Abbotsford (1875–1954), a retired former commanding officer, 52nd Lowland Division, and commander in the 1939–45 War of 2nd Border Bn, Home Guard, was during the Spanish Civil War, 1936–9, a strong supporter of General Franco, whom he described as 'a quiet, unassuming, genial gentleman'. *SR*, 18 and 25 Mar. 1937, 25 Jul. 1940.

5 Margaret Borthwick (Mrs Tom Wilson) was already seriously ill when in May 1991 she recorded these recollections, and felt unable to undertake further recordings. Very sadly, she died three months later, at the age of 70. Her great loss to her husband and family, and to her brother Tam, was a loss also to the oral history of Lilliesleaf.

Jean Robinson, pp. 126–44

1 James Gurney Jnr, Scots Guards, Jean Robinson's maternal uncle, was killed in France, 11 Apr. 1915. *SR*, 12 Apr. 1923.

2 Linthill House, built in the late 18th century, was acquired in 1822 by William Currie, who had been a doctor in India. His son William, d. 1889, was commemorated by the building in Lilliesleaf in 1891 of the Currie Memorial Hall. Linthill passed to a Currie cousin who lived in Canada; and between 1896 and 1924 Linthill was tenanted by Mrs Otto, a widow, and her daughter, both of whom, like the Curries until 1896, played a part in some Lilliesleaf social activities. For the acquisition of Linthill House and estate by J.M. Sanderson, see above, p. 375, Note 16. Cruft, Dunbar and Fawcett, *The Buildings of Scotland: Borders*, op. cit., 501; Sym, *The Parish of Lilliesleaf*, op. cit, 143–6; *SR*, 1900–24, *passim*.

3 James Gurney, d. Apr. 1922, aged 76. *SR*, 13 Apr. 1922. That in the mid-19th century he had helped build the wall round Floors Castle further helps dispel the legend that the wall was built by prisoners of war during the Napoleonic Wars.

4 The obelisk gravestone in St Boswells churchyard confirms what Jean Robinson says, that John Younger (1785–1860), born at Longnewton, shoemaker, expert angler and poacher, was a St Boswells poet and essayist. Among several of his published works between 1834 and 1881 is *Autobiography of John Younger* (Kelso, 1881).

5 Before the 1914–18 War, the annual school picnic was held at St Dunstan Haugh (also known as Riddell Haugh), except in 1907 when it was at Newhouse farm. The picnic included sports. In Aug. 1919, the picnic, again at St Dunstan Haugh, was described as a Celebration of Peace, with speeches by Major Mark Sprot of Riddell and the provost of Selkirk, but there were also sports, and catering was by Brown, the village bakers. The picnic was again at St Dunstan Haugh in 1920; but in Jul. 1921 (presumably the first year Jean Robinson was present), it was held at Ryechester Haugh, Riddell. It was in Jul. 1922 that the annual picnic was first held at Shawburn farm. In 1923 and in 1924 (the year Jean Robinson left school), the annual picnic

seems to have been superseded, at least for several years, by a charabanc excursion to Spittal, at Berwick-upon-Tweed, and elsewhere. The two Sunday Schools' (Church of Scotland and United Free Church) picnics took place jointly, Jul. 1926 and Jul. 1928, to Shawburn farm. *SR*, 1 Aug. 1901, 9 Jul. 1903, 4 Jul. 1907, 7 Aug. 1913, 30 Jul. 1914, 7 Aug. 1919, 8 Jul. 1920, 21 Jul. 1921, 6 Jul. 1922, 5 Jul. 1923, 3 Jul. 1924, 28 May 1925, 1 and 22 Jul. 1926, 30 Jun. 1927, 14 Jul. 1928. The Secession Church congregation at Midlem had been formed in 1740–2 and the church itself built in 1746. It closed in 1938. Dr G.A.C. Binnie, *The Churches and Graveyards of Roxburghshire* (Norham, 2001), 34–5.

6 Lilliesleaf branch, British Women's Temperance Association, had been formed in 1907–08, and within its first year had 60 members and associates. The Band of Hope, formed in the village in Nov. 1910 by Mrs Alison, wife of the United Free Church minister, had within a month enrolled 43 children. It met monthly. *SR*, 12 Nov. 1908, 24 Nov. and 22 Dec. 1910.

7 Lilliesleaf branch, Girls' Friendly Society, formed 21 Oct. 1921, with Mrs Meliora Sprot of Riddell, president, Mrs Alison, wife of the United Free Church minister, secretary, Mrs Sym, wife of the Church of Scotland parish minister, associate treasurer. As Jean Robinson indicates, the Girls' Friendly held concerts, lectures, sales in aid of worthy causes. In 1923 it sent a donation to the Redding, Stirlingshire, Mining Disaster Fund, and £37 to Edinburgh Royal Infirmary, to maintain a bed there. *SR*, 27 Oct. 1921, 9 Mar. and 21 Dec. 1922, 15 Mar., 19 Apr. and 15 Nov. 1923.

8 Isabella Gray (1831–1909), sister of Johnny Gray, who lived all her life in Hawthorn Cottage, Lilliesleaf, a poetess who was practically self-educated – she spent only 15 months at school, 'but like many others she found Cassell's *Popular Educator* an estimable help', and was 'an extremely well-read, well-informed and intelligent lady'. Under her *nom de plume* Free Lance, she published in 1899 a collection of her verses titled *Border Rhymes*, and also often contributed verses to local newspapers. *SR*, 11 Nov. 1909; Sym, *The Parish of Lilliesleaf*, op. cit., 196.

9 Nan Elliot (1905–1950), who opened her confectionery and tobacco shop in Feb. 1922 (*SR*, 16 Feb. 1922), was a stickler for accuracy in weighing her sweets. A wartime child evacuee at Lilliesleaf recalls how he usually bought his ration of sweets at her shop. On one occasion, when asked by him for two ounces of toffees, she took down the jar of toffees from the shelf, carefully put a small handful into the weighing scales, scrutinised closely the weight shown, transferred a couple of the toffees back into the jar, again scrutinised the scales, then opened a drawer under the counter, drew from it a pair of large scissors, removed one toffee from the scales, neatly snipped it in two with the scissors, returned one of the halves to the jar, replaced the other half in the scales, again scrutinised the scales, then emptied the toffees from the scales into a paper bag. *Voilà*, the sweet ration, duly delivered. Infmn: a private source.

10 Selkirk Co-operative Society had been formed in or by 1846. *A Century of Co-operation. The Story of Selkirk Co-operative Society Ltd* (Selkirk, 1946), 7.

11 Jack Waters played for Scotland's rugby international team in seasons 1933–7. Infmn: Scottish Rugby Union.

12 Anthony Eden (1897–1977), MC, Conservative MP, 1923–57, Secretary of State for Foreign Affairs, 1935–8, 1940–5 and 1951–5, Prime Minister, 1955–7, Earl of Avon from 1961, was Minister of War in 1940. The WVS (Women's Voluntary Service), founded in 1938, was retitled in 1966 WRVS (Women's Royal Voluntary Service), and in 2013, by which time many men had joined it and it wanted to open its ranks more widely to both genders, was retitled RVS (Royal Voluntary Service).

13 James Redpath Hume (1892–1960), b. Lilliesleaf, son of John Hume, master tailor, and brother of Walter Hume, ironmonger and car-hirer. After leaving the village school, James Hume worked in a lawyer's office in Hawick. He enlisted in 1914–18 into the Lothians & Border Horse. After a decade with a legal firm in Kelso, he was employed from 1929 by Roxburgh County Council; during the 1939–45 War was acting County Clerk then, 1945–57, County Clerk. Infmn: Lilliesleaf parish Roll of Honour, 1914; *SR*, 18 Feb. 1960; Heritage Hub, Hawick; GLK.

14 Jean Robinson d. 21 Jun. 2005, aged 96. GLK.

Rob Young, pp. 145–61

1 In Mar. and Apr. 1938, Roxburgh Education Committee by 13 votes to seven, then the full County Council, on the motion of the Duke of Buccleuch, seconded by J.E.S. Nisbet, chairman, Education Committee, rejected a proposal that the County's schoolchildren should be provided with free schoolbooks. When the 6th Duke of Buccleuch died aged 86 in Nov. 1914, he was reported to own 430,000 acres in Scotland with a rent of £173,000, and 25,000 acres in England, with a rental of £44,000. He left a personal estate of more than £700,000 for Scotland, and £450,000 in England – a total of £1,150,000. *SR*, 18 and 25 Nov. 1915, 17 Mar. and 7 Apr. 1938.

2 Rob Young had moved from Lilliesleaf to live in Selkirk before his death on 14 Feb. 2009, aged 85. *The Scotsman*, 17 Feb. 2009.

Bert Reid, pp. 162–78

1 'Dr' Blythe was a leading prize-winning exhibitor at the Lilliesleaf Horticultural Society's annual show. In 1933, for example, he won ten prizes (four of them Firsts) for his vegetables, and 11 prizes (six of them Firsts) for his flowers. *SR*, 14 Sep. 1933.

2 The *Southern Reporter*, e.g., 28 Apr. 1921, 26 May and 26 Aug. 1926, carried an occasional advertisement for Robert Turnbull, bonesetter, Lilliesleaf, who 'Can be consulted at Lilliesleaf any Sunday'. He died suddenly, at Riverview in the village, in Nov. 1930. *SR*, 4 Dec. 1930.

3 The last non-tramp occupant of East Middles was possibly Agnes Wilkie,

who died there in Aug. 1930, widow of Leslie Wilkie. In 1934 Archie Elliot, farmer, West Middles (known usually as The Middles), was ready to let ground at East Middles to Roxburgh County Council for use as a refuse dump. But nothing seems to have resulted from the proposal. *SR*, 21 Aug. 1930, 4 Oct. 1934.

4 Bet the Boar did, it seems, have a son. Bob Hall, b. 1921, a Marquis of Lothian's estate worker at Monteviot, near Ancrum, and later a wartime Bevin Boy at Newtongrange, where he remained as a miner until he retired in 1990, had clear memories of Bet the Boar from his childhood and youth in the 1920s and 1930s. Bob recalled she smoked a cuttie pipe (a clay pipe with a short stem), and that she used to ask his father for tobacco. Bet was 'always black. Ye could plant tatties in the wrinkles.' Bob said that when Bet's son was born 'he wis ta'en away frae her, and later on he worked at Bonjedward Mill farm. She wis supposed tae have another baby which wis ta'en off her, tae. But whae wis the father, ah don't know. It's sad when ye see thae things, ye ken.' Bob recalled that Bet died in Kelso Hospital, evidently of cancer, in the 1940s. See Ian MacDougall, *Voices from Work and Home* (Edinburgh, 2000), 215, 216.

5 A half-yearly census of tramps in the adjoining county of Selkirkshire in 1936–7 showed a total of 14, thus: in Selkirk burgh 1, in Galashiels burgh 9, in County area 3, in Boleside area 1. Of these 14, one was female; 11 were Scots, two English, and one was from the Irish Free State. The female's nationality was not specified. *SR*, 7 Jan. 1937.

6 Bert Reid d. 4 Nov. 1991, aged 64.

Jimmy Shortreed, pp. 179–95

1 Robert M. Ballantyne (1825–1894), prolific Scots author of boys' books, including *The Coral Island* (1857) and *Martin Rattler* (1858).

2 *The Scotsman*, 1817 to date; *The Tatler*, 1901 to date; *London Illustrated News*, 1842 –2003.

3 Scotland's Gardens Scheme, a registered charity est. 1931, which, by encouraging and arranging opening of gardens not normally open to the public, raises funds for other charities.

4 Lord William Scott, MC (1896–1958), was first elected Unionist MP for Roxburgh and Selkirk in Nov. 1935. In Oct. 1936, seven months after Hitler had sent his troops into the Rhineland, in breach of the Treaty of Versailles, 1919, and of Locarno, 1925; had already simultaneously further breached both Treaties by announcing the existence of a German air force and the introduction of conscription; had by then established a reign of Nazi terror against all political opponents, as well as against Jews and other groups, including trade unionists, freemasons and homosexuals, thousands of victims of which were sent to Dachau or other burgeoning concentration camps; and while also Hitler was surreptitiously intervening from Jul. 1936 in the Spanish Civil War in support of the rebel General Franco against the

elected Spanish Republican government, Lord William Scott, MP, addressed a meeting in Edinburgh at which, *inter alia*, he declared, according to the *Southern Reporter*: 'I believe [Hitler] . . . is as near a saint as one can be. He does not smoke or swear and has no vices at all.' Lord William's majority of 6,078 in the 1935 general election fell to 1,628 in that of Jul. 1945. He lost his seat to the Liberal candidate in the Feb. 1950 general election by 1,156 votes. *SR*, 21 Nov. 1935, 15 Oct. 1936, 25 Feb. 1937, 2 Aug. 1945, 2 Mar. 1950.

5 John Nevison, Lord Glendyne (1878–1967).

6 Peter F.W. Kerr, 12th Marquis of Lothian, KCVO, DL (1922–2004), and Antonella, Marchioness of Lothian, OBE (1922–2007).

7 Jimmy Shortreed's father, Andrew, died Apr. 1955 aged 73. Jimmy's mother, as he says, died Jan. 1975 aged 76. GLK.

8 *The People's Friend*, 1869 to date; *The Christian Herald*, 1876(?) to date.

9 Jimmy Shortreed d. 8 August 2000. Infmn: Mrs Danzi Shortreed.

Andrew Shortreed, pp. 196–225

1 Predeceased by his wife in 1908, Andrew Shortreed's paternal great-uncle, also named Andrew Shortreed, had died aged 93 on 17 Oct. 1919. GLK. As the latter had lived until his death at Wellbank, adjoining Cheviot Cottage, which latter Andrew's parents and his older brother Jimmy occupied from 1928, that seems to imply that Kate Douglas, her parents and brothers and sisters lived in Cheviot Cottage only from c.1916 until c.1928 (see above, p. 88). Yet Kate Douglas says Cheviot Cottage was next to Andrew Shortreed's house. Was the Andrew Shortreed she referred to the one who died at Wellbank in 1919? It seems unlikely Kate Douglas would have said she and her family lived in Cheviot Cottage if in fact they lived next door to it at Wellbank.

2 Agnes Shield (sic), widow of James Shortreed, d. Berryfield (sic), Yarrow, 20 Apr. 1924, aged 76. *SR*, 24 Apr. 1924.

3 A Lilliesleaf curling club, with 'Dr' William Blythe as a member and a skip, existed from at least 1903. Its activity and continuity thereafter obviously depended on cold winters and the commitment of its members. In May 1936 its membership totalled 20. *SR*, 8 Oct. 1903, 7 May 1936.

4 The catechism was a summary of the principles of religion, in this case according to the Church of Scotland, in the form of question and answer.

5 A ball was in fact occasionally hailed via the Ale Water or the Moss. In 1907, for instance, long before Andrew Shortreed was born, a ball landed in the Moss; and in 1911 one was lost there. In 1936 one player crossed the Moss carrying a ball; and in 1946 a ball was the subject of 'some good exchanges beside the Moss'. In 1909 there were 'tussles in the Ale Water two or three times'; and in 1946 one ball 'travelled along the banks of the Ale'. In 1912 a ball was 'lost in the water', but whether of the Ale or the Moss was unstated. Details of that kind depended on how full a report, or

indeed if any report at all, of the annual Hand-ba' appeared in the press. *SR*, 21 Feb. 1907, 6 Feb. 1908, 25 Feb. 1909, 9 Mar. 1911, 22 Feb. 1912, 5 Mar. 1936, 14 Feb. 1946.

6   This verse, its composer 'E.A.', appeared in *SR*, 16 Feb. 1939:

Evacuation Visitor to the Public

First I fumble at your gate,
And trust I do not call too late.
Across your path I fall full length.
(This work is sapping all my strength.)
In fear I stand upon your mat,
My heart is going pit-a-pat.
I ask how many rooms you've got,
And write it down – it seems a lot.
'Now would you like your life to brighten?'
(I have no wish at all to frighten.)
How many children could you take,
For whom to work, and wash, and bake?
I see a twinkle in your eye,
Although you answer with a sigh,
'In case of war I'll do my bit,
But trust there'll be no need for it.'
With this brave answer I retire,
What more could ever Sir John require?

Sir John was Sir John Anderson (1882–1958), MP 1938–50, a former governor of Bengal, and Home Secretary 1939–40, under whom as chairman an Evacuation Committee had been est. by the government in May 1938. From early in 1939 volunteers like 'E.A.' had begun making house-to-house enquiries in country areas about accommodation for evacuees from urban areas expected to suffer heavy bombing attacks directly war began: that 'the bomber will always get through' was a widespread belief. (Gardiner, *Wartime Britain*, op. cit., 15). Was Miss Seth the same person who later supervised as their warden the Girls of the Women's Land Army billeted at Riddell House? (See above, Pat Brown, p. 269). The evacuee family billeted in the small house on the village West Common were the Combes. James Hogg returned to Edinburgh soon after the war and became an apprentice joiner or cabinetmaker. The London evacuee Tony was Tony Edwards (*SR*, 26 Oct. 1944). Patricia from Edinburgh was Patricia Allan. Frances Telford and her sister were not evacuees but fostered children. The two MacDougall brothers came to Lilliesleaf with half a dozen other evacuees from Edinburgh in Jun. 1941, as a result of the blitz in Mar. on Clydebank.

The evacuation of Sep. 1939 was the largest and swiftest mass movement of population in Britain's history. On 1 Sep., two days before Britain declared war on Nazi Germany, more than 800,000 schoolchildren, 500,000 mothers with children under school age, 12,000 expectant mothers, and about 7,000 disabled people, along with 100,000 teachers and helpers were evacuated under the government scheme. Lilliesleaf school log book for the period is a principal surviving source of information about the evacuees who arrived then and later in the village. The log book says that on Fri., 1 Sep., 'a party of over eighty children and adults was billeted in the village and district'. To the 68 Lilliesleaf chilen on the school roll were now added 61 evacuee pupils from Edinburgh and Leith. Two Edinburgh teachers, Miss Elizabeth Somerville, MA, and Miss Margaret Watt, accompanying the evacuees, were added to the school staff. The school, which had re-opened on 31 Aug. after the summer holidays, had closed again that same day because of the pending arrival of the evacuees, but re-opened a week later on 7 Sep. The spare room in the school then became occupied by two primary classes, and two other classes were placed in the cookery room.

The log book recorded that on 15 Sep. there were 28 infant pupils (18 boys, 10 girls, teacher: Miss Gordon); 32 (16 boys, 16 girls) in Primary I and II (Miss Watt), 25 (14 boys, 11 girls) in Primary III and IV (Miss Davidson), 26 (13 boys, 13 girls) in Primary V and Secondary I (Miss Somerville), and 23 (7 boys, 16 girls) in Secondary II and III (Mr Young, headteacher): altogether 68 boys and 66 girls, a grand total of 134. To the 129 children on the school roll on 7 Sep. a further five had therefore been added a week later, though whether those five were more evacuees or more local children, or a mixture of the two, is unstated. By the beginning of Dec. the number of evacuee pupils seems to have fallen from 61 (or at most 66) to 38 (19 boys, 19 girls). Presumably in this time of 'Phoney War', when no major German air attacks had in fact occurred, 23 (or possibly 28) evacuees had returned home mainly for that reason. Because of this decline in the number of evacuee pupils, Miss Watt, who had originally accompanied them from Edinburgh, was authorised to return there at the end of Jan. 1940. By the beginning of Mar. that year the number of evacuee pupils had fallen to 27 (14 boys, 13 girls), and in the following month a further eight evacuees returned to Edinburgh. On the other hand, in the first week in Jun., perhaps as a result of crises in the war first in Norway, then in the Low Countries and France, eight new evacuees arrived, and another one who had gone home returned to Lilliesleaf. Pressures on the school were, however, lessening by the end of Jun., as 10 local pupils had left the district with their parents at the end of the farming term. This exodus reduced the roll of local pupils to 55. There were inevitably some continuing fluctuations in numbers during session 1940–1, in the early weeks of which there appear to have been 58 local pupils and 23 (13 boys, 10 girls) evacuees. Then at the end of Apr. 1941, probably as a result of the terrible blitz of Clydebank the preceding month, five evacuees arrived, followed in early June by eight more, plus one who returned to Lilliesleaf. So that by the end of the 1940–1 session there were 30 (18 boys, 12 girls) evacuee pupils. But by the end of Oct., when Miss Somerville, MA, who had accompanied the original evacuees in Sep. 1939 and had then joined the school staff, returned to Edinburgh, the number of evacuee pupils had fallen to about 22. The last entry in the log book to distinguish local from evacuee pupils is dated 4 May 1942, when there were 57 locals (27 boys, 30 girls) and 14 evacuees (9 boys, five girls). The total of 68 local pupils on the school roll on 1 Sep. 1939, immediately before the arrival that day of the 61 evacuee pupils, had by nearly the end of session 1941–2 reverted to the same total (now 71); but that total was now composed of locals plus evacuees. Calder, *The People's War*, op. cit., 37–8; Lilliesleaf Public School log book, 1 Sep. 1939–4 May 1942.

Among the evacuees who, like Alex Lawrence (see above, pp. 252–64), arrived at Lilliesleaf on 1 Sep. 1939 was Jennifer Meiklejohn, then aged seven. Jennifer, accompanied by her mother, her sister Isabel, aged 11, and her brother Ronald, aged 2½, arrived not, as other evacuees there did, by train or bus, but by private car. The car belonged to Mr Alexander Young, headmaster, Lilliesleaf Public School. Jennifer Meiklejohn cannot now recall who drove the car from Edinburgh to Lilliesleaf. But it may have been her Aunt Nettie, her father's sister and wife of Mr Young. The evacuation of the Meiklejohns to Lilliesleaf was not arranged through South Morningside Primary School, where Jennifer and her sister were then pupils, but by a family arrangement between the Youngs and Jennifer's parents. When Aunt Nettie Young arrived on 1 Sep. at their house in Edinburgh, Mrs Meiklejohn was out at the hairdresser: years later she said she had not expected Aunt Nettie to act so speedily. Aunt Nettie, however, apparently intent on implementing swiftly the arrangements agreed in advance among the four adults, packed the two girls' cases. On returning from the hairdresser, Mrs Meiklejohn packed for herself and young Ronald. The four evacuees then set off for Lilliesleaf in Mr Young's car. There they immediately moved in to live at the schoolhouse with the Youngs and their young son, who was about the same age as Ronald Meiklejohn, and with grandmother Meiklejohn, who by then was living permanently with the Youngs. Years later, Jennifer's sister Isabel came to the conclusion that the Youngs had acted as speedily as they did in order to forestall any attempt by the authorities to place any other evacuees in the schoolhouse. Jennifer and Isabel attended Lilliesleaf Public School. There were no other pupils or teachers there who had come as evacuees from South Morningside Primary. The two girls' mother and their brother Ronald, like so many of the other evacuees, returned home to Edinburgh after only one or two weeks at Lilliesleaf. Jennifer herself fell ill with eczema and returned home to Edinburgh in early Nov. 1939. Her sister Isabel remained at Lilliesleaf before returning home at Christmas that year. Jennifer Meiklejohn recalls also that her parents were shocked when, in Jun. 1942, her uncle, headmaster of Lilliesleaf School Mr Young, died suddenly, and his widow, Aunt Nettie, was visited by Major Mark Sprot of Riddell shortly after her husband's funeral. Major Sprot had come to remind her that the schoolhouse was a tied house, and that she must vacate it along with her young son and grandmother Meiklejohn. A qualified teacher herself, Mrs Young then found a teaching job at Bonnyrigg, Midlothian, and moved there. Infmn: Jennifer Meiklejohn.

7 On the two successive nights 13–14 and 14–15 Mar. 1941, the bombing of Glasgow and Clydeside by the German air force killed 528 people (including 14 from one family) in the burgh of Clydebank (including Dalmuir), and seriously injured 617 others. Of the 12,000 houses in the burgh, 4,300 were either completely destroyed or damaged beyond repair, and only eight were undamaged. Of Clydebank's population of more than 50,000, over 40,000 were evacuated by 15 Mar. In Glasgow, and elsewhere on Clydeside, more than 700 people were killed then, and more than 500 others seriously injured. I.M.M. MacPhail, *The Clydebank Blitz* (Clydebank, 1995), 56, 58, 89, 90. The *Weekly Scotsman*, 1860–1967.

8 For Pat Brown and Ellen Mills, see above, pp. 265–76 and 277–91. The Land Girl who later lived at Midlem Mill was Betty Stevenson, who married Arthur Cranston, son of the farmer at Clerklands. Helga was Helga Brown. Mary McConnell also married and settled at Lilliesleaf. The Land Girl Mowat at Easter farm has not been further identified.

9 There were evidently some Italian prisoners of war at Hopton near Ancrum; but none, so far as is presently known, at any of the three places Andrew Shortreed mentions.

10 The original National Service Act, 1947, as amended soon after its passing, had set the length of conscript service for all young men aged from 18 to 26 at one year; but in 1948 an Amendment Act increased the term to 18 months, plus four years afterward in the reserves. The outbreak in Jun. 1950 of the Korean War led, as Andrew Shortreed says, to an increase in the length of service to two years, but with a reduction to 3½ years in the reserves. National Service was abolished in 1963. Trevor Royle, *The Best Years of Their Lives: The National Service Experience 1945–63* (London, 1988), 26–7; B.S. Johnson (ed.), *All Bull: The National Servicemen* (London, 1973), 2.

11 The Army Cadets had been est. nationally in 1859. Infmn: Edinburgh Castle Museum.

12 Andrew Shortreed d. 17 Dec. 2011. GLK.

Mary Preston, pp. 226–37

1 Munrospun Ltd, est. 1830, ceased production at Restalrig, Edinburgh, in 1970.

2 The Orange Order, exclusively Protestant, was formed in County Armagh, Ireland, in 1795, to oppose The Defenders, a Catholic secret society. An earlier Orange Institution, formed in 1688, had supported William of Orange (King William III, 1688–1702). The Orange Order, organised in local lodges, had from the early 20th century close association with the Ulster Unionist Party. In the Irish Catholic and Republican rebellion, 1798, the Orangemen helped the government defeat the rebels. Orange opposition to the emancipation of Catholics was sometimes violent, and in 1825 the government suppressed the Order, which disbanded itself in 1836. Orangeism revived again, however, in the 1880s, when landlords saw it as a means of opposing Irish Home Rule.

Orangeism remained strong in Northern Ireland (and in parts of western Scotland) in the 20th century, when, after the Anglo-Irish War, 1918–21, the Irish Free State was est. in 26 counties and the remaining six, as Northern Ireland, remained part of the UK. From those events arose at least some of the traditional rivalry of the two Glasgow leading football teams, Rangers and Celtic. Although in 1920, for example, the Loyal Orange Lodge of Scotland called on all Orangemen to vote for 'the moderate constitutional candidates [by whom was meant the Conservatives and Liberals] as opposed to the extreme Labour men', Mary Preston's father was not unique in being both an Orangeman and a strong supporter of the Labour Party. Ciaran Brady (ed.), *The Hutchinson Encyclopedia of Ireland* (Oxford, 2000), 273–4, quoting *Evening Times*, 28 Oct. 1920; Iain McLean, *The Legend of Red Clydeside* (Edinburgh, 1983), 201.

3 Peggy Boyd, Cotfield, d. Nov. 1937 in her third year. GLK. George Sked, son of the Lilliesleaf then resident policeman, had died of diphtheria in 1936.

4 That women did not attend funerals, and that curtains were closed or window blinds drawn down, during the passing of a neighbour's funeral, remained then aspects of the observances on such solemn occasions in not a few communities in Scotland.

5 Roxburghshire Education Committee had decided to give Mary Preston and other Lilliesleaf scholars attending Hawick High School free transport to and from Belses station. *SR*, 24 Sep. 1944.

6 Mary Preston had a long, dedicated and distinguished career in nursing. After four years at Edinburgh City Hospital, during which she herself suffered first scarlet fever then tuberculosis, the latter of which left her *hors de combat* for over a year, she qualified as a registered fever nurse and moved to the Western General Hospital in Edinburgh. Then, to gain further experience, she worked at the Northern General, and, for a year, at Simpson's Maternity Pavilion, Edinburgh Royal Infirmary, followed by a year at Airdrie in community midwifery. She then became for three years a staff nurse at the Northern General, working in the chest unit with the distinguished consultant Professor John Crofton, later knighted – years she described as the happiest of her life. She then went to the City Hospital as a ward sister with Professor Crofton, a leading figure in the medical team that, in the 1950s, overcame tuberculosis as such a terrible scourge. From the City Hospital she moved back to the Northern General, this time in charge of the whole night staff there. In 1968, partly in order to take care of her mother, Mary Preston moved to orthopaedic work at Peel Hospital, Galashiels, to which she travelled daily from Lilliesleaf. In 1976 she became a community nurse based at St Boswells, then a year later she moved back into orthopaedic work at Princess Margaret Rose Hospital in Edinburgh, before spending her last working years at Galashiels Hospital, then at Melrose in Borders General Hospital from which she retired in 1990.

7 Unless otherwise shown, all these papers and journals are in publication to date: *Edinburgh Evening News*, 1873–; *Dundee Courier*, 1861–; *Aberdeen*

Press & Journal, 1747–; *The Scotsman*, 1817–; *Southern Reporter*, 1855–; *Sunday Post*, 1914–; *News of the World*, 1843–2011; *Sunday Express*, 1918–96, then retitled *Express on Sunday*–; *Sunday Pictorial*, 1915–63, then retitled *Sunday Mirror*–; *The People*, 1881–; *The Observer*, 1791–; *Sunday Times*, 1821–; *Daily Herald*, 1912–64, then retitled *The Sun*–; *Financial Times*, 1888–; *Daily Telegraph*, 1855–; *Woman*, 1937–; *Women's Own*, 1932–; *Women's Weekly*, 1911–; *Dandy*, 1937– (from Aug. 2007 to Oct. 2010 retitled *Dandy Xtreme*); *Beano*, 1938–; *The Children's Newspaper*, 1919–65; *Girls' Chrystal*, 1935–63, merged with *School Friend*.

Peter Chisholm, pp. 238–47

1 Built in 1832, Annfield Inn stood on the west side of the present A68 road, near the southern snow gate, about a mile north of Oxton village and, as Peter Chisholm says, before the road begins to climb Soutra Hill. The Inn was demolished in the 1970s. Infmn: Tom Burke, Map Library, National Library of Scotland.

2 David Steel (1938–), MP, 1965–83, for Roxburgh, Selkirk and Peebles, 1983–97, for Tweeddale, Ettrick and Lauderdale; leader, Liberal Party, 1976–88; Lord Steel of Aikwood since 1997. He lived at Cherrydene, Ettrick Bridge, 1966–92. Infmn: Lord Steel.

3 Fordson tractors began to be manufactured in Britain in 1917. Infmn: National Farmers' Union of Scotland. In 1925 there were 1,400 field tractors in Scotland, in 1938 4,689. L.M. Walker, 'The Tractor in Scottish farming', *Scottish Journal of Agriculture*, Vol. XXI, 1938, 364. Between Sep. 1939 and May 1942 the number of tractors more than doubled. *Scottish Journal of Agriculture*, Jan. 1943, 90.

4 The Sprot Homes or Alms Houses were est., 1882, by Miss Frances Sprot, aunt of Lieut. General Sprot. She died unmarried in 1888, and left an endowment of £5,000 to maintain the Homes. The endowment was placed in a Trust by Lieut. General Sprot. By 1969 there was not enough money in the Trust to maintain and repair the Homes, which in 1970, with the approval of the Court of Session, were sold and the income from the sale added to the funds of the Miss Frances Sprot Trust. The Homes provided six separate apartments for what the original rules described as 'Destitute, Friendly and Deserving Reduced Ministers', Farmers', Tradesmen's or Old Servants' Widows or Daughters.' These original rules governing the Homes and their residents appear draconic: 60 was the minimum age for applicants, who must be widows or spinsters of 'irreproachable character'; no adult or child permitted to live with 'the inmate, unless in case of illness requiring assistance', and with permission from the Trustees or overseer; compulsory attendance at church once every Sunday; 'No Roman Catholics ever to be admitted'; preference to be given to applicants who were parishioners of Lilliesleaf, Bowden, Ashkirk, or (two) from Spott parish in East Lothian; no flower pots allowed in the house or windows 'under any pretext'; 'after a

second warning for Drunkenness, Dirt, or breaking any of the Rules', the inmate to be dismissed; 'No washing for strangers or any dirty work to be taken into the Houses or Back Premises'. The Rules seem to have been considerably relaxed, however, in later years, as indicated in advertisements in, for example, *SR*, 26 Aug. 1920 and 11 May 1922, thus: 'Frances Sprot Homes for Ladies. Applications invited for one vacancy – for ladies in reduced circumstances of at least 54 years of age, ministers' widows and daughters having a preference. Parlour, kitchen, bedroom, scullery and larder, sanitary and laundry conveniences available. House and garden free of rates and taxes. Each beneficiary gets an allowance (subject to adjustment with reference to Old Age Pension) of 1/- (5p) per day, and 51 cwt of coal per annum. Each beneficiary must have an annual income of not less than £10. Apply to Blair & Caddell, WS, 19 Ainslie Place, Edinburgh.' By 1942 the daily allowance had been increased to 1/6d (7½p). *SR*, 23 Jul. 1942.

5 James Burns and William Manuel in 1837, and William Burns and John Manuel in 1866, are said to be blacksmiths in Lilliesleaf. Pigot, *National Commercial Directory*, op. cit., 757; Rutherford, *Southern Counties Register*, op. cit., 209. William Burn (sic) (1819–1892), blacksmith, Lilliesleaf. GLK. Lieut. William Burn, 13th Bn, London Scottish regt, grandson of the late William Burn, Lilliesleaf, was killed in the 1914–18 War. *SR*, 20 May 1915.

6 Of the British Blenheim Mark IV medium (later light) twin-engined bombers there were six squadrons in the RAF when war began in Sep. 1939. The plane, maximum speed 266 mph, had a crew of three, five .303 machine guns, and when carrying a full bomb load of 1,000 lb, had a range of 1,460 miles. It was at that time the fastest aircraft in Bomber Command. German Messerschmitt fighters were about 100 mph faster than the Blenheims. Denis Richards, *RAF Bomber Command in the Second World War* (London, 2001), 11–14. The capture of Singapore, chief bastion of the British Empire in the Far East, on 15 Feb. 1942 by the Japanese was a disaster for Britain and its Dominion and other forces, about 85,000 of whom thus became prisoners of war.

7 Redpath Brown, constructional engineers, Leith, 1817–1969, then moved to Glasgow, where the firm was wound up in 1980.

8 Est. in the 1850s as P. Croall, coachmakers, the firm became Croall Bryson in 1928, and was taken over in 2011 by Lloyd Motors (Kelso) Ltd. Infmn: Lloyd Motors (Kelso) Ltd.

9 Peter Chisholm d. 22 Oct. 1996, aged 80. GLK.

Matthew Prentice, pp. 248–51

1 Joseph F. Duncan (1879–1964), b. Banffshire, became a leading figure in Scottish agriculture and an advocate of land nationalisation. General secretary, 1915–45, Scottish Farm Servants' Union, which affiliated, 1933, to the Transport & General Workers' Union, then, 1942, merged into it. He was President, 1926, Scottish Trades Union Congress, author of 'The

Scottish Agricultural Labourer', in D.T. Jones et al., *Rural Scotland during the War* (Oxford, 1926), and a prolific pamphleteer. An organiser and propagandist, 1905–08, for the Independent Labour Party in the east of Scotland, he was three times a Labour parliamentary candidate. He came to oppose Home Rule for Scotland. He served on Royal Commissions and many other official bodies concerned with agriculture, housing, education and other subjects. In 1923–50 he was President, International Land Workers' Federation. Appointed an external examiner by many universities, he was awarded in 1946 an honorary LL.D. degree by Glasgow University. W. Knox, ed., *Scottish Labour Leaders 1918–1939: A Biographical Dictionary* (Edinburgh, 1984), 100–7; J.H. Smith, *Joe Duncan: The Scottish Farm Servants and British Agriculture* (Edinburgh, 1973); I. MacDougall, *A Catalogue of some Labour Records in Scotland* (Edinburgh, 1978), 218–19, 443.

2 Matthew Prentice d. 27 Sep. 1995. GLK.

Alex Lawrence, pp. 252–64

1 This appears to be an allusion to the passenger liner *City of Benares*, torpedoed on its way to Canada by a German U-boat on 17 Sep. 1940. Of the 400 passengers, 90 were evacuee children, of whom 77 died, as did six of their adult escorts, 51 other passengers, and 121 members of the crew. Gardiner, *Wartime Britain*, op. cit., 348–9.

2 The railway station was at Newtown St Boswells, not 1½ miles away at St Boswells.

3 The Bisto Kids were so called after a cartoon depicting them on packets of Bisto, used for gravy browning.

4 Alex Lawrence appears here to confuse the call-up of the (volunteer) Territorials, which took place a few days before the declaration of war on 3 Sep., with that of those young men aged 20 who (for the first time in Britain in peacetime) were conscripted under the Military Training Act, Apr. 1939, and the first batch of whom registered at the beginning of Jun. and began their military training in mid-Jul. 1939, and the second batch in early Sep. See I. MacDougall, *Through the Mill* (Edinburgh, 2009), 265, 294, 623.

5 John Lockie had retired as a gamekeeper in Argyllshire before coming to live in Lilliesleaf before the 1939–45 War. He died, aged 70, in Mar. 1942. *SR*, 24 Apr. 1942.

6 The building had previously been Riddell's draper shop, and part of it later became Haldane's bakery shop then grocery.

7 In Sep.–Oct. 1939 householders who took one child evacuee and provided full board and care for him/her received weekly 10s 6d (52½p), and 8s 6d (42½p) for each child if there were more than one. In Oct., in recognition that teenagers had larger appetites, 10s 6d was the allowance for all youngsters over 16, amended in Feb. 1940 to all those over 14. By then food prices since the outbreak of war had risen 14 per cent. For mothers and infants

(as in the case of Alex Lawrence's mother and baby brother), accommodation only was to be provided by the billetor, at 5s (25p) per adult and 3s (15p) per infant. The mother was expected to buy her own food and cook it in the billetor's kitchen, or eat out. What exactly was the experience of Mrs Lawrence and her baby son at Lilliesleaf is not specified in Alex's recollections here. Gardiner, *Wartime Britain*, op. cit., 36; Calder, *The People's War*, op. cit., 45, 46.

8 St Cuthbert's Co-operative Association Ltd, Edinburgh, est. 1859, went on to absorb several other Co-operative Societies, and in 1981 merged with two other Societies to form Scottish Midland (ScotMid) Co-operative Society. In Nov. 1938, after the Munich Crisis, the government had published a list of reserved occupations in which workers aged between 18 and 41 would be exempted from the general conscription of men of those ages to the armed forces. Calder, *The People's War*, op. cit., 51.

9 Alex Lawrence appears mistaken about the absence at Lilliesleaf of wartime fire precautions. See above, Agnes Brown, p. 66.

Pat Brown, pp. 265–76

1 The WAAFs (Women's Auxiliary Air Force), preceded by the Women's Royal Air Force, 1918–20, were re-formed in 1939, and by 1943 had more than 180,000 women in their ranks. The WRNS (Women's Royal Naval Service), also re-formed in 1939, enrolled by 1945 more than 100,000 women.

2 Courtaulds, est. 1794 by George Courtauld, later expanded into chemicals as well as continuing to produce textile goods. Between 1990 and 2000 it was involved in a merger then a take-over, but as Courtaulds it continues to trade in textiles. Infmn: Edinburgh Public Reference Library. The North British Rayon mill at Jedburgh opened in 1929 and closed in 1956. Infmn: Heritage Hub, Hawick.

3 Sir Will Y. Darling (1885–1962), an Edinburgh town councillor from 1933, and Lord Provost, 1941–4; Conservative MP, South Edinburgh, 1945–57.

4 A Women's Army Auxiliary Corps had existed in 1917–18. The ATS (Auxiliary Territorial Service) was est. in Sep 1938, and by 1943 had more than 200,000 women in its ranks. Gardiner, *Wartime Britain*, op. cit., 433–4, 436. See also, Arthur Marwick, *Women at War 1914–1918* (London, 1977), 85–98.

5 The first Land Girls at Riddell had arrived there in Jul. 1942. *SR*, 16 Jul. 1942.

6 James Cagney (1899–1986), American actor, who starred in many films, especially about gangsters, for half a century from 1931.

7 See above, Andrew Shortreed, p. 396, Note 8.

8 Pat Brown (Mrs Jardine Chisholm, Mrs William Gray) d. 25 Oct. 2007. *The Scotsman*, 26 Oct. 2007.

Ellen Mills, pp. 277–91

1 Ferguson's Edinburgh Rock confectionery factory flourished from 1830 to 1965.
2 Huntlaw farm was then in Minto parish. Infmn: Rev. Douglas Nicol, Denholm.
3 William Mactaggart, CBE, d. May 2002 in his 96th year. GLK.
4 Ellen Mills gained her cooker; in the following Feb. 1950 general election Lord William Scott, MP, nonetheless lost his seat. The Women's Land Army was disbanded in Nov. that year.

Christina Barnie, pp. 292–301

1 When, in Dec. 1941, Japan entered the war against Britain and the USA, it speedily overran Malaya, captured Singapore, and invaded Burma. The Burma campaign, fought over particularly difficult terrain in an often appalling climate against the suicidal ferocity of the Japanese forces, lasted until the end of the war in Aug. 1945. The 1st Bn, Seaforth Highlanders, were among the British and Allied troops engaged in the campaign. See, for example, Trevor Royle, *A Time of Tyrants: Scotland and the Second World War* (Edinburgh, 2011), 300–1.
2 The union was almost certainly USDAW (Union of Shop, Distributive & Allied Workers), formed in 1947 from earlier unions of shop and distribution workers. Even if the Hawick Co-op. was a post-entry union shop, Mrs Barnie would have been entitled to contract out of paying any political levy.
3 On his retirement in 1924, Andrew Birrell, FEIS, had been succeeded as headmaster by John Constable, and he in turn in 1935 by Alexander Young, MA, until his sudden death in 1942. Miss Lowden, from Leith, succeeded then until 1944, and she was very briefly followed by the interim appointment of Mrs Geddes, whose successor was John Fotheringhame, 1944–52, whereupon Leslie Lancaster became headmaster, though it has not yet been possible to establish for how many years. Neither the school nor Scottish Borders Council has been able to say who followed Mr Lancaster. It may, or may not, have been Mr S. Moyes, head, 1985–2009. Mrs Grace Frew succeeded Mr Moyes.
4 Christina Barnie d. 6 May 2011, aged 89. *The Scotsman*, 7 May 2011.

Tom Wilson, pp. 302–9

1 The Military Medal for bravery was created in Mar. 1916, and awarded to men and women. Marwick, *Women at War*, op. cit., 110.
2 As Tom Wilson was born seven years after the death of Sir Robert Laidlaw, Tom's account of him is necessarily based largely on hearsay recalled from his own childhood, and illustrates anew how oral history is more likely to

be accurate when recounted by a direct participant or an eyewitness. A biographical article about Sir Robert Laidlaw (1856–1916) in *The Border Magazine*, Vol. IX, No. 107, Dec. 1904, says he was born at Bonchester, the son of a farmer and his wife, Agnes Purdom of Newcastleton. He was a pupil at Kirkton and Denholm Public Schools, and served his apprenticeship at a draper's in Hawick, then worked for a wholesale company in London. In 1875 he went to the diamond fields in South Africa, then in 1877 to India, where with a partner he formed in 1882 a highly profitable general stores business, Whiteaway, Laidlaw & Co., with branches all over India and later in Ceylon, Burma and China, and with 2,400 employees by 1904. Laidlaw also owned four tea gardens at Darjeeling, was chairman of a rubber estate company in Malaya, and became senior partner in Laidlaw & Lake, shipping agents and merchants in London. An active Christian, he built at Calcutta in 1877–86 both a boys' and a girls' school for European and Anglo-Indian children. As a Fellow of the Royal Geographical Society, he travelled the world, including the USA, Japan, Canada, Tibet, and most countries in Europe. At the end of the 19th century Laidlaw moved from Calcutta to live in London. In 1899 he built the Laidlaw Memorial at Bonchester in memory of his father. Married in 1879 to a widow who had several children, Laidlaw and his wife had three daughters and a boy of their own, but the boy died in infancy. Active in the National Temperance League, he was also a prominent Liberal, and was Liberal MP, 1906–10, for East Renfrewshire. Winston Churchill campaigned on his behalf and was occasionally his house guest. Laidlaw was knighted in 1909. No information has been found about a Currie-Laidlaw shipping line; Tom Wilson's reference to it may be a confusion with the Laidlaw & Lake Line. Laidlaw, as prospective Liberal parliamentary candidate for Roxburghshire, spoke in May 1912 at Currie Memorial Hall, Lilliesleaf, and twice there in 1914–15 on the war and recruitment. Infmn: Hugh K. Mackay, and from Dr John Francis, Tasmania, 'Chislehurst Lives', in *The Chislehurst Society*, http/www.chislehurst-society.org.uk/Pages/About/People/Laidlaw/Robert.html; *SR*, 9 May 1912, 22 Sep. 1914, 21 Oct. 1915.

3 The Earl of Minto in the 1930s was the 5th Earl, Victor Elliot-Murray-Kynynmound (1891–1975), who succeeded as Earl in 1914.

4 The 5th Earl of Minto's son Gilbert, Lord Melgund (1928–2005), became 6th Earl in 1975. His younger brother George Esmond Dominic Elliot-Murray-Kynynmound, was born in 1931.

5 Tom Wilson must have been only about 15½ when he joined the navy in 1939. He recalls that he was sent first to Portsmouth barracks ('mair like a prison than a barracks'), then to *Collingwood* training camp, where he trained on a sailing ship. The war broke out in Sep. while he was there. After *Collingwood* he spent a year at Whale Island, near Portsmouth, on gunnery, self-defence and assault courses. ('It wis bloody hard, tae, ah can tell ee. It wis mair like detention.'). He was then sent with others to Liverpool to crew ships. His first ship was the *Ripley*, 'an auld American Lend-Lease destroyer wi' fower funnels'. [Lend-Lease, an Act secured by President

Roosevelt from the US Congress in Mar. 1941 (the USA itself not being then at war), which Act allowed the President to lend or lease wartime supplies to countries, not least Britain, whose defence the President considered vital to the defence of the USA]. The crew of the *Ripley*, about 150 men, included very few British but were mainly Newfoundlanders, though the captain, chief engineer, and a few of the stokers were Scots. Tom said it was a good, happy ship, despite conditions aboard, as torpedo tubes and heavier guns had been added to her, and more ammunition had to be carried. Moreover, the portholes were all welded up, there were no showers ('Ee jist het a bucket o' water wi' a steam geyser frae the engine room, soaped eersel' a' roond, and got a fresh bucket and poored it ower the top o' ee'), the mess decks were very small and cramped because there were bunks, not hammocks. All the pipes that came through the mess decks from the engine room were rolled in asbestos (as were all the pipes in the engine room itself), and the only air conditioner was 'an auld fan on a bulkheid, blawin' its heid off. The place wis stoury as hell.' The *Ripley* sailed from Liverpool for gunnery and torpedo trials on the Irish Sea, and then to Scapa Flow for more gunnery trials. Tom himself looked after the magazines on the ship and had to take the temperature every day – dangerous work, done down below. At some early stage after Jun. 1941, when Nazi Germany had invaded Soviet Russia, the *Ripley* sailed across the North Atlantic to south of Iceland ('Oo could see the land, like'), to escort a convoy of merchant ships on its way from Hudson Bay in Canada through the Arctic to Archangel in Russia. Canadian destroyers escorting the convoy thus far turned back, and, as Tom says, 'Oo took ower, and they sailed as fer north as they could, up intae the ice, because the German U-boats were wary o' surfacin' in the ice. And some o' these merchant ships sailed at only aboot ight knots, and the convoy had jist tae gaun wi' the slowest yin. And there wis twae or three coal burners' an' a'. Onyway, oo got tae Archangel, but oo had tae wait a day or mair or the ice-brekers could get channels through the ice. When ee wis sailin', black ice wis the trouble: ee wis for ever chippin' black ice frae the guns. So ah din a guid lot o' thae Arctic convoys. It *wis* Arctic, tae. Oo often picked the convoys up at St John's in Newfoundland and ah wis ashore there twae or three times. But there must have been an awfy men lost, merchant seamen and naval seamen [87 ships in the convoys were sunk, Aug. 1941–May 1945]. Wi' Norway occupied by the Germans they had them long-distance bombers that could catch ee. A destroyer's a sma' ship – a sma' target for planes. But the *Ripley* wis strafed a lot and there were a few boys aboard killed jist wi' strafin'. Then the *Ripley* wis auld and wis gettin' more weer. So oo wis taken off it. It lay in Scapa Flow for weeks, then it sailed for Sooth Shields, and here's umpteen o' them wi' four funnels lyin' in a dock for scrap. They wis First World War ships.'

Tom and his shipmates were paid off and sent back to Portsmouth, where he got another gunnery course and was then sent to Paisley to join HMS *Rowena*, a newly launched deep-sea minesweeper from the Lobnitz shipyard there. From Portsmouth the *Rowena* sailed to Gibraltar, then to Malta.

Tom was unsure of precise dates (though almost certainly early summer 1943), but *Rowena's* task then was to sweep mines off the coasts of Sicily and Italy: 'The invasions sterted when oo wis daein' that. There wis ight ships in the minesweepin' flotilla, and ee got a lot o' hammerin' wi' enemy aircraft frae Italy. Then the German E-boats came and thumped hell oot o' us. Ee couldnae jist cut the cables and let everythin' gaun adrift; ee had tae keep eer station, like. The E-boats kenned ee wis a sittin' target. Oo had aircraft cover, but it wis scarce, scarce. Then they sent MTBs – Motor Torpedo Boats – twae or three o' them patrolled roond us when oo wis sweepin'.' After sweeping mines up the Adriatic and then in the Tyrrhenian and Ligurian Seas to Naples, Leghorn and Genoa, the *Rowena* swept the straits between Corfu and Albania. There Tom witnessed rowing boats launched from the Albanian coast by local men, intent on salvaging flotsam and jetsam from three minesweepers sunk by mines.

With the war, as it proved, reaching its last stages, HMS *Rowena* was then sent, with Tom still aboard, to the Far East, and swept mines in the Straits of Malacca, Singapore, the Philippines, and Formosa (Taiwan). It seems it was at a harbour on Formosa, from which the Japanese had newly withdrawn, that Tom and his shipmates found six large merchant ships full of mainly Australian prisoners of war whom the Japanese two or three days earlier had gassed and left in the holds. Then, while the *Rowena* was minesweeping in the Yellow Sea off Shanghai, a Japanese submarine surfaced nearby, flying a white flag. Tom was one of a small party of navy men sent on a motor boat from the *Rowena* to board the submarine. But as they neared it it opened fire on them with a machine gun, and killed several of the boarding party. Tom crawled on to the submarine, threw a hand grenade down the conning tower, and thus ensured the submarine did not submerge.

Tom also referred to the dropping of the atomic bombs in Aug. 1945, while the *Rowena* was minesweeping in the Yellow Sea. 'Oo stood off the port o' Shanghai. But oo wis never telt when it did happen. It's a long road off Shanghai frae Hiroshima or Nagasaki. But there wis a difference in the sun, like, for it wasnae as bright as it should ha' been efter thir bombs had been droppit.' But he remained another year in the navy in the Far East, 'still busy sweepin' mines', until he was demobbed in 1946. Tom was mentioned in despatches during the war, and in 1992, at the time of his recording these recollections, he received from the Russian government a medal commemorating his part in the Arctic convoys, 1941–5. Alas, Tom, like so many other veterans of those convoys who survived them, did not live long enough to receive the Arctic campaign medal in 2013 from the British government.

6 The Christian Salvesen Shipping Company, 1879–1989, had become involved in whaling from 1907, and est. a whaling station, titled Leith Harbour, in South Georgia, Antarctica, in 1909. The Company eventually had over 150 ships involved in whaling, until it closed that aspect of its manifold business in 1963. Sue Mowat, *The Port of Leith: Its History and its People* (Edinburgh, n.d.), 435, 436.

7 Tom Wilson and Margaret Borthwick were married at Hawick on 18 Oct. 1949. *SR*, 27 Oct. 1949.

8 Lilliesleaf was at last provided with electricity early in 1950. But there was still no street lighting until the end of that year. *SR*, 4 May, 9 and 30 Nov. 1950.

9 Tom Wilson, a very modest war hero, died Jan. 2001, aged 77.

William (Len) Haldane, pp. 310–19

1 After working in a bank in London and as a receptionist in a hotel in Kent, Jill Bristow then for 16 years travelled as a courier and guide all over Europe for Cotter's Tours, Glasgow, and Wallace Arnold Tours, Leeds. From her off-season base in an old cottage near Morebattle, she also travelled all over Scotland. Doing so had convinced her of the potential use by tourists and holiday-makers of the many old cottages then standing empty in the Scottish countryside. Consequently, after leaving Wallace Arnold Tours, she prepared for visitors and managed for the Duke of Buccleuch and many other owners numerous old cottages that became holiday lets. In 1974 she moved her base to Lilliesleaf, from where she and her team of three organised and led the large number of local country folk who cleaned and made ready the holiday cottages for visitors. The cottages were spread all over Scotland, from the Borders to Orkney. At the end of 1985, Jill Bristow became managing director of Holiday Cottages (Scotland) Ltd, a subsidiary of United Auctions (Scotland) of Perth. But in 1994 the latter sold the business to a company based in Lancashire. The Lilliesleaf office was closed and all the staff made redundant. Jill Bristow, with the help of friends and two former staff, however, refounded her holiday lets business as Ecosse Unique Ltd, and persuaded former and new owners to agree to allow her company to let and administer the cottages. All this involved a tremendous amount of detailed work of all kinds, and in Jill Bristow driving 26,000 miles every year. She scaled down her work in 2006, since when the company has concentrated on the letting side of her business. She, along with five others, is a founder-member of the Association of Scotland's Self-Caterers, now the recognised trade association in Scotland. Jill Bristow still lives in Lilliesleaf, but the company premises have moved to Newtown St Boswells. Infmn: Jill Bristow.

2 William (Len) Haldane's shop closed in 1996. Infmn: Mrs Avril Haldane. He himself died 12 Dec. 2008, aged 77. *The Scotsman*, 16 Dec. 2008.

Stewart Todd, pp. 320–30

1 Because many Borders farm workers made individual bargains about their wages with their farmers, it is difficult to be precise about when all farm workers', or even ploughmen's, wages rose to 18s (90p) per week. But it

was probably shortly before the 1914–18 War. Thus a letter to the editor of the *Southern Reporter*, 28 Oct. 1909, from 'Ploughboy' says ploughmen's wages then were 18s per week for 70 hours' work, plus potatoes as a payment in kind, which made a total of £1 per week.

2   Another example, at Lilliesleaf, of a farm worker who became a farmer was that of Walter Renton, a farm worker at Scraesburgh, Jedburgh, until he moved into The Chapel farm at Lillieslieaf, c. 1908, and farmed it until his death in 1942. *SR*, 24 Sep. 1942.

3   Stewart Todd d. 9 Jun. 1994, aged 69. GLK.

Rev. James Watson, pp. 331–8

1   Elijah, a 9th-century BC Hebrew prophet, recognised as such also by Islam, emphasised there was only one God. Elisha was a pupil of Elijah, and also himself an Old Testament prophet and politically active.

2   After Rev. Watson retired in 1994, Lilliesleaf parish Church ceased to be linked with Bowden. With Ancrum, Crailing and Eckford it now forms Ale & Teviot United Church of Scotland. Rev. Watson d. 12 Aug. 2013, aged 84. *The Scotsman*, 16 Aug. 2013.

Index

and poaching 29; of school leaver
xiv, xvi, 119; from steel industry
226; and tramping artisans 374;
young people now and xxii; *see
also* labour exchange
Union of Shop, Distributive & Allied
Workers 402
United Auctions (Scotland), Perth
406

vans xiii, 62, 63, 132, 136, 157, 222,
224, 234, 304, 306, 311, 312
Veitch, Mr, and partner – *see* tramps
Veitch, Tally, butcher, Ancrum 329
Versailles, Treaty of 391
Vimy Memorial, France 346
vintner: in 1837, one 384

wages xv; apprentice dressmaker's
135, 136, 139; of beaters at game-
shooting 260; of boy at hunt 73;
boy forestry worker's 304;
builder's labourer's 23; bus
driver's 141; cabman's 99; carters'
23, 304; church officer's 86, 130,
385; domestic servants' xvi, 39,
90, 95, 120, 125, 293, 295;
draper's shop assistant's 139;
estate worker's, Riddell 177; farm
workers' xvi, 14, 22, 25, 63, 104,
108, 110, 156, 221, 248, 249,
251, 320, 321, 406, 407; of
fencing workers 22, 23; forestry
workers' 27, 171, 304; of garage
workers 244; of gardeners 86,
108, 145, 153, 156, 157, 180,
189, 192, 214; and German
prisoners of war 189; given to
mother or parents 40, 90, 181,
304, 305; for grass-cutting 184;
grocery worker's 140; labourer's,
spinning mill 29; of lamplighter
164; Land Girls' 270, 271, 286;
miners' 374; of odd job men 163,
177; odd laddies' 22, 103, 248,

249, 324; paid monthly 90, 101,
115, 153, 156, 157; piece work,
Irishmen's 325; quarry worker's
115; sawmill workers' 27, 28,
152, 217, 306; of shop assistant-
cum-domestic servant 90; for
singling turnips 20; stonemasons'
55, apprentice's 42, 55; at
strawberry picking 40, 324, 370;
thistle-cutting 40; tram
conductor's 278; whaling
seamen's 305; 'very small' 163;
Women's Timber Corps 369;
woodcutter, juvenile 304
waitress, at Lybster, Caithness 293
Wales, North 187
walking 101, 129, 133, 221, 231,
281, 282, 293, 304; for cinema
and haircut 261; daily miles to
and from work 18, 50, 114, 127;
to deliver newspapers 235; four
miles for milk 40; overnight, from
West Lothian to Selkirkshire 249;
to and from school 8, 100, 101,
149, 150, 197, 303; from Selkirk
to Riddell 257, 273; six miles
through snow from work 139
Wallace Arnold Tours, Leeds 406
Wallace, builder, Portobello 58
Walters, Mrs, music teacher 223
War: Anglo–Irish, 1918–21 397;
Boer, 1899–1902 24, 75, 368,
381, 382; Crimean, 1854–6 72,
73, 302, 379, 380; First Afghan,
1839–42 380; Korean, 1950–3
xiii, 215, 312, 396; Napoleonic,
1803–15 388; Russo-Japanese,
1904–05 368; Spanish Civil,
1936–9 388, 391
War, 1914–18 9, 18, 36, 39, 43, 47,
56, 60, 61, 70, 75, 100, 126, 238,
343, 361, 366, 367, 376, 403;
aftermath on farming of 75;
Agricultural Executive Committee
in 381; battles in: Arras, 1917